KB060682

# 한국인의 기원

# 한국인의 기원

아프리카에서 한반도까지
기후가 만든 한국인의 역사

박정재 지음

바다출판사

## 들어가며

한국인은 어디서 비롯되었을까? 한국인이 단일민족이라는 관념은 어릴 때부터의 반복된 교육의 영향으로 필자를 포함해서 대부분의 중장년층 머릿속에 단단히 자리 잡고 있다. 하지만 어디에도 실제 단일민족으로 이뤄진 인구 집단은 존재하지 않는다. 단일민족은 우리나라가 허약할 때 공동체 의식을 고양해 외세의 압박을 극복하고 타국과의 경쟁에서 앞서려는 목적으로 활용된 정치적 단어일 뿐이다. 한국인은 다양한 무리가 섞여 이루어진 혼합 집단이다. 한국인의 유전체가 여러 곳에서 기원한 유전 성분으로 나뉜다는 점은 이러한 사실을 방증한다.

한국인이 북방계와 남방계 사람이 섞여서 형성되었다는 이야기는 대부분 들어봤을 것이다. 북방계는 알타이산맥이나 바이칼호수 주변의 유목민들이고 남방계는 남중국에서 기원한 농경민들인데, 이들이 혼합하여 한국인이 만들어졌다는 주장이다. 북방계와 남방계를 구분할 때 우리는 보통 얼굴 모습을 참조한다. 북방계는 다음과 같은 얼굴 특징을 갖는다고들 한다. 눈이 작고 짧다. 쌍꺼풀은 없고 속눈썹이 짧다. 코 길이는 길고 코 너비는 좁다. 얼굴은 입체감이 약하고 피부는 흰 편이다. 반면 남방계는 이와 반대의 용모를 보인다고 한다. 이런 구분에 따르면 피겨 스케이트 선수 김연아 씨는 북방계에 가깝고 영화배우인 김혜수 씨는 남방계에 가깝다고 볼 수 있다.

과거 한국인들은 자신이 북방계 유전자의 영향을 많이 받아서 몽골인과 유사하게 생겼다고 여기는 경우가 많았다. 몽골인의 광대뼈나 눈 모양을 보면 확실히 한국인과 비슷하긴 하다. 그래서인지 한국인은 오랫동안 몽골인을 친숙하게 여겼고 가깝다고 느꼈다. 몽골족이 역사 시대에 엄청난 면적의 유라시아 땅을 점령하며 위세를 떨쳤다는 점도 한국인에게 영향을 미쳤다. 한반도의 사람들은 역사 시대 내내 한족 왕조의 국력에 눌려 제대로 기를 펴지 못하고 산 것이 사실이다. 그런 한족을 무력하게 만든 흉노족이나 몽골족 같은 북방 민족에게 우리가 관심을 갖는 건 당연한 일일지 모른다. 우리나라에서는 민족의 기원을 논할 때 나약하게 느껴지는 남방계보다는 무력이 강한 북방계를 선호하는 시각이 대체로 강했다. 이는 이웃 일본도 마찬가지였다.

하지만 최근의 고유전체 연구 결과는 이와는 조금 다른 이야기를 전한다. 남방계와 관련해서는 과거의 인식과 큰 차이가 없다. 모두 남중국에서 기원한 농경민이다. 하지만 북방계에 대한 서술이 많이 달라졌다. 동아시아의 고유전체 자료는 북방계 또한 원래 남쪽에서 출발한 집단임을 강하게 시사한다. 남쪽에서 올라와 북방에 정착한 사람들이 다시 남진하여 한반도로 들어왔다는 것이다. 결국 한반도로의 주된 이주의 흐름이 모두 남쪽에서 비롯되었다고 보는 셈인데, 이는 알타이산맥 인근에서 몽골을 거쳐 만주로 동진한 집단을 북방계로 본 과거의 추론과는 다르다. 실제 한국인과 몽골인은 유전적으로 꽤 차이가 난다. 한국인은 몽골인보다는 일본인 그리고 만주족과 같은 중국 북동부 사람들과 가깝다.

한반도의 농경민과 관련해서도 흥미로운 이야기가 많다. 2000년대 초 중국의 우익 학자들은 세계적으로 잘 알려진 황허강 문명에 대한 관심을 거두고 황허강黃河의 동북쪽에 위치한 랴오허강遼河 유역의 문명에 주목하기 시작했다. 당시 국내 사학자들은 그 진의를 파악하기 위해 분주하게 움직였고, 중국 학자들의 그런 행동이 동북공정의 일환임을 인지하는 데 그리 많은 시간이 필요하지 않았다. 중국은 랴오허 문명을 황허 문명 앞에 내세우며 고조선, 부여, 고구려, 발해가 중국 왕조의 지방 정권이었다고 우기고 싶었던 것이다. 만주에 위치한 랴오허 유역이 중국의 핵심 문명지 가운데 하나로 자리 잡으면 이러한 주장을 하기가 더 쉬워진다.

그런데 랴오허 문명의 중심인 훙산紅山 문화나 샤자뎬夏家店 문화를 일궜던 고대인과 유전적으로 가장 가까운 현대인은 누굴까? 다름 아닌 한국인이다. 고인골 DNA 자료는 한족보다 한반도인이 랴오허 문명의 주축이었음을 암시한다. 물론 이는 중국 학계가 원한 결과가 아니었다. 동북아시아의 초기 농경민은 한반도를 그다지 선호하지 않았다. 고립도가 높았던 탓도 있지만 무엇보다 평지가 좁기 때문이었다. 그러나 기후 변화가 이어지면서 이들은 기존의 선입견을 버리고 진취적인 생각으로 무장해야 했다. 기후 변화로 5000년 전 이후 동북아 지역은 시간이 흐를수록 건조해지고 한랭해졌으므로 북방민들, 특히 랴오시遼西와 랴오둥遼東 지역 사람들은 농경에 좀 더 적합한 기후를 찾아 한반도로 꾸준히 내려왔다. 그중 일부는 일본까지 건너갔다. 일종의 기후 난민이었던 셈이다.

이는 농경 문화가 발전함에 따라 땅보다 기후가 점점 더 중요해졌음을 의미한다.

일본 최초의 벼 농경 문화인 야요이 문명과 관련해서도 많은 이야기가 있다. 대표적인 것이 야요이 문화의 전신이 금강 중하류에 존재했던 송국리 문화라는 주장이다. 이 가설은 양국의 학자들이 거의 인정하고 있다. 송국리 문화뿐 아니라 그 이후의 한반도 문화 대부분이 일본으로 건너가 일본 고유의 섬 문화가 발전하는 데 절대적인 기여를 했다는 점은 누구도 부인하기 어렵다. 특히 삼국 시대를 거치면서 많은 한반도인이 일본으로 넘어갔고, 그 결과 한국인과 일본인의 유전자는 거의 같아졌다. 양국 사람들의 유전체는 일본인에게 일부 남아 있는 조몬 수렵채집민의 유전자를 제외하면 동일하다고 봐도 무방하다. 일본은 자연재해가 빈번한 열도에 고립된 나라로 이는 자신만의 독특한 섬 문화를 갖게 된 배경이 되었다. 그래서인지 한국과 일본의 문화는 서로 상당히 다르다고 느껴진다. 그러나 유전자 조성만 놓고 보면 양국 사람 간에 의미 있는 차이를 발견하기란 쉽지 않다.

※ ※ ※

예를 강조하고 조상을 숭배하는 동아시아 국가들에서만 뿌리 찾기가 활발한 것이 아니다. 조상 찾기에 별 관심이 없을 것 같은 미국에서도 경제가 호황을 누릴 때면 어김없이 족보 열풍이 분다. 동서양을 막론하고 사람들은 먹고살기 편해지면 자신의 뿌리에 관심을 갖게 마련이다. 과거를 돌아볼 여유가 생기기 때문이다. 사람들은 자신이 소속감을 갖는 특정 '민족'이 어떻게 형성되었는지에 대해서도 각별한 관심을 보인다. 특히 민족에 대한 애착심이 높은 사람일수록 더욱 그러하다. 우리나라에서도 수십 년 전부터 고대 사학자나 고고학자 중심으로 한민족의 형성 과정을 밝히려는 시도가 꾸준히 있어왔다. 그러나 대부분 근거가 약한 스토리텔링에 가까웠다. 역사 문헌에서 비어 있는 부분을 상상력으로 메워야 하는 상황 속에서 각자 다른 생각을 쏟아냈고 더욱 혼돈에 빠졌다. 다행히 최근 연구 방법이 개선되고 새로운 분석법이 개발되면서 미지의 시공간을 뿌옇게 덮고 있던 안개가 차츰 걷히는 느낌이다.

우선 고유전체의 염기 서열을 분석하는 방법이 빠른 속도로 발전하고 있다. 40년 전 1980년대 초반만 해도 미토콘드리아 DNA와 Y염색체 분석법은 방법론의 뚜렷한 한계에도 불구하고 인류 유전학의 최신 기술로 주목을 받았다. 비록 인간 집단의 복잡한 형성 과정을 정확히 밝히기에는 역부족이었지만 대중의 흥미를 유발하기에는 충분했다. 가령 미토콘드리아 이브가 20만~15만 년 전 아프리카에 존재했다는 1987년의 연구 발표는 세계 학계를 뒤흔들었고 사회에 큰 반향을 불러왔다. 현생 인류의 모계 공통 조상, 이른바 '세계인의 어머니'가 살았던 시기와 장소를 알 수 있다는 사실에 많은 사람이 놀라움을 금치 못했다. 그러나 전체 유전체의 일부인 미토콘드리아 DNA나 Y염색체는 부모 가운데 한 사람의 정보만 알려줄 뿐이다.

최근 들어 분석 기술이 더욱 발전하면서 유전체 일부가 아닌 전체를 분석하는 것이 가능해졌다. 고인골의 전장 유전체 분석이 상용화되고 무궁무진한 정보가 그 안에 담겨 있음이 확인되면서 고고학계나 생물학계에서 고유전체에 대한 관심은 절정에 이른 느낌이다. 이를 반영하듯이 과학 저널《네이처》나《사이언스》에 매년 수많은 고유전체 논문이 실리고 있다.

고고학자들에게 자신이 발견한 유적과 유물의 나이를 밝히는 것만큼 중요한 일은 없다. 이들은 발굴 장소에서 유적의 연대를 정확히 알려줄 수 있는 적절한 유기물 시료를 찾기 위해 심혈을 기울인다. 과거 생물체의 잔재에 포함된 방사성 탄소 동위원소를 분석하면 이 생물이 죽은 후 시간이 얼마나 흘렀는지 알 수 있기 때문이다. 우리나라에서도 수십 년 동안 이뤄진 발굴 조사 결과 유적지의 탄소 연대 자료가 충분히 확보되어 있다. 최근 세계적으로 이러한 연대 자료를 활용하여 선사 시대의 인구 변화 과정을 추정하는 연구가 인기를 끌고 있다. 연대치가 많이 모일수록 신뢰도가 높은 자료를 구축할 수 있는데, 과거에 비해 방사성 탄소 연대 분석의 비용이 낮아지면서 유적지의 연대 자료가 폭발적으로 늘고 있기 때문이다. 앞으로 탄소 연대 자료를 통해 시기별 인구 변동을 복원하려는 시도는 더욱 잦아질 것으로 보인다. 한 지역의 과거 인구는 보통 농업 기술의 발달, 선진 문화의 확산, 안정적인 환경 등의 요건이 갖춰질 때 서서히 증가하는 경로를 따랐지만 기후 변화를 겪으며 급감하기도 하고 외부인의 대규모 이주로 갑작스레 늘기도 했다. 탄소 연대에 기반한 인구 변동 자료는 복잡하게 전개된 각 인간 집단의 형성 과정을 밝히고자 할 때 핵심적인 정보를 제공한다.

오랜 역사를 자랑하는 원시 언어 연구 또한 여전히 활발하게 이뤄지고 있다. 유전자와 언어가 같은 방향으로 이동한다는 가정에 여러 예외적 사례가 있기는 하지만, 과거 인류의 이동 시기와 방향을 유추할 때 원시 언어는 필수 불가결한 자료이다. 원시 언어와 마찬가지로 농경 문화의 전달도 과거 인구 이동과 함께 진행된 경우가 대부분이었다. 학자들은 유적지에서 발굴되는 토기, 농기구, 무기, 씨앗, 동물 뼈 등의 유물을 분석하여 농경의 전파 과정을 복원한다. 최근에는 동물 뼈나 씨앗의 유전자 분석을 통해 작물과 가축의 기원 및 확산 과정을 밝히고 더 나가 인류의 이동 경로까지 추정하는 연구를 흔히 접할 수 있다.

이렇듯 전문적이고 과학적인 분석법에 과거보다 접근이 용이해지면서 특정 지역의 인구 변동과 관련하여 다양하고 정확한 정보를 획득하는 것이 가능해졌다. 학자들은 이를 토대로 인간 집단의 이동과 교류를 면밀하게 추적한다. 그러나 아쉽게도 그 결과물은 여전히 만족스럽지 못하다. 개인적으로 그 이유를 치밀하지 못한 인과성에서 찾고 싶다. 선사 시대나 고대 사회를 연구하는 이들은 명확한 근거를 갖추지 못한 채 사회 변동의 원인을 자의적으로 추정함으로써 믿음을 주지 못하는 경우가 많다. 한편 자연과학자들은 특정 지역에서 시기별로 이루어진 복잡한 이동의 역사를 자신이 생산한 정보의 테두리 안에서 단순하게 기술하는 데 그쳐 아쉬움을 준다. 즉 과학적 분석법을 통해 산출된 자료에 인문학적 상상력을 덧붙여 전체의 이야기를 논리적으로 빚어내는 과정이 필요한 것이다.

모든 이야기는 '왜'가 적절하게 설명이 되어야 완결성을 띤다. '어떻게'로만 이루어진 논문이나 '왜'에 대한 답을 남발하는 에세이는 진짜 이야기를 듣고 싶어 하는 사람들을 만족시킬 수 없다. 결국 집단이나 민족의 형성에 대한 이야기가 설득력이 있으려면 시기별 인구 변동의 일차적 원인들, 즉 '왜'가 설득력 있게 제시되어야 한다.

인류의 역사를 밝히는 고유전체 연구는 최근 빠른 속도로 발전하고 있다. 동시에 과거의 기후 변화를 복원하는 연구 또한 매우 정밀해지고 정확해지고 있다. 과거에 존재한 대부분의 문명이 흥하고 쇠할 때 기후가 절대적인 영향을 미쳤다는 주장은 이제 더 이상 새롭지 않다. 최근 들어 우리나라에서도 고해상도의 고기후 자료가 많이 생산되었다. 기후 자료와 고유전체 및 고고학 자료를 함께 살펴보면 과거 동북아 지역민들의 이동을 부추긴 요인들 가운데 핵심은 '기후 변화'였음이 잘 드러난다. '왜'라는 빈칸에 기후 변화가 들어갈 때 동북아시아의 대대적인 인구 변동이 비로소 이해되는 것이다.


　　　　　　　　　　※　※　※


　　나는 이 책에서 유라시아, 특히 동아시아의 인류 이동 역사와 과거 기후 변화를 함께 짚어보면서 한국인의 형성 과정을 설명하고자 했다. 1부에서는 호모 사피엔스가 아프리카를 빠져나와 유라시아 각지로 퍼져나간 후 지역별로 집단이 조성된 과정들을 살펴본다. 2부에서는 2만 5000년 전에 시작된 마지막 빙기 최성기부터 지금까지 북반구에서 어떠한 성격의 기후 변화가 존재했는지 알아보고, 이러한 기후 변화가 유라시아의 인간 사회에 미친 영향들을 돌아본다. 3부와 4부에서는 본격적으로 한반도 내의 집단, 이른바 '한민족'이 어떻게 만들어졌는지 살펴본다. 3부는 북방에서 한반도로 내려온 수렵채집민 집단을, 4부는 마찬가지로 북방에서 내려온 농경민 집단을 다룰 것이다. 기후 변화가 이들의 이주를 추동한 주요인이었다는 가설에 기반한다. 5부에서는 1부에서 4부까지의 내용을 정리한 후 마지막에 한국인의 미래에 대한 이야기를 덧붙였다.

제목에서도 드러나듯이 이 책의 주된 집필 목적은 이미 발표된 연구 자료를 토대로 한국인의 유전적, 문화적 기원을 찾는 것이다. '한국인은 어디서, 어떻게, 왜 이곳 한반도로 왔는가'라는 물음에 나름의 답을 구하려 했으므로, 당연히 중국, 일본, 한반도 집단의 문화와 이주에 큰 비중을 두었다. 그리고 동아시아의 기후 변화와 사회 변동이 서유라시아의 상황과는 얼마나 유사했고 또 달랐는지 관심 있게 살펴봤다. 이는 유라시아 각 지역의 인구 집단 형성 과정을 돌아보고 그 속에 있는 공통적인 패턴을 찾기 위해서였는데, 책의 구조가 갖춰질수록 이전에 생각한 것 이상으로 기후가 과거 사회에 심대한 영향을 미쳤음을 실감할 수 있었다.

사실 '한국인은 어디에서 왔는가'라는 복잡하고 난해한 질문에 정답을 제시할 수 있을 만큼 관련 정보가 충분히 확보된 것은 아니다. 현재 가용한 자료가 특정 시공간을 띄엄띄엄 보여줄 뿐이지만 이들을 최대한 논리적으로 연결하여 한국인의 기원을 설명하는 큰 줄거리를 구성하였다. 과학 논문을 작성하듯이 모든 내용에 완벽을 기하기는 어려웠다. 그러나 이 책의 주제에 관심 있는 사람들이 충분히 참조할 만한 정보는 제시했다고 생각한다.

※ ※ ※

이 책에서 내가 이야기하려는 것은 단순하다. 각 지역에서 인간 집단이 형성될 때 기후 변화가 중요한 역할을 했다는 것이다. 지난 수만 년 동안 인류는 기후 변화에 대응하며 끊임없이 움직였다. 이 과정에서 다양한 기원의 사람들이 섞였다. 한반도의 사람들 또한 예외가 아니었다. 동아시아 북방의 기후 난민들이 추위와 가뭄을 피해 남쪽으로 내려오다가 우연히, 혹은 의도적으로 한반도에 흘러들어와서 모여 살게 되었는데, 이들이 한반도인, 즉 한국인이다.

아프리카에서 출발하여 동쪽으로 이동한 호모 사피엔스가 대략 4만 년 전 동아시아에 도착한다. 이때는 농경이 시작되기 전이다. 수렵채집민 집단은 어로와 사냥이 용이한 초원 지대를 거주지로 선호했다. 한반도는 동아시아의 가장자리인 데다 대부분이 산지여서 그리 인기 있는 곳이 아니었다. 하지만 추위가 극심해지자 분위기는 반전되었다. 2만 5000년 전 이후 기온이 떨어지면서 많은 북방민이 한반도로 들어왔다. 이들은 빙하기가 막판에 다다르면서 기온이 오르자 이번에는 초지를 찾아 북방으로 되돌아갔다.

홀로세에 들면서 한반도는 더욱 온난해졌다. 인구는 많지 않았다. 그러다가 8200년 전 갑자기 추위가 엄습하자 아무르강 하류의 수렵채집민 집단이 추위를 피해 대거 남쪽으로 이동했다. 홀로세의 양호한 기후로 아무르강의 인구가 빠르게 늘던 와중에 갑작스럽게 찾아온 저온 현상이 식량 위기를 불러온 것이었다. 이 한랭기는 200년가량 지속되다가 끝이 났고, 곧이어 온난하고 습윤했던 홀로세 기후 최적기가 찾아왔다. 기후가 좋아지면서 동식물의 개체수는 늘어났다. 먹을거리가 풍족해지자 수렵채집민의 인구도 함께 증가했다.

그러나 홀로세 후반 기온이 떨어지기 시작하자 동북아시아 전역에서 다시 이주의 물결이 거세게 일었다. 4800년 전 이후 한반도와 주변 지역의 기후는 주기적으로 한랭 건조해지는 경향을 보였다. 주로 열대 서태평양의 해수면 온도가 떨어지고 흑점 수가 감소할 때 그러했다. 기온이 내려가고 가뭄이 닥칠 때면 더 나은 땅을 찾아 움직이는 이주민의 거대한 흐름이 생겨났다. 이들의 이동은 보통 랴오시와 랴오둥에서 시작하여 한반도 남부로 그리고 바다 건너 일본으로 넘어가는 경로를 따랐다.

홀로세 후반, 3000년 전, 2000년 전, 1000년 전 등 대략 1000년마다 나타난 온난기에는 동북아시아의 각 지역 사회가 번영을 구가했다. 식량 사정이 양호했으므로 내부 갈등은 미미했다. 외부인의 유입도 적어 사회는 안정적으로 유지되었다. 그러나 그 사이사이 상대적으로 추웠던 시기에는 북쪽에서 이주민이 내려오면서 한반도 사회는 큰 혼란을 겪었다.

북방민이 남하할 때마다 한반도 남부 사회는 대내외적인 갈등에 휩싸였지만 동시에 이들이 전해주는 선진문물 덕에 지역이 발전하는 순기능 또한 적지 않게 누릴 수 있었다. 예를 들어 중기 청동기 저온기(3800~3400년 전)에는 벼 농경 문화가, 철기 저온기(2800~2300년 전)에는 동검 문화와 (아마도) 원시 한국어가, 중세 저온기(1900~1200년 전)에는 철기 기마 문화가 한반도 남부에 처음 전파되었다. 이러한 신문물은 한반도의 부족 사회가 고대 국가 체제를 갖춰 나가는 데 절대적으로 기여하였다.

이는 일본의 경우도 마찬가지였다. 한반도에서 전해진 선진 문물 덕에 일본은 고유의 독특한 문화를 일굴 수 있었다. 철기 저온기에 한반도에서 일본으로 건너간 사람들은 벼 농경 문화와 (아마도) 원시 일본어를 전했고 야요이 문화를 창출했다. 중세 저온기에 마한, 가야, 백제 등에서 이주한 사람들은 고훈 시대와 아스카 시대를 열며 야마토 문화를 주도했다. 가야인들은 고훈 시대에 철기 기술을 전파했고 백제인들은 건축, 학문, 예술, 제도, 종교 등 다양한 영역에서 아스카 시대의 문화 발전을 도왔다.

서문에서 책의 모든 내용을 밝히기에는 한계가 있으니 이 정도로 마무리 짓도록 하자. 간단히 말해 한반도인은 홀로세 초기 아무르강 유역에서 내려온 수렵채집민 집단과 홀로세 후기 산둥, 랴오둥, 랴오시 등에서 이주한 농경민 집단이 섞여 형성되었다고 할 수 있다. 하지만 그 과정은 상당히 복잡했다. 책에서 이에 대해 최대한 상세하게 설명하고자 했다.

한국인의 기원과 형성 과정을 밝히는 일은 학술적으로 의미 있는 작업일 뿐 아니라 공동체의 소속감이나 유대감을 높여 사회적 통합에도 일조할 수 있으므로 그 가치는 크다고 할 것이다. 한국인의 기원을 알고는 싶으나 책 전부를 읽기가 버거운 독자가 혹 있다면 3부와 4부만 읽어도 좋다. 그리고 책을 읽다가 기후 변화에 새로운 관심이 생겼다면 필자의 전작 《기후의 힘》을 함께 읽어볼 것을 추천한다.

이 책을 통해 '한국인은 어떻게 만들어졌는가'라는 물음에 답을 찾고 동시에 기후 변화의 영향력도 체감하길 바라며.

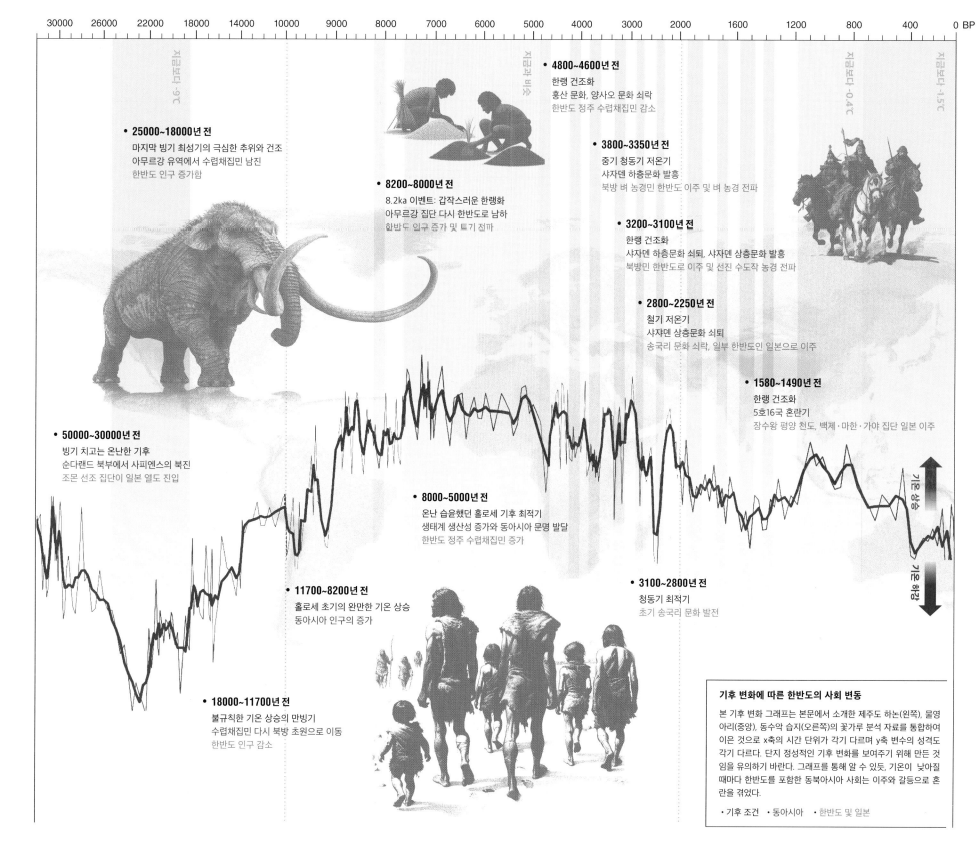

기후 변화에 따른 한반도의 사회 변동

30000 26000 22000 18000 14000 10000 9000 8000 7000 6000 5000 4000 3000 2000 1600 1200 800 400 0 BP

지금보다 -9℃
지금과 비슷
지금보다 -0.4℃
지금보다 -1.5℃

**25000~18000년 전**
마지막 빙기 최성기의 극심한 추위와 건조
아무르강 유역에서 수렵채집민 남진
한반도 인구 증가함

**8200~8000년 전**
8.2ka 이벤트: 갑작스러운 한랭화
아무르강 집단 다시 한반도로 남하
한반도 인구 증가 및 토기 전파

**4800~4600년 전**
한랭 건조화
홍산 문화, 양사오 문화 쇠락
한반도 정주 수렵채집민 감소

**3800~3350년 전**
중기 청동기 저온기
샤자뎬 하층문화 발흥
북방 벼 농경민 한반도 이주 및 벼 농경 전파

**3200~3100년 전**
한랭 건조화
샤자뎬 하층문화 쇠퇴, 샤자뎬 상층문화 발흥
북방민 한반도로 이주 및 선진 수도작 농경 전파

**2800~2250년 전**
철기 저온기
샤쟈뎬 상층문화 쇠퇴
송국리 문화 쇠락, 일부 한반도인 일본으로 이주

**1580~1490년 전**
한랭 건조화
5호16국 혼란기
장수왕 평양 천도, 백제·마한·가야 집단 일본 이주

**50000~30000년 전**
빙기 치고는 온난한 기후
순다랜드 북부에서 사피엔스의 북진
조몬 선조 집단이 일본 열도 진입

**8000~5000년 전**
온난 습윤했던 홀로세 기후 최적기
생태계 생산성 증가와 동아시아 문명 발달
한반도 정주 수렵채집민 증가

기온 상승
기온 하강

**11700~8200년 전**
홀로세 초기의 완만한 기온 상승
동아시아 인구의 증가

**3100~2800년 전**
청동기 최적기
초기 송국리 문화 발전

**18000~11700년 전**
불규칙한 기온 상승의 만빙기
수렵채집민 다시 북방 초원으로 이동
한반도 인구 감소

**기후 변화에 따른 한반도의 사회 변동**

본 기후 변화 그래프는 본문에서 소개한 제주도 하논(왼쪽), 물영
아리(중앙), 동수악 습지(오른쪽)의 꽃가루 분석 자료를 통합하여
이은 것으로 x축의 시간 단위가 각기 다르며 y축 변수의 성격도
각기 다르다. 단지 정성적인 기후 변화를 보여주기 위해 만든 것
임을 유의하기 바란다. 그래프를 통해 알 수 있듯, 기온이 낮아질
때마다 한반도를 포함한 동북아시아 사회는 이주와 갈등으로 혼
란을 겪었다.

• 기후 조건  • 동아시아  • 한반도 및 일본

# 목차

## 1부　아프리카 밖으로

# 이 책에서 다루는 주요 지역

발트해

코스텐키

우랄산맥

라인강
도나우강
카르파티아 산맥
돈강

빌렌도르프
다키아 초원
아조프해
캅카스 산맥

피레네 산맥
아드리아노플
흑해
카스피해

발칸반도
보스포루스 해협

테베
콘스탄티노플
하투샤

코르시카
에게해
괴베클리 테페

사르데냐
펠레폰네소스
아테네
아나톨리아

시칠리아
반도
티그리스강

카르타고
스파르타
차탈회이크
자그로스 산맥
인더스강

우가리트
우프라테스강
하라파

레반트
우르 우르크

시나이반도

와디소라
룩소르

나일강

바브엘만데브 해협

데니소바 동굴

말타-뷰렛

아무르강

야나강

야쿠티야

캄차카반도

알타이 산맥

사할린

노보페트로프카

오시포프카

악마문 동굴

홋카이도

유민

랴오허강

홍산

도호쿠

티안유안

랴오둥반도

혼슈

간토

허베이성

산둥반도

송국리

밀양

비와호

광양

김해

도카이

황허강

장수성

동수악

시코쿠

간사이

하논

규슈

양쯔강

허무두

히말라야 산맥

푸젠성

류큐 열도

## 일러두기

　고기후학자나 고환경학자는 과거 연대를 표기할 대 'BP'를 사용한다. 여기서 BP란 '현재 이전Before Present'의 약자로 기원후 1950년을 기준으로 한다. 현재를 기준으로 하면 매년 기준이 바뀌기에 기준이 되는 해를 정해 시점을 통일하는 것이 필요했고, 학자들은 핵실험이 대기의 $^{14}C$양을 교란하기 전인 1950년을 기준으로 삼았다. 예를 들어 본문에서 2800년 전(BP)이라는 연대는 1950년을 기준으로 2800년 전을 의미한다. 본문에서는 약자인 BP를 사용하지 않고 대부분 '년 전'을 사용했지만, 간결함을 필요로 하는 그래프에서는 주로 BP를 사용했다. 그리고 1000년 전을 뜻하는 'ka' 기호를 써서 오래전의 연대를 표현하기도 했다. 예를 들어 '20ka'는 1950년을 기준으로 2만 년 전을 의미한다.

　되도록 기원후 1년을 기준으로 그 이전은 '년 전'으로, 그 이후는 '기원후'로 표기하고자 했다. 그러나 간혹 설명의 연속성을 위해 '년 전' 대신 '기원전'으로 표기하거나 '기원후' 대신 '년 전'으로 표기한 경우도 있음을 밝혀둔다. 본문과 그림에서 기원전은 BCE(서력기원전Before Common Era)로, 기원후는 CE(서력기원Common Era)로 표기하기도 하였다. 과거 오랫동안 기원전은 BC(예수 탄생 전Before Christ)로, 기원후는 AD(우리 주님의 해Anno Domini)로 표현하는 것이 관행이었지만, 최근 BC와 AD가 비기독교인을 소외시키는 연대 표기법이라는 지적이 잇따르면서 학계에서 BCE와 CE를 사용하는 경우가 늘고 있다. 본문에서도 연대를 표기할 때 그러한 점을 고려했다.

플라이스토세와 홀로세의 경계 연대는 영거드라이어스기가 끝나는 1만 1700년 전이다. 이때 근동에서 신석기 혁명이 시작되었으므로, 구석기 시대와 신석기 시대를 가르는 연대 또한 이와 동일하게 잡았다.

한편 지도 제작자들은 오래전부터 우랄산맥, 캅카스산맥, 보스포루스해협, 에게해를 잇는 선을 유럽과 아시아의 경계로 삼았으나 여기에는 여러 기준이 존재한다. '유라시아'라는 단어는 구분이 애매한 유럽과 아시아를 통칭하는 지역명이다. 이 책에서는 유라시아를 알타이산맥이 놓인 경도를 기준으로 '서유라시아'와 '동유라시아'로 구분하였다. 동쪽으로 태평양, 북쪽으로 북극해, 서쪽으로 알타이산맥, 남쪽으로 히말라야산맥을 동유라시아의 경계로 삼았다. 따라서 '남아시아'에 속하는 인도, 파키스탄 등과 '서아시아'에 속하는 아라비아반도, 이란, 아나톨리아 등은 서유라시아에 포함된다. '중앙아시아' 또한 서유라시아에 포함된다. 알타이산맥 서편에 있는 카자흐스탄, 키르기스스탄, 타지키스탄, 우즈베키스탄, 투르크메니스탄, 아프가니스탄 등이 중앙아시아의 국가들이다.

일반적으로 '동아시아'는 알타이산맥 동쪽의 아시아를 가리킬 때 사용하는 지역명이다. '동북아시아'와 '동남아시아'로 구분할 수 있는데, 이 두 지역의 경계는 인도차이나반도의 국가인 미얀마, 라오스, 베트남과 중국의 국경으로 보면 무리가 없다. 동북아에는 중국, 일본, 한국, 연해주, 몽골, 대만 등이, 동남아에는 인도차이나 국가들과 태국, 말레이시아, 필리핀, 인도네시아 등이 포함된다. 한편 서양 학자들은 동아시아East Asia와 동북아시아Northeast Asia에 큰 차이를 두지 않는다. 대부분 동아시아라는 단어를 더 선호하며 일반적으로 중국, 일본, 한국 등 3개국을 지칭할 때 통용하는 듯하다.

본문에서는 '동아시아'와 '동유라시아'를 거의 같은 개념으로 썼다. 즉 전체 유라시아에서 유럽, 남아시아, 서아시아, 중앙아시아, 서시베리아 등을 제외한 지역을 가리킨다. 그리고 '동북아시아'는 중국, 연해주, 한반도, 일본 열도 등을 중심으로 하는, '동아시아'에 포함되는 지역으로 이해하면 될 것이다.

# 1부

# 아프리카 밖으로

정말로 탐험은 인간 정신의 본질이다.
- 프랭크 보먼Frank Borman, 우주 비행사

굶주림은 사람을 도둑으로 만든다.
- 펄 벅Pearl S. Buck, 소설가

유별나게 여행을 좋아하는 이들이 있다. 방랑벽을 타고난 사람들이다. 이들은 한 장소에 오래 머무르는 것을 못 견디고 따분한 삶을 지겨워한다. 항상 새로운 곳에서 체험하는 새로운 경험을 인생 목표로 삼는다. 이런 성향이 지나치면 긴장감과 스릴을 만끽할 수 있는 익스트림 스포츠에 빠져들기도 한다. 위험하지만 다분히 중독성이 강해 가족들은 걱정이 가실 날이 없다.

호모 사피엔스의 오랜 이동 역정을 들여다보면 이런 인간의 위험 추구 성향이 수백만 년 전부터 유구하게 이어져 온 진화의 산물이 아닐까 하는 생각이 든다. 앞으로 살펴보겠지만 익숙하지 않은 곳에 대한 두려움을 이겨내고 적극적으로 미지의 세계로 발을 내디뎠던 이들이 결국에는 살아남았다. 호모 사피엔스는 지질학적 시간 스케일로 봤을 때 매우 짧은 시간에 불과한, 단 5~6만 년 만에 전 지구를 점령하다시피 했다. 대략 1만 5000년 전 시베리아의 사피엔스는 마지막 빙기의 매서운 추위에도 불구하고 광활한 시베리아를 관통하여 아메리카 대륙으로 건너갔고, 약 4000년 전 대만에서 출발한 오스트로네시아인 집단은 배를 타고 서쪽으로는 아프리카, 동쪽으로는 태평양의 이스터섬까지 진출했으며, 1492년 콜럼버스는 망망대해를 항해하며 신대륙을 발견했고, 1969년 미국의 우주인은 달 표면에 인류 역사상 최초의 발자국을 남겼다.

무슨 이유인지 몰라도 같은 호모 속의 네안데르탈인은 주로 유럽에서만 수십만 년을 머물렀다. 유라시아의 동쪽 지역에는 별다른 관심을 보이지 않았다. 반면 사피엔스는 엄청난 확산 능력을 과시했다. 마지막 빙기의 막판에는 극 지역의 추위도 아랑곳하지 않고 베링해협을 지나 바다 너머 아메리카 대륙까지 진출했다. 이때는 지구상에서 네안데르탈인이 완전히 사라지고 2만 년이라는 시간이 흐른 후였다. 동남아시아와 오세아니아에서 네안데르탈인보다 더 늦게까지 생존했던 것으로 보이는 또 다른 구인류 데니소바인도 사피엔스가 북아메리카로 넘어갈 즈음에는 거의 소멸하기 직전이었다. 이동을 꺼리지 않는 호모 사피엔스가 결국 지구에 마지막 남은 호모 속이 된 것이다.

사피엔스의 이러한 엄청난 이동 욕구는 어디에서 비롯된 것일까? 저 멀리 흐릿하게 보이는 섬에 과연 무엇이 있을지 상상을 되뇌다 궁금증을 참지 못하고 반드시 눈으로 확인해야만 했던 일종의 호기심 때문이었을까? 확산 영역을 비교해 보면 확실히 사피엔스가 네안데르탈인보다 호기심이 많은 듯하다. 하지만 사피엔스의 이동에는 이보다 더 확실하고 강력한 동인이 있지 않나 싶다. 나는 그것이 기후 변화와 그로 인해 야기된 식량 부족이었다고 본다. 아프리카의 사피엔스가 유라시아 전역으로 퍼져나갈 때 이보다 강력한 동인이 또 있었을까? 환경 변화와 식량 위기를 극복하는 과정에서 사피엔스는 네안데르탈인보다 더 과감하게 이동했다. 이런 과감함은 현 인류가 지구 전역으로 빠르게 확산할 수 있었던 주된 요인 가운데 하나였다.

마지막 빙기 말 시베리아의 수렵채집민은 대형 사냥감을 쫓아 베링해협을 건넜으며, 오스트로네시아인은 태평양에서 인구 압박에 처할 때마다 이웃한 섬으로 이주했다. 콜럼버스는 스페인의 이사벨라 여왕의 뜻에 따라 향신로 무역의 활로를 뚫고자 대서양을 건넜고, 미국은 냉전 시대 소련과의 우주 경쟁 속에서 달 탐사선 아폴로를 달에 보냈다. 확실히 인류의 이런 일련의 이동과 탐험은 호기심보다는 자원을 두고 벌이는 경쟁에서 승리해 생존하고자 했던 현실적인 목표에서 비롯됐다. 물론 스페이스X를 통해 화성에 우주 식민지를 건설하겠다고 천명한 일론 머스크의 꿈은 모험심의 발로에 더 가까워 보이기는 한다. 그래서 우리는 그를 괴짜라고 여긴다. 분명 머스크와 같은 괴짜들이 역사를 통해 보여준 호기심과 모험 정신 역시 과거 사피엔스가 이동을 감행한 요인 중 하나였을 테지만, 이를 수천 년 전 배고픔에 지치고 경쟁에서 밀려 이 섬, 저 섬으로 옮겨 다녀야 했던 오스트로네시아인의 절박함에는 비할 수 없을 것이다. 숱한 선박 사고에도 아랑곳하지 않고 지금도 살아남기 위해 지중해를 건너는 북아프리카 난민들은 또 어떠한가. 굶주림은 사람을 도둑으로 만든다. 이 책의 1부는 살아남기 위해 끊임없이 움직였던 우리 조상들의 이야기다.

1장

# 낯선 자들과의 조우

## 유전체에 남은 낯선 이의 흔적

우리 인간의 학명은 호모 사피엔스*Homo sapiens*이다. 그 뜻을 풀어 보자면 호모 속屬을 구성하는 여러 종種 가운데 '사피엔스'라는 이름을 갖는 종이라는 의미다. 호모 속의 나머지 종들은 모두 멸종했다. 가장 최근에 사라진 호모 속의 종으로 네안데르탈인Neanderthals과 데니소바인Denisovans이 있다. 이들은 호모 사피엔스가 나타나기 전 30만 년 이상 유라시아 대륙을 호령했지만 영원한 승자는 없는 법이다. 우리의 선조 사피엔스는 대략 12만 년 전부터 간헐적으로 아프리카를 빠져나와 유라시아 전역으로 뒤늦게 퍼져나갔다. 사피엔스는 이동 중에 유라시아의 터줏대감이던 친척 호모들과 만났다. 곧 먹이와 활동 영역을 두고 치열한 경쟁을 벌이기 시작했다. 단단한 몸의 네안데르탈인은 신체적 우위를 살리지 못했다. 3만 9000년 전 영악하고 소통에 능한 사피엔스에 밀려 허무하게 사라졌다.[1] 당시의 급속한 기후 변화와 대형 화산 폭발 또한 사피엔스보다 북방에서 생활하던 네안데르탈인에게 불리하게 작용했다.[2,3]

유라시아의 네안데르탈인은 빙하기 기후 변화에 주기적인 충격을 받았다. 그 결과 집단이 커지기 어려웠고 유전적 병목 현상에 끊임없이 시달렸다. 반면 사피엔스는 기후가 비교적 안정적으로 유지되었던 아프리카에서 출현했기 때문에 상대적으로 인구도 많았고 유전자 다양성 또한 높았다. 두 집단 간에 극명하게 대비되는 인구수와 유전자 다양성의 차이가 종국에는 승자와 패자를 갈랐는지도 모른다. 집단의 크기가 작으면 해로운 돌연변이가 퍼지는 유전적 부동에 취약할 수밖에 없다.[4]

십여 년 전만 해도 네안데르탈인은 호모 네안데르탈렌시스*Homo neantherthalensis*라는 학명으로 자주 불렸다. 즉 호모 사피엔스와는 완전히 다른 종으로 간주한 것이다. 지금은 호칭이 조금 복잡해졌다. 2010년에 실시한 네안데르탈인의 DNA 분석 결과, 네안데르탈인과 호모 사피엔스 간에 교잡이 있었던 사실이 밝혀졌기 때문이다. 현대인의 몸에는 많지는 않지만 분명 네안데르탈인에게서 유래한 DNA가 남아 있다. 학계에서는 암수 두 개체가 교배하여 낳은 새끼가 번식 능력을 갖추고 있을 때 이들을 같은 종으로 간주한다. 우리 몸에 남아 있는 네안데르탈인의 DNA는 사피엔스와 네안데르탈인이 같은 종이었음을 시사한다. 이런 연유로 일부 학자들은 사피엔스와 네안데르탈인을 호모 사피엔스의 아종으로 구분하여 각각에 호모 사피엔스 사피엔스, 호모 사피엔스 네안데르탈렌시스라는 학명을 부여하기도 했다. 하지만 여전히 기존의 학명을 선호하는 사람들도 많다. 종의 정의와 관련해서는 다양한 의견이 존재하기 때문이다. 호모 종들은 전통적으로 골격의 형태 차이를 토대로 구분되어 왔다. 이를 기준으로 하면 사피엔스와 네안데르탈인은 같은 종으로 묶기 힘들 것이다. 지금은 학자들도 학명보다는 네

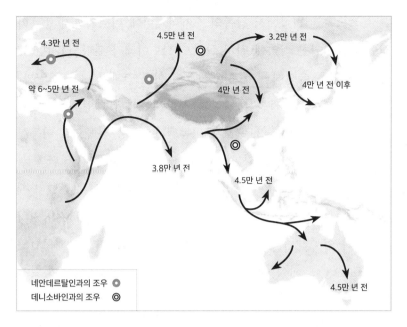

**그림1-1 호모 사피엔스의 확산**

호모 사피엔스는 약 6~5만 년 전 아프리카에서 탈출했고 유라시아 지역을 돌아다니며
서유라시아에서는 네안데르탈인과 동유라시아에서는 데니소바인과 조우했다.

안데르탈인이라는 일반명을 선호한다. 데니소바인도 마찬가지다.
현대인은 데니소바인에게서 유래한 DNA도 가지고 있다. 데니소
바인 또한 사피엔스와의 관계가 명확하지 않기에 일반명으로 자주
불린다. 데니소바인의 DNA는 오세아니아에 살고 있는 원주민의
유전체에서 비교적 높은 비율로 나타난다.

    아프리카를 빠져나온 사피엔스는 약 5만 년 전에 먼저 서유라
시아의 네안데르탈인과 교배했고 이후 동유라시아의 데니소바인
과도 교배했다.[5,6] 그런데 흥미롭게도 이들 구인류에게서 유래한
DNA는 모두 현대 아시아인에게서 더 많이 확인된다. 데니소바인

은 북쪽의 시베리아에서 남쪽의 오세아니아에 이르기까지 동유라시아의 광범위한 지역에 걸쳐 살았으므로 이해가 된다. 하지만 네안데르탈인은 유럽에만 분포했는데 왜 이런 결과가 나온 것일까? 사피엔스는 아프리카를 빠져나와 서아시아에서 네안데르탈인과 교잡한 후 세 방향(동, 서, 북)으로 이동했다. 이 중 서쪽으로 이동한 집단이 나중에 '기저유라시아인Basal-Eurasian'이라는 유령 집단과 섞인 것으로 보이는데, 기저유라시아인은 아프리카에서 기원했기 때문에 네안데르탈인 DNA를 갖고 있지 않았다. 기저유라시아인의 유전자가 이곳의 수렵채집민들이 원래 가지고 있던 네안데르탈인의 유전 성분을 희석한 것이다. 그 결과 실제 네안데르탈인이 살지 않았던 아시아 지역에 네안데르탈인의 흔적이 더 많이 남는 아이러니한 상황이 연출되었다.[7]

그런데 사피엔스와 네안데르탈인이 서아시아가 아닌 아프리카 내부에서 유전적으로 섞였을 가능성은 없을까? 이를 가정한다면 아프리카에서 출발한 기저유라시아인도 네안데르탈인의 유전 성분을 가지고 있어야 할 것이다. 그러나 그럴 가능성은 높지 않아 보인다. 네안데르탈인의 유전자가 아프리카의 '산족'에게서는 전혀 확인되지 않기 때문이다. 산족은 아프리카 남부를 한 번도 떠나지 않은, 세계에서 가장 오래된 인간 집단으로 우리가 흔히 '부시맨'이라고 부르는 바로 그 민족이다. 이들의 DNA는 호모 사피엔스가 아프리카 바깥에서 네안데르탈인과 교잡했음을 잘 보여준다.

아프리카에서 갓 탈출한 사피엔스에게 유라시아의 네안데르탈인과 데니소바인은 부담스러운 경쟁자였다. 그러나 최종 승자는 사피엔스였다. 그 비결이 무엇이었는지에 대해서는 다양한 의견이

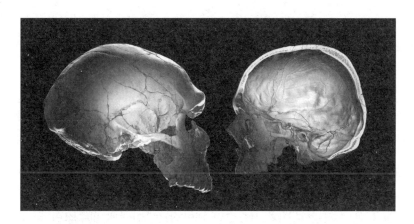

**그림1-2 네안데르탈인(좌)과 사피엔스(우)의 두개골**

존재하지만, 현재까지는 사회성의 차이가 승패를 가른 주요 원인이었다는 견해가 가장 많은 지지를 얻고 있다. 사피엔스는 문화 수준과 소통 능력이 높아 환경 변화에 대처가 빨랐고 유연했다.[8] 사피엔스의 높은 사회성과 활발한 교류는 식량과 주거지를 놓고 벌이는 구인류와의 경쟁에서 앞설 수 있는 토대가 되었다. 사피엔스는 개를 가축화하여 사냥감 몰이에 활용했고 발사형 무기를 썼기 때문에 근접 사냥을 주로 시도했던 네안데르탈인에 비해 사냥 효율이 높았다.[9-11] 또한 상대적으로 몸집이 작아 에너지 소모가 적었고 육식을 고집한 네안데르탈인과 달리 잡식성이라 열악한 환경 속에서도 잘 견딜 수 있었다.[12]

빙기의 극심한 기후 변화를 이겨내고 결국 지구를 차지한 호모속은 사피엔스였다. 네안데르탈인이나 데니소바인은 경쟁에서 뒤처지면서 말 그대로 완전히 사라졌다. 우리에게 구인류의 존재를 알려주는 것은 수만 년 전의 뼈 파편뿐이다. 하지만 현대인의 몸에는 이들이 물려준 강인함이 뚜렷하게 남아 있다. 데니소바인과 네안데르탈인은 빙기의 매서운 추위와 급변하는 기후에 단련된 전사였다. 반면 사피엔스는 아프리카의 따뜻하고 안정적인 환경이 익숙한 사회 집단이었다. 사피엔스의 사회성이 아무리 좋다 한들 유라시아의 변덕스러운 기후에 적응하는 것은 결코 쉬운 일이 아니었을 것이다. 구인류와의 교잡은 육체적으로 연약했던 사피엔스에게 많은 도움이 되었다. 지방을 두텁게 축적하는 기능은 혹한기가 닥칠 때마다 식량 부족에 시달렸던 네안데르탈인에게 필수적인 유전형질이었다. 이는 갑자기 척박한 환경 속으로 뛰어든 사피엔스도 마찬가지였고, 고맙게도 네안데르탈인은 사피엔스에게 해당 유전자를 전달했다. 그러나 모든 일에는 명암이 있다. 먼 옛날 네안데르탈인이 사피엔스에게 전한 비만 유전자 때문에 우리는 매일 살과의 전쟁 속에서 산다. 한편 티베트의 고지대에 사는 사람들은 산소가 희박한 환경에서도 잘 버틴다. 학자들은 티베트 원주민의 이러한 능력이 먼 과거의 데니소바인에게서 비롯된 것으로 추정한다.[13] 피부 색소를 변화시키는 네안데르탈인의 유전자 또한 사피엔스가 고위도 지역의 추위와 적은 광량을 극복하는 데 일조했다.[14,15] 인간은 일사량이 적어지면 비타민 D가 부족해져 뼈가 약해진다. 그런데 피부가 창백하면 더 많은 햇빛을 받아들여 비타민 D를 더 많이 만들 수 있다. 위도가 높은 곳에 사는 사람일수록 피부가 밝은 이유가 여기에 있다.

하지만 사회문화적으로, 특히 유전적으로 이질적인 두 집단 사이의 교배는 자주 일어나는 일이 아니다. 게다가 잡종은 보통 번식에 어려움을 겪을 가능성이 높아 자신의 유전자를 후세대에 전달하기가 쉽지 않다. 두 종의 유전적 거리가 클수록 자손의 번식력은 저하되는데, 이는 잡종 수컷의 X염색체에서 기인한다고 알려져 있다. 그럼에도 구인류의 유전자가 우리 몸에 남아 있다는 사실은 생각보다 구인류와 호모 사피엔스 사이에 성적 교류가 활발했을 가능성을 시사한다.

## 네안데르탈인과 데니소바인

1856년 8월 독일의 북부 도시 뒤셀도르프에서 멀지 않은 '네안더Neander'라는 계곡의 조그마한 석회암 동굴에서 독특한 형태의 뼈가 발견되었다. 동굴의 광부들은 뼈를 인근 고등학교의 과학 교사였던 요한 칼 풀로트Johann Carl Fuhlott에게 전달했다. 오래된 화석에 일가견이 있는 그였지만 이 뼈는 보면 볼수록 종잡을 수가 없었다. 과거에 살던 어떤 사람의 뼈 같아 보이긴 했으나 그 모양이 참 희한했다. 얼마 후 지역 신문에 네안더 계곡에서 발견된 독특한 뼈에 대한 기사가 크게 실렸다. 기사를 접하고 뼈에 관심이 생긴 본대학교의 해부학 교수 헤르만 샤프하우젠Herman Schaaffhausen이 풀로트에게 연락을 취했다. 찰스 다윈이 《종의 기원》을 출간한 해가 1859년이니 당시는 진화라는 개념이 학자들에게 익숙해지기 전이었다. 그러나 샤프하우젠은 풀로트가 보관 중이던 인골을 보자마자 다른 유형의 인류에게서 나온 뼈라고 인정하지 않을 수 없었다.

풀로트와 샤프하우젠은 이 고인골이 현대인 이전에 유럽에서 살았던 구인류의 뼈라고 굳게 믿었고 1857년 본에서 열린 박물학회에서 자신들의 생각을 발표했다. 그러나 여전히 창조론을 신봉하는 사회 분위기 속에서 학계의 반응은 냉랭했다. 발표장의 동료 학자 대다수가 "이 뼈가 갖는 독특한 형태는 구루병에 걸린 현대인이 오랫동안 말을 탄 결과"라는 해부학자 아우구스트 마이어August Mayer 의 주장을 지지했다. 마이어는 이미 전력이 있었다. 1830년에도 벨기에에서 발견된 (아마도 최초의) 네안데르탈인 뼈를 말 위에서 평생을 보낸 코사크 군인의 뼈로 잘못 판단하는 실수를 저질렀다. 그는 이번에도 특이한 모양으로 휘어진 허벅지 뼈를 자의적으로 해석했고 뒤로 누운 이마와 크게 튀어나온 눈두덩이에 대해서는 개인차로 적당히 설명하며 넘어갔다. 마이어는 도드라진 눈두덩이가 미간을 자주 찌푸려서 생긴 흔적이라는 억지 주장을 펼치기도 했다. 현대 병리학의 아버지로 일컬어지는 루돌프 피르호Rudolf Virchow와 같은 대가 또한 뒤로 누운 이마가 커다란 둔기에 맞아 변형된 것이라는 이해하기 어려운 주장까지 해가며 마이어를 지지했다. 안타깝게도 마이어와 피르호의 비논리적 견해를 의심하고 풀로트와 샤프하우젠의 주장을 진지하게 받아들이는 사람은 그리 많지 않았다.

하지만 1859년 《종의 기원》이 출간되면서 다윈의 진화론이 학계뿐 아니라 대중들에게도 엄청난 반향을 불러일으켰다. 1863년 아일랜드의 지질학자 윌리엄 킹William King이 뼈 주인에 '호모 네안데르탈렌시스'라는 이름을 붙이며 풀로트와 샤프하우젠을 지지했다. 그러나 인간이 호모의 다른 존재를 받아들이기까지는 수십 년의 시간이 더 필요했다. 1880년대 중반 들어 유사한 모습의 구인류의 뼈가 연달아 발견되면서 분위기가 바뀌기 시작했다. 병리학에 기초한 마이어의 가설은 차차 잊혔고 네안데르탈인의 존재를 인정하는 사람들이 늘어갔다. 시대를 앞서갔던 폴로트는 1877년에 사망하여 생전에 그의 성과에 걸맞은 대우를 받지는 못했다. 그러나 지금의 학자들은 그를 고인류학의 창시자이자 네안데르탈인의 발견자로 칭송한다. 학문의 패러다임을 바꾸는 발견은 현재가 아니라 미래에 더욱 환한 빛을 발한다.

네안데르탈인은 현생인류가 퍼져나갈 때 경쟁에서 밀려 사라졌지만 상당한 수준의 문화 역량을 갖추고 있었다는 것이 정설이다. 그들은 대략 40만 년 전부터 유럽을 중심으로 번성하다가 4만 년 전에 소멸한 것으로 추정된다. 이는 빙기와 간빙기를 오가는 엄청난 규모의 기후 변화를 5~6차례나 버틴 것으로 이들의 문화 수준이 상상 이상으로 높았음을 시사한다. 네안데르탈인은 대형 야생 동물을 사냥했으며 돌을 다듬을 줄 알았고 구멍 뚫린 이빨과 동물 뼈로 몸을 치장했다. 과연 문화와 언어가 호모 사피엔스만이 갖는 고유한 형질일까? 알 수 없다. 네안데르탈인 또한 도구 제작에 능했고 장신구를 만들 줄 알았다. 이들이 언어를 사용했다고 믿는 학자 역시 많다. 망자에게 꽃을 바치는 장례 의식을 치렀다는 사실도 잘 알려져 있다. 현생인류와 네안데르탈인의 게놈 차이는 0.5%에도 못 미친다. 두 인류 간에는 성적 교류도 존재했다. 현생인류가 네안데르탈인과 다른 점, 즉 '인간다움'이란 무엇일까?

네안데르탈인의 뼈는 유럽 특히 남서부 지역에서 광범위하게 확인되지만 동아시아에서는 출토된 바 없다. 유럽에서 네안데르탈인이 돌아다닐 때 동아시아는 네안데르탈인이 아닌 또 다른 구인류의 땅이었다. 이들은 데니소바인이라는 이름으로 불리지만 화석이 거의 발견되지 않아 어떠한 외양을 띠고 있었는지 알 길이 없다. 데니소바인의 정체는 러시아 알타이 지역의 한 동굴에서 조그만 새끼 손가락 뼈가 발견되면서 알려졌다. 이 동굴은 수만 년 전 인간이 살았던 흔적과 사냥 도구, 목걸이, 팔찌 등이 발견되어 이미 학자들의 시선을 끌고 있었는데, 2010년의 인골 발굴 덕에 명성을 얻었다. 여기서 출토된 인골의 DNA 분석 결과는 당해 전 세계에 엄청난 충격을 선사했다. 뼈의 DNA 데이터는 현생인류도 아니고 네안데르탈인도 아닌 6~7세 정도의 여자 어린이를 가리키고 있었다. 동굴에서 함께 출토된 어금니 또한 현생인류나 네안데르탈인의 것과는 확연히 달랐다. 데니소바인의 발견은 제대로 된 화석 자료 없이 유전자 연구만으로 새로운 인류의 존재를 입증한 것으로 인류의 기원을 찾는 연구 분야에 커다란 획을 그은 성과였다.

데니소바 동굴에서 발굴된 뼈들은 또 다른 이야기를 전한다. 따뜻한 환경을 선호한 네안데르탈인과 추운 지역에서 거주한 데니소바인은 동시대에 살았음에도 유라시아 내에서 생활 공간이 서로 달라 마주치는 일이 드물었다. 그러나 간빙기 혹은 아간빙기에 지구의 기온이 상승하여 유럽의 온대림이 동쪽으로 확장할 때면 이들 사이에 위험하면서도 본능적인 결합이 꽤 이뤄진 모양이다.[16] 유럽의 네안데르탈인은 기후가 온난해질 때마다 새롭게 만들어지는 온대림을 따라 동쪽으로 움직였다. 시베리아까지 이동한 일부 네안데르탈인은 이곳의 터줏대감인 데니소바인과 만나 관계를 맺고 자손을 낳았다. 이는 마치 아프리카에서 근동으로 빠져나와 네안데르탈인과 교잡한 사피엔스를 연상시킨다. 데니소바 동굴에서는 이러한 상황을 반영하듯 순수한 데니소바인과 네안데르탈인의 뼈, 그리고 마지막 간빙기가 끝난 후 세차 운동으로 지구의 기온이

**그림1-3 유전 정보를 활용해 복원한 데니소바인 여성**

오름세를 타던 약 9만 년 전에 데니소바인 아버지와 네안데르탈인 어머니 사이에서 태어난 어느 한 소녀의 뼈가 출토되었다.[17] 온화해진 기후가 멀리 떨어져 살아가던 네안데르탈인과 데니소바인을 우연히 마주하게끔 이끈 것이다. 먼 과거의 생명들에게 기후 변화의 영향력은 지금과는 비교도 안 될 만큼 컸다.

　이와 같이 고DNA 분석은 획기적인 시도를 통해 과거 인류 연구의 새로운 장을 연이어 열고 있다. 하지만 그렇다고 해서 전통적인 화석 연구가 빛을 잃는 일은 아마 없을 것이다. 오래된 뼈에서는 DNA 검출이 매우 어렵기 때문이다. 하지만 또 아는가? 앞으로 기법이 더욱 발전하여 실낱같이 남아 있는 수백만 년 전의 유전체를 분석하는 것도 가능해질지.

수십만 년 전 한반도에서는 베이징 원인으로 알려진 호모 에렉투스가 살았다. 경기 연천군 전곡리에서 발견된 주먹도끼의 주인공들이다. 호모 에렉투스가 한반도에서 사라진 후에는 데니소바인들이 잠깐 들락거렸을 가능성이 있다. 마지막 간빙기 이후에는 아프리카에서 다른 시기에 빠져나온 호모 사피엔스 무리들이 연이어 한반도를 밟았다. 대략 6만 년 전 아프리카에서 탈출하여 동쪽의 해안선을 따라 이동한 수렵채집민과 그 후손이 바로 우리 한반도 땅을 최종적으로 차지한 호모 속이다.


## 방랑자 호모 사피엔스

애초에 호모 사피엔스는 왜 아프리카를 빠져나온 것일까? 무엇보다 호모 속 자체가 다른 동물에 비해 행동반경이 월등히 넓다. 호모는 진화의 결과로 몸의 털이 사라지고 땀을 통해 체온을 조절하면서 장거리 이동이 가능해졌다. 이들은 자신의 장점을 충분히 살려 동물이 지칠 때까지 쫓아다니는 사냥 전략을 즐겨 사용했다. 그 과정에서 아프리카 대륙을 빠져나온 종이 호모 에렉투스*Homo erectus*이다. 유라시아로 진입한 호모 에렉투스가 저 멀리 인도네시아까지 도달한 것만 봐도 호모의 이동 능력과 환경에 대한 적응력이 얼마나 특출난지 알 수 있다. 이후 70만 년 전에는 호모 하이델베르겐시스*Homo heidelbergensis*가 아프리카에서 유라시아 전역으로 퍼져나갔다. 유라시아로 이동한 하이델베르겐시스로부터 네안데르탈인과 데니소바인이 나왔다. 한편 현생인류 호모 사피엔스는 아프리카에 머물러 있던 하이델베르겐시스에서 분기했다.

　호모 사피엔스 또한 호모 에렉투스와 같이 호기심 많고 돌아다니는 것을 좋아하는 종이었다. 대략 13만 년 전에 마지막 간빙기인 이미안 간빙기가 지구에 도래하면서 아프리카는 습윤해졌고 사하라 사막의 면적은 축소되었다. 사막이 초지로 변하자 동아프리카의 사피엔스는 새로 생겨난 초원길을 따라 이동하여 북쪽의 시나이반도 부근 그리고 남쪽의 바브엘만데브 해협에 도착했다. 당시 해수면은 빠르게 상승 중이었으나 홍해 남북으로 아라비아반도와 아프리카 대륙은 여전히 육지로 연결되어 있어서 이들은 쉽게 아프리카에서 탈출할 수 있었다. 이후에도 세차 운동으로 대략 2만 ~2만 5000년 주기로 기후가 습윤해질 때마다 새로운 사피엔스 집단이 초원길을 따라 아프리카를 빠져나갔다.[18]

　기후 변화의 리듬에 따라 다양한 사피엔스 집단이 아프리카를 떠나 유라시아에 진출했다. 그러나 7만 4000년 전 엄청난 규모의 화산 폭발로 기온이 떨어지자 지구상의 사피엔스 수는 급감하게 된다. 인도네시아 수마트라섬에 있던 대형 화산 토바가 폭발한 것이다. 사피엔스뿐 아니라 다른 구인류도 큰 피해를 보았다. 이후 대략 6만 년 전에 상대적으로 화산 폭발의 영향을 덜 받았던 아프리카에서 새로운 사피엔스 집단이 다시금 빠져나와 유라시아 전역으로 빠르게 퍼져나갔다. 네안데르탈인과 데니소바인은 그 과정에서 모두 멸종되었다. 이 경쟁에서 승리한 사피엔스 집단이 지금의 지구를 좌지우지하고 있는 현생인류의 직접적인 조상이다.

고인골의 형태를 분석하여 인류의 기원을 파악하는 고인류학자들은 오랫동안 호모 사피엔스의 '다지역 기원설'을 지지해 왔다. 다지역 기원설이란 각 지역의 현대인들이 그곳의 구인류로부터 진화했다는 가설이다. 이 가설은 현대 아프리카인이 아프리카의 호모 하이델베르겐시스의 후손이고, 유럽인이 네안데르탈인의 후손이며, 아시아인은 100만 년 전 동아시아로 이동한 호모 에렉투스의 후손이라고 이야기한다. 그러나 고DNA 분석을 통해 '미토콘드리아 이브'가 약 20만~15만 년 전 아프리카에 존재했다는 주장이 제기되면서 '아프리카 기원설'이 더 설득력 있는 가설로 인정받고 있다.[19] 다지역 기원설이 맞다면 공통 조상인 미토콘드리아 이브가 이렇게 최근에 살았을 리 없다. 하지만 다지역 기원설이 전적으로 틀렸다고 볼 수만은 없다. 호모 사피엔스와의 경쟁에서 밀리는 바람에 구인류들은 멸종의 운명을 맞았지만, 앞서 봤듯이 아프리카를 탈출한 사피엔스 가운데 일부는 유라시아 각 지역의 구인류와 적극적으로 교배했기 때문이다. 그 흔적인 구인류의 유전자가 현대인에 남아 있으므로 다지역 기원설도 일견 맞는 부분이 있다.

　　호모 사피엔스의 아프리카 기원설에서 보듯 동아프리카가 인류 진화의 핵심 지역이었음은 분명한 사실이다. 그러나 호모 속을 구성하는 모든 종이 아프리카에서 기원했다고 단정할 만한 근거는 아직 없다. 예를 들어 호모 사피엔스와 구인류의 공통 조상인 호모 하이델베르겐시스가 아프리카에서 기원했다고 확신하기 어렵다. 일반적인 생각과 달리 호모 하이델베르겐시스가 유라시아에서 처음 나타난 뒤 그 일부가 아프리카로 건너가 호모 사피엔스로 분기했을 가능성도 존재한다. 지금은 구인류 대부분이 아프리카에서 기원한 다음 유라시아로 이동했다는 가설이 유력하게 받아들여지고 있지만 예외는 언제 어디서든 있을 수 있다.

## 아프리카 밖으로!

우리의 조상은 구인류만 멸종으로 몰고 간 것이 아니었다. 6만 년 전 아프리카를 빠져나온 사피엔스 집단은 각 지역에 이미 정착한 동종의 선배 사피엔스 집단들을 완전히 대체하면서 확산한 것으로 추정된다. 사실 최근까지도 6만 년 전의 사피엔스 집단이 동남아시아와 오세아니아로는 진입하지 못했다고 본 학자들이 꽤 있었다.[20] 유럽에서 발견되는 후기 구석기 양식의 기다란 날을 갖춘 세석기microblade가 이곳에서는 확인되지 않았기 때문이다.[21] 이는 현생인류 모두가 6만 년 전에 이동한 호모 사피엔스의 후손이라는 가설과는 상치되는 견해다. 그러나 현대인의 DNA 분석 결과를 보면 동북아시아인뿐 아니라 오스트레일리아와 동남아시아의 원주민 모두 6만 년 전의 사피엔스 단일 집단에서 분기했음을 알 수 있다.[22]

잘 가공된 세석기와 같은 도구가 동남아시아 등지에서 확인되지 않는다는 사실은 아프리카에서 서아시아로 이동한 뒤 동쪽이 아니라 서쪽으로 움직인 사피엔스 집단이 후기 구석기의 석기 양식을 창출했다는 추정을 가능케 한다. 그 결과로 동쪽으로 이동한 사피엔스 집단에서는 이 문화가 나타나지 않은 것으로 보인다. 그렇지 않고 원래 세석기 양식을 가지고 있었고 집단이 동진하는 과정에서 사라진 것이라면, 동유라시아 남부에 풍부하게 분포했던 대나무 등이 사냥 무기의 소재로 쓸 만했기 때문일 수도 있다. 플라이스토세 후기 역시 현재와 마찬가지로 지중해 동부에서 동쪽으로 갈수록 기후가 습윤했고 삼림의 밀도가 높았다. 즉 도구 제작에 적당한 나무를 구하기가 훨씬 쉬웠을 거라는 말이다. 빽빽하고 어두운 동남아시아 밀림에서 가공할 수 있는 돌을 찾기 위해 굳이 힘겹게 돌아다닐 필요는 없었을 것이다.

동쪽으로 이동한 집단의 석기 문화가 상대적으로 뒤처졌는지 몰라도 이 집단의 새로운 환경에 대한 적응력은 무척 뛰어났다. 이들은 강성한 세력을 유지하며 동남아시아와 오세아니아에 자리 잡고 있던 선배 사피엔스와 데니소바인 집단을 무력화하며 빠른 속도로 퍼져나갔다. 농경민과 달리 수렵채집민에게는 노예가 필요 없다. 이동에 방해만 될 뿐이다. 그들은 살려두면 언제 반격을 가할지 모르는 다른 계통의 수렵채집민을 가차 없이 제거하며 전진했다.

호모 사피엔스의 기원 및 이동 과정은 이와 같이 매우 복잡하다. 우리는 여전히 초기 사피엔스에 대해 모르는 것이 많다. 그러나 최근 10여 년 사이에 새로운 사실이 많이 밝혀졌다. 조만간 우리 선조들의 나머지 비밀 또한 모두 풀릴 것이라는 희망 섞인 전망이 나온다. 과거의 사피엔스를 둘러싸고 복잡하게 엉켜 있던 실타래를 풀 수 있었던 가장 큰 이유는 근래 들어 엄청난 속도로 발전을 거듭하고 있는 전장 유전체 분석법에 있다. 40여 년 전부터 미토콘드리아 DNA나 Y염색체 분석이 시작되긴 했지만, 전체 DNA 중 일부만을 분석한 결과로는 학술적으로 신뢰할 만한 정보를 확보하기가 어려웠다. 그러나 전장 유전체 분석이 최근 상용화되면서 우리는 미지의 과거에 한층 가까이 다가서고 있다.

2장

# 유럽인의 기원

## 서아시아에서 흩어지다

약 6만 년 전에 아프리카를 빠져나온 인류의 조상들은 서아시아에서 네안데르탈인과 조우한 후 크게 세 갈래의 길을 따라 동쪽과 서쪽 그리고 북쪽으로 이동했다. 동쪽으로 해안선을 따라 이동한 집단은 동아시아와 오스트레일리아로 향했다. 한편 캅카스산맥과 카스피해 동부를 지나 북쪽으로 이동한 뒤 저 먼 시베리아로 움직인 일군의 사피엔스는 고대북시베리아인Ancient North Siberian 혹은 고대북유라시아인Ancient North Eurasian이라고 부르는 집단을 이뤘다. 이들과 관련해서는 흥미로운 이야기가 많다.

현대인의 DNA 분석에 따르면 현 유럽인은 동아시아인보다는 아메리카 원주민과 더 많은 유전자를 공유한다. 그런데 좀 이상하지 않은가? 이동 경로만 놓고 보면, 즉 동시베리아에 거주하던 사람들이 당시 육지로 드러난 베링해협을 통해 아메리카로 건너가 원주민 집단을 구성했다는 점을 고려하면, 유전적으로 아메리카 원주민은 동북아시아인과 비슷해야 맞지 않을까?

그러나 일반적인 추측과는 달리 아메리카 원주민에게는 유럽

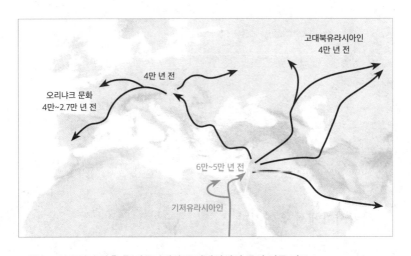

**그림2-1 아프리카 탈출 후 서유라시아 수렵채집민의 초기 이동 경로**

기저유라시아인은 아프리카를 빠져나오지 않고 북아프리카에 남은 집단이다. 이들의 DNA는 홀로세 들어 농경민의 확산과 함께 유럽으로 퍼졌다.

인의 유전 성분이 생각보다 많이 확인된다. 아메리카 원주민의 DNA는 동아시아인에게서 유래한 것이 3분의 2를 차지하긴 하지만 나머지 3분의 1은 유럽인에게서 온 것이다. 아메리카 원주민이 동북아시아인과는 다르게 유럽인과 많은 유전자를 공유한다는 사실은 현 유럽인과 유전적으로 가까운 그리고 기동성이 뛰어난 어떤 집단이 과거 동시베리아에 존재했음을 암시한다. 이는 서유라시아인과 관련 있는 어떤 집단이 북쪽으로 이동한 일부 동북아시아인과 시베리아에서 만나 섞였고, 그 결과로 나타난 새로운 무리가 아메리카 원주민의 조상일 거라는 추론을 가능하게 한다. 유럽인의 유전자를 아메리카 원주민 집단에 전달했지만 지금은 사라지고 없는 미지의 '유령 집단'이 존재했던 것이다. 더 정확히 말하자면 이들은 베링 육교를 건넌 집단과 북유럽 집단 모두에게 유전적으로 기여했다. 현대인의 DNA가 동시베리아 남부 지역에 살았을 거라고 암시하는 이 집단을 '고대북유라시아인'이라고 부른다.

추론에 머물던 고대북유라시아인의 존재는 2013년 시베리아 남부 지역 '말타'에서 발굴된 고대 소년의 인골 분석을 통해 입증됐다.[1] 대략 2만 4000년 전에 살았던 것으로 보이는 고대 소년의 전장 유전체 분석으로 고대북유라시아인과 이들을 둘러싼 사람들의 이주와 교류 상황이 명확하게 그려졌다. 흥미롭게도 말타 소년은 현 시베리아 원주민과는 유전적으로 가깝지 않았다. 오히려 추론과 같이 현 유럽인 그리고 아메리카 원주민과 더 가까웠다.[2] 이들은 베링 육교를 건넌 수렵채집민 집단 외에도 시베리아 서부 및 유럽 동부의 수렵채집민 집단에도 유전적으로 기여할 만큼 동서로 뛰어난 기동성을 자랑했다. 정체가 드러나면서 이들은 유령 집단의 족쇄에서 벗어났다. 고대북유라시아인의 유전 정보는 그 내용이 알려진 지 10년이나 지났지만 지금도 과거 유라시아 집단들의 이주 역사를 밝히는 데 핵심적인 역할을 하고 있다.

한편 서아시아에서 서쪽으로 이동한 집단은 아나톨리아를 지나 발칸산맥을 거쳐 중부 유럽으로 들어갔다. 이후 서부 유럽까지 진출한 이들이 4만 년~2만 7000년 전 사이에 오리냐크 문화를 부흥시켰다. 바로 유럽의 후기 구석기 문화가 시작되는 때다. 오리냐크 문화기에는 이전에 볼 수 없었던 새로운 모양의 도구들이 나타났다. 돌날이 강조된 세석기와 함께 뿔, 뼈, 상아로 만든 도구가 많이 증가했다. 앞서 말했듯 이런 변화 양상이 같은 시기 동남아시아와 오세아니아에서는 확인되지 않는다. 그래서 이 지역들에 미리 자리 잡고 있던 사피엔스 집단이 6만 년 전 이동을 시작한 집단에 의해 대체되지 않은 채 존속했다는 주장이 제기되기도 하였다. 하지만 현대인의 DNA 분석 결과는 이런 주장이 사실이 아니라고 말한다. 6만 년 전 아프리카를 탈출한 사피엔스는 빠르게 퍼져나가며 당시 유라시아에 존재하던 경쟁자 대부분을 절멸시켰다. 우선 그들 가운데 서쪽으로 진출하여 현 유럽인의 유전적 기반을 형성한 집단들부터 살펴보도록 하자.


## 유럽 수렵채집민의 계보

약 3만 년 전 서유럽에서 오리냐크 문화가 쇠락하자 동유럽과 서시베리아에 자리 잡고 있던 그라베티안 문화가 서쪽으로 전파되었다. 오리냐크 문화와 그라베티안 문화는 모두 6만 년 전에 아프리카를 빠져나와 유럽으로 들어온 최초의 수렵채집민 집단에서 비롯된 것으로 보인다. 유럽 최초의 수렵채집민 중 일부가 서쪽으로 이동해 오리냐크 문화를, 다른 일부가 동쪽으로 이동해 그라베티안 문화를 이룩했고, 세력을 유지하던 서쪽의 오리냐크 문화가 소멸하자 동쪽의 그라베티안 문화가 서쪽으로 확장한 것이다.

하지만 그라베티안 문화도 약 2만 2000년 전에 이르러 소멸하게 되는데, 당시는 마지막 빙기 중에서도 가장 추웠던 때였다. 그들은 추위와 황량함을 이겨내기 위해 분투를 거듭했다. 특히 새로운 도구의 등장이 이목을 사로잡는데, 소형 돌날을 이용한 복합 창은 이 시기의 문화 발전을 시사한다. 그들은 점성이 높은 역청이나 동물 뼈를 녹여 얻은 물질로 작은 돌날이나 순록의 뿔을 창 자루

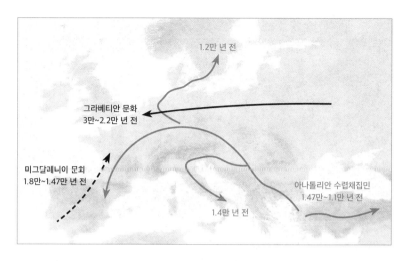

1.2만 년 전

그라베티안 문화
3만~2.2만 년 전

미그달레니이 문화
1.8만~1.47만 년 전

아나톨리안 수렵채집민
1.47만~1.1만 년 전

1.4만 년 전

**그림2-2 3만 년 전 이후 서유라시아 수렵채집민 집단의 이동**

끝에 단단히 고정하는 방법을 알고 있었다. 더불어 뼈에 구멍을 뚫어 바늘로 사용하는 혁신이 나타났다. 바느질이 한결 쉬워짐에 따라 촘촘한 박음질이 가능해졌다. 옷감을 튼튼히 이어 붙일 수 있으니 옷이 오랫동안 망가지지 않았고 열 손실도 줄어들었다. 이렇게 개선된 도구들은 사냥 효율을 높이고 장시간 외출을 가능케 했다. 그들은 다양한 혁신을 시도하며 2만 5000년 전부터 더욱 매서워진 추위를 버텨내고자 사력을 다했다.[3] 이 시대의 예술성 또한 매우 뛰어났는데, '빌렌도르프Willendorf의 비너스' 같은 조각상들은 현대 예술에도 영감을 줄 정도로 독특한 모양새를 자랑한다.

이후에 나타난 솔뤼트레 문화는 대략 1만 8000년 전 마지막 빙기 최성기가 끝나면서 사라졌고, 그를 대신해 마그달레나 문화가 유럽 전역으로 퍼져나갔다. 이베리아반도에서 출발한 마그달레나 문화는 후퇴하는 빙상을 따라 북쪽과 동쪽으로 전파되었다. 마그

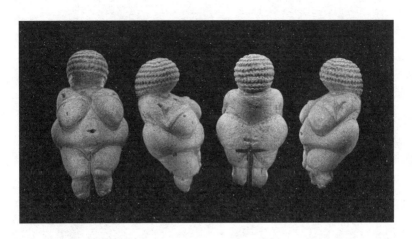

**그림2-3 빌렌도르프의 비너스**

달레나 문화에서 눈에 띄는 건 투창 가속기라는 사냥 도구다. 투창 가속기는 솔뤼트레 문화기에 처음 등장해 마그달레나 문화기에 일상적으로 활용되었다. 기다란 막대를 지렛대로 이용해 창을 더 빠른 속도로 더 멀리 던질 수 있었다. 이 혁신은 특히 사슴, 말, 순록 등 재빠른 야생 동물을 사냥할 때 효과적이었다.[4]

마그달레나 문화를 끝으로 후기 구석기 시대가 막바지에 이르던 1만 4700년 전 북반구 전역은 뚜렷한 온난기로 접어들었다. 고기후 학자들은 이 시기를 뵐링-알레뢰드기라고 부른다. 갑작스럽게 기온이 오르자 아나톨리아 서부에 있던 새로운 수렵채집민이 서쪽으로 이동하며 유럽에 남아 있던 수렵채집민을 대체했다. 이들은 동쪽으로도 이동했기에 이후 중동과 유럽의 수렵채집민은 유전적으로 비슷해졌다.[5]

앞서 언급했듯 과거 북아프리카와 서아시아에는 여전히 정체가 밝혀지지 않은 '기저유라시아인'이 존재했다. 동아프리카에서 북진하던 사피엔스 가운데 일부가 아프리카를 빠져나오지 않은 채 북아프리카에 정착했는데 이들이 기저유라시아인이다. 이동을 즐기지 않은 집단이었는지 다른 집단과 달리 멀리 움직이지 않았다. 기저유라시아인은 북부 아프리카에서 격리되어 수만 년을 살다가 서아시아로 넘어온 것으로 보인다. 그래서인지 네안데르탈인과의 교잡이 일어나지 않았다. 이들에게서 유래한 유전자는 1만 4000년 전 지중해 동부 연안 레반트에 거주하던 수렵채집민 '나투프인'에게서 많이 확인된다.[6] 나투프인은 이후 비옥한 초승달 지대의 최초 농경민으로 발돋움했다. 기저유라시아인의 DNA는 홀로세가 시작되고 진행된 농경민의 확산을 통해 유럽 전역에 전달되었을 것이다.

전 세계 현대인의 DNA를 분석해 보면 네안데르탈인 유래 DNA와 기저유라시아인 유래 DNA 비율은 서로 반비례한다. 특히 현 유럽인은 유라시아의 다른 집단과 비교할 때 네안데르탈인에게서 유래한 DNA를 적게 갖고 있다. 앞서 말했듯 아무래도 기저유라시인의 DNA가 나중에 유럽으로 유입되면서 과거 유럽인이 가지고 있던 네안데르탈인의 DNA가 희석되었다고 보는 것이 논리적이다. 연구자들은 기저유라시아인이 네안데르탈인에게서 유래한 DNA를 거의 갖고 있지 않을 거로 추정한다.[7] 물론 기저유라시아인은 유전체가 아직 분석된 바 없기에 지금도 유령 집단으로 남아 있다. 말타 소년의 경우와 같이 고인골이 발견되어 기저유라시아인 집단의 베일이 벗겨질 때 서유라시아 지역의 인류 이동과 관련된 다양한 궁금증도 함께 풀릴 것이다.

지금까지 서유라시아 수렵채집민의 역사를 살펴봤다. 다음 주인공은 홀로세 초기 농업혁명의 장본인인 서유라시아의 농경민이다.

## 구석기의 비너스와 고대북유라시아인

동부 시베리아의 바이칼호 인근에 있는 말타 유적지는 고대북유라시아인의 인골뿐 아니라 대략 2만 3000년 전에서 2만 년 전에 제작된 여성 조각상으로도 유명하다. 주로 매머드의 상아를 조각해서 만든 비너스상은 길쭉한 형체가 특징적이다. 간혹 가슴이나 엉덩이를 부각시킨 것도 있지만 유럽의 비너스상과 비교해 전체적으로 몸통이 가늘고 길다. 말타-부렛 유적지에서 발굴되기 전까지는 구석기의 비너스상은 주로 유럽에서만 출토되었다. 비너스상이 20세기 초 동부 시베리아의 말타라는 외딴곳에서 발견된 건 다소 의외라고 할 수 있었다. 말타의 비너스상은 유럽과 달리 얼굴을 묘사했다는 점에서 색달랐다. 마치 후드 달린 옷을 입고 있

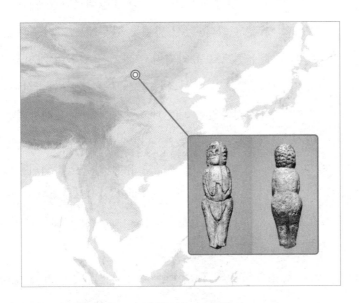

그림2-4 말타의 비너스상과 말타 유적지의 위치

는 것처럼 보이는 전신 무늬 또한 인상적이었다.

유럽에서 발굴된 비너스상들 중에서는 그라베티안 시대에 만들어진 빌렌도르프의 비너스상이 가장 널리 알려져 있다. 빌렌도르프 비너스상은 인체를 과장되지만 디테일하게 묘사한 작품으로 당시의 뛰어난 예술성을 짐작케 한다. 2만 4000년 전에서 2만 2000년 전에 석회암을 다듬어 제작한 것으로 추정되며 비너스상의 키는 11센티미터 정도이다. 다분히 추상화된 모습이다. 커다란 유방이 밑으로 처져 있고 임신한 배는 앞으로 불룩 솟아 있으며 허리는 매우 굵다. 엉덩이를 부각시키고 치부가 자세히 묘사된 것을 볼 때 성공적인 출산과 다산을 염원하는 주술적 성격의 예술품으로 보인다.

빌렌도르프의 통통하고 둥근 비너스와 말타의 홀쭉하고 기다란 비너스는 모양이 상당히 다르다. 그러나 5000킬로미터 가까이 떨어진 장소에서 비슷한 시기에 비슷한 크기의 조각상이 출토되었다는 점만으로도 학자들의 호기심을 불러일으키기에 충분했다. 고대북유라시아인이 아메리카 원주민뿐 아니라 유럽의 수렵채집민에게도 유전적으로 크게 기여했을 정도로 광범위하게 이동했다는 점을 고려해 본다면, 상당히 멀리 떨어져 있는 두 지역이지만 비슷한 시기에 소형 비너스상이 제작되었다는 사실이 이상하게 느껴지지 않는다. 하지만 최근 발표된 연구에 따르면 예상과 달리 말타의 고대북유라시아인 집단과 그라베티안 문화 집단 간에는 유전적 연관성이 없었다.[8] 학자들은 유전자의 전파 없이 소형 조각상 문화만 유라시아 전역으로 확장했을 가능성을 염두에 두고 있다. 이 문화의 기원이 고대북유라시아인인지, 그라베티안 문화인인지 아직은 정확히 알지 못한다. 다만 한 가지 확실한 건 고대북유라시아인의 엄청난 이동성의 결과로 비너스 조각 문화가 널리 퍼졌을 가능성이 높다는 점이다.

여기서 의문이 하나 든다. 고대북유라시아인의 유전자가 동쪽으로는 저 멀리 아메리카까지 이동한 반면 반대편의 서유럽으로는 진출하지 못한 것으로 보이는데, 왜 그랬을까? 무주공산이던 아메리카와 달리 오리냐크, 그라베티안, 솔뤼트레, 마그달레나 문화 등 기존의 수렵채집민이 이미 터를 잡고 있던 유럽은 오랫동안 집단 간에 경쟁이 활발한 곳이었다. 황량한 툰드라와 비교할 때 초지나 삼림은 생태계의 생산성이 높다. 분명 바이칼호가 위치한 시베리아 남부보다 유럽의 인구밀도가 높았을 것이다. 거기에 더해 유럽의 수렵채집민들은 수십만 년간 이곳의 터줏대감 노릇을 하던 네안데르탈인을 몰아낼 정도로 제법 경쟁력을 갖추고 있었다. 빌렌도르프의 비너스상은 다산을 기원하는 인상을 강하게 풍기지만, 말타의 비너스상은 그렇지 않다. 둘의 비너스상의 형태가 서로 다르다는 사실은 무엇을 의미할까? 혹 두 지역 간에 존재했던 경쟁의 강도 차를 시사하는 것은 아닐까? 유럽과 같이 거주 공간으로 인기가 있던 곳에서 자원을 차지하고 생존하기 위해서는 무엇보다도 집단 내 구성원의 수가 중요했을 테니 말이다.

따라서 고대북유라시아인이 유럽으로 영역을 확대하기란 쉽지 않았을 것이다. 어쨌거나 이들의 주 활동 무대는 시베리아에 넓게 펼쳐진 황량한 툰드라였다. 뛰어난 기동성을 바탕으로 당시 유라시아의 문화 교류에 앞장섰다. 고대북유라시아인의 DNA에 새겨진 방랑벽은 시간이 많이 흐른 후에도 쉬이 사라지지 않았던 모양이다. 결국 고대북유라시아인 유전자는 후손의 몸을 빌려 기어코 유럽에 대거 진출하는 데 성공한다. 이 장면의 주인공은 약 5000년 전부터 흑해와 카스피해 북쪽의 초지로부터 서진한 얌나야 유목민이다. 고대북유라시아인 집단이 얌나야인에게 물려준 기동성은 홀로세 후기 들어 잠재력을 활짝 꽃피우게 된다.


## 인류 최초의 농경

인류의 농경은 지금의 요르단, 이스라엘, 레바논, 시리아의 레반트 지역, 튀르키예 남부, 이라크의 메소포타미아 지역, 이란의 서부 산지 등 소위 '비옥한 초승달' 지대에서 처음 시작되었다. 마지막 빙기의 최성기가 끝나고 1만 4700년 전부터 온난한 뵐링-알뢰레드기가 약 2000년간 이어지면서 이곳은 풍요로웠다. 레반트 지역에서는 수렵채집민인 나투프인이 정착을 하고 마을을 이루며 살 정도였다. 이들은 본격적인 농경 단계에 이르진 못했지만 주변의 먹을거리를 관리하는 수준까지 나아갔다. 그러다가 갑작스럽게 영거드라이아스라는 한랭기가 닥쳤다. 강한 추위가 대략 1000년 동안 이어졌지만 강수량이 적정한 수준에서 유지되었기 때문에 집단이 존속하는 데 큰 지장은 없었다.

그러나 문제는 1만 1700년 전 영거드라이어스가 끝나면서 찾아온 급속한 온난화였다. 수렵채집민이 대응하기에는 버거울 정도로 가뭄이 이어졌고 불규칙한 기상 이변이 속출했다. 어느 해는 주변에 먹을 것이 많았다가 그다음 해는 갑자기 먹을거리를 찾기 힘들어지는 상황이 반복되었다. 이들에게 새로운 혁신이 필요했다. 농경은 기후 변화의 어려움 속에서 찾아낸 탈출구였다.

서아시아의 비옥한 초승달 지역이 그리 넓지는 않지만, 학계에서는 레반트, 메소포타미아 북부, 이란의 자그로스산 기슭 등 세 지점에서 농경이 독립적으로 이루어졌다는 주장이 지지를 얻고 있다. 나투프인의 후손인 레반트의 농경민은 밀, 보리, 콩, 귀리, 소, 양, 돼지 등을 최초로 순화했다. 이란 자그로스산 기슭의 농경민은 염소를 처음 가축화한 것으로 추정된다. 흥미로운 점은 그리 멀지 않은 곳에 있던 두 지역의 고대 농경민들이 유전적으로 가깝지 않았다는 사실이다. 믿기 어렵겠지만 두 집단 간 유전적 차이는 현대 유럽인과 동아시아인만큼이나 컸다.[9] 농경이라는 혁신은 매우 복잡하기에 농경의 기원지가 많기는 어렵지만, 고DNA 분석 결과는 비옥한 초승달 지역 내 다수의 지점에서 서로 다른 집단에 의해 독립적으로 농경이 이뤄졌을 가능성을 시사한다. 물론 인적인 교류 없이 농경 문화만 전파되었을 가능성도 배제할 수는 없다.

지금의 서유라시아인은 크게 레반트 농경민, 이란의 농경민, 서유럽의 수렵채집민, 동유럽의 수렵채집민이라는 네 집단이 이주하고 복잡하게 혼합되면서 형성되었다고 볼 수 있다. 처음 이 집단들은 서로 유전적으로 상당히 달랐지만, 농경이 본격화되고 사람들의 이동이 활발해지면서 그 차이가 줄어들었다. 수렵채집 문화와 농경

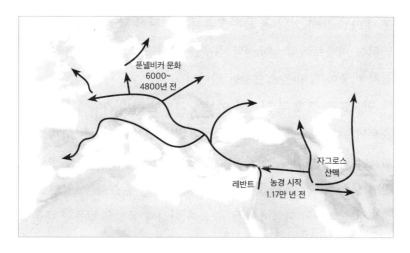

**그림2-5 홀로세 초중기 서유라시아 정주 농경민의 이동 경로**

레반트 지역과 자그로스산맥에서 농경민이 처음 확산하기 시작했다. 이들은 기후가 따뜻해지자 유럽 북부로 이동하여 푼넬비커 문화를 형성했다.

문화의 확산은 서로 다른 성격을 띠었다. 우선 수렵채집민의 활동 영역은 정착 농경민보다 훨씬 넓었다. 먹을거리를 충분히 확보하기 위해 수렵채집민은 많이 움직여야 했다. 따라서 수렵채집민에게는 이동에 번거롭지 않은 수준으로 인구수를 유지하는 것이 무엇보다 중요했다. 이를 위해 노인 살해나 유아 살해도 가차 없이 저질러야 했다. 이들에게 높은 기동성은 곧 생존을 의미했기에 집단 간의 싸움에서 이긴 쪽이 진 쪽을 몰살시키는 경우가 흔히 있었다.

그러나 농경민 집단은 이와 달랐다. 농경 사회는 항상 노동력 부족에 시달렸으므로 노예가 필요했다. 특히 여성은 살려둘 때가 많았다. 농경의 시작과 함께 정주 생활이 보편화되면서 여성에게 부여된 일이 더욱 늘었기 때문이다. 그 결과 농경민이 확산하면서 수렵채집민 문화는 사라지더라도 수렵채집민의 유전자는 상당 부분 살아남을 수 있었다. 물론 Y염색체와 같이 남성을 통해서만 전달되는 하플로타입haplotype의 경우는 수렵채집민에게서 유래한 유전자 비중이 많이 감소했지만 말이다.

참고로 정주 농경 사회의 여성은 과도한 가내 작업에 시달렸다. 출토된 여성의 유골에서 발가락이나 위팔의 뼈가 기이한 형태로 변한 모습을 자주 접할 수 있는데 온종일 곡식을 갈고 빻은 흔적이다. 반면 남성의 뼈대에는 별다른 기형이 보이지 않는다. 수렵채집 문화에서는 남녀의 역할이 모두 중요해 여성과 남성은 평등한 대우를 받았지만, 정주와 함께 여성이 집안일을 전담하자 여성의 사회적 지위는 눈에 띄게 낮아졌다. 수렵채집민 사회에서 뚜렷하지 않았던 남성과 여성의 지위 격차는 농경 문화의 발전으로 도시와 문명이 형성되고 사회 계층 구조가 확립되자 걷잡을 수 없이 벌어졌다.

농경이 본격화되자 인구가 빠르게 증가했다. 농지가 부족해진 서아시아의 농경민은 새로운 지역을 찾아 이동하기 시작했고 그 과정에서 수렵채집민과 뒤섞였다. 9000년 전 레반트와 이란 농경민의 혼합 집단이 아나톨리아에서 서쪽으로 이동하여 발칸반도를 거쳐 지중해 해안을 따라 이베리아반도까지 진출했다. 집단의 또 다른 무리는 도나우강을 따라 동쪽으로 이동하여 독일 지역까지 확산해 들어갔다. 한편 동쪽으로 방향을 잡은 일부 농경민들은 인더스 계곡으로 흘러 들어갔다. 확산 초기를 제외하면 농경민과 수렵채집민 사이의 교잡은 그리 활발하지 않았다. 꽤 긴 시간이 흐른 후에야 다시 본격적으로 섞이기 시작했다. 유럽에서 농경민과 수렵채집민 집단은 2000년 가까이 공존했던 것으로 보인다. 아마도 이는 홀로세 초반부의 서늘했던 기후와 관련 있을 것이다.

홀로세 초기의 농경민들은 북부 유럽에 별다른 관심을 보이지 않았다. 북유럽의 기후와 토양이 농사를 짓기에 적당하지 않았기 때문이다. 하지만 6000년 전 홀로세 기후 최적기가 정점에 이르자 기후는 매우 온난 습윤해졌다. 참고로 홀로세 기후 최적기란 약 1만 1700년 전부터 시작된 현 간빙기인 홀로세 기간 중 가장 따뜻했던 시기로 지역별로 조금씩 다르지만 약 8000~5000년 전으로 본다. 따뜻해진 날씨는 유럽 남부의 농경민이 북유럽에 진출하는 기폭제가 되었다. 그 결과 북유럽에는 고유의 수렵채집민 문화 대신 깔때기 funnel 형태의 토기를 상징으로 하는 '푼넬비커 문화'가 들어서게 된다. 미토콘드리아 DNA 분석 결과에 따르면, 흥미롭게도 푼넬비커 문화 집단은 기반을 초기 농경에 두고 있음에도 수렵채집민의 유전 성분을 많이 지니고 있었다.[10] 이를 통해 외지의 농경민과 토착 수렵채집민 간에 성적 교류가 활발했음을 알 수 있다.

한편 이란에 있던 농경민은 서쪽과 북쪽으로 이동했다. 서쪽으로 이동한 집단은 레반트 농경민, 서유럽의 수렵채집민 등과 섞이

**그림2-6 푼넬비커 문화의 토기**
덴마크에서 출토된 5200년 전 토기로 깔때기 형태가 특징이다.

면서 서유럽의 농경민 집단을 형성했다. 반면 북쪽으로 확산한 집단은 흑해와 카스피해 너머의 초원 지대에 도달했다. 이들은 고대 북유라시아인의 후손이라고 할 수 있는 현지의 수렵채집민과 섞였고 내륙의 한랭 건조한 환경에 적합한 유목 문화를 발전시켰다. 이들 유목민의 후손이 바로 서유라시아의 최종 승자라고 할 수 있는 '얌나야 뮤화인'이다

## 유목민의 기원

얌나야 문화는 초기 청동기 문화로 흑해 북서부에서 우랄강까지 넓게 펼쳐져 있는 폰틱-카스피해 초원에서 기원했다. 얌나야 문화는 대략 5300년 전에 시작되어 4600년 전까지 이어졌다. 유목민 집단의 특성상 많은 흔적을 남기지는 않았지만 대형 고분 '쿠르간kurgan'을 통해 청동기 초기에 얌나야 사회를 주도한 엘리트의 삶을 조금이나마 엿볼 수 있다. 이들에게 가장 중요한 동물은 말이었다. 쿠르간 안에는 수레와 말이 함께 묻혀 있는 경우가 많다. 상위 계층을 위한 대형 고분은 북부 유라시아를 지배한 유목민 집단의 영향력을 상징하는 지표로 수천 년간 이어졌다.

얌나야인은 바퀴와 말을 동시에 활용한 최초의 집단이다.[11] 이들은 수레로 이동할 수 있는 주거 형태를 선호했다. 덕분에 기동성이 높아 주변 지역을 점령하는 속도도 무척 빨랐다. 유라시아 초원 지대에는 얌나야인의 확장을 제어할 만한 지리적인 장애물이 거의 없었다. 초원 지대는 광활했지만 비슷한 위도에서 동서로 길게 뻗

**그림2-7 얌나야 집단의 원거주 지역**

유라시아를 호령한 얌나야 유목민은 폰틱-카스피해 초원에서 기원했다.

어 있어 기후와 식생이 유사했다. 먼 거리를 이동해도 환경의 차이로 어려움을 겪는 일은 거의 없었다.

유목민에게 가장 중요한 동물인 말이 언제 최초로 사육되었는지에 대해서는 의견이 분분하지만 대략 6000년 전부터 가축화의 길에 들어섰다고 본다. 말은 혹독한 겨울 날씨를 견딜 수 있어 서아시아에서 처음 가축화된 양, 돼지, 소와 비교해 유라시아의 내륙 초원에서 경쟁력이 있었다. 처음에는 식량 자원으로 사육되었으나 점차 운송용으로 가치를 인정받았다. 원래 수레 운송용으로 처음 활용된 동물은 소였다. 바큇살 혁신이 일어나기 전에는 둥근 원판을 바퀴로 사용했기 때문에 수레가 매우 무거웠다. 당시 이 정도의 중량을 감당할 수 있는 동물은 소밖에 없었다. 그러나 바큇살과 재갈이 발명되면서 말은 소를 제치고 가장 중요한 운송 수단이 되었다.

살 달린 바퀴를 만드는 작업은 누구나 쉽게 할 수 있는 일이 아니다. 정밀한 부속품을 만들 수 있는 목공 기술뿐 아니라 나무를 원형으로 구부리는 섬세한 공예술도 갖춰야 했다. 완벽한 원형의 바퀴 테두리를 만든 후 바깥 테두리와 안쪽 바퀴통에 구멍을 뚫고 그곳에 여러 개의 바큇살을 박아 고정하는 고난도의 노동이었다. 하중이 골고루 분산되지 않고 특정 살에 집중되면 공들여 만든 바퀴라도 쉽게 부서졌다. 이렇듯 많은 시간과 정성을 쏟아야 하는 일이었지만, 가벼운 바큇살은 전투에 눈을 뜨기 시작한 초원의 전사들에게는 없어서는 안 될 도구가 되었다. 바큇살은 수레의 속도를 획기적으로 높였다. 수레는 얌나야 문화를 거치면서 전차로 거듭났다. 전차는 이후 유라시아의 전쟁을 주도한다.[12]

우리는 보통 유라시아의 유목 문화를 정주 농경 문화에 비해 수준이 낮다고 여기는 경향이 있다. 하지만 13세기 후반 유목 국가 몽골이 제국의 형태를 갖추고 한화漢化의 길로 들어서기 전까지는 유목민 또한 정주민 못지않게 선진 문화를 보유하고 있었다. 두 집단 모두 자신이 처한 환경에 어울리는 독창적인 문화를 창출했다고 보는 편이 옳을 것이다. 유목민은 주변 환경의 생산성이 낮아 인구를 늘리는 것에 한계가 있었지만 야금술과 기마술에서 항상 앞섰기 때문에 농경민과의 싸움에서 밀리지 않았다. 유목민 집단이 거주하는 초원 지대는 말을 키울 수 있는 최적의 조건을 갖추고 있었고 금속의 생산지와도 가까워 도구 제작에 필요한 원자재를 쉽게 구할 수 있었다. 그래서일까? 석기 시대를 끝내고 금속 혁명을 일으킨 것도 정주민이 아닌 유목민이었다. 이들은 재갈, 안장, 등자, 고삐와 같은 다양한 마구를 발명했고 말을 제어하는 기마술을 발전시켜 농경민과의 전투에서 항상 우위에 섰다. 서유라시아의 히타이트, 스키타이, 훈족, 투르크족이나 동유라시아의 흉노, 유연, 돌궐, 몽골 등은 북반구를 호령한 유목국가의 주인들로 유라시아의 역사를 이끌었다.

말과 수레를 이용한 얌나야인은 광활하게 펼쳐진 유라시아의 초원 지대를 유린한 최초의 유목 집단이었다. 유목민들이 언제부터 이동을 위해 수레가 아닌 말에 올라탔는지는 지금까지 분명하게 밝혀지지 않았다. 마구 없이 말을 타는 건 생각보다 쉬운 일이 아니다. 특히 안장 없이 말을 타게 되면 말의 허리에 하중이 많이 실리기 때문에 장거리 이동이 어렵다. 하지만 학자들은 얌나야인이 말 타는 법을 터득했을 거라고 보고 있다.[13] 기마술을 통해 한 명의 개인이 많은 수의 가축을 관리하는 일이 가능해졌다. 목축의 효율성은 크게 높아졌고 개선된 생산성은 얌나야 집단의 세력을 키울 수 있는 동력이 되었다.

### 최초의 유목 민족 얌나야와 쿠르간

세계 각 지역의 집단 형성은 장기간에 걸쳐 일어난 인구 이동과 밀접한 관련이 있다. 이 책에서 유목민 집단, 특히 기마 유목 민족을 강조할 수밖에 없는 이유다. 말을 잘 다룰 줄 알았던 유목민은 기동성과 전투력이 뛰어났으므로 전 세계 여러 집단에 자신들의 유전자를 광범위하게 남길 수 있었다. 얌나야는 북반구에서 자신의 세력을 과시한 최초의 유목민 집단이었다. 이후 서유라시아에서는 히타이트족, 스키타이족, 훈족, 아바르족, 투르크족처럼 얌나야 문화를 계승하는 여러 유목 민족이 연이어 나타났다. 얌나야는 동유라시아의 반건조 스텝 지역에도 말과 관련된 문화와 목축 기술을 전하면서 흉노, 유연, 돌궐, 몽골과 같은 유목민 집단이 출현할 수 있는 기초를 닦았다.

유목민의 역사는 베일에 싸인 부분이 많다. 그들이 기록을 남기지 않았기 때문이다. 정주 생활을 하지 않고 이동하는 삶을 영위했기에 관련 유물도 극히 드물다. 유목민에 대한 일화는 모두 자원을 두고 경쟁을 벌이던 정착 농경민이 기술했기에 내용이 자세하지 않고 왜곡과 비하가 대부분이라 신뢰하기 어려울 때가 많다. 그래도 조금이나마 오래전 유목민 집단의 실체를 알 수 있게 된 데에는 고고학자들의 역할이 컸다.

리투아니아 출신의 고고학자인 마리야 김부타스Marija Gimbutas는 러시아 남부에서 자주 발견되는 구릉 형태의 봉분인 쿠르간이 유럽과 중앙아시아 전역에 분포한다는 사실에 주목했다. 그녀는 흑해와 카스피해 북부 연안의 유목민이 동서남북으로 이동하며 유럽과 중앙아시아를 정복했다고 주장했다. 말을 능숙하게 다루며 기동성을 갖춘 유목민이 확산하면서 쿠르간 분묘 문화가 널리 퍼졌다고 본 것이다. '쿠르간 가설'이라 불린 김부타스의 주장은 많은 학자의 동의를 끌어냈다. 얌나야인의 확장은 분묘 문화뿐 아니라 인도유럽어군이 함께 확산하는 결과로 이어졌다. 현재 유럽에서 사용되는 언어 대부분이 인도유럽어족에 속하며 중동의 페르시아어와 남아시아의 힌디어도 같은 계통으로 분류된다.

## 유럽을 뒤흔든 얌나야인

폰틱-카스피해 초원을 돌아다니던 얌나야 문화인은 대략 4900
년 전부터 서쪽으로 급하게 이동하기 시작했다. 4900년 전은 북반
구의 중위도 지역에서 홀로세의 기후 최적기가 끝나고 기온이 점
차 내려가던 때였다. 최적기의 양호한 기후 덕분에 세력을 키울 수
있었던 북반구의 초기 문명들은 이때부터 성장에 제동이 걸리고
혼란한 상황을 맞이하게 된다. 얌나야 집단 또한 기후 변화에 자극
을 받고 온난한 곳을 찾아 서쪽으로 이동했을 가능성이 높다. 당시
의 한랭화와 농경 행위로 서유럽에 초지가 늘어난 것도 유목민의
이동 욕구를 부추긴 요인이었다.[14] 얌나야인의 서진은 유럽과 서아
시아에 존재하던 네 집단의 유전자를 모두 섞어 이들 사이의 유전
적 차이를 크게 줄이는 결과로 이어졌다. 레반트 농경민과 서유럽

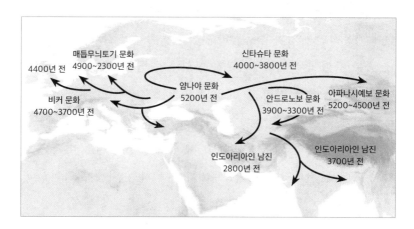

**그림2-8 홀로세 중후기 얌나야 유목민의 확산 경로**
얌나야 유목민은 말과 바퀴를 앞세워 단기간에 넓은 지역으로 확산했다.

수렵채집민의 혼혈 후손인 유럽의 농경민은 이란 농경민과 동유럽 수렵채집민의 혼혈 후손인 얌나야 유목민에게 속절없이 무너졌다. 두 집단의 싸움에서 어느 쪽이 우세했는지는 유목민과 농경민의 유전자 비중을 상호 비교하면 쉽게 알 수 있는데, 얌나야 유목민이 절대적인 강세였다. 이들의 만남으로 유럽인의 DNA는 더욱 균질해졌다.

유럽의 선사 시대를 대표하는 '매듭무늬토기 문화'는 이러한 얌나야인의 이동 과정에서 탄생하였다. 현대 유럽인은 토기를 제작할 때 토기에 매듭 무늬를 새겨 넣었던 선사인과 유전적으로 상당히 비슷하다. 매듭무늬토기는 유럽의 농경민 집단에서 유래했지만, 사실 해당 토기를 만든 사람은 얌나야인이었다. 더 정확히 말하자면 유럽 농경민의 유전자를 지닌 얌나야인의 후손이 그 주인공이다. 얌나야인이 서쪽으로 이동하면서 농경민 집단은 와해됐지만, 멀리서 이동해 들어온 초원의 이방인에게 숲 지대의 토착 농경 문화는 쓰임새가 클 수밖에 없었다. 얌나야인들은 숲을 이용하고 숲에 적응하면서 차차 서유럽의 환경에 녹아들어 갔다.

중부 유럽에서 매듭무늬토기 문화가 위력을 떨치고 난 후 얼마 지나지 않아 뒤집힌 종 모양의 비커 토기가 서유럽을 중심으로 빠르게 퍼지기 시작했다. 이 문화는 남쪽으로 이베리아반도까지, 북쪽으로는 영국과 아일랜드까지 확장하였다. 이후 비커 문화가 동쪽에도 전파되면서 매듭무늬토기 문화는 차츰 사라져갔다. 비커 문화는 매듭무늬토기 문화와 상당히 달랐지만 두 양식 모두 얌나야인의 후손이 창출했다는 공통점이 있다. 서유럽에서 사방으로 확장해 나가던 비커 문화 집단은 4400년 전 영국 제도로 건너가 '스톤헨지'를 축조한 농경민들을 대체했다. 얌나야 유목민의 후손이 바다를 넘어 섬까지 진출한 것이다. 이때 인도유럽어족의 일파인 켈트어도 함께 전파된 것으로 보인다. 하지만 흥미롭게도 육상으로 이동 가능한 이베리아반도로의 진입은 쉽지 않았던 모양이다. 이곳에 분명 비커 문화는 전달되었지만 유전자 이동은 거의 없었다.[15] 이와 같은 사례는 사람의 이동 없이 문화만 전파되는 것도 충분히 가능하다는 점을 보여준다.

사실 얌나야인들이 처음 움직인 방향은 서쪽이 아니라 동쪽이었다. 유럽에 진출하기 전인 대략 5200년 전 이들은 먼저 동쪽으로 이동하여 시베리아 남부에서 '아파나시에보 문화'를 일궜다. 동쪽을 먼저 선택한 이유는 아마도 숲이 분포하는 서쪽보다는 초원이 길게 뻗어 있는 동쪽 환경이 더 익숙하게 느껴졌기 때문일 것이다. 남부 시베리아에 자리 잡은 아파나시에보 문화인은 이 지역의 최초 농경민이었다. 유전적으로 얌나야인과 대동소이하지만, 도구 재료로 금속이 아니라 돌이나 뼈를 사용했기에 얌나야 문화가 형성되기 전에 폰틱-카스피해 초원을 벗어난 집단으로 보기도 한다. 동쪽으로 이주한 얌나야 집단은 서쪽으로 이주한 집단에 비해 기동성이 높았다. 서쪽으로 이동한 집단의 주거지 흔적은 많이 발견되는 반면, 동쪽으로 이동한 집단의 주거지는 거의 확인되지 않는다. 아파나시에보 산지에서는 이들의 매장 문화를 엿볼 수 있는 무덤들만 발굴되었다. 이런 사실은 동쪽 집단의 구성원들이 평생을 수레 위에서만 보냈음을 시사한다.

이후 아파나시에보 집단은 '고시베리아인paleosiberian'에 의해 이 지역에서 사라진다.[16] 고시베리아인은 (말타 소년으로 대표되는) 고대북유라시아인과 동북아시아인 간 혼혈의 후손으로 이후 이들의 일부가 아메리카 대륙으로 건너가게 된다. 동북아시아인의 유전자는 꾸준히 시베리아의 고대북유라시아인에게로 흘러 들어가 이후 고시베리아인 집단을 형성했지만 그 반대의 흐름은 뚜렷하지 않았다. 홀로세 중반 아무르강의 동북아시아 수렵채집민은 매우 광범위한 이동 범위를 자랑했다. 가령 아파나시에보 문화가 사라지고 등장한 '오쿠네보 문화'는 아무르강 집단의 후손인 고시베리아인의 생활양식이었다. 하지만 수백 년 후 얌나야인의 후손들은 고시베리아인에게 잠시 빼앗겼던 중앙아시아로 재차 진출했고, 그 결과 '신타슈타 문화'와 '안드로노보 문화'가 연이어 나타났다.

신타슈타와 안드로노보 문화는 4000년 전 이후 중부유럽의 매듭무늬토기 문화 집단이 중앙아시아 초원 지대까지 이동하여 창출한 청동기 후기 문화이다. 유럽에 거주하던 사람들 중 일부가 자신들의 조상인 얌나야인이 살았던 초원이 그리웠던지 내륙 깊숙이까지 들어와 유목 활동을 즐겼다. 그러다가 약 3700년 전 안드로노보 문화인들이 다시 움직이기 시작했다. 이번에는 초원을 따라 동서로 움직이지 않았다. 기후는 점점 차가워지고 건조해지고 있었다. 따뜻한 남쪽으로 방향을 잡고 험한 힌두쿠시산맥을 넘어 파키스탄의 인더스 계곡으로 들어갔다. 이들은 처음으로 전차를 만들어 전투에 활용한 집단이다. 그야말로 거칠 것이 없었다. 전투에는 이골이 나 있는지라 농경민과의 한판 승부를 기대했을 것이다. 하지만 그들이 도착했을 때 당시 선진 농경 문화를 이끌던 인더스 계곡 문명의 두 대도시 하라파와 모헨조다로는 거의 버려진 상태였다. 4200~3900년 전 사이에 북반구를 휩쓸었던 대가뭄을 버텨내지 못한 것이다.[17]

처참한 결과를 불러온 당시의 기후 변화를 '4.2ka 이벤트'라고 부른다. 유라시아에서 세력을 떨치던 여러 문명이 이때 함께 무너졌다. 이후 1000년 이상 초원 지대의 유목민은 지속적으로 인도 서부로 남진하여 기존의 농경민들과 섞였다. 아마도 주기적으로 나타났던 기후 변화가 유목민의 이동을 불러온 주된 이유였을 것이다.

2800년 전 안드로노보(혹은 신타슈타) 집단의 후손들은 초원은커녕 평지도 찾기 힘든 서쪽의 이란고원까지 진입했다. 초원의 유목민은 기후가 나빠질 때면 여지없이 전차를 앞세우고 남쪽으로 내려와 페르시아를 침략했다. 이들과 인도로 들어간 사람들은 인도어와 이란어의 조상 언어인 산스크리트어를 사용했다. 이란의 경전인 《아베스타》와 인도의 경전인 《리그베다》 모두 산스크리트어로 쓰여 있고 내용 또한 매우 유사하다. 두 종교 모두 생명의 나무와 세상의 중심에 있는 거대한 산을 숭배하며 신성시한다. 이들이 하나의 뿌리에서 탄생했음을 알 수 있다.


## 아리아인과 다사 그리고 푸르

인도와 이란으로 들어온 유목민을 '아리아인'이라고도 부른다. 과거 북부 인도인은 스스로를 아리아인이라 칭했으며, 페르시아인은 자신들이 아리아 민족이라는 의미에서 국가명을 이란으로 정하기도 했다. 오랫동안 아리아라는 단어는 적당히 인도유럽어족을 말할 때 사용됐지만, 제2차 세계대전 당시 독일의 나치가 이를 오용하면서 인종 차별적인 의미를 갖게 된다. 히틀러는 전쟁을 승리로 이끌기 위해 내부 결속이 필요하다고 생각했다. 나치는 독일인이 아리아 민족이며 다른 종족보다 우월하다고 선전했다. 순수한 독일인의 피를 더럽힌다는 이유로 유대인과 집시를 강제로 수용했고 수백만 명을 학살하는 홀로코스트를 자행했다. 나치의 상징인 '하켄크로이츠Hakenkreuz'는 우리나라 절에서 흔히 볼 수 있는 '만卍' 자와 비슷하게 생겼다. 하켄크로이츠는 고대 게르만족의 상징이라는데 인도의 특정 종교가 내세우는 상징과 비슷하다는 사실은 다양한 상상을 불러일으킨다. 그러나 얌나야의 유목민 문화가 사방으로 퍼져나갔다는 사실을 고려하면 두 상징의 유사성이 우연이 아님을 알 수 있다.

아리아인의 유목 문화가 인도로 진입하여 기존의 농경 문화와 혼합하는 과정은 힌두교의 전신인 브라만교의 대표 경전 《리그베다》에서 엿볼 수 있다. 《리그베다》는 처음 쓰인 시점이 3500~3000년 전으로 거슬러 올라간다. 브라만교는 다신교로 《리그베다》에는 여러 명의 신이 나온다. 그중에서 주목할 만한 신이 인드라 신이다. 《리그베다》에서는 인드라 신을 초원 지대의 초자연적 지배자로 묘사한다. 인더스 계곡은 초원이 아니므로 《리그베다》가 초원의 신을 강조한다는 점은 유목 문화의 유입을 암시한다고 볼 수 있다.

고대의 인도 왕은 전통적으로 왕위에 오른 즉시 '아슈바메다Ashvamedha'라는 말 희생제를 치러야 했다. 흰 종마를 풀어놓고 그 뒤를 왕의 전사들이 따라다닌다. 왕의 경쟁자는 흰 종마가 자신의 영역으로 들어올 때 전사와 종마를 공격하여 왕의 권위에 도전할 수 있다. 하지만 종마를 건드리지 않으면 왕에게 복종하는 것으로

**그림2-9 아슈바메다를 표현한 삽화**

화려하게 장식한 종마와 그 뒤를 따라가는 전사를 묘사했다.

받아들여졌다. 왕의 전사들은 흰 종마가 밟은 곳이라면 어디든 왕을 위해 점령해야 했다. 흰 종마가 1년을 돌아다닌 끝에 수도로 무사 귀환하면 왕은 자신의 권위에 문제가 없음을 확인하고 이 종마를 제물로 바쳐 왕국의 번영을 추구하는 의식을 가졌다.

인도는 기온이 높고 습윤하여 말을 사육하기 쉬운 곳이 아니다. 특히 말라리아와 같은 아열대의 풍토병은 말에게는 치명적인 위협이다. 그런데도 고대 인도 왕국의 힘을 과시하는 중요한 제의의 중심에는 항상 말이 있었다. 이 제사를 주도했던 집단 또한 북쪽의 초원 지대에서 남쪽으로 내려온 유목민이었다는 사실을 시사한다. 물론 북쪽 초원 지대의 조상들은 말 희생제를 훨씬 자주 치렀을 것이다. 덥고 습한 인도에서 말은 키우기 힘든 가축이 되었고 말을 바치는 횟수는 크게 줄었지만 인도인에게 말은 여전히 중요한 동물이었다. 유사한 전통이 저 멀리 아일랜드의 켈트족 문화에서도 확인된다. 당시 얌나야 유목 문화의 엄청났던 확장성을 다시한번 느낄 수 있는 대목이다.

《리그베다》에는 전쟁의 신 인드라가 아리아인을 위해 '다사 Dasa'라는 적을 무찌르고 그들의 요새인 '푸르Pur'를 공격하는 장면이 나온다. 여기서 다사는 어떤 집단이고, 푸르는 어디에 있었을까? 아랄해 부근의 건조한 초원에서 살아가던 아리아 유목민은 갑작스러운 기후 변화에 자극을 받아 힌두쿠시산맥을 넘는다. 산맥을 넘자 인더스 계곡까지는 무풍지대였다. 거침없이 밀려 내려온 그들을 막는 장애물은 거의 없었다. 4000년 이상 인더스 문명을 이끌던 하라파와 모헨조다로 두 대도시 또한 허무하게 버려졌기 때문이다. 상당수의 도시민은 가뭄의 충격을 이겨내지 못하고 인더스강 상류로 이미 이동한 후였다.[18] 하라파와 모헨조다로는 가뭄이 발생하기 전까지 메소포타미아 지역과 활발한 교역을 통해 많은 부를 쌓아 당대 세계에서 가장 규모가 큰 도시로 발전했다. 각각 4만 명씩 거주했다고 전해진다. 그러나 인더스 계곡의 도시들이 자랑하던 도로, 하수도, 목욕탕 등의 사회 기반 시설은 대가뭄의 기후 위기 시대에 전혀 어울리지 않았다. 거기에 더해 주 교역국이던 메소포타미아의 아카드 제국마저 가뭄으로 멸망에 이르면서 두 도시의 쇠락은 가속화되었다. 물이 절실했던 도시민은 안락한 삶을 포기한 채 고지대의 원시적인 삶으로 되돌아갔다. '다사'는 가뭄으로 이미 저항 의지를 상실한 상태였다. '푸르'가 무너진 주요인은 인드라 신의 공격이 아니었다.


## 아리아인의 계속된 남진

산으로 올라간 이들이 현명한 선택을 했다고 봐야 할까? 도시에 남아 가뭄을 이겨내려 했던 사람들은 폭력적인 아리아인의 전차 공격에 속수무책이었다. 인더스의 농경민은 바퀴나 말과 같이 전투에 필요한 전쟁 수단을 전혀 갖추고 있지 않았고 전쟁이 익숙한 유목민의 적수가 될 수 없었다. 현대의 인도 북부 사람은 남부인에 비해 서유라시아 유목민에서 기원한 DNA 비율이 높다. 또한 인도 북부에서는 인도유럽어족의 언어가 사용되는 반면, 남부에서는 드라비다어족 계통의 언어가 사용된다. 이런 DNA와 언어 분포를 볼 때, 인도 토착 농경민인 '드라비다인'이 북쪽에서 내려온 아리아인의 공세에 밀려 인도 남부까지 쫓겨갔음을 알 수 있다.

아리아인이 드라비다인에 비해 우세했다는 사실은 Y염색체와 미토콘드리아 DNA 분석 결과에서도 잘 드러난다. 인도인 남성은 아리아인에게서 유래한 한 종류의 Y염색체 유형을 20~40%가량 지니고 있다. 한편 인도인의 미토콘드리아 DNA는 남북 지역 나눌 것 없이 고대 드라비다인에게서 대부분 유래했음이 밝혀졌다. 인도 북부를 침입한 아리아인 남성과 드라비다인 여성 간에 활발한 성적 교류가 있었음을 짐작게 한다. 반면 현 인도인에 대한 아리아인 여성의 유전적 기여는 상대적으로 미미했다. 인도 아대륙의 토착 농경민인 드라비다인은 원래 인도에 살고 있던 수렵채집민과 9000년 전부터 이란에서 동쪽으로 이동한 농경민과의 교잡으로 형성된 집단이다. 한편 아리아 유목민 또한 인도 쪽으로 남하하는 과정에서 이란에서 기원한 농경민들과 섞였고, 이 혼혈 집단이 4000년 전 이후로 인도 북서부 지역에 꾸준히 진입하였다. 그 결과 드라비다인은 점차 남쪽으로 물러날 수밖에 없었다.[19]

유목민 유래 DNA는 북부 인도인에게서 높은 비율로 나타난다. 북부 인도인들은 인도유럽어 계통의 언어를 사용하며 카스트 제도에서 높은 사회적 지위를 누린다.[20] 참고로 인도의 카스트 제도는 '바르나Varna'와 '자티Jāti'라 불리는 두 가지 요소로 구성된다. 바르나는 브라만, 크샤트리아, 바이샤, 수드라 네 계급으로 이뤄진 카스트를, 자티는 가문과 직업에 따른 신분제를 가리키는 말이다. 바르나는 원래 '색깔'을 뜻하는 단어로 카스트 계층이 피부색에 따라 나눠짐을 시사한다. 북부 인도인은 피부가 밝은 편으로 코카서스인(유럽인)에 더 가깝다. 반면 남부 인도인은 키가 상대적으로 작고 피부색이 어두우며 드라비다어를 사용한다. 아리아인 유래 DNA 비율이 낮고 수렵채집민에게서 유래한 DNA 비율이 높을수록, 즉 피부가 검고 키가 작을수록 하위 카스트에 속하는 경우가 많다.

자티는 다양한 집단으로 세분되는데, 그 수가 수천에서 수만에 이른다. 인도에서 카스트 제도란 자티를 뜻할 때가 많다. 가문별로 주어진 사회적 위치와 직업이 각기 다르다. 중요한 것은 바르나는 바꿀 수 있어도 자티는 바꿀 수 없다는 점이다. 가령 같은 바르나 계급이라도 자티가 다른 사람들은 결혼이 어렵다. 바르나보다는 자티가 더 영향력 있는 인도 전통임을 알 수 있다. 이렇듯 집단 정체성이 워낙 강하다 보니 오랫동안 족내혼이 만연하여 현재 인도 국민 사이의 유전적 차이가 매우 크게 나타난다. 인도인만 갖는 희귀한 유전 질환 또한 이러한 족내혼이 가져온 폐해라고 할 수 있다. 현대 인도인의 DNA 자료는 과거 초원 지대의 유목민이 인도 아대륙 깊숙이 남하하여 기존의 농경민을 압도했던 수천 년 전의 상황을 잘 보여준다.[21]

외부 세력의 침입으로 이란고원의 농경민 또한 인도의 농경민과 비슷한 어려움을 겪었다. 이들은 2800년 전 나타난 기후 악화로 남쪽으로 내려오기 시작한 유목민의 파괴력을 감당할 수 없었다. 아리아인의 후손들은 2700년 전 페르시아 최초의 국가라 할 수 있는 메디아 왕국을 세운 후 캅카스산맥 남쪽 아르메니아 지역에서 위세를 떨치던 우라르투 왕국까지 점령했다.[22] 이때부터 말 위에 직접 올라타 전투에 임하는 기병이 본격적으로 출현하기 시작하였고, 장시간 동안 사람의 무게를 지탱할 수 있는 대형 말이 사육되었다. 메디아 왕국이 건국된 후에도 북방 유목민은 기후 변화를 이겨내기 위해 끊임없이 남하했다. 이들에 의해 메디아 왕국도 결국 무너졌고 2500년 전 아케메네스 왕조가 페르시아를 차지하게 된다. 아케메네스 왕조는 인도에서 지중해까지 광대한 영토를 다스렸기 때문에 진정한 의미에서 인류 역사상 최초의 제국이라 불린다. 왕조는 넓은 국토의 효과적인 통치를 위해 거대한 도로망을 구축하였는데, 이는 경제적으로도 큰 도움이 되었다. 도로 덕분에 말의 운송 효율이 높아지면서 육상 무역이 활발해졌고 덩달아 지중해와 페르시아만의 해상 무역 활동까지 최고조에 달했다.

이러한 경제 성장은 아케메네스 왕조가 당시 전 세계 최강 대국의 반열에 오르는 발판이 된다.[23]


## 인도유럽어족의 기원


지금까지 설명한 매듭무늬토기 문화, 비커 문화, 아파나시에보 문화, 안드로노보 문화는 모두 얌나야 유목민의 후손이 이룬 성취라 할 수 있다. 폰틱-카스피해 초원에서 출발한 유목민이 넓게 퍼져나가면서 각지의 농경민과 교잡하고 유목과 농경을 혼합하며 지역 문화를 창출했다. 하지만 서유라시아의 선사 시대에서 얌나야인을 중요하게 다루는 이유는 유전자의 전파 때문만은 아니다. 얌나야 문화는 언어의 전파에서도 핵심적인 역할을 했다.

학자들은 현재 가장 많은 사람이 모국어로 사용하는 인도유럽어의 기원지가 어디인지를 두고 오랫동안 논쟁을 벌여왔다. 인도유럽어족은 게르만어, 켈트어, 이탈리아어, 발트어, 슬라브어, 이란어, 힌디어 등 사용 인구수를 기준으로 세계 최대 어족이다. 영국의 고고학자인 콜린 렌프루Colin Renfrew는 인도유럽어가 아나톨리아 농경민의 이동에 의해 전파되었다고 주장했는데 20년 전만 해도 가장 유력한 가설로 여겨졌다. 그러나 지금은 인도유럽어의 전파가 초원 지대에 거주하던 얌나야인의 이동에 의해 이루어졌다는 가설이 더 많은 지지를 얻고 있다. 앞서 살펴봤듯 유목민의 특징이라고 할 수 있는 말, 바퀴, 수레 등과 관련된 어휘가 인도유럽어족에서 많이 나타나기 때문이다.

## 서유라시아의 사피엔스

조금은 복잡한 이야기였으니 서아시아에서 동쪽으로 이동한 사피엔스의 경로를 쫓기 전에 앞에서 설명했던 서유라시아의 인구 변동을 한번 정리해 보자. 유럽, 인도, 이란은 모두 비슷한 인구 형성 과정을 거쳤고 그 마무리에는 항상 유목민의 대대적이고 지속적인 이주가 있었다. 서아시아의 농경민은 대략 9000년 전부터 유럽으로 서진하여 수렵채집민을 제압하며 영역을 넓혀나갔다. 유럽 남부에서는 농경민이 수렵채집민을 대체했지만 북부에서는 농경민과 수렵채집민이 한동안 공존하였다. 기후가 한랭하여 경작에 적합하지 않은 북부를 농경민이 기피했기 때문이다. 그러나 기후 조건이 최고조에 달했던 홀로세 기후 최적기에 결국 농경민은 북부까지 장악하게 된다. 이후 4900년 전부터 추워지기 시작하자 얌나야인 무리는 자신들의 고향인 폰틱-카스피해 초원을 뒤로 한 채 보다 따뜻한 곳을 찾아 서쪽으로 움직이기 시작했다. 얌나야인은 이동 중에 중부유럽 숲 지대의 농경민과 섞였고 매듭무늬토기 문화라는 새로운 문화를 일궜다. 기후는 지속적으로 나빠졌다. 이들은 다시 서쪽으로 이동하여 비커 문화를 발전시켰다. 그중 일부는 바다 건너 영국과 아일랜드까지 건너가 스톤헨지의 농경민 집단을 대체하기도 했다. 비커 문화는 인기가 좋았는지 비커 문화인이 진입하지도 않은 이베리아반도까지 퍼져나갔다.

인도에서도 비슷한 상황이 벌어졌다. 대략 9000년 전 중동의 농경민이 인도 방향으로 동진하여 인도 아대륙에서 살아가던 수렵채집민과 섞여 드라비다인을 형성하였다. 이후 4000년 전 갑작스러운 가뭄과 추위가 덮치자 아랄해 부근에 머무르고 있던 얌나야의 후손 집단이 온화한 곳을 찾아 남쪽으로 이동하기 시작했다. 이들은 도중에 이란 기원 농경민 집단과 섞이면서 인도 북서부로 꾸준히 진입하였고 전차의 힘을 앞세워 드라비다 농경민을 남쪽으로 몰아냈다.

페르시아 지역도 마찬가지였다. 기후 변화를 피해 남하한 유목민 집단에 의해 농경민은 결국 밀려날 수밖에 없었다. 이들 유목민 집단이 구축한 아케메네스 왕조는 이란에서 거대한 제국으로 성장한다. 아케메네스를 시작으로 유라시아 전역에서는 유목민 대제국이 연이어 나타났다. 이후 2000년 가까이 북반구를 호령한 것은 농경민이 아니라 유목민이었다.

### 유전자 지리학의 아버지, 루카 카발리-스포르차

유전학으로 인류의 과거를 탐색한다는 아이디어는 미국 스탠퍼드대학교 의과대학의 한 교수 머릿속에서 나왔다. 이탈리아 제노바 출신의 유전학자인 루카 카발리-스포르차 Luca Cavalli-Sforza가 바로 그 주인공이다. 루카는 1990년대 들어 본격적으로 인간의 DNA를 분석하기 시작하였고 1994년 《인간 유전자의 역사와 지리The History and Geography of Human Gene》라는 책을 출간하였다.[24] 그는 이 책에서 유전자 분석을 통해 인류의 기원과 이동 경로를 밝히려는 것이 결코 무모한 시도가 아님을 보여주었다. 인류의 오랜 역사를 밝히는 데 있어 '집단 유전학'이 갖는 무궁무진한 가능성이 이때부터 본격적으로 조명 받기 시작했다. 그는 유전학뿐 아니라 언어학, 고고학, 역사학, 인류학 등 다른 분야에서 수집한 정보를 종합해서 어떻게 전 세계인이 지금과 같은 모습으로 나타나게 되었는지 그 과정을 자세히 추적하였다. 루카의 혁신적인 생

그림2-10 루카 카발리-스포르차

각에서 출발한 유전자 연구가 다른 방법으로는 도저히 답할 수 없는 인류의 복잡한 역사를 하나하나 풀어가는 모습을 볼 때 소수의 천재가 학문의 진정한 발전을 이끈다는 생각을 지울 수 없다.

그러나 안타깝게도 그가 연구자로서 정점에 있던 당시에는 유전자 분석 기술이 너무나도 조악했다. 분석에 필요한 충분한 양의 시료를 확보할 수 없기에 고인골을 대상으로 하는 DNA 분석은 거의 이루어지지 않았다. 루카는 자신의 연구를 완성하기 위해서는 광범위한 지역의 고DNA 자료가 필요하다는 사실을 인지하고 있었지만, 당시로서는 가능하지 않은 일이었다. 결국 루카는 현대인의 유전적 차이만을 토대로 과거에 있었던 인류의 대이동을 복원해 보자는 원대하면서도 무모한 목표를 세우게 된다.

루카가 현대인의 DNA 자료를 기반으로 제시한 핵심 가

설 중 하나는 서아시아의 농경민이 유럽으로 이주하면서 그곳의 수렵채집민을 대체했고 이때 유전자뿐 아니라 언어의 전파도 함께 일어났다는 것이었다. 필자가 25년 전 즈음 미국에서 유학할 때만 해도 이 가설은 학계에서 거의 정설로 받아들여지고 있었다. 하지만 최근 활발히 진행된 고DNA 분석에 따르면 루카의 가설은 틀릴 가능성이 커 보인다. 앞서 살펴봤듯 농경민의 이주 이후 대략 5000년 전 동쪽의 얌나야 유목민이 밀고 들어와 그들의 유전자와 언어를 유럽 전역으로 확산시켰다는 주장이 더 설득력이 있기 때문이다.

현대인의 DNA 자료만으로는 과거에 무슨 일이 있었는지 상세히 알 수 없다. 사람들은 아주 오래전부터 끊임없이 움직였기 때문에 특정 지역의 현대인이 과거에 같은 곳에서 살았던 사람의 후손이라고 단정할 수 없다. 유전적으로 전혀 관계가 없을 수도 있다. 우리가 예상하는 것 이상으로 우리 선조들의 이동은 활발했다. 이는 인류가 꽤 이른 시기에 말을 가축화하는 데 성공했기 때문이기도 하다. 따라서 과거인에 대한 자료 없이 현대인의 자료만으로 인류의 이동 역사와 경로를 정확히 복원하기란 거의 불가능에 가깝다. 하지만 루카의 생각에 틀린 부분이 있다고 해도 유전학과 인류학을 종합해 인간의 역사를 이해하려고 했던 참신성은 찬사받아 마땅하다. 인종의 벽을 허물고자 했던 그의 노력 또한 후학들에게는 귀감이다. 그는 항상 인종을 구분하는 것이 어떤 의미가 있는지 반문하곤 했다. 그는 인간의 서로 다른 집단 간 유전적 차이보다 동일 집단 내 구성원 사이

의 유전적 차이가 더 크게 나타난다는 것을 근거로 '인종'이
라는 개념을 거부했다. 루카는 자신이 개척한 이 연구 분야
를 '유전자 지리학Genetic Geography'이라 불렀다.

3장

# 사피엔스가 동쪽으로 간 까닭

## 순다랜드를 넘어 사훌랜드로

아프리카를 빠져나와 동쪽으로 방향을 잡은 사피엔스는 해안을 따라 빠르게 확장하였다. 아라비아반도를 지나 해안선을 따라 이동하던 집단 가운데 일부가 인도 아대륙으로 들어가 인도의 수렵채집민으로 분화했다. 나머지는 더 동진하여 인도차이나반도에 도달한다. 곧이어 사바나로 덮여 있던 내륙 안쪽으로 진입하여 '순다랜드'에 도착하게 된다. 순다랜드는 말레이반도와 인도네시아, 그리고 빙기에 해수면이 낮아지면서 뭍으로 드러난 그 주변 땅들을 가리키는 생물지리학적 지명이다. 하지만 사피엔스는 순다랜드에서 멈추지 않았다.

순다랜드의 남동쪽에 위치한 오스트레일리아와 파푸아에 거주하는 원주민 집단에서는 상대적으로 데니소바인의 유전자 비율이 높게 나타난다. 이는 동남아시아 등지에서 데니소바인과 교잡을 한 사피엔스의 후손 중 일부가 과감하게 바다를 건너 '사훌랜드'로 이동했기 때문이다. 여기서 사훌랜드란 과거 빙기 때 오스트레일리아, 뉴기니, 태즈메이니아 사이의 대륙붕이 드러나면서 형

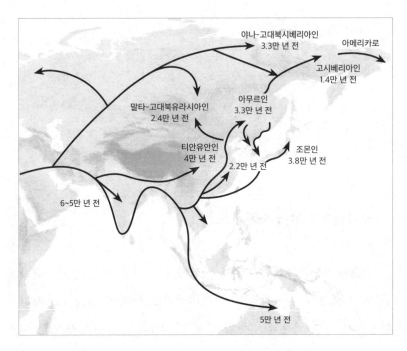

**그림3-1 마지막 빙기 말 동유라시아 수렵채집민의 이동 경로**

성된 대륙의 이름을 말한다. 오세아니아 원주민에게서 데니소바인의 DNA 비율이 높게 나타난다는 점은 그들의 조상이 바다를 건너 사훌랜드에 정착한 후 후손들이 동아시아인의 영향에서 오랜 기간 자유로웠음을 암시한다. 순다랜드와 사훌랜드 사이의 바다가 자연 장벽 역할을 했다.

순다랜드와 사훌랜드, 즉 동남아시아와 호주-뉴기니 사이에 존재하는 바다는 수심이 매우 깊다. 해수면이 낮았던 빙기 동안에도 두 지역을 바다가 가로막고 있었기 때문에 인간뿐 아니라 동식물의 이동 역시 원활하지 않았다. 생물지리학자들은 이 경계를 '월리스 라인Wallace Line'이라고 부른다. 앨프리드 러셀 월리스Alfred Russel

Wallace는 진화론을 두고 다윈과 함께 경쟁했던 학자로 널리 알려져 있지만 지리학계에서는 생물지리학의 아버지로 여겨진다. 그는 오랫동안 말레이반도에서 연구를 진행하면서 근접한 섬의 동물들이 형태적으로 큰 차이를 보이는 것에 주목하였고 이 지역의 독특한 생물 분포를 야기한 근본 원인에 대해 관심을 가졌다. 월리스는 생물지리학 연구의 가치를 발견한 최초의 과학자라 할 수 있다.

하지만 순다랜드에서 사훌랜드로 건너온 사피엔스가 바다를 건너는 대모험에는 성공했는지 몰라도 유전자 확산의 측면에서 보면 이는 패착에 가까웠다. 동쪽으로 이동하여 순다랜드에 도착한 무리 중 남쪽이 아닌 북쪽으로 올라갔던 사피엔스가 결국 넓은 동아시아 전체를 장악했기 때문이다. 빙기라는 차가운 시기에 따뜻한 곳이 아닌 추운 곳을 택한 선택이 오히려 경쟁력을 높이는 데 도움이 된 것이다. 생존이 힘든 환경에서는 살아남기 위해 혁신을 거듭해야 한다. 반면 남쪽으로 내려간 무리는 태평양 연안과 좁은 섬에서 고립되었기 때문에 세력을 넓히고 싶어도 한계가 있었다. 열대의 안락한 환경 속에서 안정적인 삶을 영위하다 보니 변화에 대한 이들의 적응력은 차츰 무뎌져 갔다.

순다랜드 북부에서 북쪽을 향해 전진한 사피엔스 무리는 동아시아 곳곳에 자리 잡은 후 점차 분화되어 갔다. 과거 동아시아에서 분기된 여러 무리 가운데 한반도인의 형성 과정에서 유전적으로 크게 기여한 몇몇 집단이 있다. 구석기 시대에는 티안유안, 조몬, 아무르강 집단이, 신석기 시대에는 아무르강, 랴오허강, 황허강, 양쯔강 집단이 바로 그들이다.

## 호아빈인, 티안유안인, 조몬인

동아시아의 과거 집단과 관련된 고DNA 자료는 모두 최근 6~7년 사이에 축적된 것이다. 자연과학 대부분의 분야가 그렇듯, 유전자 분석을 통해 인류의 기원을 밝히는 작업 또한 서양에서 먼저 시작되었기 때문에 극히 최근까지도 동아시아 자료는 매우 적었다. 국제적 협업을 기피하고 연구 자료를 공개하지 않는 중국 학계의 폐쇄적인 문화 역시 동아시아 고DNA 연구가 더디게 진행된 이유 중 하나였다. 그러나 근래 들어 중국 정부가 국제적 입지를 다지기 위해 과학 기술 육성에 주도적으로 나서고 있는 데다가 고DNA에 대한 중국인의 관심도 무척 뜨거워짐에 따라 분석 자료가 빠른 속도로 쌓이고 있다. 덕분에 과거 수만 년 동안 일어났던 동아시아 인간 사회의 형성 과정을 충분히 설득력 있게 복원하는 것이 가능해졌다. 불과 최근 2~3년 사이에 벌어진 일이다.

순다랜드에서 남쪽을 택하지 않고 북쪽으로 이동하던 무리 가운데 동남아시아 지역에서 먼저 떨어져 나간 사람들이 있었다. 이들은 신석기 시대에 라오스와 말레이반도에서 수렵채집 생활을 하던 호아빈 집단으로 이어졌다.[1] 호아빈의 선조 무리는 티안유안인, 조몬인 등과 함께 동아시아의 초기 수렵채집민 사회를 대표하는 집단이다. 한편 북쪽으로 계속 전진한 사람들은 현재의 중국 북부, 만주, 몽골 등을 포함하는 넓은 영역에 터를 잡았다. 이들이 바로 티안유안인 집단이다. 베이징 인근에 있는 티안유안 동굴에서 인골이 하나 출토되었다. 인골의 연대를 측정하니 대략 4만 년 전까지 거슬러 올라갔다.[2] 이 티안유안인의 자료는 지금껏 동아시아에서 보고된 고DNA 정보 가운데 가장 오래된 것이다. 티안유안 동굴 외에 아무르강 유역과 몽골의 살킷에서도 티안유안 계통의 인골이 발굴되었다. 이런 자료들은 티안유안인이 상당히 광범위한 지역에 퍼져 살았음을 보여준다.

마찬가지로 북쪽으로 이동했지만 티안유안인과 달리 오른편의 일본 열도 쪽으로 움직인 수렵채집민도 있었다. 이들이 바로 조몬인으로 일본뿐 아니라 한반도에도 존재했던 것으로 추정된다. 그러나 한반도 전역에 분포했는지 아니면 일본과 가까운 남부에서만 살고 있었는지 정확히 알 수 없다. 동아시아의 동쪽 끝에 살면서 고립도가 높았기 때문에 내륙의 티안유안인 집단과는 점차 유전적으로 구별되었다. 1만 8000년 전 이후로 최종 빙기 최성기가 끝나고 해수면이 올라감에 따라 일본의 조몬인은 동아시아 본토에 자리 잡고 있던 티안유안 혹은 아무르강 계통의 수렵채집민 사회로부터 더욱 멀어졌다. 그 결과 조몬인과 티안유안인의 유전적 차이는 크게 벌어지게 된다.[3]

일본 열도는 숲의 생산성이 높고 바다에 면해 있어 먹을 것이 풍부했다. 조몬인은 이러한 환경 조건을 십분 활용하여 수렵채집민임에도 일찍이 정착 생활을 영위했다. 1만 6000년 전 상당히 이른 시기에 이미 토기를 사용하고 있었고 인구 밀도도 비교적 높았다. 그러나 대략 2800년 전부터 한반도 기원의 농경민이 일본 내에서 퍼져나가자 경쟁에서 밀린 조몬 세력은 눈에 띄게 위축되었다. 규슈로 진입한 한반도 기원 농경민은 조몬인 집단을 북쪽의 홋카이도와 남쪽의 류큐 열도로 몰아냈다. 현대 일본인은 한반도 농경민의 유전자 비율이 대략 90%에 달한다. 나머지 10% 정도만이

조몬인에게서 기원하였다.[4]


## 아무르강에서 한반도까지

한국인의 기원을 추적하면서 주목해야 할 또 다른 집단으로 아무르강 집단이 있다. 아무르강 집단은 티안유안 계통에서 분기하여 아무르강 유역, 몽골, 시베리아 등 아시아 북부의 광대한 지역에 퍼져 있던 수렵채집민 사회다. 이 집단의 고DNA 자료는 주로 아무르강 유역에서 출토된 고인골들에서 나왔는데, 특히 1만 9000년 전의 인골에서 현대 동아시아인의 특징, 즉 두꺼운 모발, 삽 모양의 앞니, 많은 땀샘과 관련된 유전자가 처음으로 확인되면서 관심을 끌었다. 이는 서유라시아인의 유전 성분이 남아 있던 3만 3000년 전 티안유안 계통의 인골에서는 보이지 않았던 유전자였다. 이 유전자는 현 간빙기(홀로세) 전, 마지막 빙기 최성기(2만 5000~1만 8000년 전)의 저온 환경에 적응하는 과정에서 나타난 것으로 추정된다. 기존의 티안유안 계통에서 추위에 적응한 아무르강 집단이 분기되어 나왔고, 이들이 한랭한 환경을 이겨내면서 동아시아 북부 전역으로 퍼져나간 것으로 보인다.[5]

마지막 빙기 최성기의 기후가 절정에 이르자 추위는 더욱 혹독해졌다. 추위에는 이골이 나 있던 아무르강 사람들마저 몸을 움츠러들게 하는 한파였다. 결국 그들 가운데 일부가 남쪽에 위치한 한반도로 내려오기 시작했다. 북방에서 추위를 피해 사람들이 진입하기 전까지 한반도의 수렵채집 사회 세력은 미미했다. 남부에 몇

몇 조몬 집단이 산재했을 가능성이 있지만 인구수는 그리 많지 않았을 것이다. 이후 아무르강 집단은 기후 변화에 맞춰 남북으로 이동하며 한반도 선사 사회의 밑바탕 역할을 했다. 그 이동이 한반도인에 남긴 흔적들은 3부에서 자세히 다룰 것이다. 더불어 아무르강 집단은 아메리카 원주민의 조상 집단에도 영향을 미쳤다. 시베리아에서 아메리카 대륙으로 건너간 고시베리아인들은 동북아시아의 아무르강 집단과 고대북유라시아인 집단으로부터 DNA를 물려받았다. 아무르강 집단은 마지막 빙기가 끝나고 홀로세에 접어들자 남쪽의 한반도뿐 아니라 서쪽으로 알타이 지역까지 진출할 만큼 엄청난 이동 능력을 과시했다.

서시베리아를 거쳐 동시베리아의 북쪽 끝 북극해 연안 지역까지 퍼져나간 고대북시베리아인들도 이동 능력에서 아무르강 집단에 전혀 뒤지지 않는다. 이들은 시베리아 북부 야나강 유역에서 보고된 3만 3000년 전의 DNA 자료로 대표된다.[6] 앞서 소개한 바 있는 고대북유라시아인과 관련이 깊은 집단이다. 고대북시베리아인과 고대북유라시아인은 유전적으로 거의 같은 사람들로 간주되지만, 후자가 비교적 서쪽에 위치한 바이칼호수 인근에 터를 잡고 활동하였으므로 전자보다 서유라시아인의 유전 성분을 더 많이 지니고 있었다. 고대북유라시아인은 이후 아무르강 수렵채집민과 교잡하여 고시베리아인 집단을 형성한다. 앞에서 언급했듯이 아메리카 원주민은 이들 고시베리아인의 피를 이어받아서 서유라시아인의 DNA 비중이 높게 나타난다.

독자의 혼란을 줄이기 위해 덧붙여 말하면, 고대북시베리아인은 약 3만 3000~3만 2000년 전에, 고대북유라시아인은 약 2만

4000~1만 6000년 전에, 고시베리아인은 약 1만 6000~1만 1000년 전에, 모두 광활한 시베리아에 터를 잡고 살았던 과거 집단이다. 뿌리는 같지만 주된 생활 시기가 다르며 유전적으로도 약간씩 차이를 보인다.

서유라시아인의 유전 성분은 미미하게나마 동아시아로도 그 일부가 전해져 한국인을 포함한 현대 동북아시아인에게도 남아 있다. 광활한 시베리아 그리고 남쪽에 면해 있는 초지를 경유하며 유라시아인의 DNA는 동에서 서로, 서에서 동으로 폭넓게 퍼져나가며 섞였다. 이러한 뒤섞임은 이후 홀로세 후기에 유목 민족의 제국이 연이어 건설되면서 더욱 활발하게 이루어지게 된다. 반면 저위도 지역에 위치한 집단들은 높은 산, 깊은 강, 빽빽한 삼림 등에 가로막혀 유전적으로 고립될 때가 많았다.


## 농경을 일군 티안유안 계통의 후손들

구석기 시대에는 인구가 적어 배경이 다른 수렵채집 집단이 서로 접촉할 일이 많지 않았다. 갈등이 벌어질 소지가 적었고 교류도 활발하지 않다 보니 집단 고유의 유전적 정체성이 어느 정도 유지될 수 있었다. 하지만 신석기 들어 농경이 본격적으로 전개되자 인구가 빠르게 증가하기 시작했다. 농경민들은 정착할 만한 곳을 찾아 끊임없이 이동해야 했고 그 과정에서 수렵채집민과의 갈등은 피할 수 없었다. 수적으로 앞선 농경민 집단은 수렵채집민 집단과 벌이는 싸움에서 우세를 점하는 경우가 많았다. 농경 문화는 빠르

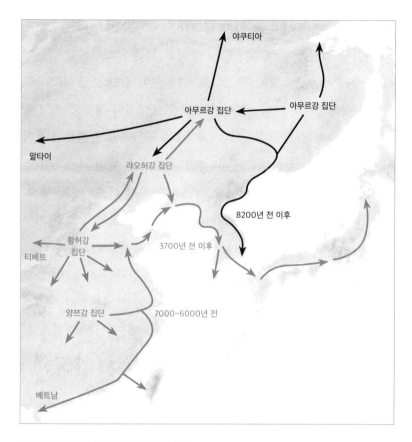

**그림3-2 홀로세 동아시아인의 확산 경로**

양쯔강 집단은 벼 농경이, 황허강과 랴오허강 집단은 기장 농경이 주 생계 방식이었다.
아무르강 집단의 문화는 수렵채집을 중심으로 기장 농경과 유목을 병행하는 복합 경제
방식으로 변해갔다. 검은색 화살표는 수렵채집민의 이동을, 갈색 화살표는 농경민의 이
동을 나타낸다.

게 전파되었고 이와 함께 유전적 교류도 확대되었다. 동아시아는
신석기 시대로 접어들면서 매우 복잡해졌다. 아무르강 유역에는
수렵채집민 사회가 여전히 남아 있었지만, 황허강과 랴오허강 유
역에는 조/기장 농경 사회가, 양쯔강 유역에는 벼 농경 사회가 들

어서면서 각 지역 간 문화 차가 도드라지기 시작했다.

황허강 집단은 중국 산둥반도 황허강 하류의 비안비안 동굴에서 발견된 9500년 전의 DNA로 대표된다. 이 집단 또한 티안유안인 계통에서 분기하였다.[7] 황허강 집단은 동아시아 최초로 조/기장을 작물화하여 밭 농경을 시작한 후 넓게 확산하였기 때문에 동아시아인의 유전자 구성에서 큰 비중을 차지한다. 한편 랴오허강 집단은 유전적으로 남쪽의 황허강 집단과 동쪽의 아무르강 집단 사이에 위치한다. 서쪽으로 이동하여 랴오허강 유역에 정착한 아무르강 집단이 북으로 움직인 황허강 집단과 섞이면서 랴오허강 집단을 형성하였다.[8] 랴오허강 사람들은 밭 농경과 유목을 함께 하는 반농반목 문화를 발전시켰다. 현대 한국인과 일본인이 형성되는 과정에서 랴오허강 주변의 농경민과 목축민이 미친 영향은 가히 절대적이었다. 이들은 기후가 나빠질 때마다 도미노가 쓰러지듯 남하하여 이주의 물결을 일으켰고, 북방의 선진 농경 문화를 전해주면서 남쪽의 고대 사회가 발전할 수 있는 토대를 마련해 주었다. 이와 관련된 내용은 4부에서 자세히 살펴볼 것이다.

양쯔강 집단은 기저유라시아인의 경우와 같이 그 존재가 예측이 되지만 아직 고DNA 자료가 확보되지 않은 유령 집단이다.[9] 양쯔강 하류에서 남쪽으로 조금 내려가면 푸젠성이 나온다. 해협을 사이에 두고 대만과 마주 보고 있는 중국 남동부의 성이다. 동아시아인의 기원과 이동을 밝히는 과정에서 양쯔강 집단의 고DNA가 필요할 때 푸젠성에서 출토된 자료를 활용하기도 한다.[10] 엄밀히 말해 양쯔강 집단의 DNA라고 하기는 어렵지만 아직 확보된 자료가 없어 푸젠성 자료를 참조할 때가 많다. 양쯔강 중류 지역은 대략 1만 년 전, 세계에서 최초로 벼 농경이 시작된 곳으로 알려져 있다. 이들 벼 농경민이 양쯔강 하류까지 내려와 해안에 도달한 시점이 대략 7000~6000년 전이다. 양쯔강 하류의 벼 농경민들은 다시 해안을 따라 북쪽과 남쪽으로 갈라져 이동했다. 북으로 이동한 벼 농경민은 산둥 지역에서 황허강 유역의 조/기장 농경민과 섞였다. 이후 이들의 후손 집단은 산둥반도에 터를 잡고 한동안 머물렀고, 그중 일부가 서해를 건너가 맞은편 랴오둥반도에서 소규모 농경 사회를 구축했다. 두 반도 사이에 점점이 놓여 있는 섬들 덕에 비다를 건너는 일이 그리 어렵지는 않았을 것이다. 이들이 3200년 전 기후 변화가 일어날 때 한반도 남부까지 내려와 벼 농경 문화를 전달한 사람들로 보인다.

중국인의 DNA 자료를 보면 오랜 기간에 걸쳐 북쪽에 있던 사람들이 남쪽으로 내려오면서 기존에 남쪽에 살던 사람들이 동남아시아로 밀려 내려갔음을 알 수 있다. 중국 대륙에서 유전자는 주로 북에서 남으로 이동했지만 대륙의 동해안 지역은 예외였다. 황허강 하류에서 살아가던 사람들은 남쪽에서 해안을 따라 올라오는 사람들과 자주 부딪혔다. 대륙 남부의 해안 사람들이 바닷가를 통해 북쪽으로 끊임없이 이동한 것이다. 남부인과 섞인 황허강 하류 집단은 이후 동북아시아에 살고 있는 현대인 대부분의 DNA에 크게 기여했다. 특히 한국인과 일본인 형성에 지대한 영향을 미쳤는데 그 과정에 복잡한 이주의 역사가 숨어 있다.

황허강 하류에서 농경 문화가 본격화하면서 인구가 늘어나자 농경민들은 새로이 정착할 곳을 찾아 랴오허강 유역까지 확산하였다. 이들은 이곳에서 북방에 적합한 생활 방식인 반농반목 문화를 성공리에 일궜다. 하지만 홀로세 기후 최적기가 끝난 후 동북아시아의 기후 조건은 점차 인간 사회에 불리해졌다. 기후 변화로 먹을 것이 부족해지면서 생존을 위해 이주를 결심하는 사람들이 생겨났다. 이들 대부분은 중원을 향했지만 일부는 랴오둥 지역과 한반도 북부로도 움직였다. 랴오둥반도에서 주거하던 기존의 농경 사회 또한 거센 이주의 흐름을 피할 수 없었다. 함께 한반도 남부까지 밀려 내려왔다. 이들이 지금의 한국인을 형성한 주축 세력이다.

한편 양쯔강 하류에서 남으로 이동한 사람들은 푸젠성 지역을 거쳐 일부는 베트남 쪽으로 이동했고 일부는 해협을 건너 대만으로 건너갔다. 대만으로 건너간 농경민은 뛰어난 항해 기술을 보유하고 있었다. 믿기 어려운 일이지만, 이들은 필리핀, 인도네시아 등을 거쳐 동쪽으로는 이스터섬까지 이동했고, 서쪽으로는 인도양을 지나 마다가스카르섬까지 진출하는 놀라운 역사를 창출했다.


## 사피엔스는 왜 미지의 땅을 찾아 헤맸을까

지금까지 우리는 약 6만 년 전 아프리카 밖으로 과감하게 움직인 사피엔스를 숨 가쁘게 쫓아 유럽과 중앙아시아를 거쳐 동아시아에 이르기까지 그 이동 경로를 거칠게 추적해 봤다.

아프리카에서 출발한 호모 사피엔스는 중동에서 네안데르탈인과 교잡한 후 동쪽과 서쪽으로 이동하였다. 서쪽으로 이동한 집단이 유럽의 수렵채집민 사회를 구성했다. 서쪽으로 향하던 사피엔스 중 일부는 북쪽으로 이동하였는데, 이들은 서시베리아를 거쳐 동시베리아까지 진출하며 시베리아의 수렵채집민 사회를 형성했다. 반면 동쪽 해안을 따라 움직이던 무리 가운데 일부가 인도 아대륙에 남았고, 계속 동진하며 순다랜드 북부에 도착한 사람들 가운데 일부가 남쪽으로 내려가 오스트레일리아와 뉴기니섬에 진입했다. 그리고 나머지가 북쪽으로 올라가 아시아에서 호아빈인, 티안유안인, 조몬인 등의 수렵채집 사회를 이뤘다. 여기까지가 구석기 시대의 흐름이다.

신석기 시대에 들어 레반트 지역에 등장한 최초 농경민은 서쪽으로 이동하여 유럽에 농경 문화를 전파했다. 또한 이란 지역의 농경민은 북쪽으로 이동하여 동유럽의 수렵채집민을 만나 유목 문화를 발전시켰다. 이들의 후손인 얌나야 집단이 대략 5000년 전부터 서쪽으로 진출하며 서유럽 전역을 휩쓸게 된다. 한편 동아시아에서는 티안유안인 계통에서 파생된 아무르강의 수렵채집민과 황허강, 양쯔강, 랴오허강 유역의 농경민이 끊임없이 부딪히면서 유전적으로 복잡하게 얽혔다. 일본의 조몬 수렵채집민과 동남아시아의 호아빈 수렵채집민 또한 이들 농경민 집단에 국지적으로 영향을 미쳤다. 점차 확장하는 농경민 사회와 기존의 터줏대감인 수렵채집민 간에 자원을 두고 펼치는 경쟁이 치열하게 펼쳐졌다. 농경 집단은 인구수를 앞세워 수렵채집민 사회를 제압하고 전방위로 퍼져나갔다. 서로 다른 배경의 농경 사회, 가령 벼 농경민, 조/기장 농경민, 유목민이 세력을 넓히는 과정에서 벌어진 갈등 또한 첨예했다. 이러한 경쟁과 교류의 결과는 현대 동아시아인의 DNA 자료에서 고스란히 드러난다.

인간은 수만 년 전부터 유라시아 대륙에서 쉬지 않고 움직였다. 이동 중에 떨어져 나가서 새로운 집단으로 분기하기도 했고,

| | 서유라시아 | | 동아시아 | |
|---|---|---|---|---|
| 수렵채집 | 네안데르탈 (?~39ka) | | 데니소반 (?~14.5ka) | |
| | 오리냐크 (40~27ka) | | 티안유안 (40~33ka) | |
| | 그라베티안 (30~22ka) | | 아무르 (25ka~) | |
| | 솔뤼트레 (22~17ka) | | 조몬 (15~3ka) | |
| | 마그달레니안 (18~14.7ka) | | 호아빈 (12~4ka) | |
| | 아나톨리안 (14.7~11ka) | | | |
| 정주농경 | 푼넬비커 (6.0~4.8ka) | | 황허강 | 페이리강 (9.0~7.0ka) |
| | 메소포타미아 | 우르크 (6.0~5.1ka) | | 쯔산 (8.0~7.5ka) |
| | | 아카드 (2350~2170BCE) | | 베이신 (7.3~6.1ka) |
| | | 우르 제3왕조 (2112~2004BCE) | | 양사오 (7.0~5.0ka) |
| | | 고바빌로니아 (1894~1595BCE) | | 룽산 (5.0~4.0ka) |
| | 하라판 (5.3~3.9ka) | | 양쯔강 | 허무두 (7.5~5.3ka) |
| | | | | 량주 (5.3~4.2ka) |
| | 이집트 | 고왕국 (2686~2181BCE) | 랴오허강 | 싱룽와 (8.2~7.4ka) |
| | | | | 훙산 (6.6~4.8ka) |
| | | 중왕국 (2134~1782BCE) | | 샤자뎬 하층 (3.8~3.2ka) |
| | | | | 샤자뎬 상층 (3.1~2.0ka) |
| | | 신왕국 (1540~1070BCE) | 한반도, 일본 | 송국리형 (2.9~2.3ka) |
| | | | | 야요이 (2.8~1.7ka) |
| 유목 | 얌나야 (5.3~4.6ka) | 아파나시에보 (5.2~4.5ka) | 흉노 (400BCE~100CE) | 돌궐 (551~575CE) |
| | | 매듭무늬 (4.9~2.3ka) | | 위구르 (744~847CE) |
| | | 비커 (4.7~3.7ka) | | 몽골 (1206~1368CE) |
| | | 신타슈타 (4.0~3.8ka) | 선비 (100BCE~600CE) | 유연 (330~555CE) |
| | | 안드로노보 (3.9~3.3ka) | | |
| | | 인도아리안 (3.7ka~) | | |
| | | 히타이트 (3.6~3.2ka) | | |
| | | 스키타이 (2.8~2.2ka) | | |
| | | 훈 (370~469CE) | | |
| | | 아바르 (567~822CE) | | |

그림3-3 서유라시아 및 동아시아의 주요 집단과 활동 시기

후손을 남기지 못한 채 사라지는 집단도 있었으며, 오랫동안 격리되었던 집단 사이에 유전적 교류가 이뤄지기도 했다. 지금의 인간 집단 분포는 현대인의 조상들이 과거에 이동한 시기와 경로가 결정했다고 해도 과언이 아니다. 그렇다면 이와 같이 인간의 이동을 자극한 주된 원인은 무엇이었을까? 지리학자로서 나는 그 답이 '기후 변화'에 있다고 생각한다. 물론 인류의 이동에 영향을 미친 변수는 여러 가지가 있을 것이지만, 가장 핵심적인 요인은 기후 변화였을 가능성이 높다.

고인골의 DNA 분석 결과는 우리 조상이 언제 어디로 어떻게 움직였는지 시공간적인 이동 과정을 보여준다. 그렇지만 아쉽게도 우리가 지금까지 확보한 유전 정보라고 해봐야 여전히 전체 퍼즐의 일부 조각에 불과하다. 조금의 퍼즐 조각이라도 제자리에 놓으려면 무엇보다 인류의 이동을 야기한 원인을 이해하는 것이 필요하다. 대체 그들은 왜 이동한 것일까? 대부분은 먹을 것의 부족에서 비롯됐을 것이다. 그럼 왜 갑자기 먹을 것이 부족해졌을까? 기후 변화 혹은 인구 증가가 그 원인이었을 가능성이 크다. 특히 기후 변화는 갑작스럽게 찾아오기 때문에 사회에 미치는 충격이 더 크다고 봐야 한다. 기후 변화는 보통 심각한 식량 위기와 전염병으로 이어지고 집단 내 갈등을 심화시킨다. 집단 간에도 상대의 물자를 노리는 물리적 충돌이 빈번해진다. 사람들은 내부 갈등과 외부인의 침략을 피해 이주를 결심한다.

지금까지 유라시아에서 인류의 이동이 대략 어떠한 양태를 띠었는지 살펴봤다. 2부에서는 이런 인류의 이동을 추동한 것으로 보이는 유라시아의 기후에 대해 살펴보고자 한다.

## DNA에 남겨진 인류의 흔적 읽기

대체 DNA가 무엇이길래 이를 분석하면 수천 년 전은 물론, 수만 년 전 인류가 어디서 나와 어디로 퍼져나갔는지 알 수 있을까? 우선 DNA와 관련이 있는 몇 가지 개념부터 살펴보자.

생명체의 유전 물질인 DNA는 뼈대를 이루는 당과 인산, 그 뼈대에 붙은 염기로 구성된다. 이 DNA가 들어 있는 22쌍의 상염색체와 1쌍의 성염색체가 인간의 유전체를 이룬다. 23쌍의 염색체 속에는 약 2만 개의 유전자와 30억 개의 염기가 존재한다. 책에 비유해 보자면 총 46개의 염색체는 한 개체의 모든 유전 정보를 가진 DNA 백과사전이라고 할 수 있다. 유전자는 의미가 있는 DNA 백과사전의 문장 혹은 단어이며, 염기는 이 단어를 이루는 글자라고 보면 된다. 유전자의 핵심 역할은 세포를 구성하고 세포의 생명을 유지하는 단백질을 생성하는 것이다. 하지만 염색체 내에는 단백질 생성에 관여하지 않는, 이른바 '비유전자 DNA'도 존재하기에 염기 숫자(30만 개)가 유전자 숫자(2만 개)보다 훨씬 더 많다.

DNA 백과사전의 염기 글자는 인간의 글자와 달리 아데닌(A), 구아닌(G), 티민(T), 시토신(C) 네 종류뿐이다. DNA는 두 가닥의 사슬이 서로 마주 보며 반시계 방향의 나선형으로 꼬여 있다. 각 사슬에 붙어 있는 염기가 수소결합으로 염기쌍을 만들어 안정된 구조를 이루는데, 언제나 A와 T가 쌍을 이루며 G와 C가 쌍을 이룬다. 다시 말해 A는 T하고만 결합하고 G나 C하고는 결합하지 않는다. 이는 나머지 염기들도 마찬가지다.

부모가 같은 형제라도 외양과 성격에서 큰 차이를 보이는데, 이는 서로 다른 유전자를 갖고 태어나기 때문이다. 쌍둥이라면 유전체가 완벽히 같아야 한다. 하지만 때에 따라서는 유전체가 약간씩 다른 경우가 있는데, 이는 DNA가 복제될 때 발생하는 오류에서 기인한다. 이런 복제 오류의 결과물을 '돌연변이'라고 부른다. 쌍둥이 가운데 한 명이 다운증후군인 경우는 흔히 접할 수 있는 사례이다. 다운증후군 같은 질환은 21번 염색체의 복제 과정에 이상이 생겨 21번 염색체가 세 개가 되어 발생한다. 또한 *BRCA* 유전자의 복제 오류 및 손상으로 발생하는 *BRCA* 변이는 유방암을 일으키는 요인으로 널리 알려져 있다. 이와 같은 돌연변이들은 심각한 질환을 유발하는 경우가 많아 대부분 사라진다.

그러나 생존에 영향을 주지 않는 소소한 형질 변화에 그치거나 아예 발현되지 않는 돌연변이 유전자들은 후대로 전달되기도 한다. 이렇게 생명의 기능과 큰 관계가 없는 돌연변이를 '중립 돌연변이'라고 한다. 중립 돌연변이는 시간의 흐름에 따라 일정한 속도로 쌓이기 때문에 두 집단이 언제 분리되었는지 그 시기를 추적하는 '분자시계'로 자주 활용된다. 두 집단의 유전체 단편을 분석했을 때 둘 사이의 차이가 크다면, 그 집단들은 공통 조상에서 분화된 후 상당히 오랜 시간 물리적으로 격리되었다고 볼 수 있다.

그럼 이 내용들을 토대로 집단 유전체 분석에서 자주 등장하는 단일염기다형성single nucleotide polymorphism, SNP이라는 개념을 이해해 보자. SNP란 인류의 다수에게서 변이가 확인되는 염기를 의미하며 대략 1000개의 염기마다 1개꼴로 나타난다. SNP가 전체 염기의 0.1%를 차지하고 있으므로 모든 인간은 99.9% 동일한 DNA를 갖는 셈이지만, 이 차이만으로도 사람을 구별할 만하다. SNP는 대부분 머리색, 혈액형, 키, 피부 등 생존에 큰 영향을 미치지 않는 변이와 관계가 있으며 두 개체가 유전적으로 얼마나 가까운지 유전적 근접성을 알려주는 지표다. 염색체는 아버지와 어머니로부터 각각 물려받아 쌍으로 존재하기에, 염기의 변이는 두 염색체 모두에게서 나타날 수도 있고, 한 곳에서만 나타날 수도 있다. 참고로 침팬지와 사람의 유전체를 비교해 보면 전체 염기의 약 1.2% 정도에서 SNP가 관찰된다.[11] 사람과 대형 유인원은 대략 30억 개의 염기쌍으로 이루어진 유전체를 가지고 있으므로 SNP가 약 3600만 개 존재하는 셈이다. 이 유전적 차이가 침팬지와 사람의 형태적 차이를 가져온다.

아버지와 어머니에게서 물려받은 유전자의 차이(이형접합도)를 분석하면 집단 내 유전적 다양성을 파악할 수 있다. 한국인 집단 내에는 대략 0.08%의 유전적 차이가 존재한다. 사람의 전체 염기 수가 30억 개이므로 한국인 아버지와 어머니는 평균적으로 240만여 개의 서로 다른 염기를 갖는다. 한편 앞서 언급했듯이 인류 전체의 유전적 차이는 0.1% 정도이다. 한국인을 흔히 '단일 민족'이라고 이야기하지만 집단 내 유전적 차이가 생각보다 크다. 이는 인류가 아프리카에서 세계 곳곳으로 퍼져나가 지역별로 고립된 지 그리 많은 시간이 흐르지 않았음을 시사한다.

현재 학계에서는 모든 SNP를 대상으로 하는 '전장 유전체 분석'이 주를 이루지만, 유전학을 도입한 연구 초기에는 주로 미토콘드리아 DNA와 Y염색체의 SNP만을 분석했다. 미토콘드리아 DNA는 모계로만 유전되고 성염색체인 Y염색체는 부계로만 유전되므로, 핵 안에 위치한 나머지 염색체들과는 달리 유전자 재조합이 일어나지 않아 축적된 돌연변이를 토대로 모계 혹은 부계 혈통을 쉽게 추적할 수 있다는 장점이 있다.

세포 내 소기관인 미토콘드리아는 진핵세포의 핵 DNA와는 별개로 독자적인 DNA를 갖는다. 미토콘드리아는 세포에 필요한 에너지를 생산하는 세포 안의 발전소와 같다. 미토콘드리아 DNA는 약 1만 6600여 개의 염기쌍과 37개의 유전자로 이루어져 있다. 핵 DNA와는 달리 난자를 통해 오직 모계로만 전달되는 특성이 있고 돌연변이율이 높아 모계 계통을 추정할 때 유용하다. 학자들은 1980년대 후반에 미토콘드리아 DNA를 분석하여 현생 인류의 어머니인 '미토콘드리아 이브Mitochondrial Eve'가 20만~15만 년 전 아프리카 사하라 이남에 살았음을 확인하였다. 다시 말해 이 발견은 모든 현대인이 어떠한 조상의 미토콘드리아를 공유하고 있으며 그 조상이 약 20만 년 전 아프리카에 살았다는 의미이기에, 이때부터 호모 사피엔스의 아프리카 기원설이 큰 힘을 얻게 된다. '이브'라는 단어 때문에 미토콘드리아 이브를 인류 최초의 여성으로 오해하기 쉽지만 한 명의 여성이 모

든 인류의 어머니라는 이야기는 아니다. 아프리카에서 호모
사피엔스가 분기할 때 동일한 미토콘드리아 DNA를 공유하
는 여성이 분명 여럿 있었을 것이다.

다지역 기원설은 아프리카 기원설과 대척점에 있다. 아
프리카 기원설은 주로 유전학자가 주장하는 반면, 다지역
기원설은 고인골의 형태를 연구하는 형질인류학자가 지지
하는 편이다. 다지역 기원설 옹호자들은 호모 에렉투스가
대략 200만 년 전에 아프리카를 빠져나와 전 세계로 퍼져나
간 후 각기 다른 지역에서 호모 사피엔스로 개별 진화했다
고 주장한다. 그리고 그 이후 각 지역의 사피엔스들이 활발
하게 교잡하여 유전적으로 균질한 지금의 인류가 출현했다
고 본다. 호모 사피엔스가 네안데르탈인이나 데니소바인과
도 교잡했다는 사실을 고려하면 다지역 기원설 역시 재고할
가치는 충분하다. 이 두 구인류를 기원이 다른, 즉 아프리카
기원과 관계가 없는 또 다른 호모 사피엔스로도 볼 수 있기
때문이다.

미토콘드리아 이브의 정체가 밝혀지고 20년이 지난
2009년, 본격적으로 고인골의 전장 유전체 분석이 시작되
었다. 미토콘드리아 DNA나 핵 DNA 중 일부만이 아니라 모
든 유전체를 해독하려는 시도는 인류의 기원 연구에서 가히
혁명이라고 할 수 있는 파장을 일으켰다. 고인골에서 유전
체를 추출하고 분석하는 기술이 빠르게 개선되면서 새로운
결과들이 봇물 터지듯 발표되었다.

전장 유전체 분석이 본격적으로 상용화되기 전 연구자

**그림3-4 스반테 페보**

들은 특정 표적의 유전 물질을 증폭하는 중합효소연쇄반응 polymerase chain reaction, PCR 기법에 의존했다. 최근 코로나 검사에도 쓰이면서 대중에게 친숙해진 그 PCR이다. 과거에는 주로 미토콘드리아 DNA를 PCR로 증폭한 후 그 결과물의 염기 서열을 분석하는 경우가 많았다. 세포 하나에 핵은 하나만 있지만 미토콘드리아는 수천 개가 있어 고인골에서 미토콘드리아 DNA를 확보하는 것이 훨씬 쉽기 때문이다. 그러나 핵 DNA가 분석하고자 하는 대상의 모든 정보를 담고 있는 것에 비해 미토콘드리아 DNA는 모계 계통의 정보만 담고 있어 인류 이동의 역사를 밝히는 데에는 역부족이다. 더욱이 PCR은 증폭을 통해 표적 DNA를 대량으로 복제할 수 있다는 장점이 있지만 파편화로 크기가 작아진 DNA는 증폭이 힘들다는 한계 또한 지니고 있다. 대개 고인골의 시료 상태는 좋지 않은 경우가 많기 때문에 일부 증폭이 가능한 표적을 제외하면 나머지 DNA는 무용지물일 때가 많았다. 혹시 중요할 수도 있는 자료를 검토도 못 하고 버리는 셈이었다.

최초로 고인골의 전장 유전체 분석을 시도한 사람은 독일 막스 플랑크 연구소의 스웨덴 출신 유전학자 스반테 페보Svante Paabo였다. 그와 연구진은 차세대 염기 서열 분석 Next Generation Sequencing이라는 기술을 도입하여 고인골의 모든 DNA를 분석하고 해석하는 새로운 연구 방법을 고안했다. 차세대 염기 서열 분석은 대용량의 염기 서열을 단시간에 분석할 수 있어 표적의 증폭 과정에서 많은 시간과 비용을 들여야 하는 기존 PCR의 한계를 극복한 신기술이다. 2000년대 중후반부터 상용화되어 현대 유전체학의 발전에 큰 기여를 하고 있다. 페보 연구진은 네안데르탈인, 데니소바인과 같은 고인골 전장 유전체의 SNP를 분석하여 구인류와 현 인류 간의 관계를 밝히는 기념비적인 업적을 남겼다.[12, 13] 새로운 분석 기법과 고성능의 분석 장치 덕분에 루카 카발리-스포르차 시대에는 불가능해 보이던 연구가 지금은 가능해졌다. 이제는 고DNA 연구에서 미토콘드리아 DNA나 Y염색체가 아닌 유전체 전체를 분석하는 것이 일반화되었다. 단시간에 대용량의 자료를 분석할 수 있게 되면서 비용 역시 크게 줄어들었다.

전장 유전체 분석이 제대로 이루어지려면 무엇보다 고인골 시료의 상태가 좋아야 한다. 즉 뼈에 DNA가 충분히 남아 있어야 한다. 시간이 너무 많이 흘렀거나 주변 환경의 특성상 보존이 여의찮아 암석이 되어 버린 '화석'에는 유기물이 남아 있지 않아 DNA 분석에 활용할 수 없다. 오염에 심하게 노출된 뼈 또한 분석을 어렵게 한다. 고인골에 침투한 세균이나 곰팡이의 DNA 혹은 발굴이나 분석을 할 때 부지불시간에 섞이는 연구자의 DNA가 오염의 주요인이다. 분석 가능한 고인골의 확보와 오염 DNA의 제거 여부가 고DNA 연구의 성패를 거의 결정하다시피 한다.

스반테 페보는 2022년 노벨생리의학상을 수상하며 고유전학 연구에 끼친 그의 공로를 인정받았다. 사실 유전체 연구는 질병 치료를 목적으로 진행되는 경우가 대부분이다. 페보의 경우처럼 '인류의 기원과 역사'에 대한 호기심에서 시작된 순수한 연구가 노벨상을 통해 그 가치를 평가받는 날이 올 줄은 몰랐다. 참으로 놀랍기도 하고 반갑기도 하다.

# 2부

# 생동하는 기후와
# 인류의 이동

---

자연의 맥박은 멈춤 없이 규칙적으로 뛴다.
그것을 무시하는 건 어리석은 짓이다.

- 엘스워스 헌팅턴Ellsworth Huntington, 지리학자

재레드 다이아몬드Jared Diamond의 《총, 균, 쇠Guns, Germs, and Steel》
는 출간 이후 20년 이상 엄청난 인기를 누렸다. 그렇지만 환경결정
론을 거부하는 학자들이 《총, 균, 쇠》에 쏟아내는 날 선 비판은 여
전하다. 이들은 과거 한계에 직면하고 폐기된 환경결정론이 이 책
을 통해 다시 살아나는 것에 우려를 표한다. 환경결정론은 왜 그토
록 가치가 격하된 것일까? 20세기 초 대표적인 환경결정론자 엘스
워스 헌팅턴Ellsworth Huntington의 삶을 돌아보면 환경결정론을 향한
지식인들의 뿌리 깊은 거부감을 조금이나마 이해할 수 있다. 헌팅
턴은 뛰어난 지리학자였지만 우생학을 대놓고 지지해 대중적인 인
기를 얻은 문제적 인물이다. 무엇보다 근거 없이 유전성을 강조하
며 인종주의적 편견을 드러내곤 했다. 환경결정론을 옹호하던 주
류 학자들의 이런 성향 때문에 환경결정론은 애석하게도 학문적
잠재력을 충분히 발휘할 수 없었다.

　《총, 균, 쇠》 역시 전형적으로 환경결정론에 근거하여 쓰인 책
이다. 다이아몬드는 유럽 사회가 성공할 수 있었던 핵심 요인이 유
럽의 자연환경에 있다고 단순하면서도 명쾌한 주장을 펼친다. 또
한 유전적 요인보다는 사회문화적 요인을 강조하며 과거 인종 차
별 이슈도 요령 있게 비껴간다. 예를 들어 다이아몬드는 뉴기니 원
주민 아이를 영국 런던에서 키우면 영국인같이 성장할 것이고 영
국 아이를 뉴기니 원주민 부락에 데려다 키우면 뉴기니 원주민으
로 자랄 것이라고 말한다. 인간 집단 사이의 평균적인 유전적 차이
는 무시할 만한 수준이므로 각 집단이 처한 환경이 더 중요할 수
밖에 없다고 보는 것이다. 유전자와 환경 두 요인 모두 공히 인간

에게 중요한 것이 사실이지만, 개인이 아닌 집단 차원에서 주로 환경이 각 집단의 향방을 결정한다는 다이아몬드의 주장은 상당히 설득력 있게 다가온다. 그러나 헌팅턴과 같은 20세기 초 서구의 환경결정론자들은 이와는 조금 다른 생각을 가지고 있었다. 그들은 환경에 의해 고정된 '유전자'가 집단의 성패를 좌우한다고 믿고 싶어 했다.

헌팅턴은 인종차별주의자라는 비판을 받았지만 자신의 분야에서는 탁월한 식견을 자랑했다. 그는 기후 변화가 주기적으로 발생한다고 믿었고 자신의 책 《아시아의 맥박The Pulse of Asia》에서 주기적인 기후 변화를 '맥박'이라고 표현했다. 변화의 주기는 짧은 것에서 긴 것까지 다양하다고 봤다. 그는 긴 주기의 대표적인 예로 빙기와 간빙기의 도래를 들었고 중앙아시아의 기후 변화를 짧은 주기의 전형이라 생각했다. 헌팅턴은 최초로 나이테를 분석하여 과거 기후의 복원을 시도한 학자이기도 했다. 자이언트 레드우드 나무의 나이테 분석을 통해 캘리포니아의 지난 3200년간의 기후 변화를 복원한 그래프는 그의 대표작 《문명과 기후Civilization and Climate》에 실려 명성을 얻었다.

나이테 분석은 가장 신뢰할 만한 고기후 복원 방법 가운데 하나이다. 나이테의 너비를 측정하면 과거 기후 변화의 복원이 가능하다. 특정 해에 생긴 나이테의 폭이 넓으면 그해에 비가 많이 왔거나 온도가 높았거나 하는 식으로 추정하는 것이다. 나이테는 보통 1년에 하나씩 생성되므로 다른 고기후 복원 방법에 비해 연대를 훨씬 정확하게 파악할 수 있다는 장점이 있다. 헌팅턴이 처음이 기법을 활용한 이후 거의 100년에 가까운 시간이 흘렀음에도 여전히 수많은 고기후학자가 동일한 연구 방법을 통해 과거 기후 변화를 복원하고 있다. 최근 들어 그 활용 빈도가 더욱 늘고 있으며, 수백 개의 나이테 자료를 내삽하여 과거의 가뭄 지도를 작성하는 등 헌팅턴의 시대에는 상상하기 힘들었던 작업들이 진행 중이다. 헌팅턴은 또한 기후에 있어 흑점의 중요성을 일찍이 간파했던 몇 안 되는 학자 중 하나였다. 흑점과 기후 간의 연관성을 찾기 위해 활용한 그의 연구 방법에는 분명 문제가 있었다. 그러나 그때까지 학계의 관심 밖에 있었던 흑점 수와 기후의 상관관계를 알아차리고 이를 파악하려고 했던 시도 속에서 창의적이고 선구자적인 면모를 찾을 수 있다.

후대 학자들이 생각하는 헌팅턴의 이미지는 상당히 부정적인 것이 사실이다. 인종 차별 의도가 농후했던 "기후가 인간의 성향을 결정한다"라는 그의 가설은 과학적으로 입증이 불가능해 연구 주제로 적절치 않았고 사회적으로도 정의롭지 못한 측면이 강했기 때문이다. 그러나 그의 또 다른 관심사였던 "기후가 주기적으로 변화했고 이 변화가 과거 사회에 영향을 미쳤다"라는 가설은 최근에 미래의 지구 온난화 문제와 맞물려 새롭게 조명받고 있다.

기후 변화와 과거 사회의 변동을 비교하는 것은 쉬운 일이 아니다. 우선 기후 변화 자료와 과거 사회 자료의 연대가 모두 정확해야 한다. 또한 특정 시점의 기후 변화가 과거 사회에 영향을 미쳤다는 점을 확인하기 위해서는 고해상의 고기후 자료와 고고학 자료가 필요하다. 지금도 이러한 연구의 성패는 전적으로 자료의 해상도와 연대의 정확성에 달려 있다고 봐도 과언이 아니다. 그런데 최근 분석 기법의 빠른 발전으로 이전보다는 성공 확률이 많이 높아졌다. 연대가 정확한 고해상의 고기후 자료를 생산할 수 있게 되었고 그간에 고고학 발굴 결과도 많이 축적되었기 때문이다. 그 결과 최근 30년간 전 세계적으로 헌팅턴의 주장을 뒷받침하는 논문들이 폭발적으로 쏟아져 나오고 있다. 물론 '신환경결정론의 부활'을 우려하는 시각도 여전히 함께 존재한다. 인류가 결정론에 경도되어 무력감에 빠지게 되면 현재 점차 심화되고 있는 환경 위기의 극복은 요원해질 수밖에 없다. 지금은 인간의 강력한 자유 의지를 바탕으로 윤리의식과 책임감을 고양하고 근대 이후 망가진 지구 환경을 반드시 되살린다는 사명감이 필요한 시기임이 분명하다.

그러나 이런 결정론적 시각에 대한 염려에도 불구하고 인정할 것은 인정해야 한다. 최근 연구 결과들은 헌팅턴의 생각이 단지 억측만은 아니었다는 점을 강하게 시사한다. 비록 부정확하고 빈약한 자료만으로 직관에 따른 의견을 과감하게 제시함에 따라 학계의 비판은 피해 갈 수 없었지만 누구도 그의 뛰어난 통찰력까지 부인할 수는 없다. 그럼 지금부터 헌팅턴이 '맥박'으로 표현했던 주기적인 기후 변화가 과거에 실제로 어떠한 형태로 나타났고 그 기후 변화가 전 세계 인류의 이동을 어떠한 식으로 추동했는지 살펴보자.

4장

# 자연의 맥박

## 플라이스토세와 홀로세

　따뜻했던 제3기가 끝나고 대략 260만 년 전부터 기온의 하강 속도가 빨라지면서 제4기가 시작된다. 제4기는 '플라이스토세'와 현재 우리가 살아가고 있는 시기인 '홀로세'로 구성되기에 제4기의 시작이 곧 플라이스토세의 시작이다. 고기후학자들이 '빙하기'라고 말할 때 플라이스토세를 가리키는 경우가 많은데, 이는 종종 지질학적 시간에 익숙하지 않은 사람을 혼란스럽게 한다. 플라이스토세 빙하기에도 지금의 홀로세처럼 비교적 온난하여 지구의 빙하가 감소했던 시기가 주기적으로 나타났기 때문이다. 따라서 의미를 확실하게 전달하기 위해 보통 플라이스토세는 '빙하기'라 칭하고, 플라이스토세 내 온난했던 시기들은 '간빙기', 나머지 한랭했던 시기들은 '빙기'로 구분해서 부른다.

　플라이스토세에 간빙기가 주기적으로 도래한 원인은 세르비아의 천문학자 밀루틴 밀란코비치Milutin Milankovitch가 밝혀냈다.[1] 그는 순전히 수학적 풀이를 통해 빙하기의 주기적 기후 변화를 가져온 핵심 요인으로 '공전 궤도의 이심률', '자전축의 기울기', '자전축의

| 신생대 | | | | | | ka |
|---|---|---|---|---|---|---|
| | 제3기 | | | | | 65000ka |
| | 제4기 (빙하기) | 플라이스토세 | | | | 2580ka |
| | | | MIS 5 | 마지막 간빙기 | | 130ka |
| | | | | | | 115ka |
| | | | MIS 4 | 마지막 빙기 | | |
| | | | MIS 3 | | | |
| | | | MIS 2 | 마지막 빙기 최성기 | | 25ka |
| | | | | | | 18ka |
| | | | MIS 1 | 만빙기 | | 15ka |
| | | | | | 올디스트드라이아스기 | 14.7ka |
| | | | | | 볼링-앨러뢰드기 | 12.8ka |
| | | | | | 영거드라이아스기 | 11.7ka |
| | | 홀로세 (현 간빙기) | 홀로세 초기 | | | 8.2ka |
| | | | | | 8.2ka 이벤트 | 8.1ka |
| | | | 홀로세 중기 | 홀로세 기후 최적기 | | 5.0ka |
| | | | | | | 4.2ka |
| | | | | | 4.2ka 이벤트 | 3.9ka |
| | | | 홀로세 후기 | | | 3.7ka |
| | | | | 중기 청동기 저온기 | | 3.2ka |
| | | | | 청동기 최적기 | | 2.8ka |
| | | | | 철기 저온기 | 2.8ka 이벤트 | 2.7ka |
| | | | | | | 2.3ka |
| | | | | 로마 온난기 | | 1.7ka |
| | | | | 중세 저온기 | | 1.2ka |
| | | | | 중세 온난기 | | 0.7ka |
| | | | | 소빙기 | | 0.1ka |

**그림4-1 신생대 제4기의 기후 변화 흐름**

약 6500만 년 전 파충류의 시대였던 중생대가 막을 내리고 신생대가 시작된다. 신생대는 온난했던 제3기와 흔히 빙하기라 하는 제4기로 구성된다. 대략 260만 년 전부터 시작된 제4기는 현시대를 포함하며, 플라이스토세와 홀로세로 나뉜다. 제4기에는 수십 차례의 빙기와 간빙기가 교대로 나타났다. 우리가 살고 있는 현재의 간빙기를 홀로세라 부르고,

세차 운동' 세 가지를 꼽았다. 그의 이론은 이후 심해저 퇴적물에서 얻은 고기후 자료에 의해 의심의 여지 없이 정확하다는 사실이 입증되었다. 지구와 태양의 상대적인 위치 변화 그리고 지구 자전축의 변화가 과거 빙하기의 기후 변화 메커니즘을 대부분 결정했던 것이다.

플라이스토세에는 수많은 빙기와 간빙기가 교차했다. 플라이스토세에 나타난 간빙기의 횟수만 20회 이상이다. 마지막 빙기가 끝나고 도래한 지금의 간빙기가 홀로세이다. 마지막 빙기 이후에 나타났다는 의미로 '후빙기'라고도 부른다. 홀로세가 제4기 동안 수십 차례 존재했던 단기간의 간빙기 중 하나에 불과하니, 플라이스토세가 곧 제4기라 해도 크게 틀린 말은 아니다. 다만 호모 사피엔스가 대략 1만 년 전부터 농경을 통해 지구 환경에 심대한 영향을 미쳐왔다는 점에서 현 간빙기가 갖는 의미가 적지는 않다. 지구가 형성되고 처음으로 우리 인류가 (좋은 의미든 나쁜 의미든) 주인공이 되었다는 상징성이 있으므로 지금의 간빙기에 홀로세라는 이름을 따로 붙였다. 홀로세의 영문명 'Holocene'은 완전히 새로운 시기라는 뜻이다.

우리 인류는 1만 년 넘게 온난하고 안정적인 기후를 누려왔다. 지질학적 시간 스케일에서 보면 홀로세는 머지않아 끝날 운명이다. 대략 70만 년 전부터 지구 환경은 빙기가 11만 년 정도 지속되

---

제4기의 나머지 기간을 플라이스토세라고 한다. 홀로세 이전의 마지막 간빙기는 대략 13만 년 전부터 시작되어 11만 5000년 전에 종결되었다. 이후 마지막 빙기가 나타났는데 이 기간에서 가장 추웠던 2만 5000년 전에서 1만 8000년 전까지를 마지막 빙기 최성기라고 부른다. 최성기가 끝난 후 기후가 심하게 요동쳤던 만빙기가 나타났다.

다가 이후 간빙기가 1만 년 정도 유지되는 기후 사이클을 겪어왔기 때문이다. 홀로세가 1만 1700년 전부터 시작되었으니 주기만 본다면 빙기가 곧 도래해도 이상해할 것이 없다. 다만 지구의 공전 궤도의 이심률이 낮아 궤도가 원형에 가까운 모습을 계속 유지할 것으로 보여 홀로세는 앞으로도 수만 년 더 지속될 것으로 예측된다.[2] 우리 인류는 과거의 간빙기와는 성격이 조금 다른, 훨씬 길게 이어지고 있는 간빙기를 겪는 중이다. 여기에 인류가 초래한 지구 온난화까지 더해져 홀로세는 전례 없이 새로운 형태의 간빙기로 변해가고 있다. 우리는 이 인위적 간빙기를 '인류세Anthropocene'라는 별도의 이름으로 부르기 시작했다.

학계에서는 동아프리카에서 호모 사피엔스가 처음 나타난 시점을 대략 20만 년 전으로 본다. 지구가 빙기 한복판에 있던 시기다. 이후 수만 년이 지나서 13만 년 전에 빙기가 끝났고 홀로세 이전의 마지막 간빙기가 도래했다. 약 1만 5000년 동안 지속된 이 간빙기를 '이미안 간빙기'라고 부른다. 지금의 홀로세와 기후 면에서 상당히 유사했다. 간빙기가 찾아오면서 기후가 습윤해지자 사하라 사막의 동부 일부가 스텝이나 사바나 식생으로 덮이기 시작했다. 사막이 사라진 지역에 초지가 들어서면서 호모 사피엔스가 아프리카를 빠져나와 아라비아반도 쪽으로 나갈 수 있는 통로가 형성되었다. 사피엔스는 식생 지대를 따라 아프리카 동북부를 지난 후 홍해의 양 끝부분을 통해 아라비아 사막이나 레반트 지역으로 이동했다. 이때 최초로 호모 사피엔스가 유라시아 땅에 발을 내디딘 것으로 보이지만 이들이 현 인류의 직접적인 조상은 아니다. 이미안 간빙기가 끝나고 다시 찾아온 빙기에 후대의 또 다른 사피엔스 집단이 아프리카를 벗어나 유라시아로 퍼져나갔다. 이들이 현재 지구의 대부분을 차지하고 있는 인류의 조상이라 할 수 있다.

이미안 간빙기가 약 12만~11만 년 전에 끝나고 지구는 마지막 빙기에 들어섰다. 빙기라고 해서 내내 추웠던 것은 아니다. 지구의 세차 운동에 의해 대략 2만 5000년을 주기로 북반구에 유입되는 일사량이 증가하는 시기가 나타났다. 그때마다 열대수렴대는 북쪽으로 이동했고 북반구는 상대적으로 더 따뜻해졌다. 열대수렴대는 적도 지역에 위치한 띠 형태의 저기압대로 바람이 적고 비가 많이 내리는 지역이다. 계절에 따라 위치가 바뀌는데 북반구 기준으로 여름에는 북쪽으로 겨울에는 남쪽으로 움직인다.

대략 10만 년 전, 7만 5000년 전, 5만 5000년 전, 3만 년 전에 지구의 세차 운동으로 열대수렴대가 북쪽으로 움직였다. 동시에 북부 아프리카의 강수량은 늘어났고 사막의 면적은 감소했다.[3] 초지의 확대로 동물의 이동 범위는 넓어졌고 일부는 아프리카를 빠져나갔다. 사피엔스는 한 번 포착한 동물은 끝까지 쫓아가서 잡고야 마는 사냥꾼 본능에 충실했다. 먹잇감을 따라 아프리카 땅을 벗어나는 일에 전혀 개의치 않았다. 광활한 유라시아에 도착해서도 마찬가지였다. 특유의 호기심과 모험심으로 똘똘 뭉친 사피엔스의 이동 욕구는 끝없이 폭발하였다. 6만~5만 년 전부터 양호해진 기후 속에서 사피엔스의 기나긴 이동은 목적지도 없이 끝도 없이 이어졌다.

사피엔스가 유라시아로 넓게 확산하던 때는 MIS 3에 해당하는 시기로 빙기치고는 따뜻한 편이었다. 그 이전 시기인 MIS 4(7만~6만 년 전)와 그 이후 시기인 MIS 2(3만~2만 년 전)에 비해 온난하였다. 여기서 MIS는 해저퇴적물의 산소동위원소층서를 의미한다. 심해저의 퇴적물 속에 침전된 유공충 껍데기의 산소동위원소 비율을 측정해 기후를 추정하고 이를 토대로 제4기를 구분한 것이다. 하지만 구분이 모호할 때가 많아 보통 장기간의 과거 기후 변화를 대략 기술할 때 활용한다. MIS 뒤의 숫자는 작을수록 현재와 가까운 때임을 의미한다. 따뜻했던 시기에는 홀수를, 추웠던 시기에는 짝수를 붙였다. 예를 들어 MIS 1과 MIS 3은 따뜻했고, MIS 2와 MIS 4는 추웠다. MIS 3은 인류의 유라시아 확산이 두드러졌던 시기고, MIS 1은 현 간빙기인 홀로세이다. MIS 2는 약 11만 년 동안 이어진 마지막 빙기 중에서도 가장 추웠던 시기다. MIS 3 후반부에 꾸준히 북쪽으로 이동하던 유라시아의 수렵채집민은 MIS 2에 들어서자 혹독한 추위를 피해 북에서 남으로 내려오는 경향을 보였다.

## 마지막 빙기의 매서웠던 추위

장장 260만 년의 플라이스토세에 나타났던 수십 차례의 빙기 중에서 마지막 빙기의 기온이 가장 낮았다. 마지막 빙기 때 MIS 3기가 상대적으로 따뜻했다지만 이 기간조차 현 간빙기인 홀로세에 비해 기온은 턱없이 낮았다. 초창기의 호모 사피엔스는 차가운 환경 속에서 변변한 장비도 갖추지 못한 채 북방을 향해 전진을 거듭했다. 마지막 빙기는 그들에게 너무 추웠다. 분명 많은 부담이 따랐을 테지만 수렵채집민들은 북부 유라시아의 혹독한 추위와 삭막한 환경을 극복하고 생존했을 뿐 아니라 문화의 발전까지 이뤄냈다. 어떻게 이러한 일이 가능했을까?

무엇보다도 뛰어난 언어 구사 능력이 큰 도움이 되었던 것으로 보인다. 사전에 철저한 계획을 세우고 이에 따라 움직였기에 대형 동물의 사냥 성공률이 높아졌다. 집단의 구성원 간에 새로운 기술과 주변 환경에 관한 지식 등이 정확히 전달되면서 문화 수준 또한 눈에 띄게 향상되었다.[4] 의사를 전하는 방법은 여러 가지가 있지만 직접적인 언어 소통만큼 빠르고 명확한 것은 없다. 집단의 모든 구성원은 자신만의 강점을 지니고 있었다. 어떤 이는 식용 가능한 식물을 잘 골라냈고, 어떤 이는 동물의 이동 경로를 추정하는 데 정통했으며, 어떤 이는 계절의 변화를 예측하고 앞으로의 날씨를 예상할 때 수완을 발휘했다. 이들은 서로 말을 주고받으면서 자신이 갖고 있는 정보를 전해주기도 했고, 정보에 대한 정보, 즉 정보를 얻는 방법을 알려주기도 했다. 이렇게 언어로 전달되는 소중한 정보들은 개인과 집단의 생사에 많은 영향을 미쳤다.

경험과 지식이 풍부한 연장자의 역할은 더욱 강조되었다. 이를 반영이라도 하듯 네안데르탈인과 비교해 사피엔스 집단에는 30세 이상의 인구가 훨씬 많았다.[5] 치열한 경쟁 속에서 집단 간의 싸움이 빈번했음에도 힘을 못 쓰는 고령의 구성원을 중시하고 보호했다. 현명한 노인의 존재는 호모 사피엔스가 네안데르탈인과의 경쟁에서 이기고 4만~3만 년 전부터 세력을 빠르게 확장할 수 있었던 요인 가운데 하나였다. 노인과 청년은 삶의 방식을 전수하고 전수받기 위해 끊임없는 대화를 나눴을 것이다. 언어 구사 능력은 호모 사피엔스가 빙기의 황량함 속에서도 문화를 꽃피울 수 있었던 원동력이었다. 이들은 언어 외에도 그림, 음악, 무용 등을 통해 생

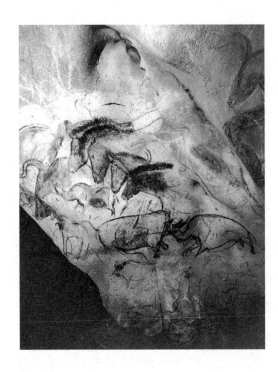

**그림4-2 프랑스 쇼베 동굴의 벽화**

약 3만 1000년 전 오리냐크 문화인의 작품으로 보인다. 연속적으로 그려진 네 마리의 말이 인상적이다. 왼쪽에서 오른쪽으로 침착한 말, 공격적인 말, 잠자는 말, 풀 뜯는 말을 묘사한 것으로 추정된다.

존에 필수적인 정보를 나누곤 했다. 약 3만 1000년 전에 그려진 프랑스 쇼베 동굴 벽화는 여러 종류의 동물을 그림으로 묘사하고 있는데 그 정교함과 다양한 기법이 그저 놀라울 따름이다. 적극적인 소통 속에서 사피엔스의 예술성과 창의성이 폭발하였다.

마지막 빙기의 추위는 매서웠지만 약 11만 년 동안 이어진 이 시기가 항상 한랭했던 것은 아니었다. 앞서 설명했듯이 지구의 세차 운동으로 2만 5000년마다 상대적으로 온난한 시기가 찾아왔고 이보다 짧은 주기의 온난화도 꾸준히 나타났다. 대략 1500년 주기의 온난기가 25번 정도 도래했는데 이 기간을 '아간빙기'라 하고, 그 사이사이 빙기다운 추위를 보였던 기간을 '아빙기'라고 한다. 앞서 지구 공전 궤도의 이심률, 지구 자전축의 기울기, 지구 자전축의 세차 운동이 변화해 260만 년 동안 지속된 플라이스토세에 빙기와 간빙기가 교차하며 나타났다고 이야기했다. 그럼 마지막 빙기에 아빙기와 아간빙기가 주기적으로 교차하며 나타난 이유는 무엇일까? 이 질문에 답하기 위해서는 북대서양의 해수 흐름과 관계있는 '열염순환'을 이해할 필요가 있다.

마지막 빙기의 급격한 기후 변화는 대부분 남대서양에서 북대서양 방향으로 흐르는 열염순환이 교란되면서 발생했다. 열염순환thermohaline circulation이란 바닷물의 열에너지와 염 농도가 변하면서 형성되는 해류의 장기적 흐름이다. 열염순환이 원활하게 이뤄지지 않으면 북반구를 중심으로 갑작스러운 한랭기가 찾아온다. 전체 열염순환 체계 내에서 주로 대서양 해류의 교란이 기후 변화를 불러오기 때문에 학계에서는 '대서양 자오선 역전 순환Atlantic Meridional Overturning Circulation'이라는 용어를 더 자주 사용하는 편인데, 대서양에서 북쪽으로 향하는 표층 해수와 남쪽으로 향하는 심층 해수의 연결된 흐름으로 이해하면 된다.

남대서양의 표층 해수는 저위도를 지나 북진하는 과정에서 고위도의 한랭한 대기에 많은 열을 빼앗긴다. 동시에 태양 복사와 편서풍에 의한 바닷물의 증발이 활발해지면서 염도가 빠르게 높아진다. 이와 같이 수온 저하와 염도 상승으로 고위도로 향하는 표층 해수의 밀도는 점점 높아지고, 무거워진 바닷물은 그린란드 부근에서 가라앉는다. 깊은 바다로 내려온 해수는 남쪽으로 이동하는 심층 해류에 합류하게 된다. '멕시코 만류'라고 불리는 표층 해수의 이러한 움직임은 적도 지역과 남반구의 잉여 에너지를 북반구로 전달하는 역할을 한다. 저위도로부터 운송되는 열에너지 덕분에 북대서양의 고위도 지역은 비슷한 위도의 태평양 지역보다 온화한 기후를 유지할 수 있다.

그런데 마지막 빙기에 따뜻한 아간빙기가 도래할 때면 빙하가 녹아 북대서양으로 대량의 담수가 유입되는 상황이 반복되었다. 그 결과 밀도가 낮아진 표층 해수가 잘 가라앉지 않으면서 열염순환이 느려졌다. 이때마다 북대서양을 중심으로 추위가 급습했고 북반구는 아빙기 단계로 들어섰다. 열염순환이 교란되면 대기의 온도는 크게 떨어졌다. 인간을 포함한 생태계 또한 큰 충격을 받았다. 약 4만 4000~4만 년 전 사이에 열염순환이 주기적으로 교란되

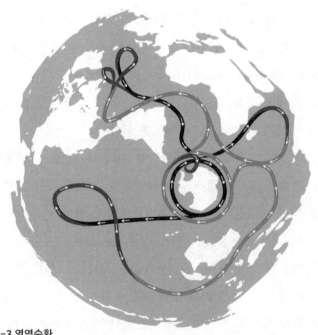

**그림4-3 열염순환**
표층 해수의 흐름은 갈색 선으로, 심층 해수의 흐름은 검은색 선으로 나타냈다.

면서 3번의 뚜렷한 아빙기가 나타난 적이 있었는데, 네안데르탈인의 멸종 원인으로 당시의 불안정한 기후를 가장 먼저 꼽는 학자도 있다.[6] 네안데르탈인은 3만 9000년 전에 멸종했다고 알려져 있다.

네안데르탈인의 멸종과 관련해서는 호모 사피엔스와의 경쟁, 질병의 창궐, 화산 폭발, 출산율 감소 등 다양한 가설이 존재한다. 무엇보다도 소통과 협동에 능숙했던 현생 인류를 네안데르탈인이 경쟁에서 이겨 내기란 쉽지 않았을 것이다. 여기에 마지막 빙기의 불안정한 기후 또한 한몫했던 것으로 보인다. 언어 능력에서 비롯된 문화적 우월성은 변덕스러운 환경 변화를 극복하고 사피엔스가 네안데르탈인보다 한발 앞설 수 있었던 핵심 요인이었다.


## 마지막 빙기 최성기


대략 2만 9000년 전부터 지구의 기후는 점차 한랭해지기 시작했다. 이후 2만 5000년 전에서 1만 8000년 전 사이 전 지구의 추위는 절정에 달했다. 한랭화의 정점에 이르렀던 이 시기를 '마지막 빙기 최성기'라고 부른다. 제4기에 수십 차례 나타났던 빙기들 가운데 마지막 빙기가 가장 추웠다는 점에서 마지막 빙기 최성기는 중생대가 시작된 2억 5000만 년 전 이래 가장 추웠던 7000년이라고 볼 수 있다. 유라시아 서부에서는 북부 유럽 대부분이 빙하로 덮였고 북아메리카에서는 미국 북부까지 빙하가 전진하였다. 빙하가 확대되면서 전 세계 해수면은 대략 130미터 넘게 낮아졌다.[7]

2만 5000~1만 8000년 전 사이 마지막 빙기 최성기의 무자비한 추위 속에서도 유라시아 서부의 호모 사피엔스는 수준 높은 수렵채집 사회를 형성했다. 동유럽에서는 약 3만 년 전에 상아나 석회석을 조각하여 만든 비너스상으로 유명한 그라베티안 문화가 출현했다. 비너스상의 가슴, 배, 엉덩이가 유별나게 크다는 점에서 그라베티안인들이 다산과 풍요를 기원하며 만들었음을 알 수 있다. 그라베티안 문화는 대략 2만 2000년 전에 크게 위축되다 당시는 마지막 빙기 최성기에서도 기온이 가장 많이 떨어지면서 지구의 빙하 규모가 최대치에 이른 시점이다.[8] 마지막 빙기 최성기의 한파는 문화의 쇠락으로 이어졌다. 이때 유럽을 중심으로 그라베티안 문화의 주거지 수가 현저하게 감소했다.

엄청난 추위에도 불구하고 사피엔스의 창의력은 항상 그러했듯 상황이 어려울수록 밝게 빛났다. 이들은 뼈바늘의 머리 부분에 구멍을 뚫어 바느질의 효율성을 높였다. 구멍을 가진 바늘은 의류 제작 기술을 한 차원 끌어올리는 혁명과 같았다. 바느질이 편리해지면서 옷감을 더 튼튼하게 이을 수 있었고, 입는 사람 몸에 맞게 가죽과 털을 봉합할 수 있게 되면서 방한 효과가 한결 높아졌다. 또한 소형 돌날을 다듬고 동물의 뿔이나 뼈를 가공하여 촉이나 자루를 만든 후 이들을 이어 붙여 복합 무기를 만들기도 했다. 개선된 무기 덕분에 사냥 효율성은 이전에 비해 크게 향상되었다. 물론 매서운 추위를 버티지 못한 이들도 있었지만, 살아남은 이들은 이렇듯 끊임없는 혁신을 거듭하며 신생대에서 가장 혹독했던 추위를 극복해 나갔다.

2만 2000년 전 솔뤼트레 문화가 그라베티안 문화를 대체하며 마지막 빙기 최성기의 후반부를 주도했다. 솔뤼트레 수렵채집민 또한 추위를 이기고 살아남기 위해 다양한 방법들을 시도했다. 앞서 살펴봤듯 뿔로 제작한 투창 가속기는 특히 인상적이었다. 최근에는 이들이 인류 역사상 최초로 활과 화살을 발명했을 가능성 또한 제시되고 있다.[9] 이런 위대한 사냥 기술의 혁신이 신생대 내에서도 가장 열악한 환경 속에서 처음 모습을 드러냈다는 점이 참으로 아이러니하다.

솔뤼트레 수렵채집민은 이전에 살았던 그라베티안인보다 평균 신장이 더 작았다.[10] 혹한 속에서 에너지 효율성이 높은 신체가 선택받은 것이다. 짧은 팔다리는 열 손실을 줄이는 데 유리했다. 그러나 이런 생물학적 적응만으로는 충분하지 않았다. 만약 문화의 쉼 없는 발전이 없었다면 마지막 빙기 최성기의 무자비한 자연환경에서 살아남을 수 없었을 것이다. 솔뤼트레 수렵채집민은 투창 가속기, 활, 화살 등의 신무기를 이용하여 사냥을 빠른 시간에 끝낼 수 있었다. 춥고 위험한 야외에서 머무는 시간이 확연하게 줄어듦에 따라 생존율이 크게 높아졌다.


## 만빙기, 다시 뛰기 시작한 자연의 맥박

마지막 빙기에는 대략 1500년마다 아빙기와 아간빙기가 교차하면서 나타났다. 단 이러한 변화는 주로 5만 년~2만 5000년 전 사이에 집중적으로 나타났고 이후 수천 년간 이어진 마지막 빙기 최성기에는 거의 볼 수 없었다. 최성기가 끝나고 나서야 다시 예전과 유사한 기후 변화가 주기적으로 나타났다. 보통 이 시기를 '만

**그림4-4 라스코 동굴의 벽화**

약 1만 7000년 전의 벽화로 추정되며 원근법을 고려해서 그렸음을 알 수 있다.

빙기' 혹은 '퇴빙기'라고 부른다. 만빙기는 마지막 빙기 최성기가 지나고 지구의 빙상이 녹기 시작해 홀로세가 시작하는 시점까지로 약 1만 8000~1만 1700년 전까지의 기간이다. 만빙기의 복잡한 기후 변화는 지구 환경이 빙기에서 간빙기로 전이하면서 기온이 뚜렷하게 상승하면서 나타났다. 앞으로 우리가 지구 온난화의 파장을 예측하고자 할 때 참고할 만한 시기라 할 수 있다.

만빙기에서 관심을 두고 살펴봐야 하는 시기로는 '뵐링-알레뢰드기'와 '영기드라이스기'가 있다. 뵐링-알레뢰드기는 1만 4700년 전부터 영거드라이아스기가 시작되기 전인 1만 2800년 전까지로 두 번의 아간빙기(뵐링기와 알레뢰드기)로 이루어진 전체적으로 따뜻했던 시기이다. 약 1만 8000년 전 마지막 빙기 최성기 막판부터 북반구의 일사량이 증가하면서 기온이 천천히 상승 곡선을 그렸다. 그러나 점진적으로 상승하던 기온은 1만 6500년 전에 크게 낮아졌고 이후 대략 2000년간 매우 한랭한 상태가 유지되었다. 고기후학자들은 이 시기를 '올디스트드라이아스기'라 부른다. 이후 1만 4700년 전에 이르러 북대서양 지역을 중심으로 기온이 갑작스럽게 상승하였고 곧 뵐링기가 시작되었다. 이후 2000년 가까이 비교적 따뜻한 기후가 이어졌다. 이 기간이 뵐링-알레뢰드기다.

만빙기의 유럽에서는 마그달레나 문화가 꽃을 피웠다. 기후가 차츰 온난해지면서 주변에 먹을거리가 늘자 삶에 여유가 생겼으며 문화의 발전 속도는 빨라졌다. 세계적으로 유명한 남프랑스의 라스코 동굴 벽화와 북스페인의 알타미라 동굴 벽화가 이 시기를 대표한다. 마그달레나 시기의 벽화는 제작 기법 측면에서 이전 시기와 뚜렷한 차이를 보인다. 이전에는 단순히 동물의 윤곽을 그리는 것에 그쳤다면, 마그달레나 시대에는 원근법까지 고려하여 서로 겹쳐 있는 동물의 몸을 사실에 가깝게 묘사했다. 벽화에서 드러나는 세련된 그림 솜씨로부터 당시 수렵채집민의 높은 문화적 수준을 엿볼 수 있다. 다양한 색깔과 풍부한 표현력 또한 이들의 예술적 능력이 이미 상당한 경지에 올랐음을 보여준다.

야간빙기인 뵐링기와 알레뢰드기 사이에는 '올더드라이아스기'라 불리는 그리 춥지 않은 아빙기가 있었고, 알레뢰드기가 끝나자 갑자기 기온가 크게 하강하면서 또 다른 아빙기가 나타났다. 바로 만빙기 후반부에 나타난 아빙기 가운데 가장 뚜렷한 기후 변화를 보였던 영거드라이아스기로 1만 2800년 전에 시작되어 1000년 넘게 지속되었다.

## 영거드라이아스기와 농업 혁명

영거드라이아스기는 200~300년 사이에 그린란드의 기온이 9°C 가까이 떨어질 정도로 급하게 발생한 한랭기로 지구 생태계에 큰 변화를 불러왔다. 그 원인은 앞서 소개한 열염순환의 교란과 관계가 있다. 만빙기의 온도 상승으로 빙하가 빠르게 녹아내리면서 북대서양으로 대량의 담수가 유입되었고, 그 결과 대서양 자오선 역전 순환이 약해져 북대서양을 중심으로 강한 추위가 찾아온 것이다. 영거드라이아스기만 아니라 만빙기에 나타난 아빙기 대부분은 모두 이와 동일한 메커니즘에 의해 발생하였다.

'드라이아스'라는 명칭은 유럽의 고산 툰드라에 서식하는 야생 식물인 북극담자리꽃나무Dryas octopetala의 학명에서 가져온 것이다. 스칸디나비아와 알프스의 호수 퇴적물을 분석한 결과, 북극담자리꽃나무의 꽃가루(화분)가 세 번의 드라이아스 시기에 특히 많이 확인됨에 따라 이 꽃의 학명이 만빙기 후반부에 나타난 아빙기의 이름(올디스트드라이아스기, 올더드라이아스기, 영거드라이아스기)으로 사용되었다. 북대서양에서 나타난 만빙기의 기후 변화는 대부분 짧고 빠르게 진행되었다. 알레뢰드기에서 영거드라이아스기로 이행될 때 그러했고, 영거드라이아스기가 끝나고 홀로세로 넘어갈 때의 기온 상승 또한 매우 갑작스럽게 나타났다. 마지막 빙기 내내 기온 변화가 극심했지만, 홀로세가 시작될 때 기온 상승 속도는 이례적이었다. 그린란드의 기온이 불과 수십 년 사이에 10°C 넘게 오를 정도였다.[11] 당시의 기후 변화가 북반구의 생물권에 미친 파장은 가히 엄청났다.[12]

영거드라이아스기의 갑작스러운 기후 변화는 북반구에서 살아가던 대부분의 생물에게 위협적으로 다가왔다. 인간이라고 예외일 수 없었다. 그래서일까. 농경의 기원을 영거드라이아스기의 기후에서 찾는 학자가 적지 않다.[13] 그들은 영거드라이스기의 환경 변화에 적응하기 위해 인류가 농경을 시작했다고 본다. 이 같은 추론의 논리는 다음과 같다. 농경이 최초로 시작된 근동 지역에서는 뵐링-알레뢰드기에 기온 상승으로 주변에 먹을 것이 풍부해졌다. 기온뿐 아니라 당시 대기의 이산화탄소 농도 역시 높아지면서 식물의 확산에 가속도가 붙었고 초식 동물의 개체 수도 증가하였다. 수렵채집민은 먹을 것을 찾아 굳이 멀리 돌아다닐 필요가 없었다. 한곳에 머무르면서도 충분히 먹고 살 수 있게 된 것이다. 정착 생활이 시작되면서 아이를 많이 낳을 수 있게 돼 인구가 급증했다. 그러나 2000년의 온난기가 끝나고 한랭한 영거드라이아스 시기가 도래하자 상황이 급변했다. 기온이 급히 하강하면서 자연의 생산성은 많이 감소하였다. 인구 증가라는 사회 문제에 직면한 상황에서 한랭화에 따른 생태계 붕괴까지 우려되었다. 이에 수렵채집민 집단은 먹을 것을 안정적으로 확보하기 위해 농경이라는 혁신을 시도하게 된다.

이와는 달리 영거드라이아스가 끝날 때 나타난 급속한 온난화가 농경의 직접적인 원인이라고 보는 견해도 존재한다.[14] 대략 1만 2000~1만 1700년 전에 발생한 급격한 기온 상승은 빈번한 이상 기상 현상으로 이어졌고, 무엇보다 기후가 일정하게 유지되지 않으면서 생태계의 생산성은 매해 큰 차이를 보였다. 먹을 것을 충분히 확보하지 못하자 수렵채집민의 불안감은 커져만 갔다. 이를 해소하기 위해서는 기존의 생활 방식을 완전히 바꾸는 혁신이 필요했다. 새로운 농경 문화는 신석기 혁명으로 이어졌다. 인간의 창의성은 위기에 처할수록 빛이 발한다. 당시로서는 농경이 기후 변화에 따른 식량 위기를 타개할 수 있는 유일한 방법이었는지도 모른다.

한편 영거드라이아스 말기의 빠르고 짧았던 온난화가 끝나고 기후가 안정세에 접어든 후에야 농경이 시작되었다는 주장도 있다.[15] 수렵채집민에게 농경은 한 해의 대부분을 투자하면서도 성공을 확신할 수 없는 그야말로 위험한 모험처럼 느껴졌을 것이다. 궁핍한 상황에서는 시도할 엄두조차 내지 못했을 수 있다. 실패의 위험을 감수할 수 있는 풍족한 상황에서만 농경의 시작이 가능했을 것이라는 주장 또한 충분히 공감할 만하다. 이는 농경이 식량 위기를 타개하기 위한 혁신의 일환이었다고 보는 견해와는 사뭇 다르다.

농경은 과연 부족함에서 비롯된 것일까, 아니면 반대로 풍족함이 그 배경이었을까? 농경은 매우 복잡한 절차를 거쳐야 하는 작업으로 인류가 성공한 최초의 혁신이라 일컬어진다. 농경은 인간 사회뿐 아니라 지구 생태계까지 뒤흔든 대변화였다. 여유로움 속에서 해도 안 해도 그만인 몇 차례의 실험만으로 그 어려운 혁신이 완성되었을 것 같지는 않다. 먼 과거에 일어난 사건의 인과 관계를 정확히 알 방도는 없다. 그러나 반드시 성공해야 한다는 절박함이 농경 문화의 창출로 이어졌을 가능성이 더 높지 않을까?

단어가 주는 느낌과 달리 혁신에는 생각보나 많은 시간이 필요하다. 장기간에 걸쳐 수많은 아이디어들이 축적된 상태에서 새로운 사고가 방아쇠를 당길 때 혁신이 일어나는 법이다. 근동의 나투프인들은 뵐링-알레뢰드기의 풍요로움 덕에 정착 생활을 즐겼고 초기 농경과 관련된 다양한 지식을 체득할 수 있었다. 이러한 지식은 먼 훗날까지 면면히 이어졌다. 그러나 대부분 파편화되어 수천 년 동안 영향력이 낮은 단순 정보에 머물러 있었던 것이 사실이다. 그런데 기후 변화의 곤경에 처한 인류가 생존을 갈구하다가 그때까지 전해져 내려오던 단편적인 지식을 모아 폭발력 있는 혁신을 이끌었다면? 상당히 그럴듯하게 들리지 않는가.

## 5장

# 기후의 축복, 문명의 탄생

## 홀로세의 변화를 추동한 요인들

마지막 빙기 때와는 달리 홀로세의 기후는 매우 안정적이었다. 그렇다고 기후 변화가 아예 없었던 건 아니다. 홀로세 기간에도 동식물은 잦은 기후 변동 탓에 주기적으로 생존의 시험대에 올랐다. 빙기와 비교할 때 변동이라고 하기엔 민망한 수준이었지만, 온화한 기후로 서로 간의 경쟁이 한층 치열해진 생물의 성패를 결정하기에는 충분했다. 홀로세 기후는 농경이 시작된 후 가속화된 '인간 집단의 형성과 이주'에 절대적인 영향을 미쳤으므로 자세히 검토해 볼 필요가 있다. 홀로세의 기후를 결정한 요인은 다양하지만, 핵심만 골라보자면 일곱 개 정도로 추려진다.

**지구의 세차 운동** 홀로세 초기 지구는 '이심률'이 비교적 큰 타원을 그리며 태양 주위를 공전하고 있었다. 여기서 이심률이란 타원의 찌그러진 정도를 나타낸다. 타원의 장축이 단축에 비해 길수록 이심률은 높다. 타원에는 초점이 두 개 존재한다. 이심률이 높을수록 타원의 두 초점은 타원의 중심에서 멀어진다. 반면 이심률이

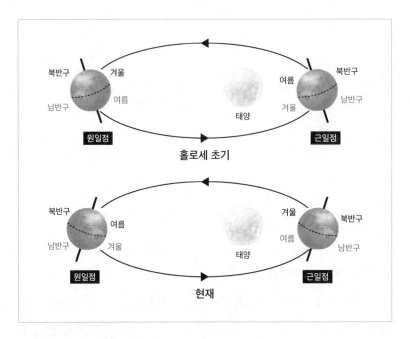

**그림5-1 지구의 세차운동**

홀로세 초기에는 북반구의 여름철에 지구가 근일점에 있었던 반면, 지금은 북반구의 겨울철에 지구가 근일점에 있다.

낮을수록 두 초점은 중심에 가까워지는데 이들이 중심에서 일치하면 이심률은 0이 된다. 즉, 원이 되는 것이다. 지구의 세차 운동으로 홀로세 초기 태양과 지구는 북반구가 여름일 때 가까웠고 겨울일 때 멀었다. 당시는 이심률도 높았기 때문에(여름에 태양과 지구는 상당히 가까웠고 겨울엔 상당히 멀었기에) 북반구의 여름과 겨울 간 기온 차이는 꽤 컸다. 여름철에 기온이 높다 보니 북반구의 빙하는 빠른 속도로 녹았다. 한편 겨울철에는 기온이 낮아지면서 바다의 증발량이 감소하였다. 그 여파로 눈이 적게 내리자 빙하가 커지지 않았다. 이렇듯 홀로세 초기에는 빙하가 원래의 규모를 유지하기 어려웠다.

빙하의 크기는 점차 축소되었고 북반구의 반사도는 낮아졌다. 기온은 한껏 올랐다. 그런데 시간이 흘러 홀로세 중반을 지나면서 지구의 기온이 차츰 낮아지기 시작했다. 지구의 세차 운동이 지구 자전축의 방향을 천천히 돌려놨기 때문이다. 홀로세 중반부터 여름의 온도는 떨어졌고 겨울의 온도는 조금씩 높아졌다. 여름에 빙하가 잘 녹지 않고 겨울에 눈이 많이 내리면서 북반구의 빙하량은 홀로세 후기로 올수록 늘었다. 현재는 북반구의 여름철에 태양과 지구가 멀리 위치하고 겨울철에 태양과 지구가 가까이 위치한다. 홀로세 초기와는 정반대의 상황이다. 북반구의 여름과 겨울의 온도 차는 홀로세가 시작할 때와 비교해 많이 줄어들었다. 세차 운동 주기만 놓고 보면 빙하 부피의 증가와 함께 홀로세가 곧 끝나고 새로운 빙기가 도래해도 이상해할 것은 없다. 그러나 현재 지구의 공전 궤도가 홀로세 초기에 비해 감소한 이심률로 원형에 가까워졌고 미래에도 이러한 경향이 강화될 것으로 예상되므로 지구에 빙기가 다시 찾아오려면 앞으로 수만 년은 더 흘러야 할 것으로 보인다. 이는 지구의 공전 궤도가 타원의 모습을 띨수록, 즉 이심률이 높을수록 세차 운동이 지구의 장기적 기후 변화에 미치는 영향력이 강해지기 때문이다. 세차 운동과 이심률의 영향으로 북반구의 여름과 겨울의 기온 차이가 확연하게 벌어지거나 줄어들 때, 그 결과로 간빙기나 빙기가 도래할 때 지구 생태계는 늘 새롭게 태어나곤 했다.

**북대서양 열염순환의 교란**  이 요인은 주로 홀로세 초반부의 기후 변화를 이끌었다. 바다의 열염순환은 대서양의 저위도 지역에서 북쪽으로 올라오는 표층 해수가 북대서양 북부의 그린란드 부근에서 아래로 가라앉으면서 시작된다. 심해저로 침강한 바닷물은 인도양과 태평양을 두루 거친 후 다시 북대서양으로 돌아온다. 이 해류는 속도가 매우 느려서 한 번 순환하는 데 약 2000년이라는 시간이 걸린다.

그렇다면 왜 그린란드 부근에서 표층 해수가 아래로 가라앉는 것일까? 표층 해수가 남대서양에서 적도를 지나 북쪽으로 올라올 때 저위도의 높은 기온과 중위도의 강한 편서풍은 바닷물의 증발을 유발하여 염도를 한껏 높인다. 표층 해수가 더 올라와 고위도에 이르게 되면 차가운 대기가 바닷물의 열까지 빼앗으면서 수온 또한 현저히 떨어진다. 염도가 상승하고 수온이 낮아지면서 바닷물의 밀도는 높아진다. 이때 무거워진 물이 그린란드 근처에서 가라앉아 심층 해수에 합류하는 것이다. 염도와 열이 주로 관여하므로 이런 해수의 장기적 흐름에 열염순환이라는 명칭이 붙었다. 열염순환의 일부인 북대서양의 표층 해류, 이른바 멕시코만류는 먼 과거부터 적도 지역과 남반구의 잉여 에너지를 북반구로 수송하여 전 지구의 기후를 조절하는 중요한 역할을 수행해 왔다. 이는 지금도 마찬가지다. 멕시코만류 덕에 북대서양의 북부 국가들은 유사한 위도대의 다른 지역보다 훨씬 온화한 기후를 누린다. 가령 영국과 아일랜드는 한국보다 위도로 약 14~16도 북쪽에 있음에도 연평균 기온이 한국보다 더 높다. 북위 51.5도의 런던은 연평균 기온이 13.8℃, 북위 53.4도의 더블린은 기온이 13.4℃에 이르는 반면, 북위 37.5도의 서울은 기온이 12.8℃ 정도에 그친다.

홀로세 초반부 열염순환과 멕시코만류는 주기적인 교란에 시달렸다. 빙하가 축소되는 과정에서 얼음 녹은 물이 북대서양으로

꾸준히 흘러들어와 해수의 밀도를 낮췄기 때문이다. 해수의 밀도
가 감소하여 열염순환이 약화될 때마다 북대서양 북부는 열을 충
분히 공급받지 못했고 기온은 눈에 띄게 낮아졌다. 대서양에서 시
작된 한랭화는 곧 대기와 바다를 통해 빠르게 퍼져나가 북반구 전
체를 추위에 떨게 했다. 단 이런 주기적 한랭기는 지속 기간이 100
년에서 200년 정도로 길게 이어지지는 않았다. 저온의 지속으로
빙하에 갇히는 담수량이 증가하면서 해수의 염도가 다시 오르곤
했기 때문이다. 염도가 정상으로 회복되는 순간 열염순환은 원래
대로 작동하였고 열은 고위도로 전달되었다. 홀로세 초반부 내내
기온은 지속적으로 상승했지만 이렇듯 열염순환이 교란될 때마다
북반구 전역에는 추위가 엄습했다. 이런 기후 변동은 북아메리카
의 얼음이 거의 소진된 약 7000년 전까지 이어졌다.

**적도 태평양 해수면 온도 변화** 이는 특히 홀로세 후기의 기후
변화에 많은 영향을 미친 요인으로 태평양 저위도 지역의 해수 순
환과 관련이 있다. 최근 기상 이변의 원인으로 방송에서 자주 언급
되는 엘니뇨El Niño를 떠올리면 된다. 일반적으로 적도 서태평양에
는 동쪽에서 서쪽으로 연중 불어대는 강력한 무역풍의 영향으로
적도의 따뜻한 바닷물이 모여 있다. 그런데 무역풍이 약해지면서
따뜻한 바닷물이 중태평양과 동태평양 쪽으로 되돌아가는 경우가
종종 발생하곤 하는데 이러한 현상을 엘니뇨라 한다. 그 결과 적도
서태평양의 해수면 온도가 평소보다 낮아지면서 인도네시아나 호
주에서는 예기치 못한 가뭄과 산불이 발발한다. 반대로 동태평양
의 온도는 평소보다 높아지면서 에콰도르나 페루에서 홍수를 일으

킨다. 4년에서 7년 주기로 도래하는 엘니뇨는 스페인어로 어린 예수 혹은 아기 예수라는 의미가 있다. 예수의 탄생일인 12월 25일 즈음해서 이러한 현상이 두드러지는 탓에 붙은 이름이다. 짧은 주기로 나타나는 엘니뇨는 세계 기상 이변의 주범으로 꼽힌다. 하지만 단기 엘니뇨가 고기후학자의 주요 연구 대상은 아니다. 고기후학자는 긴 호흡의 적도 태평양 해수면 온도 변화, 즉 장주기적 엘니뇨에 관심을 둔다.

홀로세 후기 들어 대략 400~600년 주기로 적도 서태평양의 해수면 온도가 떨어지곤 했는데, 한반도를 포함한 북반구 여러 지역이 가뭄에 시달렸고 인간 사회는 혼란을 겪었다. 이후부터 언급하는 엘니뇨는 모두 장주기 엘니뇨라는 점을 염두에 두기를 바란다. 장기적으로 적도 서태평양의 해수면 온도는 내려가고, 동태평양과 중태평양의 해수면 온도는 올라가는 현상을 가리킨다고 보면 된다. 홀로세 후기로 갈수록 태평양에서 장주기 엘니뇨가 강화되는 경향이 두드러졌다. 장기적인 무역풍의 약화가 그 원인일 수 있는데 이곳의 무역풍이 약해진 이유는 아직 명확하게 알려지지 않았다. 아마도 세차 운동의 영향으로 홀로세 후반부에 북반구의 얼음이 늘고 기온이 감소한 여파로 여겨진다. 즉, 기온의 하강으로 바람이 약한 열대수렴대(적도 무풍대라고도 부른다)가 평균적으로 더 남쪽에 위치하면서 엘니뇨가 나타나는 지역의 무역풍을 전체적으로 약화시켰을 가능성이 있다.

**태양 활동과 흑점 수의 변화** 태양 표면의 흑점 수가 늘어나면, 즉 태양 활동이 활발해지면, 지구로 들어오는 태양 에너지의 양이 조금 증가한다. 또한 흑점 수가 늘어나 태양풍이 강해지면 지구로 유입되는 우주선이 약해져 지구의 기온이 상승한다는 가설도 있다. 우주선이 지구 대기로 들어와 원자나 분자와 충돌하면 구름의 씨앗(응결핵)이 만들어지므로 우주선이 많을수록 구름양은 많아지고, 반대로 우주선이 적을수록 구름양은 감소한다. 구름이 적어지면 지표에 도달하는 태양 에너지가 증가하여 지구의 기온이 오를 수 있다. 한편 태양의 흑점 수 변화에 따른 일사량 차이가 미미하기 때문에 지구 기온에 별다른 영향을 미치지 못한다는 주장도 존재한다.

그러나 태양 활동과 기후 변화의 관계는 이미 여러 고기후 자료에서 확인된 바 있다. 태양 활동이 홀로세의 기후 변화를 결정했던 핵심 요인이라 믿는 학자들은 태양 활동의 변화가 지구에 미치는 영향이 다양한 피드백을 통해 충분히 증폭될 수 있다고 생각한다. 이들은 대서양의 열염순환과 태평양의 장주기 엘니뇨의 근본 원인 또한 태양 활동에 있다고 본다. 태양 흑점 수는 11년 주기로 변화한다. 이러한 짧은 주기의 변화뿐 아니라 태양 활동은 긴 주기로도 변화를 거듭한다. 긴 호흡을 갖는 흑점 수 변화는 홀로세 후반부에 나타났던 기후 변화의 주된 요인 가운데 하나였다. 지금까지의 연구 결과에 따르면 태양 활동은 1500년, 500년, 200년, 88년의 주기로 성쇠를 반복했던 것으로 보인다.[14] 흑점 수가 감소하여 태양 활동이 저조해질 때면 기후 악화로 어려움을 겪는 문명들이 나타나곤 했다.

**화산 폭발** 화산이 폭발할 때는 다량의 이산화황 기체가 대기 중

**그림5-2 인도네시아에 있는 탐보라산 정상**

탐보라산은 1815년 화산 폭발로 직경 6킬로미터, 깊이 1100미터에 이르는 거대한 분화구가 형성됐다.


으로 방출되곤 하는데, 대기로 유입된 이산화황은 수증기와 결합하여 황산 에어로졸층을 형성한다. 화산 폭발로 이러한 층이 만들어지면 태양 빛이 지표에 잘 도달하지 못하면서 기온이 떨어진다. 1257년에는 인도네시아 롬복섬의 사말라스 화산에서 큰 폭발이 있었고, 1815년에는 숨바와섬의 탐보라 화산에서 대규모 폭발이 일어났다.[5,6] 이러한 대형 화산 폭발은 북반구 사회에 엄청난 혼란을 불러왔다. 그러나 화산 폭발은 규모 면에서 흑점이나 해류의 변동이 야기하는 변화에는 미치지 못한다. 비교적 큰 화산이 폭발해도 기온은 기껏해야 0.2℃ 정도 떨어지며 그 효과 또한 2~3년 정도 지속될 뿐이다. 장기적인 기후 변화 흐름에 미치는 영향이 크지 않은 것은 사실이지만, 혹 화산들이 여러 지역에서 동시다발적으로 폭발하거나 초대형 화산이 터지면 이야기는 달라진다. 인간 사회에 예기치 못한 충격을 안길 수 있는 것이다. 1816년 북반구 대부분 지역에서 '여름이 없는 해'라고 부를 정도로 극심한 추위가 덮친 적이 있었다. 이는 그 직전 해에 터진 탐보라 화산의 영향이었다.

**온실가스** 주지하다시피 이산화탄소나 메탄과 같은 온실가스는 현재 우리가 겪고 있는 지구 온난화의 주원인이다. 하지만 과거 홀로세 기간에는 기후 변동을 야기할 정도로 온실가스의 농도가 부침을 겪었던 적은 없었다. 이산화탄소 농도는 8000년 전 260ppm에서 산업 혁명 직전 280ppm에 이를 때까지 조금씩 높아지다가 산업 혁명 이후부터 급상승하였다. 그럼 이와 같이 홀로세에 이산화탄소의 농도가 조금씩 꾸준히 오른 이유는 뭘까? 자연적 요인과 인위적 요인을 모두 생각해 볼 수 있다. 지구의 세차 운동으로 홀로세 후반부로 갈수록 지구상의 빙하 규모는 증가하였고 기온은 떨어졌다. 그 여파로 식생의 밀도 또한 감소하였으므로 대기 중의 이산화탄소 농도가 높아졌을 가능성이 있다. 한편 약 8000년 전부터 숲의 경작으로 농경지가 확대되면서 대기의 온실가스 농도가 증가했다고 보는 학자들도 있다. 그들은 홀로세 이전의 마지막 간빙기에는 후반부로 갈수록 탄소 농도가 감소했기 때문에 홀로세 후반부의 탄소 증가 경향이 이례적인 사건이며 인위적인 교란의 결과일 수밖에 없다고 말한다.[7] 하지만 원인이 무엇이든 과거 홀로세의 이산화탄소 농도 변화가 기후에 미치는 영향은 제한적이었다.

유럽인이 미 대륙에 몰고 온 전염병 때문에 다수의 원주민이 사망했을 때도 대기 중의 이산화탄소 농도가 낮아졌다. 원주민의 수가 급감하자 숲이 다시 살아나며 온실가스 농도가 소폭 하강하였던 것인데, 이 사건 또한 기후에 미친 여파는 그리 크지 않았던 것으로 보인다. 한편 콜럼버스가 미 대륙을 발견한 1492년부터 1650년대까지 이어진 원주민의 인구 감소를 인류세의 시작으로 봐야 한다는 주장도 있다.[8] 이 주장의 옹호자들은 당시의 이산화탄소 농도 하강이 자연스럽게 나타난 소빙기를 더욱 강화했다고 말한다. 사실 과거 기후에 미친 온실가스의 영향력은 그리 크지 않았다. 그러나 미래의 기후 변화를 결정하는 핵심 요인이 온실가스라는 사실에는 누구도 토를 달지 않을 것이다. 전 세계 인류는 산업혁명 이후 화석 연료의 남용에서 비롯된 기후 위기 상황을 심각하게 받아들이고 있다. 우리 인류의 미래는 온실가스 농도의 제어에 달려 있다고 해도 과언이 아니다.

**피드백 메커니즘** 이 요인은 기후 변화를 증폭시키고 억제하면서 홀로세의 기후 변화 과정을 주도했다. 몇 가지 예를 들어보자. 플라이스토세가 끝나갈 무렵 지구는 따뜻해졌고 빙하가 녹은 곳에 숲이 들어왔다. 빙하가 감소하자 태양 빛에 대한 지구의 반사도는 낮아졌고, 다시 기온이 상승하자 빙하 아래에 갇혀 있던 온실가스가 대기로 방출되면서 기온이 더욱 높아졌다. 높아진 기온은 다시 유기물의 부패를 촉진해 온실가스 농도와 기온을 치솟게 했다. 홀로세 초기에는 이러한 양의 피드백 메커니즘에 의해 온도가 빠르게 올랐다. 반면 홀로세 초기에 늘어난 숲은 대기의 이산화탄소를 감소시켜 홀로세 중기의 기온을 특정 수준 이하로 억제하는 음의 피드백 효과도 함께 가져왔다. 양의 피드백은 지구 환경이 새로운

단계로 전이되는 과정에서 두드러지며, 음의 피드백은 변화가 완
결되어 지구 환경이 안정한 상태에 도달했을 때 힘을 발휘한다.

이렇게 대략 일곱 가지 요인이 1만 2000년 가까이 되는 홀로세
기간의 기후 변화를 대부분 결정했다고 볼 수 있다. 그럼 이들 요
인에 의해 지구상의 홀로세 기후는 실제 어떠한 양상으로 나타났
으며 인간 사회는 그 변화에 어떻게 대응했는지 알아보자.


## 하늘이 준 선물

영거드라이아스기가 갑작스럽게 끝난 후 1만 1700년 전부터
지구는 새로운 간빙기인 홀로세에 접어들었다. 마지막 빙기에 대
략 1500년마다 나타났던 큰 폭의 기후 변화는 홀로세에 들어서자
사라졌다. 빙기에 비해 기후는 매우 안정적이었고 훨씬 따뜻했다.
안정적이었던 기후는 신석기 혁명을 갓 시작해 새로운 모험의 길
로 들어선 인류에게는 하늘이 준 선물과도 같았다. 어느 정도 예측
가능한 날씨 덕분에 인류는 점점 더 정교한 계획을 수립하여 농사
의 생산량을 늘려갈 수 있었다.

농경의 생산성이 향상되면서 집단의 규모가 커졌다. 잉여 산물
이 공급되면서 사회 계층의 분화가 일어났고 문화가 빠르게 발전
을 거듭했다. 도시가 나타났고 도시들이 이합집산하며 국가가 수
립되었다. 말을 자유자재로 부릴 수 있게 되면서 광활한 영토의 통
치 역시 가능해졌다. 제국이 등장하며 동서 유라시아 문화가 융합

되었고 인류는 눈부신 진보를 경험하게 된다. 인류 문명이 홀로세 내내 이렇게 발전을 거듭할 수 있었던 데에는 다양한 이유가 있을 것이다. 물론 가장 먼저 인간의 창의성을 꼽아야 하겠지만, 홀로세의 안정적인 기후 또한 빠트릴 수 없다.

초기 농경민은 농사 경험이 부족했고 이렇다 할 농경 기술이나 도구 또한 갖추지 못했다. 연이은 시행착오는 과다한 노동을 의미했다. 투자 대비 성과는 좀처럼 개선되지 않았으며 매년 원하는 만큼 결실을 보기도 힘들었다. 농경에 모든 자원을 투입한 만큼 한두 해라도 농사에 실패하면 사회는 큰 혼란 속에 빠질 수밖에 없었다. 그러나 농경을 포기하고 수렵채집 생활로 되돌아가는 경우는 매우 드물었다. 정착하고 농사를 짓기 시작하면서 인구가 이미 많이 늘어나 버렸기 때문이다. 농경 생활에 있어 가장 중요한 자원은 노동력이었으므로 출산율은 크게 높아졌다. 늘어난 구성원을 먹여 살리기 위해서라도 수렵채집은 선택지가 될 수 없었다. 오히려 농경을 더 집약화하여 수확량을 높일 필요가 있었다. 남는 곡식을 저장하여 식량 안전망을 구축하면 빈곤할 때를 대비할 수 있기 때문이다. 그러나 변변치 않은 석기 도구를 가지고 수확량을 획기적으로 늘리기란 쉽지 않았다. 간간이 이루어진 혁신으로 단기간에 수확량이 크게 느는 경우도 있었지만, 이는 인구의 증가를 수반했기에 농경민은 다시 빈곤해졌다. 사실 인류는 산업 혁명을 거친 후에야 이러한 '맬서스의 덫'으로부터 해방될 수 있었다. 만약 홀로세 초반부의 기후가 극히 불안정하고 건조했다면, 초기 농경민은 버티기 힘들었을 것이다. 농경민이 예측지 못한 자연재해로 혹 피해를 보더라도 다시 회복할 수 있을 만큼 홀로세 환경은 충분히 안정적이었다. 야생 동식물 또한 마찬가지로 홀로세의 온난 습윤한 기후로부터 많은 혜택을 받았다. 식물의 성장 속도가 빨라졌고 밀도 역시 증가하였다. 숲과 들판에서 서식하는 동물들은 풍부해진 먹을거리가 제공하는 안락감을 누리며 개체 수를 늘려갔다. 오랜 빙기로 지친 생명들에게 홀로세의 안정적인 기후는 축복과도 같았다.

홀로세는 다시 그린란드기, 노스그립기, 메갈라야기의 세 시기로 구분된다. 최근 고해상도 홀로세 연구 자료가 빠르게 축적되면서 홀로세의 환경 변화를 더 세부적으로 살펴볼 수 있게 되었다. 이와 같이 하위 시기들을 설정하고 이름을 부여하면 아무래도 논의의 편의성이 높아진다. 이 구분은 2018년 국제층서위원회의 발표로 공식화되었다. 홀로세 초반부인 그린란드기에는 북대서양 주변에 여전히 남아 있던 빙상이 녹으면서 열염순환이 교란되는 상황이 주기적으로 발생했다. 그때마다 북반구는 급격한 기후 변화를 겪곤 했는데, 특히 그린란드기와 노스그립기의 경계인 8200년 전의 기온 하강이 두드러졌다.

홀로세의 중반부인 노스그립기에는 '홀로세 기후 최적기'가 나타나 생물 개체수가 확연하게 증가하였다. 홀로세 중기로 진입하면서 아메리카 대륙의 빙상이 대부분 녹았으므로 이때부터 열염순환 교란 정도는 눈에 띄게 감소하였다. 한편, 노스그립기와 메갈라야기의 경계인 4200년 전에는 갑작스러운 대가뭄이 찾아와 북반구를 주도하던 초기 문명들이 한꺼번에 쇠락하는 모습이 나타났다. 마지막 시기인 메갈라야기에는 세차 운동으로 여름철 태양 에너지가 감소하면서 북대서양으로 강물과 융빙수의 유입량은 더욱 줄어들었다. 그 결과 지구 기후를 결정하는 데 있어 적도 태평양의 영향력은 점차 커지게 된다. 적도 태평양의 해수면 온도 분포가 변할 때마다 태평양과 인도양 주변 지역은 갑작스러운 기후 변동에 직면하곤 했다.

정리해 보면 홀로세 초기(그린란드기)에는 북대서양의 열염순환이, 홀로세 후기(메갈라야기)에는 적도 태평양의 해수면 온도 변화가 기후 변동의 주된 원인이었다. 홀로세 중기(노스그립기)에는 이렇다 할 기후 변화 없이 온난 습윤한 환경이 지속되었다. 물론 지역별로 기후 변화의 시기나 강도 면에서 조금씩 달랐지만, 최소한 한반도의 홀로세 기후는 이러한 큰 틀에서 많이 벗어나지 않았다. 각 시기의 기후 변화 양상을 좀 더 자세히 들여다보자.

## 대서양의 교란이 불러온 강추위

마지막 빙기 최성기가 끝난 후 북반구의 여름철 기온은 지속해서 상향 곡선을 그렸다. 기온이 오르자 북아메리카의 로렌타이드 빙상이 녹는 속도는 점차 빨라졌고, 빙하에서 녹은 물이 북대서양에 대량으로 흘러 들어갈 때마다 열염순환이 교란되면서 아빙기가 도래했다. 예정된 기후 순환 주기에 따라 마지막 빙기를 끝내고 현 간빙기인 홀로세로 진입해야 했지만, 영거드라이아스기 등의 아빙기는 지구가 티핑 포인트를 넘어 다음 단계로 나아가는 것을 방해했다. 우리가 소위 '음의 피드백'이라고도 하는 지구의 자기 조절 작용이 발현된 것이다.

빙기의 정상 상태는 기온이 낮은 것이다. 마지막 빙기 내내 기온이 일시적으로 상승하여 아간빙기에 들어설 때마다 북대서양 주변의 빙하가 녹으면서 열염순환이 교란되었고 기온은 제자리를 찾아갔다. 그러나 마지막 빙기 최성기가 끝나고 기온이 오를 때는 분위기가 예전과 달랐다. 열염순환의 교란이 기온의 상승 추세에 방해가 되긴 했어도 기온이 평균적으로 조금씩 높아지는 것까지 막을 수는 없었다. 만빙기가 끝날 무렵 북반구의 겨울과 여름의 기온 차가 크게 벌어지면서 빙하의 규모가 감소하는 속도는 더욱 빨라졌다. 더 이상 버티지 못하고 새로운 간빙기로 곧 접어들 것 같던 지구는 마지막 순간까지 원래 상태로 돌아가고자 안간힘을 썼다. 추위의 폭과 기간에서 그 이전의 아빙기와는 차원이 달랐던 영거드라이아스기가 1000년 넘게 이어졌다. 하지만 결국 지구는 자연적인 순환 주기를 극복하지 못한 채 티핑 포인트를 넘어 새로운 간빙기인 홀로세를 맞게 된다.

현재 우리가 겪고 있는 지구 온난화의 속도를 늦추지 못한다면 만빙기의 상황이 비슷하게 재현될지도 모른다. 기후의 순환 주기에 의해 지구 기온이 상승하여 빙기에서 간빙기로 전환되는 과정은 제4기 내내 수십 차례 나타났던 자연스러운 현상이다. 반면 지금 우리가 직면한 지구 온난화는 화석 연료 남용으로 발생한 인위적인 현상이다. 인간의 무분별한 행위가 제어되지 못하고 계속된다면 지구 생태계는 또 다른 티핑 포인트를 넘어 한 번도 경험하지 못한 위기 속에서 몸부림쳐야 할지 모른다. 지구의 자기 조절 능력은 인간의 교란과 기후 변화로 이미 많이 훼손되었다. 티핑 포인트는 우리의 예상보다 더 근접해 있을 수 있다. 간빙기에서 기온이 하강하여 빙기로 돌아가는 것이 아니라, 간빙기에서 기온이 더 올라 소위 '초간빙기'로 진입한 전례는 과거에서 찾아볼 수 없다. 초간빙기는 지난 260만 년 동안 이어진 제4기 동안 인간을 포함한 생태계가 한 번도 경험하지 못한 새로운 환경을 조성할 것이다. 어떠한 모습을 띨지, 얼마나 위험할지 전혀 예측할 수 없는 상황이다.

다시 본론으로 돌아가자. 영거드라이아스기가 끝나고 따뜻한 홀로세로 접어들었지만 캐나다의 로렌타이드 빙상은 여전히 녹지 않고 한동안 남아 있었다. 그렇다 보니 만빙기 때와 마찬가지로 홀로세 초기에도 빙상 뒤편에 빙하호가 형성되었다가 대서양으로 빠져나가는 일이 반복되었다. 북대서양으로 다량의 담수가 흘러 들어갈 때마다 열염순환은 교란되었다. 이곳에서 시작된 한랭화는 북대서양 주변 지역뿐 아니라 북반구 전역에 영향을 미쳤다. 대략 1000년 주기의 단기 한랭기가 1만 300년 전, 9300년 전, 8200년 전에 나타났다.[9-11]

홀로세 초반부에 기온은 지속해서 상승하였다. 빙상의 두께와 면적은 서서히 감소하였고 급기야 빙상 밑바닥까지 녹기 시작했다. 곧 빙상과 기반암 사이에 얼음 굴들이 형성되었다. 8500년 전부터 시작하여 대략 500년간 로렌타이드 빙상 뒤편에 놓인 아가시즈 빙하호에서 다량의 담수가 이 얼음 굴들을 통해 캐나다의 허드슨만으로 빠져나갔다. 특히 8200년 전에는 많은 양의 담수가 한꺼번에 북대서양으로 빠져나갔다. 갑작스러운 담수의 유입으로 표층 해수의 밀도가 감소하면서 열염순환이 급속하게 느려졌다. 저위도의 잉여 열에너지가 고위도로 잘 전달되지 않으면서 단 20년 사이에 기온이 3.3°C나 떨어지는 단기 한랭기가 도래했다.[12] 이를 학계에서는 '8.2ka 한랭 이벤트'라고 부른다. 여기서 'ka'는 'kiloannum'의 줄임말로 1000년 전을 의미한다. 현재를 뜻하는 기준 연도는

그림5-3 초기 농경민의 거주지 차탈회위크 유적지

1950년이다. 다시 말해 '8.2ka'은 '1950년으로부터 8200년 전'이라는 의미다.

앞서 말했듯이 홀로세의 하위 시기 가운데 가장 이른 그린란드기와 그다음의 노스그립기 사이의 경계 연대가 바로 8200년 전이다. 지질 시대 구분에 활용될 만큼 당시의 기후 변화는 지구에 엄청난 파장을 일으켰다. 튀르키예 아나톨리아의 차탈회위크는 독특한 구조의 초기 농경민 주거지로 유명한 곳이다. 이곳의 농경민 또한 8200년 전의 갑작스러운 기후 변화를 피할 수 없었다. 대대적인 이주가 있었는지, 아니면 많은 사람이 아사한 것인지 확실치 않지만 주거지 수가 눈에 띄게 감소했다. 이들은 환경 변화에 대응하면서 소나 돼지의 수를 줄이고 염소와 양을 키우는 데에 집중했다.

염소는 환경 조건이 여의찮아 초지에서 먹을 것을 찾기 힘들 때도 나뭇잎이나 나무껍질을 먹으며 살아남을 수 있는 생존력이 뛰어난 가축이다. 농민들은 식량이 부족해지자 동물 뼈에 붙어 있는 마지막 살점까지 남김없이 떼서 먹었다.[13] 유적지에서 출토된 뼈에 남아 있는 무수한 칼자국은 이들의 배고픔과 절망을 잘 보여준다.

8200년 전의 급격한 한랭화는 동북아시아의 수렵채집민 집단에도 영향을 미쳤다. 한반도 동남해안에서 출토된 연해주 기원의 토기 유물들은 당시 북에서 남으로의 대규모 이주가 있었음을 시사한다. 8200년 전 갑자기 밀어닥친 추위를 피해 아무르강 유역의 수렵채집민이 한반도로 대거 남하한 것이다. 이에 대해서는 나중에 자세히 살펴보도록 하자.


## 홀로세 기후 최적기

홀로세 기후 최적기는 홀로세 중반부 노스그립기에 나타난 온난 습윤한 시기이다. 최적기 내내 이렇다 할 변화 없이 안정적인 기후가 이어졌으며 여름철 기온이 20세기보다도 높았을 정도로 따뜻했다. 홀로세 기후 최적기는 지구의 미래를 예측하고자 할 때 우리가 참고할 만한 시기이다. 최적기의 기온을 산업화(1850년) 이전의 기온과 비교해 보면 위도별로 홀로세 후기의 기후 변화 폭에 큰 차이가 있었음을 알 수 있다. 최적기가 끝난 후 전 지구의 기온은 세차 운동의 영향으로 점차 떨어졌다. 홀로세 기후 최적기 당시 고위도 지역은 산업화 이전보다 3~4°C가 높았고 중위도 지역은 1~3℃가 높았지만, 저위도 지역의 기온은 산업화 이전과 엇비슷했다. 저위도 지역은 고위도와 달리 홀로세 후기의 기온 하강이 뚜렷하지 않았던 것이다. 과거의 기후 변화는 빙기, 간빙기를 구분할 것 없이 언제나 고위도 지역에서 두드러졌다. 미래에도 비슷하게 고위도의 지구 온난화가 더 빠르게 진행될 것이다. 최근 빙하와 영구 동토층의 해빙이 가팔라지면서 북극 주변 환경이 티핑 포인트에 근접했다는 이야기들이 자주 나오고 있다.[14]

홀로세 기후 최적기는 단순히 기온만 높았던 시기를 의미하지는 않는다. '최적기'라는 단어가 암시하듯 당시 기후는 동식물이 살아가는 데 최적의 조건이었다. 기온도 높고 강수량도 풍부해 생태계가 풍요로웠다. 물론 생산성이 그리 높지 않았던 곳도 있었지만, 대부분 지역에서 장기간 예측 가능한 기후가 이어졌기에 인간을 포함하여 생물이 살아가는 데 더할 나위 없이 좋은 시기였다.

세차 운동의 영향으로 홀로세 초반부에 상대적으로 많은 양의 태양 에너지가 지구로 유입되었지만, 최적기는 대체로 홀로세 초기가 아니라 중기에 나타났다. 이런 불일치는 왜 나타난 것일까? 그것은 지구가 홀로세로 들어선 후에도 녹지 않고 넓게 분포했던 북반구의 빙하 때문이다. 홀로세 초기에 여름철 일사량이 늘면서 빙하의 두께는 빠르게 얇아졌지만, 얼음의 높은 반사도 탓에 빙하의 면적이 줄어드는 속도는 더뎠다. 빙하가 여전히 지표를 넓게 뒤덮고 있었기에 얼음 하부에는 상당량의 온실가스가 대기로 빠져나오지 못한 채 갇혀 있었다.[15] 대기의 온실가스 농도는 당시의 태양 에너지에 걸맞지 않게 낮은 수치를 보였다. 빙상의 높은 반사율과 적은 온실가스 때문에 지구는 홀로세 초기 한동안 낮은 기온을 유

그림5-4 와디소라 벽화의 헤엄치는 사람들

지하였다. 바다의 증발량은 늘지 않았고, 그 결과 강수량 또한 많을 수 없었다. 여기에 빙하에서 녹은 물이 대서양으로 흘러들 때마다 북반구의 기온이 떨어지는 일이 되풀이되었으므로 홀로세 초기에는 기온이 충분하게 오를 수 없었다.

전 세계의 홀로세 평균 기온 곡선을 보면 8.2ka 이벤트가 끝나고 노스그립기가 시작된 후에야 기온이 정점에 도달하는 것을 알 수 있다. 여름철 일사량이 최고조에 이른 시기가 1만 년 전이니 대략 2000년 정도 늦어진 셈이다. 북아메리카에 넓게 자리 잡고 있던 빙하가 8.2ka 이벤트가 끝난 후 거의 사라졌고 그 여파로 대기의 온실가스 농도가 증가하였다(당시의 온실가스 증가가 농경이 시작되면서 숲이 훼손된 결과라고 믿는 학자들도 있다). 빙하가 소멸하고 기온이 오르자 대기 상층부의 제트 기류는 북쪽을 향해 큰 폭으로 이동했다. 그 결과 유럽의 홀로세 기후는 8000년 전부터 빠르게 상승하여 대략 3000년 동안 높은 기온을 유지하게 된다. 아시아의 여름 몬순 또한 비슷한 기간에 세력이 강해지면서 한반도를 포함한 동북아시아에 습윤한 환경이 조성되었다. 동아시아의 경우, 위도가 낮은 지역에서 최적기가 먼저 시작되어 위도가 높아질수록 늦어지는 경향을 보였는데, 중위도에 위치한 한반도는 대략 7600년 전에 홀로세 기후 최적기가 도래하여 이후 3000년 가까이 강력한 여름 몬순을 겪었다.[16]

아프리카 또한 최적기에 습윤해지는 경향이 뚜렷했다. 동아프리카와 사하라 사막에 분포하던 호수들은 최적기 들어 강수량이 증가하면서 수위가 높아졌다.[17] 사하라 사막에 위치한 말리 북부 지역은 현재 연평균 강수량이 5밀리미터도 채 되지 않는 곳이다. 그러나 과거에는 크기가 3미터에 가까운 악어와 하마가 살 정도로 큰 규모의 물웅덩이들이 곳곳에 있었다.[18] 사하라는 남극을 제외했을 때 현재 지구상에서 가장 넓은 사막이지만 최적기에는 사막 면적이 줄어들고 대신 초지가 넓게 분포했다. 열대수렴대가 지금보다 북쪽에 위치하여 강수량이 전반적으로 증가했기 때문이다. 지금과 달리 식생과 호수가 분포했고 대형 동물이 서식할 정도로 생태계의 생산성도 꽤 높았다.

동물뿐 아니라 아프리카의 인간 사회 또한 최적기의 풍요로움을 한껏 누렸다. 이집트와 리비아의 국경 지대에 위치한 리비아 사막에는 '와디소라'라고 하는 고고학 유적지가 있다. 와디소라는 암석으로 이루어진 조그마한 언덕으로 하부에 야트막한 동굴이 있는데 안쪽에 수영을 즐기는 사람들의 모습을 그린 벽화가 발견되어 유명세를 탔다. '헤엄치는 사람의 동굴' 벽화에는 수영하는 사람 외에도 하마와 기린도 그려져 있다. 주변에 수영이 가능한 호수가 존재할 만큼 많은 비가 내렸음을 알 수 있다. 이곳 북부 아프리카 사막뿐 아니라 지중해 주변, 아라비아 사막, 인도까지 최적기에는 여러 지역에서 강수량이 증가하였다. 이는 본격적으로 인류의 초기 문명이 싹트는 계기가 된다.


## 서아시아와 유럽에 봄이 찾아오다

8000년 전 이후 전 세계에서 우후죽순같이 나타난 초기 문명들은 최적기의 기후와 환경이 인간 사회에 유리하게 작용했음을 잘 보여준다. 메소포타미아 지역에서는 대략 7500년 전 우바이드 시기의 출발과 함께 유프라테스강과 티그리스강 주변에서 소규모의 도시들이 나타났다. 이후 우루크 시기가 6000년 전부터 1000년간 이어지며 도시 문화는 발전을 거듭했다. 인구는 급증하였고 노동을 하지 않는 성직자나 엘리트 계층이 형성되었다. 노동 분업과 사회 분화가 본격화되면서 도시의 형태에도 변화가 일어났다. 공적인 일이 수행되는 중심지와 거주 및 수공업 활동이 이루어지는 주변부로 도시가 나뉘었다. '우루크'라는 호칭은 이 시기를 주도했던 도시의 이름에서 가져온 것이다. 영웅 서사시로 유명한 길가메시 대왕이 다스리던 도시가 바로 우루크다. 《길가메시 서사시》에는 《성경》에서 묘사된 대홍수의 원형으로 볼 수 있는 이야기가 담겨 있다.

최적기에 접어들면서 아프리카 북동부의 나일강 상류와 하류에도 상이집트와 하이집트의 도시 문명이 등장하여 번성했다. 유라시아 내륙의 건조 지역 또한 온난 습윤해진 기후 덕에 사람들이 집단을 이루고 살아갈 수 있었다. 중국의 신장웨이우얼 자치구에 위치한 타림 분지는 과거 아시아와 유럽을 연결했던 실크로드의 통로에 위치한다. 현재는 타클라마칸 사막 지대로 매우 건조한 곳이지만 최적기에는 이곳에서 사람들의 생활이 가능할 정도로 충분한 비가 내렸다.[19] 인도와 파키스탄에 걸쳐 있는 황량한 타르 사막 지대에서도 하라파 농경 문화가 최적기 후반부에 나타나 1500년 가까이 번성했다. 수천 년 전 인더스의 두 대도시 하라파와 모헨조다로가 갖췄던 정교한 사회 기반 시설은 우리를 놀라게 한다. 이웃인 메소포타미아 문명과의 활발한 교역을 통해 부를 쌓았으며 세계에서 처음으로 목화를 재배한 곳으로 알려져 있다.[20]

**그림5-5 정교한 도시 계획이 인상적인 모헨조다로 유적지**

한편 최적기의 유럽 문명과 관련해서는 연구자들이 활용할 수 있는 자료가 극히 제한적이다. 지중해 중부의 크레타섬에 대한 기록만이 약간 남아 있을 뿐이다. 최적기가 거의 끝나갈 무렵인 대략 5200년 전 초기 미노아 문명이 크레타섬에 들어섰다. 이는 크레타섬에 미노아의 첫 번째 왕궁이 건설되기 전의 일이다. 크노소스에 세워진 첫 왕궁은 황소를 타고 넘는 사람들을 묘사한 약 3600년 전의 프레스코화로 잘 알려져 있다. 이들은 그림 솜씨뿐 아니라 항해에도 능숙하여 외부에서 다양한 물건과 원자재를 들여왔다. 특히 수입한 구리를 가공하는 데 조예가 깊었다.[21]

　최적기 시기 지중해 지역을 제외한 나머지 유럽 문명에 대한 기록은 전무하다시피 하다. 몇몇 유물만이 남아 흐릿하게 과거를 비춰줄 뿐이다. 이 시기의 유럽 문화를 대표하는 유물을 고르라면 거석 무덤이 첫손가락에 꼽힐 것이다. 비커 농경 문화에서 비롯된 거석문화는 지중해 서쪽부터 프랑스, 영국, 독일, 스칸디나비아 남부까지 광범위하게 퍼져 있었다. 유럽의 거석 무덤 문화는 최적기 후기 들어 거의 사라졌지만 영국에서는 예외적으로 오래 살아남았다. 유명한 스톤헨지가 처음 세워진 것이 약 5000년 전이다. 스톤헨지는 원형 도랑을 파고 그 뒤로 돌기둥을 세우는 식으로 만들어졌다. 당시는 바퀴도 없었고 도구라고 해봐야 나무, 뿔, 돌 등으로 만든 조잡한 물건뿐이었다. 단순한 지렛대와 굴대만을 이용해서 이렇게 큰 구조물을 완성했다는 사실이 놀랍다. 이후 약 3500년 전까지 수차례에 걸쳐 거대한 돌들이 내부에 원 모양으로 추가 배치되었다. 거석의 크기가 엄청나고 풍부한 부장품이 발굴된다는 점에서 사회 지배 계층의 무덤이었음이 확실하다. 거대한 돌로 둘러싸인 스톤헨지의 중심부는 태양을 관찰하는 장소였던 것으로 추정된다. 이로부터 지배 계층의 무덤인 동시에 제의 장소의 역할도 했음을 알 수 있다.[22]

## 동아시아에 농경 문화가 깃들다

동아시아 또한 8.2ka 이벤트가 끝나고 최적기로 접어들면서 숲은 넓어지고 호수의 수위는 상승하였다. 사람들은 강 주변에서 정주하며 본격적으로 농사를 짓기 시작했다. 황허강 이북의 허베이성에서는 8000년 전부터 '츠산 문화'가 발달하였다. 조와 기장이 주된 작물이었으며 야생 멧돼지를 잡아 순화시켜 키웠다. 농경 사회였지만 수렵채집 역시 식량을 확보하는 데 여전히 중요한 역할을 했으며 대체로 평등한 사회였던 것으로 추정된다. 이어 7000년 전에는 황허강 중류에서 '양사오 문화'가 태동하였고, 하류인 산둥성에는 '베이신 문화' 및 '다원커우 문화'가 나타났다. 시간이 흐를수록 조/기장 농경을 기반으로 각 지역의 인구수가 증가하였고 주거지의 크기 또한 커졌다. 동시에 사회계층의 분화가 이루어지면서 직업은 전문화되었다. 초기에는 땅에 구덩이를 파고 움집을 짓고 살았으나 후반부로 갈수록 땅 위에 직접 집을 짓는 경우가 늘어났고 공공건물도 생겨났다. 엘리트 계층이 형성되면서 순장 관습도 출현했다.[23]

중국 동북부의 랴오허강 유역에서도 8.2ka 이벤트 직후 최적기가 시작될 때 '싱룽와 문화'가 나타났다. 가까이에 황허 문명이 존재했지만 학자들은 싱룽와 문화부터 시작된 '랴오허 문명'이 황

**그림5-6 동아시아 주요 농경 문화의 위치와 존속 시기**

양쯔강, 황허강, 랴오허강, 한반도의 농경 문화를 각기 다른 색과 기호로 구분하였다.

허 문명의 영향을 받지 않고 독립적으로 발전한 것으로 본다. 싱룽 와 문화인은 비취(옥)에 용 문양을 새긴 장신구를 만들었고 중국에 서 가장 오래된 해자도 축조하였다. 집들이 규칙적으로 배치된 모습을 볼 때 사전에 면밀한 계획을 수립한 후에 마을을 조성했음을 알 수 있다.[24] 신석기 초기의 매우 이른 시기임에도 이들의 문화는 이미 상당한 수준에 올라와 있었다.

랴오허 유역의 싱룽와 문화는 7500년 전 '자오바오거우 문화' 와 '신러 문화'로 계승되었고, 곧이어 6700년 전경부터 랴오허 문명의 핵심이라 할 수 있는 '훙산 문화'가 그 모습을 드러냈다.[25] 훙 산 문화는 주로 유목과 목축을 기반으로 했지만 수렵채집도 중요한 생계 수단 중 하나였다. 그래서인지 동시대 황허강 유역의 양사오 문화와 달리 홍산 문화에서는 농경이 집약화되는 모습을 찾기 힘들다. 랴오허 지역의 기온이 낮고 건조한 편이라 농경 문화의 확산이 빠르지 않았다.

홍산 문화가 가졌던 잠재력은 제의 중심지로 추정되는 뉴허량 유적지에서 엿볼 수 있다. 뉴허량 유적지에서는 계층 분화를 암시하는 대형 묘비가 발견되었다. 수렵채집 활동으로 이동이 잦은 사회에서 계층이 형성되었다는 점이 흥미롭다. 완전한 정주 농경 사회가 아니므로 잉여 생산량은 그리 많지 않았을 것이다. 그렇다면 아마도 제사 주관자의 묘비였을 가능성이 높다. 제사를 치르는 장소가 있으니 광범위한 지역의 사람들이 한곳에 모이는 경우가 자주 있었을 것이다. 대규모의 농경 사회로 발전할 수 있는 조건은 이미 갖춰져 있었다. 뉴허량 유적은 메소포타미아 북부에서 농경이 시작되기 직전에 수렵채집민의 제의 장소였던 괴페클리 테페를 떠올리게 한다. 괴페클리 테페는 제의를 위해 수많은 사람이 한데 모여 아이디어를 주고받았던 곳이다. 농경 문화가 처음 시작된 장소 가운데 하나로 괴페클리 테페가 꼽히는 것은 어찌 보면 당연한 일이다.

홍산 유적지에서는 중국의 다른 지역에서는 찾기 힘든 독특한 개성을 가진 유물이 대거 출토되었다. 특히 비취를 이용한 공예품의 모양이 다양하며 화려하다. 눈에 비취가 박힌 여성 두상은 익히 알려져 있다. 이들 공예품의 정교함을 감안할 때 전문 장인이 존재했다고밖에 볼 수 없다. 이미 상당히 높은 수준의 계층 분화가 이뤄진 모습이다. 동시대의 황허 문명에 비해 농경 기술은 뒤처졌는지 몰라도 문화의 독창성은 높았다.

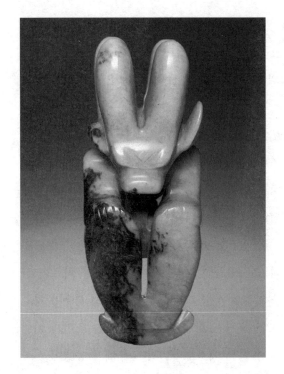

**그림5-7 홍산 문화의 비취 공예품**

소머리의 사람이 앉아 있는 모습이다.

2000년대 초 중국의 우익 학자들은 동북공정과 역사 왜곡을 위한 방편으로 이른바 '요하 문명론'을 들고 나와 황허보다 동쪽에 위치한 랴오허를 중시하기 시작했다. 고조선, 부여, 고구려, 발해가 중국 왕조의 지방 정권이었다고 우기기 위해서는 만주에 위치한 랴오허 유역을 중국의 핵심 문명지로 간주하는 것이 도움이 되기 때문이다. 랴오허 유역을 중국 역사의 기원지로 강조하는 이들의 주장을 듣다 보면, 세계 문명의 발상지 중 하나로 꼽혀 온 황허 유역이 오히려 중요도에서 밀리는 느낌마저 든다. 그런데 랴오허 문명은 남쪽의 랴오둥 지역을 매개로 지난 수천 년간 한반도 사회에 유전적으로나 문화적으로 꾸준히 영향을 미쳤기 때문에 중국인뿐 아니라 한국인에게도 특별한 의미가 있다. 한국인은 중국의 끊임없는 역사 왜곡 시도에 민감하다. 중국이 주장하듯 명목상의 동북공정은 끝났는지 몰라도 그 기조는 여전히 이어지고 있다고 생각하기 때문이다. 랴오허 문명의 역사를 둘러싸고 한중 두 나라의 신경전이 첨예하다.

한반도에서는 홀로세 기후 최적기가 7600~4800년 전에 도래하였다. 북반구의 여러 지역에서 초기 문명들이 나타나 발전하던 시기와 엇비슷하다. 기후가 온난 습윤해지자 전체 산림의 면적은 이전 시기에 비해 늘어났고 나무의 밀도 또한 높아졌다. 최적기의 기후가 뚜렷한 변동 없이 안정적으로 유지되면서 한반도 생태계의 극상종인 참나무의 비중이 늘어났다. 대신 교란이 잦은 조건에서 경쟁력을 갖는 소나무와 풀(초본류)은 감소하였다. 온난 습윤한 환경 속에서 도토리와 같은 열매, 야생 동물, 어패류 등 먹을거리가 풍부해지자 수렵채집민의 이동 반경은 줄어들었다. 한반도에서는 대략 5500년 전부터 정착을 시도하는 사람들이 늘기 시작한다.[26]

최적기에는 전체적으로 온난 습윤한 환경이 조성되면서 세계 곳곳에서 초기 문명이 발생하고 인구가 늘어났다. 그런데 흥미로운 점은 홀로세 기후 최적기가 끝나는 순간부터 여러 사회가 뚜렷한 변화를 겪었다는 사실이다. 흥성하던 문명과 집단이 갑작스러운 쇠락을 겪고 사회 구성원들이 대규모로 이동하기 시작했다. 빈번한 이주는 집단 사이의 갈등으로 이어졌고, 소멸한 기존 문화를 대신해 새로운 문화가 들어섰다. 중국의 양사오 문명과 홍산 문명이 모두 이때 무너졌다. 메소포타미아의 우루크가 약해지고 얌나야 유목민이 중앙아시아에서 유럽으로 진격하여 농경 사회를 제압한 시기도 이때다. 최적기가 끝나고 나타난 기후 악화가 이러한 사회 변동의 배경이었을 가능성이 높다. 물론 인구 증가, 내부 갈등, 전염병, 전쟁 등 세밀하게 들여다보면 사회의 혼란과 이주를 초래한 여러 다양한 요인이 있을 수 있다. 그러나 과거를 돌아보면 이와 같은 문제들은 늘 급격한 기후 변화에서 비롯되는 경우가 많았다.

## 홍산 문화와 한국인

20세기 중반까지 중국 연구자들은 홍산 문화의 가치를 그리 높게 평가하지 않았다. 홀로세 최적기에 번성했던 랴오시 지역의 신석기 문화인 홍산 문화가 황허의 양사오 문명과 뚜렷한 차이를 보인다는 이유로 몇몇 학자가 주목하기는 했지만, 대부분은 세계 4대 문명 중 하나로 손꼽히는 황허 문명에 집중할 뿐이었다. 폐쇄적이고 경직된 중국 학계의 분위기도 한몫했다. 중국의 고고학자 쑤빙치苏秉琦는 이와 같은 태도를 적극적으로 비판했다. 쑤빙치는 1970년대 말 중국 문명의 다양성을 강조하며 중국 내 각 지역의 선사 문화가 서로 영향을 주고받으며 발전했다는 새로운 시각을 제시한다. 이는 이후 중국 역사학계가 중국 한족의 기원지로 황허 유역만 강조하던 태도에서 벗어나 홍산 문화로도 눈을 돌리는 배경이 되었다.

중국 정부가 다양한 소수민족의 결속을 목표로 2000년대 초부터 내세운 동북공정의 핵심 주제 중 하나는 홍산 문화였다. 고구려나 발해와 같이 만주와 한반도에 걸쳐 있던 고대 국가들이 중국 왕조의 지방 정권이었음을 주장하기 위해서는 한족의 기원지로서 랴오허 지역과 홍산 문화를 강조하는 것이 유리했기 때문이다. 그러나 최근에 고DNA 분석 결과가 연이어 발표되면서 중국 내 민족주의 사학자들이 자신들의 입맛에 맞게 랴오허 문명과 홍산 문화를 해석하기 어려워졌다. 신석기 시대 홍산 문화인과 유전적으로 가장 가까운 현대인이 한국인으로 밝혀졌기 때문이다.

하지만 여기에 특별한 의미를 부여할 필요는 없다. 3부와 4부에서 본격적으로 살펴보겠지만, 홍산 문화인이 직접 한반도로 내려와 지금의 한국인을 형성한 것이 아니다. 랴오허강, 황허강, 양쯔강, 아무르강 유역의 사람들이 섞이는 과정에서 랴오허 집단의 후손을 중심으로 한국인이 형성되다 보니 현대인 중에서 한국인이 홍산 문화인과 유전적으로 가장 비슷해진 것뿐이다. 랴오허 문명과 홍산 문화는 동북아시아 곳곳에 영향을 미쳤던 선진 문화였다. 당시의 특정 문화가 지금의 특정 국가로 이어졌다고 말하는 것에 어떤 의미가 있을까. 수천 년 전에는 민족이나 국가라는 개념이 없었다는 점을 명심할 필요가 있다.

홍산 문화는 황허 문명을 뛰어넘는 랴오허 문명의 정수라고 일컬어진다. 게다가 홍산 문화가 한국사에서 최초로 등장하는 국가인 고조선과 연관이 있다고 믿는 한국인이 많다. 그렇다 보니 홍산 문화는 항상 대중 사이에서 화제의 중심에 서 있다. 하지만 고조선은 홍산 문화보다는 그 이후에 나타난 샤자뎬 하층 및 상층문화와 연관을 찾는 것이 더 자

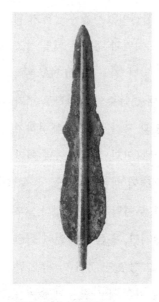

**그림5-8 비파형동검**

연스럽다. 고조선의 건국 연대를 대략 기원전 2000년으로 본다면, 당시는 홍산 문화가 융성했던 홀로세 최적기(약 8000~5000년 전)보다는 4.2ka 이벤트와 함께 동아시아 전역에 이주의 물결이 일었던 때와 가깝기 때문이다. 4200~3900년 전 가뭄과 추위로 살기가 힘들어진 사람들이 원주거지를 떠나 환경이 상대적으로 괜찮은 곳으로 모여들었다. 그 결과 동아시아 각 지역에서는 새로운 문화 집단이 움트기 시작했다. 이는 마치 2800년 전 기후가 악화될 때 그리스 곳곳에 폴리스들이 형성된 상황을 떠올리게 한다.

　중국 최초의 세습 왕조라 일컬어지는 하나라는 동아시아의 인간 사회가 4.2ka 이벤트로 어려움을 겪던 시기에 황허 유역에서 나타났다. 고조선 또한 이때 랴오허 유역을 기반으로 탄생하여 하나라와 대립 구도를 형성했을 가능성이 있다. 사실 학계에서는 하나라나 단군왕검의 고조선 모두 실존 여부를 입증할 수 있는 증거가 부족해 전설 정도로 여기는 분위기이다. 중원에 하나라가 존재했더라도 자그마한 도시 국가 정도였다는 것이 정설이니 초기 고조선도 국가라고 하기에는 그 규모가 민망한 수준이었을 것이다.

4200년 전과 3700년 전의 기후 변화 이후 환경이 차츰 안정되자 랴오허 유역에서 샤자뎬 하층문화가 본격적으로 발전하기 시작했다. 이곳의 농경민 인구는 급격하게 늘어났다. 샤자뎬 하층문화 집단은 훙산 문화 집단보다 훨씬 큰 규모를 자랑했다. 혹시 우리가 한민족 최초의 고대 국가라고 여기는 고조선이 이 샤자뎬 하층문화 집단을 의미하는 것은 아닐까? 샤자뎬 하층문화는 3200년 전의 기후 변화로 무너졌고 그 뒤를 이어 샤자뎬 상층문화가 등장했다. 이들은 비파형동검을 대량으로 생산하였다. 비파형동검은 고조선을 대표하는 유물이다. 샤자뎬 하층 및 상층문화 집단이 고조선 그 자체는 아닐지 몰라도 초기 고조선에 유전적으로나 문화적으로 절대적인 영향을 준 것만큼은 분명해 보인다.

현대 한국인의 Y염색체를 구성하는 여러 유형 가운데 N 계통은 드문 반면 O 계통의 비중이 압도적으로 높다는 점도 현대 한국인이 유전적으로 훙산 문화보다 샤자뎬 문화와 관련이 깊음을 시사한다. N 계통은 훙산 문화의 대표적인 Y염색체 유형이다. 훙산 문화와 샤오허옌 문화가 사라지고 샤자뎬 문화가 시작되면서 랴오허 지역민의 Y염색체 유형은 점차 N 계통에서 O 계통으로 변화했다. 이는 샤자뎬 문화와 연관된 집단들이 현대 한국인을 형성한 주축 세력임을 암시한다.

하지만 샤자뎬 문화 또한 앞선 훙산 문화를 계승하여 발전한 것이 사실이므로 훙산 문화에 비상한 관심을 보이는 한국의 일부 고고학자와 고대 사학자의 마음을 충분히 이해할 수 있다.

## 홀로세 후반기를 뒤흔든 엘니뇨

홀로세 기후 최적기가 끝난 대략 5000년 전부터 북반구의 기후는 점차 한랭해졌다. 지구의 대기가 차가워짐과 동시에 태평양과 인도양 주변을 중심으로 주기적인 가뭄이 도래하곤 했다. 그중에서도 4200~3900년 전에 발생했던 4.2ka 이벤트는 특히 주목할 만하다. 이 이벤트가 당시 인간 사회에 미쳤던 파급력은 매우 컸다. 국제층서위원회가 4200년 전을 홀로세의 중반부(노스그립기)와 후반부(메갈라야기)를 가르는 경계로 삼을 정도였다. 홀로세 후반부를 가리키는 '메갈라야'라는 명칭은 인도의 석회암 동굴 이름에서 가져온 것이다. 그곳에 위치한 석순의 산소동위원소 분석을 통해 4200년 전의 기후 변동이 확인되었다.

4.2ka 이벤트의 원인이 정확히 무엇이었는지 아직 명확하게 밝혀지지 않았다. 적도 태평양의 해수면 온도 변화와 상관성이 높은 것을 볼 때 저위도 태평양의 해류 흐름과 관계가 있는 것은 분명해 보인다. 4200~3900년 전 적도 서태평양의 해수면 온도는 그 전후와 비교해 낮았던 반면, 적도 동태평양의 해수면 온도는 높았다.[27] 해수면 온도의 이러한 분포는 앞서 설명했듯이 엘니뇨 조건에서 나타난다. 북반구 여러 곳에서 4200년 전의 기후 변동이 확인되는데, 한반도와 중국 북부에서도 기후가 건조해지는 경향이 나타났다.[28,29] 적도 서태평양의 해수면 온도가 떨어지면서 나타난 결과로 보인다.

홀로세 전 기간의 장주기 엘니뇨 경향을 복원한 연구에 의하면, 홀로세 최적기에는 엘니뇨가 약했지만, 후반부로 갈수록 강해지면서 한반도로 향하는 여름 몬순을 약화시켰다.[30] 홀로세 기후 최적기에는 바람이 약한 열대수렴대가 북쪽으로 치우쳐 위치하면서 적도에는 무역풍이 강하게 불었다. 무역풍의 영향으로 열대의 따뜻한 해수가 서쪽으로 몰리면서 적도 서태평양의 수온은 높았고 그 여파로 한반도는 대체로 습윤했다. 그러나 홀로세 후기 들어 열대수렴대가 남쪽으로 이동하면서 무역풍이 약해지자 엘니뇨는 강해졌다. 적도 서태평양의 해수면 온도는 낮아졌고, 한반도는 이전에 비해 건조해졌다.

엘니뇨가 발생하여 적도 서태평양의 해수면 온도가 낮아지면, 해들리 순환*이 위축되고 서태평양의 아열대 고기압대와 중위도의 강수대 모두 남쪽으로 치우친다. 그 결과 중국 남부에는 비가 많이 내리는 반면 한반도와 중국 북부는 가물어진다. 또한 서태평양의 저위도 지역에서 해수면 온도가 떨어지면 전체적으로 바닷물의 증발이 저해되므로 여름철 몬순에 의해 북쪽으로 전달되는 수증기의 양도 줄어든다. 게다가 낮은 해수면 온도는 필리핀 동쪽 해상에서 발원하는 열대성 저기압(태풍)의 세력을 약화시켜 동북아시아의 여름철 강수량을 감소시킨다. 엘니뇨 때문에 태풍의 이동 경로에 위치하는 구로시오 난류의 온도가 떨어지면 동북아시아로 이동하는 태풍의 힘이 위축될 수밖에 없다.

홀로세 후기에는 엘니뇨가 전반적으로 강했는데, 특히 500년마다 활성화되는 모습이 뚜렷하게 나타났다. 최적기 이후 적도 태평

---

* 저위도 지역에서 발생하는 대기의 순환이다. 적도 부근에서 상승한 기류가 고위도 방향으로 이동, 위도 30도 부근에서 하강한 후 다시 적도 쪽으로 흐르며 무역풍을 일으킨다. 아열대 사막의 형성에 중추적인 역할을 한다.

양의 해수면 온도 분포가 변하면서 기후 변동을 야기한 시기들을 나열하면 약 4700년 전, 4200년 전, 3700년 전, 3200년 전, 2800년 전, 2300년 전, 1800년 전, 1200년 전, 600년 전, 200년 전이다. 대체로 400~600년 주기로 발생했음을 알 수 있다. 엘니뇨가 강해질 때 북반구 여러 곳에서 기후가 한랭해지거나 건조해지는 변화가 나타났으며, 한반도와 중국 북부는 심한 가뭄을 겪으면서 인간 사회가 큰 혼란 속에 빠지곤 했다. 특히 4200년 전부터 시작하여 300년이나 이어진 4.2ka 이벤트는 북반구에서 세력이 컸던 여러 고대 문명을 거의 동시에 무너뜨렸을 정도로 파장이 컸다.

## 동시에 무너져 내린 고대 문명

메소포타미아에서는 5000년 전 우루크 시기가 끝나고 수메르 문명의 도시 국가들이 난립했다. 이후 4300년 전에 메소포타미아 중부에 아카드라는 도시 국가가 나타나 수메르 초기의 도시들을 모두 점령했다. 아카드 문명은 세계 최초의 제국을 구축하는 데 성공했지만 그리 오래가지 못했다. 이 강대했던 제국이 무너진 이유를 4200년 전부터 시작된 가뭄에서 찾는 학자들이 많다.[31] 아카드 왕국은 메소포타미아 북부에서 목축을 기반으로 살아가던 아모리인과 동쪽의 산악 지대에서 내려온 구티인의 침략을 받아 4100년 전에 무너졌다. 기후 변화로 목축의 생산성이 떨어지고 식량 부족에 직면하자 이방인들이 생존을 위해 남으로 내려왔고 이들의 약탈 행위가 제국의 기반을 무너뜨린 것이다. 아카드 제국이 무너진 후 메소포타미아 남부의 수메르 도시 우르를 중심으로 우르 제 3왕조가 재차 세력을 잡았다. 그러나 이 또한 아모리인의 침입으로 4000년 전에 멸망하면서 메소포타미아의 수메르 문명은 북에서 이동한 아모리인 중심의 바빌론 문명으로 완전히 대체된다. 바빌론 제국의 성문법이 바로《함무라비 법전》이다. "눈에는 눈 이에는 이"라는 문구로 잘 알려져 있다.

거대한 피라미드로 상징되는 이집트 나일강 유역의 고왕국 또한 4200년 전의 대가뭄의 직격타를 맞았다.[32] 제4왕조(4600~4500년 전)에서 발전을 거듭하던 고왕국은 4300년 전 제6왕조로 접어든 후 침체의 길로 들어섰다. 가뭄은 왕조의 쇠락을 더욱 부채질했다. 나일강의 수위가 크게 낮아지면서 범람 횟수는 눈에 띄게 감소했다. 농사에 필요한 물을 충분히 확보할 수 없어 흉년과 기근이 반복되었다.[33] 고왕국은 결국 약 4100년 전에 무너지고 만다. 이후 이집트는 혼란스러운 상황이 100년 넘게 이어질 정도로 가뭄의 충격을 극복하는 데 어려움을 겪었다. 당시의 대가뭄은 앞서 소개한 바 있는 하라판 문화로 대표되는 인더스 계곡 문명에도 큰 피해를 안겼다. 전례 없는 가뭄이 이어지면서 인더스강의 하천 수위는 크게 떨어졌고 작물 생산량이 급감하였다.[34] 비슷한 위기 상황에 봉착해 있던 수메르 문명과의 교역도 힘들어지면서 나라의 힘이 급격하게 위축되었다. 하라파와 모헨조다로같이 당대에 가장 앞선 문화를 과시하던 대도시마저 사람이 떠나면서 황폐해졌다. 이런 상황은 동아시아 사회도 마찬가지였다. 중국 산둥의 룽산 문화, 양쯔강 하류 저장성의 량주 문화, 일본의 산나이마루야마 문화가 4.2ka 이벤트 당시 잦아진 기상 이변을 극복하지 못하고 사라졌다.[35,36] 기후 변화로 타격을 입은 사람들은 생존을 위해 다른 곳을 향해 떠났다. 기후 변화는 이주민의 수를 급격히 불렸다. 이웃 집단 간의 갈등이 마치 도미노와 같이 확산했다. 기후 변화가 가져온 내부 혼란에 외부인과의 갈등까지 더해지자 사회 회복력이 현저하게 낮아졌다. 이런 경향은 4.2ka 이벤트뿐 아니라 홀로세 후기의 다른 주기적 기후 변동 시기에도 비슷하게 나타났다.

홀로세 후기의 기후 변동은 대략 500년 주기로 나타났는데, 주기가 항상 500년으로 일정했던 것은 아니다. 대략 400년에서 600년까지 주기의 차이를 보였다. 그 이유는 무엇일까? 홀로세 후기의 기후 변화를 주도한 것은 저위도 태평양의 해수 흐름으로, 이 흐름은 500년 주기의 태양 활동이 조절했다. 그런데 여기에 태양 활동과는 관계가 없는, 즉 화산 활동, 온실가스, 피드백 등의 다른 요인들이 추가로 영향을 미쳤다. 200년의 차이는 이러한 연유에서 비롯된 것이다.

그럼 홀로세 후기에 대략 500년마다 나타난 나머지 기후 변동에 대해서도 대략적으로 살펴보자. 약 4800~4700년 전 홀로세 기후 최적기가 끝났고, 약 4200~3900년 전에 전 세계의 여러 문명이 동시에 무너졌다. 약 3700년 전에는 전차를 보유한 힉소스의 남진으로 이집트의 중왕국이 멸망했고, 약 3200년 전에는 해양 민족의 침략으로 지중해 동부의 청동기 문화가 붕괴했다. 약 2800~2700년 전에는 4.2ka 이벤트에 버금가는 기후 변동이 발생해 중국이 춘추전국 시대의 혼란 속으로 빠져들었다. 약 2300년 전에는 한반도에서 벼 농경 문화가 크게 쇠락하였고, 약 1700년 전에는 중국의 한나라가 멸망하고 위·촉·오 삼국 시대의 격변기로 접어들었다.

이어 약 1200년 전에는 멕시코 중부 고지대의 테오티우아칸 문명이 가뭄에 큰 타격을 입었고, 약 600년 전에는 유라시아에 흑사병이 돌아 1억 명이 넘는 사상자가 발생했다. 가장 최근인 150년 전에는 흑점 수가 감소하여 북반구 전역에 흉년이 들고 전염병이 돌았다.

홀로세 후기에 400~600년 주기로 기후가 악화된 것은 사실일 가능성이 높다. 하지만 개개의 역사적 사건에 당시의 기후 변화가 어느 정도로 기여했는지 파악하는 작업은 결코 쉬운 일이 아니다. 기후 변화의 영향력이 컸던 사건도 있고 미미했던 사건도 있을 것이다. 어쨌든 기후가 변했을 때 사회 변동이 일어났다면 기후 변화의 영향을 깊이 있게 살펴보는 것이 맞지 않을까? 기후 변화가 사회 변동을 촉발한 방아쇠였을 수도 있고 사회 변동의 속도를 높인 박차였을 수도 있다. 혹은 이미 다른 내부 요인으로 무너져 가던 사회에 기후 변화가 최후의 일격을 가함으로써 회복 불능의 상태로 몰고 갔는지도 모른다.

지금까지 우리는 홀로세의 기후 변화 과정을 살펴봤다. 그럼 이어서 홀로세의 기후 변화가 과거 유라시아 사회에 어떠한 영향을 미쳤고 사람들은 이에 대응하는 과정에서 어떻게 이주하고 섞였는지 추적해 보자.

# 홀로세에도 인류의 이동은
# 멈추지 않았다

## 풍요가 서유라시아 농경민을 움직이다

매서운 추위가 수천 년간 이어졌던 마지막 빙기 최성기가 끝나고 1만 8000년 전부터 지구의 온도는 차츰 상승했다. 특히 1만 4700년 전 뵐링-알레뢰드기의 도래와 함께 기온이 가파르게 올랐다. 곧 새로운 간빙기로 진입할 것같이 보였다. 그러나 1만 2800년 전 기온이 크게 떨어지면서 자연스럽게 빙기에서 간빙기로 넘어가는 순간에 훼방을 놓았다. 차가운 영거드라이아스기가 도래한 것이다. 이후 한랭기가 1000년 이상 이어졌지만 자연의 흐름을 더 이상 거스르지 못했다. 1만 1700년 전 갑작스럽게 빙기가 끝나고 지구는 홀로세로 접어들었다. 이후에도 기온은 꾸준히 상승하였다. 북반구의 저위도 지역에서는 대략 9000년 전에 기온이 정점에 올랐고, 소위 홀로세 기후 최적기라고 부르는 온난 습윤한 시기가 3000~4000년간 이어졌다. 한편 홀로세에 진입한 후에도 녹지 않고 남아 있던 극 지역 빙상의 영향으로 위도가 높을수록 최적기의 도래는 조금씩 지연되었다. 한반도와 같은 중위도 지역에서는 대체로 8000~5000년 전에 최적기가 나타났다.

농경이 최초로 시작된 근동 지역에서는 9000년 전에 이르러 온난 습윤한 기후가 최고조에 달했다. 생태계의 생산성은 높아졌고 농경 문화 또한 발전을 거듭했다. 농경민은 수렵채집민과 달리 한곳에 정착하여 살았기 때문에 아이를 많이 낳고 키우는 것이 가능했다. 또한 농사는 많은 노동을 필요로 하는 작업이다. 인구는 빠르게 증가했고 얼마 지나지 않아 인구의 압박이 거세지기 시작했다. 레반트와 이란의 초기 농경민들이 새로운 땅을 찾아 움직였다. 일부는 아나톨리아를 거쳐서 서유럽의 산림 지대로 이동했고, 일부는 흑해와 카스피해 북쪽으로 나아가 동유럽과 중앙아시아에 넓게 펼쳐진 초원 지대로 이주했다. 홀로세 기후 최적기에는 유라시아 전역에 먹을거리가 넘쳐났다. 어느 곳에 자리를 잡든지 살아가는 데 큰 어려움이 없었다.

　인구 압박을 피해 농경민이 근동에서 빠져나와 유럽으로 퍼져나갈 때 원래 거주하던 수렵채집민과의 충돌은 피할 수 없었다. 유럽을

**그림6-1 서유라시아 초기 농경민이 세운 영국의 스톤헨지**

차지하고 있던 기존 토착 세력은 1만 4000년 전 뵐링-알레뢰드 온난기에 갑자기 상승한 기온으로 알프스의 빙하가 녹자 발칸반도에서 유럽 전역으로 확산했던 수렵채집민 집단의 후손들이었다. 이들 또한 이전에 유럽에 존재했던 집단들을 무력화하며 유럽을 통째로 차지한 만만치 않은 상대였다. 그러나 유럽 최초의 농경민들은 인구수의 우위를 토대로 수렵채집민들을 차례차례 제압해 나갔고 헝가리, 스페인, 독일 등 유럽 전역을 차지했다. 8미터에 달하는 거석을 원형으로 배열한 영국 서남부의 스톤헨지도 이 농경민들의 작품이었다.

## 얌나야 유목민의 업보

그러나 새로운 농경민과 기존 수렵채집민의 혼혈 집단이 현 유럽인의 직접적인 조상이라고 볼 수는 없다. 유럽인의 유전적 구성에 지대한 영향을 미친 또 다른 집단이 존재했기 때문이다. 바로 폰틱-카스피해 초원 지대에서 기원한 유목민이다. 홀로세 초기 이란의 농경민 대다수는 흑해와 카스피해 넘어 동유럽의 초원 지대로 퍼져나갔다. 그리고 동유럽의 수렵채집민을 제압한 후 초지 생태계에 적응하여 양과 소를 키우는 유목민의 삶을 택하게 된다. 이들은 서쪽의 헝가리부터 동쪽의 알타이산맥까지 넓게 퍼져나가면서 자신들만의 독창적인 유목 문화를 구축했다. 서유라시아 내륙에서 홀로세 기후 최적기가 끝나고 4900년 전부터 점차 기후가 건조해지자 이들은 움직이기 시작했다. 이들은 불과 몇백 년 만에 농경민들을 몰아내고 유럽의 대부분을 차지할 정도로 엄청난 무력을 과시했다. 바퀴와 말을 이용할 줄 알았기에 농경민과의 싸움에서 우위에 설 수 있었다. 이들이 바로 현대의 유럽인에 유전적으로 가장 여러 가지 기여를 했다고 추정되는 얌나야 유목민이다.

홀로세 후반부로 갈수록 북반구 기후는 더욱 한랭 건조해졌다. 얌나야 유목민의 후손들은 서쪽뿐 아니라 남쪽으로도 꾸준히 이동하여 인도와 이란의 농경 집단까지 제압하고 인더스 계곡과 이란 고원 지대를 점령했다. 약 4200~3900년 전의 가뭄이 얌나야 유목민의 후손들을 인더스 계곡으로 이끌었고, 약 2800~2700년 전의 기후 변화가 이들을 페르시아와 남부 캅카스로 이끌었다. 이렇듯 서유라시아 내륙의 유목민은 홀로세 기후 최적기가 끝난 후 기후 변화에 자극을 받아 확산하였고 그들의 우수한 전투력은 세력을 넓히는 데 큰 도움이 되었다. 서유라시아의 대부분은 바야흐로 인도아리아 계통의 유목민이 주도하는 땅으로 변했다. 시간이 흐르면서 얌나야 후손들 또한 이주한 곳의 환경에 적응하면서 정주 농경민의 생활방식을 받아들이게 된다. 그런데 아이러니하게도 이들 또한 마치 과거 자신의 행동에 대해 벌을 받듯 기후가 나빠질 때마다 자신과 같은 곳에서 발원한 유목민 사회의 침략에 끊임없이 시달려야 했다.


## 한반도에 농경이 늦게 전해진 이유

한편 동아시아에서는 마지막 빙기 최성기가 끝나면서 해수면이 빠르게 상승하고 초지가 삼림으로 변해갔다. 포유류들은 새로운 초지를 찾아 북쪽으로 이동하기 시작했다. 이곳의 수렵채집민들 또한 사냥감을 쫓아 북으로 향했다. 북쪽에는 사막과 툰드라를 대체하며 초원 지대가 새롭게 조성되고 있었다. 그러나 만빙기의 기온 상승은 완만하게 이루어지지 않았다. 북대서양 주변 지역만큼은 아니지만 이곳 또한 아빙기(올디스트드라이아스기, 올더드라이아스기, 영거드라이아스기 등)와 아간빙기(뵐링-알레뢰드기) 간의 기온 차이가 무척 컸다. 주기적으로 아빙기가 도래할 때면 수렵채집민들은 추위를 피해 다시 남하할지 심각하게 고민해야 했다.

홀로세에 접어들고 8.2ka 이벤트의 혹독한 추위를 거친 직후 황허강 유역에서는 기장 농경 집단이 처음으로 모습을 드러냈다. 중국 최초의 농경 문화인 황허강 중류 허난성의 페이리강 문화인과 황허강 북쪽 허베이성의 츠산 문화인이 바로 그들이다. 기장 농경 문화는 동쪽으로 산둥반도까지 전파되었고 북쪽으로는 랴오허 유역에 전파되었다. 랴오허 유역의 농경이 황허강 유역에서 전달된 것이 아니라 독립적으로 이루어졌다는 주장도 있지만 아직 명확한 근거는 없다. 농경 문화는 이곳 랴오허 유역에서 연이어 한반도 및 러시아 연해주 남부로 전파되었다. 한반도에서는 대략 5500년 전부터 기장 농경이 이루어지지만 수렵채집을 보조하는 정도에 그쳤다.[1] 연해주 또한 농경이 일찍 전파되었음에도 수렵채집 방식이 오랫동안 고수되었고 3000년 전에 이르러서야 정주 농경이 본격적으로 시작되었다.[2] 농경이 이토록 늦었던 이유는 홀로세 중기 내내 안정적인 기후가 이어져 숲 생태계의 생산성이 최고조에 달했기 때문이다. 또한 한반도나 연해주 모두 바다에 면해 있어 어패류를 쉽게 취할 수 있었다는 점도 농경이 홀로세 후기까지 지연된 배경으로 볼 수 있다.

한반도에서는 약 3700~3200년 전 외부로부터 벼 농경민 집단이 들어오면서 비로소 농경 문화가 활기를 띠었다. 연해주의 경우에는 최적기 이후 기후가 점차 나빠지고 사람들의 교란으로 산림의 훼손이 가속화되자 그때야 농경을 진지하게 받아들였다. 참고로 농경 문화의 전파가 있었다고 해서 꼭 사람의 이주를 가정해야하는 것은 아니다. 랴오허 유역에서 주변으로 퍼진 기장 농경 문화의 경우 파급 효과가 그리 크지 않았음을 고려할 때, 사람의 이동없이 기술만 전달되었을 가능성도 있어 보인다.

농경 문화는 양쯔강 유역에서도 독립적으로 발생하였다. 주된작물은 벼였으며 북쪽의 황허강 유역보다 약간 빨랐던 것으로 추정된다. 약 2만 년 전에 세계 최초로 나타난 양쯔강 지역의 토기문화는 이곳에서 이른 시기에 농경이 시작될 수 있었던 배경이었다.[3] 토기를 썼다는 것은 그들에게 저장 용기가 필요했음을 의미하며 이는 그들이 한곳에 정착했음을 암시한다. 정주 생활은 농경의선행 조건이다. 수렵채집 생활을 했던 레반트의 나투프인 또한 뵐링-알레뢰드 시기에 정착한 후 홀로세 들어 농경을 시작했다. 양쯔강 중하류에서는 홀로세 기후 최적기인 7000~5000년 전에 인구가 많이 늘어나는데, 상하이 해안가 평원에서 발견된 '허무두' 유적지는 당시 사회를 잘 보여준다. 이곳에서는 호숫물 위로 말뚝을세우고 그 위에 가옥을 올린 호상 주거지가 발굴되었다. 습지 퇴적물층에서 여러 개의 목제 도구가 원형이 유지된 채 출토되었고 다수의 재배 벼와 동물 뼈도 발견되어 당시 농경이 집약적으로 이루어졌음을 짐작게 한다.

4000년 전 양쯔강 하류의 량주 문화와 황허강 하류의 룽산 문화가 모두 기후 변화로 타격을 입으면서 중국 대륙의 동해안을 따라 사람들의 이동은 더욱 활발해졌다.[*] 그 결과 양쯔강의 벼 농경 문화와 황허강의 기장 농경 문화는 서로 영향을 주고받으며 혼합되었다. 해안을 따라 북으로 이동한 벼 농경민은 기장 농경민과 섞였고 이후 산둥반도에 머무르던 이들의 후손 중 일부가 바다 건너 랴오둥반도까지 이주하였다. 약 3200년 전 기후가 나빠지면서 랴오허 주변이 혼란스러워지자 이번에는 남쪽을 향해 움직였다. 한반도 남부까지 이동하여 금강 중하류에 터를 잡고 농사를 지었다. 이들이 땅에 물을 대고 농사를 짓는 수도작 기술을 처음 전파한 사람들이다. 그런데 2800년 전 이후로 한랭화 경향이 다시 뚜렷해지기 시작했다. 이들은 살기 좋은 땅을 찾아 더 남쪽으로 내려갔고 일부는 일본까지 건너갔다. 수도작 농경민이 떠난 자리는 북방에서 내려온 목축민들, 더 정확하게 말하자면 생계를 위해 목축, 농사, 수렵채집을 모두 영위하는 집단이 차지했다. 이후에도 유사한 성격의 북방민들이 기후가 나빠질 때마다 기동성을 발휘하며 남진하여 한반도를 채웠다. 이때 북방의 선진 문화 또한 함께 전달되었다.

## 말을 타야만 했던 유목민의 속사정

초원 지대의 척박하고 건조한 환경은 유목민이 반드시 극복해야 하는 치명적인 장애인 동시에 이들에게 강한 생활력을 심어준 원동력이기도 했다. 내륙의 건조한 초지 생태계는 온난 습윤한 대류의 가장자리나 남쪽 지역에 비해 생산성이 크게 떨어질 수밖에 없었다. 강수량이 적어 애초에 농사를 짓기는 불가능했으므로 이들이 궁여지책으로 택한 생계 방식은 유목이었다. 그러나 우리가 지구 온난화를 막기 위해 육식을 줄이자는 캠페인을 벌이듯이 식량을 얻기 위해 가축을 키우게 되면 농작물을 재배할 때보다 더 많은 땅과 물이 소요된다. 이들은 불리한 자연환경 속에서 에너지와 물을 많이 소비하는 유목 생활을 하다 보니 먹을 것을 충분히 확보하기 어려웠고 기아에 자주 시달릴 수밖에 없었다. 기후가 조금이라도 불리해지면 살아가기에 적당한 땅을 찾아 더 멀리 더 자주 움직여야 했다.

하지만 유라시아의 유목민은 이러한 생태적 취약성 문제를 자신들만의 힘으로 극복하였다. 가뭄이 들어 먹을 것이 부족해질 때면 이들은 여지없이 주변의 정주 국가를 침범하여 약탈하였다. 금속과 특히 말을 능숙하게 다룰 줄 아는 능력은 유목민이 정주민과의 싸움에서 항상 우위에 설 수 있었던 요인이었다. 이들은 구리나 철이 풍부한 곳에 살아 일찍부터 제련술에 조예가 깊었고 무기와 마구 제작에 능했다. 또한 어려서부터 말과 마치 한 몸이듯 생활하며 마상 전투 기술을 익혔기에 기마술에 익숙하지 않은 정주민이 이들의 공격을 막아내기는 쉽지 않았다. 일단 전투가 개시되면 유목민이 유리한 위치를 점할 때가 많았다. 설사 정주 국가가 유목민족을 정벌하기 위해 대대적으로 군대를 소식하고 쳐들어간다 해도 빠르게 치고 빠지는 게릴라식 전술을 구사하는 기마 부대를 일일이 제압하고 넓디넓은 초원을 관리하기란 현실적으로 불가능했다. 유목 국가의 정복을 시도했던 정주 국가 대부분은 군대의 원정

비용으로 국력을 과도하게 낭비하여 나라가 경제적 위기에 빠지는 경우가 허다했다.

유목민이 이렇게 무력에서 앞서 있었기 때문에 정주 국가의 영역까지 차지하는 경우도 종종 있었다. 그러나 일단 정주민의 땅에 뿌리를 내리게 되면 정주 문화와 어울리지 않는 유목 문화를 끝까지 유지하기는 힘들었다. 자신들이 점령한 정주 국가의 문화에 동화되어 유목민의 정체성을 잃어버리기 일쑤였다. 이들은 정주 국가의 풍요로운 환경에 취해 유목 민족의 배고픈 생활로 돌아가길 원치 않았다.

유목 민족에게 초원 지대의 낮은 생산성과 유목의 비효율성은 근본적으로 해결할 수 없는 문제였다. 이는 집단의 인구 성장을 저해하여 시간이 흐를수록 정주민과의 문화 격차가 점점 더 벌어지는 상황을 초래했다. 인구가 증가해야 잉여 식량도 확보되고 사회 계층과 직업의 분화가 일어나면서 문화 발전을 꾀할 수 있다. 유목민 고유의 야금술과 기마술을 기반으로 몽골과 같은 제국이 탄생하기도 했지만 더딘 문화의 발전 속도가 결국 유목민의 발목을 잡았다. 화약과 총기가 상용화되면서 전장에서 유목민이 자랑하던 기동성의 이점은 사라졌다. 중세 이후 유목 문화는 정주 문화에 밀려 점차 힘을 잃어갔다.


## 기후와 유전자 뒤섞기

얌나야 유목민은 뛰어난 기동성을 앞세워 4900년 전부터 수백 년 만에 유럽 전역을 초토화했다. 곧 이들은 유럽의 숲 지대에 형성된 토착 농경 문화에 동화되어 정주민의 삶에 녹아들었다. 중앙아시아에서 기원하여 서쪽으로 이동한 훈족, 마자르족, 불가르족, 아바르족, 투르크족 또한 마찬가지로 유럽의 정주 사회를 침략하는 일을 반복하다가 시간이 흐르면서 정착하는 경우가 많았다. 훈족과 관련 있다는 마자르족은 헝가리인의 선조이다. 몽골 유연족의 후손으로 추정되는 아바르족은 프랑크족에게 동화되었다. 투르크계인 불가르족은 불가리아인의 조상이며, 투르크족은 튀르키예인의 조상이다.

동유라시아에서도 2600년 전의 흉노로 시작해 선비, 유연, 돌궐, 위구르, 몽골 등 유목 민족의 기세가 드셌다. 과거 중국의 한나라에 맞먹는 전력을 자랑하던 흉노는 얌나야 유목민과 같이 습윤한 농경 지대까지 세력을 넓히지는 못했다. 그러나 이후 등장한 유목 민족인 몽골족과 만주족은 중국 전체를 점령하고 다스렸다. 이전에도 5호16국 시대의 혼란기에 유목민인 선비족이 삶의 터전이던 몽골 초원을 등지고 중국 북부로 남하하여 위세를 떨쳤다. 이들은 북위를 세워 화북을 통일하였고 남북조 시대를 열었다. 북위는 이후 중국의 통일 왕조인 수나라와 당나라로 이어진다. 수나라와 당나라의 황족은 한족의 언어와 문화를 따랐지만 모두 선비족의 후예라는 것이 정설이다. 유럽과 마찬가지로 중국에서도 유목민이 정주민을 공격하여 땅을 빼앗는 경우가 잦았던 것이다.

다만 아시아에서는 서유라시아의 얌나야 문명과 같이 유목민이 전방위적으로 확산하지는 않았다. 유목 세력과 정주 세력 간에 동적인 균형이 이어졌다고 볼 수 있는데, 이는 아시아에서 유목민들이 결집하여 사회를 형성한 시기가 훨씬 늦었기 때문이었다. 흑해 북쪽의 서유라시아 초원과 비교해 몽골은 티베트고원으로 막혀 있어 바다의 영향을 잘 받지 못해 상대적으로 더 건조한 편이다. 이곳의 유목민은 오랫동안 인구가 적어 세력이 약했으므로 무력으로 정주민을 제압하는 일이 쉽지 않았다. 방어에 취약한 일부 마을을 간헐적으로 야탈하는 정도에 그쳤을 것이다.

동유라시아 유목 민족의 원조라 할 수 있는 흉노의 발원 시기는 얌나야 문명보다 2500년 이상 뒤처졌다. 당시는 아시아에서 이미 정주민의 문화가 상당히 발전한 상태라 기마술과 금속 도구의 우위를 앞세워도 남쪽의 농경 지대를 정벌하기 쉽지 않았다. 그럼에도 몽골족이나 만주족은 결국 중원을 정복하는 위업을 이루었다. 물론 송나라와 명나라의 국력이 쇠락한 탓도 있겠지만, 유목민 사회가 지녔던 전투력과 용병술이 얼마나 대단했는지 알 수 있다.

이러한 여러 역사적 흔적을 종합해서 볼 때, 유럽, 인더스 계곡, 페르시아, 동북아 등 북반구 대부분의 지역에서 인구 집단이 이동하고 섞이는 과정은 다음과 같이 엇비슷했다. 마지막 빙기 말 수렵채집민들이 지구 대부분의 지역으로 빠르게 퍼져나갔다. 추운 빙기가 끝나고 온난한 홀로세로 접어들면서 농경이 시작되었고 인구는 늘어났다. 인구 압박에 못 이긴 농경민은 새로운 땅을 찾아 나섰고 그 과정에서 만난 수렵채집민을 인구수를 앞세워 제압했다. 한편 내륙의 건조한 초원으로 이동한 농경민은 작물 재배를 포기하고 유목 생활에 집중했다. 말을 능숙하게 다루게 된 유목민은 기후가 나빠져 먹을 것이 부족할 때마다 기동성을 살려 정주 사회를 공략하고 무너뜨렸다. 점령지에서 유목민은 정주민의 생활방식을 따르는 경우가 많았고 유목 문화는 점차 위력을 잃어갔다. 이 일련의 과정에서 수렵채집민, 정주 농경민, 유목민의 유전자는 복잡하게 섞였다.

7장

# 한반도의 홀로세

## 마지막 빙기 말의 한반도

최근 우리나라에서도 한반도의 홀로세 기후 변화를 엿볼 수 있는 프락시 자료가 많이 생산되었다. 이번 장에서는 이 자료들을 종합해 실제 한반도에서 마지막 빙기 최성기 이후 기후 변화가 언제, 어떠한 형태로 발생했는지 살펴보고자 한다. 3부와 4부에서 살펴볼 '기후 변화가 초래한 북방민의 한반도 이주 과정'을 면밀히 추적하기 위해서는 현재까지 우리가 확보한 한반도의 고기후 자료를 세밀하게 검토하는 작업이 필요하다.

제주도의 고호수인 하논의 꽃가루(화분) 분석 결과에 따르면, 한반도의 마지막 빙기 최성기는 대략 2만 5000년 전에 시작해 1만 8000년 전까지 이어졌다. 마지막 빙기 최성기에 동북아시아 대부분은 스텝 식생, 즉 반건조 기후 환경에서 서식하는 짧은 풀들로 덮여 있었다. 이는 한반도도 마찬가지였다. 하논이 상대적으로 기온이 높은 서귀포에 있음에도, 풀(초본류)에서 생산된 꽃가루가 이 시기의 전체 꽃가루 중 80%를 상회한다. 이는 마지막 빙기 최성기의 한반도 기후가 무척 한랭하고 건조했음을 뜻한다. 한반도 전역

**그림7-1 한반도 기후 변화 데이터의 보고 제주도의 하논**

제주도에 있는 오름 중 하나로 서귀포시 서홍동, 호근동 일대에 있다. 한반도 유일의 마르형 분화구로 이곳에서 중요한 고기후 자료들이 생산됐다.

에서 숲을 찾기 힘들었고 평지는 대부분 풀로 덮여 있었다.[1]

최성기의 한반도는 매우 건조하여 눈도 거의 내리지 않았다. 빙하는 존재하지 않았고 기온이 상당히 낮았다. 하논의 꽃가루 자료를 토대로 정량 복원된 기온 변화 자료는 최성기에 이곳의 연평균 기온이 9℃에 불과했음을 보여준다.[2] 하논이 위치한 서귀포의 연평균 기온이 현재 16.5℃ 정도이므로 지금보다 약 7.5℃ 낮았다. 최성기의 서귀포 기온이 지금의 강원도 태백시 기온과 비슷했던 것이다. 그러나 연안 도시인 서귀포는 해수면이 가장 낮았던 최성기에도 바다와 가까웠다. 서귀포가 적도 서태평양에서 올라오는 구로시오 난류의 영향을 많이 받았다는 점을 감안한다면 한반도 내륙의 최성기 연평균 기온은 7.5℃보다 더 많이 낮았을 가능성이 높다. 실제 일본 교토 인근에 있는 비와호 퇴적물의 꽃가루 분석 결과는 혼슈 내륙의 최성기 기온이 지금보다 약 10.5℃나 낮았음을 보여준다.[3] 서울의 현재 연평균 기온이 대략 12℃ 정도다. 비와 자료를 참조한다면 당시의 한반도 중북부 기온은 현재의 몽골과 비슷했을 것으로 추정된다. 하논의 꽃가루 자료에서 잘 드러나듯이 최성기의 한반도는 대부분 초지로 이루어져 있었다. 현재 몽골 중부 초원에서 볼 수 있는 경관과 흡사했을 것이다.

그린란드 빙하의 산소동위원소 분석 결과에 따르면, 마지막 빙기 최성기 이후 만빙기로 들어서면서 북대서양 주변의 기온이 상승하였고 기후 변화의 폭은 커졌다. 흥미로운 것은 중국 석회암 동굴 석순의 산소동위원소 자료 또한 비슷한 변화 양상을 보인다는 점이다.[4] 그린란드와 중국이 멀리 떨어져 있고 두 프락시 자료가 상이한 기후 요소를 반영한다는 점을 감안하면(빙하-기온, 석순-강수량), 만빙기에 두 지역 간 '기후 원격 상관climate teleconnection'이 존재했음을 알 수 있다. 하지만 만빙기의 기후 변화는 대서양 열염순환의 교란에 의해 발생한 것이었기 때문에 대서양과 동떨어져 있는 동북아시아의 기후 변화 폭은 상대적으로 작았다.

그린란드에서는 뵐링기가 시작하는 약 1만 4700년 전과 홀로세로 진입하던 약 1만 1700년 전 기온의 상승 속도가 유례없이 빨랐다. 반면 한반도와 동북아시아에서는 이러한 전환이 비교적 서서히 이루어졌다. 전체적으로 동북아시아의 만빙기 기후 변화는 북대서양에 비해 완만했다. 북대서양에서는 열염순환이 교란될 때마다 즉시 큰 폭의 기후 변화로 이어졌지만 동북아시아에서는 그렇지 않았다. 북대서양에 비해 기후 변화의 속도나 강도가 약했다. 대서양에서 일어난 열염순환 교란의 여파가 대기와 해양 순환을 거치면서 동북아시아에서는 한층 완화된 형태로 나타난 것이다.

일본 남서쪽 오키나와 해곡의 퇴적물 분석 결과에서도 뵐링-알레뢰드기와 영거드라이아스기가 관찰된다. 그러나 중국의 석순 자료와 비교할 때 명확하지 않다. 바다는 비열이 높기 때문에 해양 쪽의 기후 변화는 육지에 비해 상대적으로 누그러든 모습을 보일 때가 많다. 서귀포의 하논 자료에서도 오키나와와 유사하게 변화의 폭이 크지 않다. 그린란드의 빙하 자료에 의하면 뵐링기와 영거드라이아스기 사이의 연평균 기온 차는 거의 15°C에 달했다.[5] 반면 구로시오 난류에 영향을 받는 한반도에서는 영거드라이아스기의 여파가 그리 크지 않았다. 제주도 하논 퇴적물의 분석 결과는 영거드라이아스기의 시작으로 이 지역에 1.5°C 정도의 기온 감소가 있었음을 보여준다.[6]

이렇듯 한반도는 북대서양과 멀리 떨어져 있고 삼면이 바다로 둘러싸여 있어 비교적 만빙기의 기후 변화 폭이 그리 크지 않았다. 그렇지만 뵐링-알레뢰드기나 영거드라이아스기에 한반도에서 발생했던 기후 변화는 이후 홀로세에 나타난 자잘한 기후 변화와는 비교가 안 될 정도로 규모가 컸다. 대서양 열염순환의 작동 여부는 만빙기 내내 한반도 생태계에 큰 영향을 미쳤다.

## 한반도의 홀로세 기후

전라남도 광양시 섬진강 범람원 퇴적물의 꽃가루 자료, 특히 나무 꽃가루의 비율은 한반도의 홀로세 기후 변화를 상세히 보여준다. 나무는 풀에 비해 온난 습윤한 환경을 선호한다. 따라서 퇴적물에서 발견되는 나무의 꽃가루 비율이 높고 초본류, 양치류, 이끼류의 꽃가루 비율이 낮으면 당시 기후가 따뜻하고 습했다고 볼 수 있다. 광양의 퇴적물 자료에서는 무엇보다 홀로세 기후 최적기의 시작과 끝이 뚜렷이 드러난다. 지역마다 기후의 차이가 크지 않았다고 가정하면, 한반도 남부의 최적기는 대체로 7600년 전에서 4800년 전 사이에 존재했다고 봐도 무방하다.[7] 이 외에 광양 자료는 홀로세에 주기적으로 나타났던 단기 한랭기들에 대한 정보도 제공한다. 광양의 꽃가루 그래프에서 세계적으로 널리 알려진 단기 한랭기의 대부분을 찾을 수 있다. 홀로세 전반부에서는 대략 1000년 주기로 찾아온 단기 한랭기 9.2ka, 8.2ka, 7.3ka를 확인할 수 있다. 이들 한랭기는 마지막 빙기 말의 만빙기 때와 비슷하게 북대서양의 열염순환이 교란되면서 발생했다. 홀로세 후반부에는 단기 한랭기 4.7ka, 4.2ka, 3.7ka, 3.2ka, 2.8ka, 2.3ka 등이 대략 500년 주기로 찾아왔음을 알 수 있다. 이들은 주로 적도 태평양의 해수면 온도 변화에서 기인한 것으로 추정된다.

특히 8200년 전의 추위는 다른 단기 한랭기들과는 차원이 달랐다. 8.2ka 이벤트에 관심이 쏠리는 이유는 간빙기인 홀로세에 발생했다고는 믿기 힘들 정도로 기온의 감소 폭이 매우 컸기 때문이다. 저 멀리 북대서양에서 비롯된 기후 변화였지만 한반도 생태계에

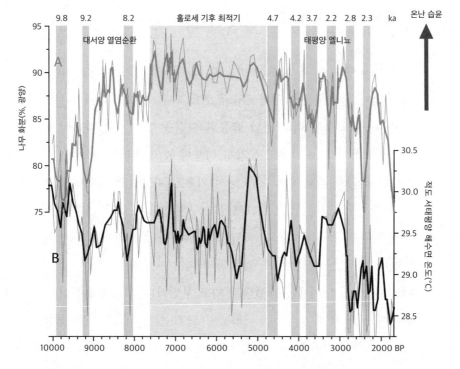

**그림7-2 광양 퇴적물 수목 화분 비율과 적도 서태평양 해수면 온도의 비교**

그래프에서 알 수 있듯 홀로세 내내, 특히 홀로세 후반부에 적도 서태평양의 해수면 온도가 한반도의 기후와 식생에 큰 영향을 미쳤다. 약 500년 주기의 장주기 엘니뇨가 도래할 때마다 한반도의 기후가 한랭 건조해졌고 나무 꽃가루의 비율이 감소하였다. 한편 8200년 전 갑작스러운 한파로 많은 나무가 한꺼번에 고사해 이후 400년간 한반도 남부에는 기후와 어울리지 않는 식생이 나타났다.

도 작지 않은 파장을 미쳤다. 8.2ka 이벤트가 끝난 후 기후가 빠르게 따뜻해졌음에도 한반도의 생태계는 400년 동안이나 이전의 삼림을 회복하지 못한 채 불안정한 모습으로 남아 있었다.[8] 한랭화의 충격으로 기후와 식생 간의 평형 상태가 깨진 후 정상으로 돌아가는 데 많은 시간이 필요했던 것이다. 당시의 기온 하강 속도는 이례적으로 빨랐기 때문에 내한성이 약한 나무들은 동사를 피할 수 없었다. 8.2ka 이벤트를 제외한 나머지 홀로세의 단기 한랭기에는 기온 하강으로 면역력이 약해진 수목들이 병충해에 취약해지거나 꽃가루 생산량이 감소하는 정도였지만, 8200년 전에는 수많은 나무가 냉해로 고사하면서 한반도 생태계는 심하게 훼손되었다.[9]

북대서양의 열염순환이 한반도의 홀로세 전반부 기후에 많은 영향을 미쳤다면, 홀로세의 후반부 기후는 주로 적도 서태평양의 해수면 온도가 좌우했다. 그런데 적도 서태평양의 해수면 온도와 광양의 나무 꽃가루 비율은 홀로세 후기뿐 아니라 홀로세 전기에도 유사한 변화 경향을 보인다. 적도 서태평양에서 해수면 온도가 떨어지는 시기 대부분이 광양의 나무 꽃가루 비율이 낮을 때와 일치했다. 이는 적도 태평양이 홀로세 전 기간에 걸쳐 한반도 기후에 영향을 미쳤다는 것을 시사한다. 대서양 또한 마찬가지였다. 한반도 기후는 홀로세 내내 북대서양의 변화로부터도 자유롭지 않았다. 다시 말해 두 대양 모두 한반도의 홀로세 기후를 결정한 주된 인자였다. 단지 홀로세 초기에는 북대서양이, 홀로세 후기에는 적도 태평양이 한반도 기후에 좀 더 중요한 역할을 했을 뿐이다. 대기와 해양의 원격 상관을 통해 서로 연결되었던 대서양과 태평양은 홀로세 내내 동조하며 비슷하게 변화했다. 따라서 두 대양의 상태 변화와 한반도의 기후 변화는 변화의 규모에서만 차이가 날 뿐 변화의 경향은 유사했다.

적도 서태평양의 해수면 온도가 내려가는 장주기 엘니뇨 조건일 때, 한반도의 기후는 대체로 건조했다. 저위도 서태평양의 해수면 온도가 떨어지면서 여름철 몬순을 통해 한반도로 전달되는 수증기량이 줄었기 때문이다. 강수량의 감소는 나무의 생장에 불리

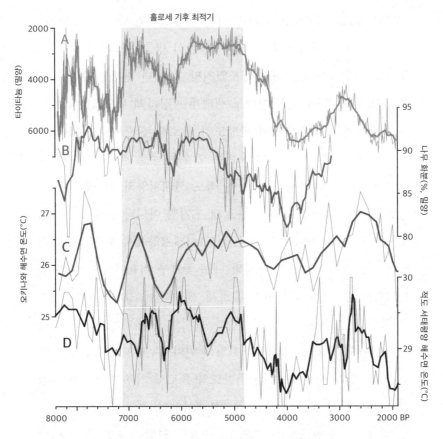

**그림7-3 밀양 퇴적물의 타이타늄양, 나무 화분, 오키나와 및 적도 서태평양 해수면 온도 비교**
한반도의 기후 및 식생은 적도 서태평양의 해수면 온도에 많은 영향을 받았다.

하게 작용했을 것이다. 광양의 화분 자료와 적도 서태평양 해수면 온도 자료에서 보이는 상관관계는 한반도의 홀로세 기후가 적도 시태평양의 상태에 민감하게 반응했다는 것을 잘 보여준다.

한편 경상남도 밀양강 범람원의 퇴적물 분석 결과에서는 홀로 세 기후 최적기가 약 7100년 전에 시작해 4800년 전에 끝난 것으로 나타난다. 인상적인 부분은 최적기의 종결 시점이 광양 분석 결과와 정확히 일치한다는 점이다. 밀양 자료에서는 특히 고해상도의 타이타늄 수치가 홀로세의 환경 변화를 잘 보여준다. 퇴적물의 타이타늄 수치는 고환경 연구에서 보통 침식 지시자로 활용된다. 그림7-3에서 알 수 있듯 나무 화분의 비율이 증가하면 타이타늄 수치가 낮아진다. 산에 나무가 많이 자라면 산 사면이 안정되면서 사면의 침식량이 줄어들고, 그로 인해 하천의 범람원에 쌓이는 타이타늄양이 감소하기 때문이다. 실제로 약 7100~4800년 전 한반도 홀로세 기후 최적기에는 나무 꽃가루의 비율이 높고 타이타늄 수치가 낮게 나타난다. 최적기의 온난 습윤한 환경에서 수목이 밀생하면서 침식이 감소했음을 알 수 있다.[10]

광양 자료와 마찬가지로 밀양 자료 또한 한반도의 홀로세 기후를 결정하는 데 있어 저위도 서태평양의 해수면 온도가 중요했음을 잘 보여준다. 밀양의 수목 화분과 타이타늄 비율의 변화 양상은 적도 서태평양과 오키나와의 해수면 온도 변화 경향과 유사하다. 적도 서태평양의 수온이 높았을 때는 한반도에서 습윤한 기후가 나타나지만, 수온이 낮았을 때는 건조한 기후가 우세하게 나타났다. 적도 서태평양의 온도 변화는 장주기 엘니뇨와 직결되므로 밀양 자료 또한 엘니뇨의 과거 변화 양상을 반영한다고 볼 수 있다.

광양과 밀양의 자료를 통해서 알 수 있듯, 한반도의 홀로세 기후는 해양 순환에 많은 영향을 받았다. 홀로세 초기에는 북대서양으로 흘러나온 담수에 의해 열염순환이 교란받을 때마다 북반구의 기온이 떨어지면서 한반도 또한 한랭 건조해졌다. 대표적으로 8.2ka 이벤트는 한반도에도 뚜렷한 흔적을 남겼다. 이후 온난 습윤한 한반도의 홀로세 기후 최적기가 7600년 전에서 4800년 전까지 대략 3000년간 지속되었다. 이 기간의 한반도는 극상종인 참나무로 대부분 지역이 덮여 있었으며 한랭 이벤트는 위축된 형태로 나타났다. 홀로세 기후 최적기가 끝나고 4800년 전 이후부터는 적도 서태평양의 해수면 온도가 한반도 기후를 좌우했다. 400~600년 주기로 적도 서태평양의 해수면 온도가 낮아질 때마다 강수대가 주로 동아시아의 남부에 형성되면서 한반도를 포함한 동아시아 북부 지역의 강수량은 감소하였다.


## 제주도 동수악오름의 가치

고기후를 추적하는 연구자들은 기후가 자연에 남긴 다양한 흔적들을 쫓는다. 앞서 등장한 빙하나 석회암 동굴의 석순, 나무의 나이테, 호수 퇴적물은 과거 기후에 대해 많은 이야기를 들려줄 수 있다. 그런데 안타깝게도 동북아시아에는 연구에 적합한 시료들을 좀처럼 찾기 어렵다. 빙하나 석순은 장기간의 세밀한 고기후 정보를 담고 있지만, 극지나 석회암 지대가 있는 특정 지역에서만 시료를 구할 수 있어 국지적인 기후 변화 정보가 필요할 때 그리 쓸모가 많지 않다. 수목 나이테는 연대를 정확히 추적할 수 있다는 점에서 해당 지역의 기후 변화와 역사의 관계를 밝힐 때 가장 적합한 시료이다. 그러나 대체로 건조한 곳(적어도 연 강수량이 800밀리미터 이하)에서 서식하는 침엽수만이 기후 변화를 민감하게 기록한다는 점에서 나이테 연구 또한 한계를 지닌다. 농경민이 주거지로 선호하는 곳에서 서식하는 나무의 나이테는 보통 기후 변화 정보를 갖

**그림7-4 동수악오름 전경**

저자의 연구 팀이 동수악오름에서 퇴적물을 코어링하고 있다.

고 있지 않다. 최근에는 나이테의 두께 외에 동위원소를 통해 기후 정보를 얻는 분석법이 시도되고 있으나 아직 그렇게 신뢰를 얻고 있지는 못하다. 결국 중국 동부, 한반도, 일본 등지에서 가용한 연구지로는 호수와 습지만 남게 된다.

　퇴적물은 비교적 쉽게 확보할 수 있다는 장점이 있다. 하지만 동북아시아와 같이 농경이 일찍 시작돼 홀로세 초기부터 인구가 상대적으로 많았던 지역의 퇴적물은 기후 변화보다 인간의 흔적을 보여줄 때가 많다. 퇴적물 속 초본류의 비율이 높아진 것이 기후가 한랭 건조해져서 그런 것인지, 아니면 농경을 위해 인간이 주변을 교란해서 그런 것인지 판단하기 쉽지 않다. 그래서 고기후 연구자에게 인간의 영향을 덜 받은 고산 지대의 호수와 습지는 참으로 소중하다. 국내에는 제주도의 동수악오름이 바로 그런 곳이다.

동수악오름은 인간에 의해 초지로 변형된 중산간 지대에서 벗어나 있고 한라산 국립공원 내에 위치한다. 현재 정상부의 습지를 제외하면 온전히 숲으로 덮여 있다. 동수악오름의 퇴적물에서 인간의 영향이 나타나기 시작하는 시점은 1850년으로, 동수악오름은 그 이전 수천 년의 기후 변화 정보를 오롯이 담고 있다. 여기에서는 철기 저온기(2700~2300년 전), 중세 온난기(1700~1300년 전), 소빙기(600~100년 전)의 흔적뿐 아니라 약 400~600년 주기를 갖는 홀로세 후기 이벤트 또한 확인할 수 있다.[11]

한편 필자는 동료 연구진과 함께 동수악의 화분 자료를 토대로 과거의 기온 변화를 복원하기 위해 제주도에서 기온에 따라 어떠한 나무들이 자생하는지를 알아봤다. 우선 고도별로 한라산의 수목 분포를 파악했고 그다음으로 수목의 현생 꽃가루 분포 또한 조사했다. 그리고 두 분포가 서로 일치하는지 확인하는 작업을 거쳤다. 이렇게 분포를 비교하는 과정은 꼭 필요하다. 꽃가루는 가벼워 바람을 타고 먼 거리를 이동할 수 있기 때문이다. 만약 일치한다면 우리는 각 고도의 기온을 알고 있으므로 표층 꽃가루와 기온 간의 관계를 구할 수 있다. 이 상관관계가 습지에 쌓인 과거의 꽃가루를 분석한 후 이로부터 과거의 기온을 복원하는 데 핵심 자료가 된다.

제주도에는 남해안을 제외하면 우리나라 다른 곳에서 찾기 힘든 상록성 활엽수가 많이 자생한다. 대표적으로 구실잣밤나무 *Castanopsis sieboldii*와 상록성 참나무인 붉가시나무*Quercus acuta*가 있다. 동수악오름이 위치한 한라산 남동사면의 수목 식생을 조사한 연구에 의하면, 구실잣밤나무는 해발 고도 20~670미터(평균 250미터)에서, 붉가시나무는 좀 더 높은 260~700미터(평균 540미터)에서 군집을 이룬다. 한편 낙엽성 참나무인 졸참나무*Quercus Serrata*는 650~720미터(평균 680미터)에서, 한라산을 대표하는 수목이라 할 수 있는 서어나무*Carpinus laxiflora*와 개서어나무*Carpinus tschonoskii*는 550~1100미터(평균 860미터)에서 주로 서식한다. 이보다 높은 곳에서는 소나무 군집(평균 1200미터)과 구상나무 군집(평균 1500미터)이 분포한다.[12] 이렇듯 한라산에는 고도가 높아질수록 상록성 활엽수에서 상록성 낙엽수와 침엽수로의 식생 변화가 뚜렷하다.

한편 구실잣밤나무의 꽃가루는 450미터 고도 이하 사면의 이끼 샘플에서 주로 확인되고, 상록성 참나무 화분은 360~500미터의 사면 샘플에서 많이 확인된다. 서어나무, 개서어나무, 낙엽성 참나무의 화분은 모두 600~1100미터 사이의 샘플에서 주로 보였는데, 흥미롭게도 한라산의 남사면에서는 서어나무류 화분이, 북사면에서는 낙엽성 참나무류 화분이 많이 검출되었다. 동일한 고도에서 남사면의 강수량이 북사면보다 높다는 점에서 서어나무가 경쟁 종인 참나무에 비해 물을 더 선호한다고 볼 수 있다. 그리고 침엽수인 소나무와 구상나무의 화분은 각각 1100~1400미터와 1400~1850미터에서 주로 확인되었다.[13] 각 나무 종이 분포하는 고도와 이들이 퍼트린 꽃가루가 쌓인 고도는 대체로 일치했다.

다음으로 동수악 자료로부터 '전체 활엽수 꽃가루 수' 대비 '상록성 활엽수 꽃가루 수'의 비율을 구했다. 과거 홀로세의 기온 변화를 정량적으로 밝히기 위함이다. 상록성 활엽수는 낙엽성 활엽수에 비해 대체로 고온을 선호하여 주로 저지대에서 서식하므로, 이들의 꽃가루 비율이 높은 시기는 온난화가, 반대로 낮은 시기는 한랭화가 진행된 것으로 해석할 수 있다.

앞서 봤듯이 대표적인 상록성 활엽수들인 구실잣밤나무는 현재 해발 고도 20~670미터에서, 붉가시나무는 조금 더 높은 260~700미터에서 주로 관찰된다. 그리고 구실잣밤나무의 현생 꽃가루는 450미터 이하 사면에서, 붉가시나무 꽃가루는 360~500미터의 사면에서 주로 확인된다. 두 수목이 분포하는 고도와 이들의 꽃가루가 쌓인 고도가 비슷하다. 이는 한라산 자락에서 꽃가루의 비산 거리가 길지 않으므로 동수악 자료에서 과거 기온을 복원하는 것에 큰 문제가 없음을 시사한다. 한편 동수악 습지의 고도는 약 700미터 정도이다. 현재 상록성 활엽수와 낙엽성 활엽수의 분포 경계와 거의 같다. 따라서 동수악 퇴적물의 상록성 활엽수 꽃가루 비율은 기후 변화를 매우 민감하게 반영한다고 봐야 한다. 이러한 관계들을 근거로 동수악의 전체 활엽수 꽃가루 대비 상록성 활엽수 꽃가루 비율을 계산하여 과거 기온 변화를 정량적으로 유추하였다.

이 외에도 동수악오름 퇴적물의 조립粗粒 탄편炭片 역시 유용한 기후 정보를 제공한다. 해당 퇴적물의 조립 탄편은 대부분 오름 안쪽에서 불이 났을 때 생성돼 침전된 것이다. 아무래도 기후가 상대적으로 건조한 시기에 불이 잦았을 가능성이 높으므로 탄편량은 기후의 건조함 정도를 보여준다고 할 수 있다. 상록 활엽수 화분 비율의 변화가 기온 변화를 나타낸다면, 조립 탄편량의 변화는 시기별로 건조함의 정도가 어떻게 달라졌는지를 보여준다. 본래 퇴적물의 화석 꽃가루 정보는 과거 식생의 변화가 기온 변화에 의한 것인지, 강수량 변화에 의한 것인지 구별할 수 없다는 한계를 지닌다. 상록성 활엽수 화분 비율과 조립 탄편량을 개별적으로 산출하여 비교하면 이런 문제를 극복할 수 있다.[14]


## 제주도에서 확인한 한반도의 홀로세 후반기 기후

그림7-5는 동수악오름 퇴적물의 꽃가루와 조립 탄편을 분석해 그린란드 빙하 코어의 산소동위원소 비율, 적도 서태평양의 해수면 온도, 과거 태양 활동 등과 비교한 것이다. 우선 동수악오름 퇴적물의 상록 활엽수의 비율 변화가 그린란드 빙하, 과거 태양 활동 변화와 상당히 유사하다는 사실을 알 수 있다. 세 자료 모두에서 4.2ka 이벤트 이후, 3.7ka, 3.2ka, 2.7ka, 2.3ka, 1.8ka, 1.2ka의 약 500년 주기의 한랭 이벤트들이 확인된다. 특히 2.7ka와 2.3ka에는 태양 활동의 위축이 뚜렷하다. 또한 그래프에서 대략 3000년 전부터 매 1000년마다 따뜻했던 시기가 나타나는데, 이 온난기들을 각각 청동기 최적기(3.4~2.8ka), 로마 온난기(2.2~1.9ka), 중세 온난기(1.2~0.8ka), 현 온난기(0.1ka~)로 구분해서 부른다. 이 네 번의 온난기 사이로 세 번의 저온기, 철기 저온기(2.7~2.3ka), 중세 저온기(1.7~1.3ka), 소빙기(0.6~0.1ka)의 한랭기가 존재했다.

동수악 화분 자료에서 상록 활엽수의 비율은 현재로 올수록 꾸준히 감소하는 경향을 띤다. 이는 홀로세 후기의 지구 세차 운동 때문에 기온이 점차 낮아진 자연스러운 변화를 반영한다. 특히 2000년 전 이후부터 전체적으로 기온의 하강 추세가 뚜렷했다. 중세 저온기가 전개되면서 대기의 온도는 확연히 떨어졌다. 이후 중

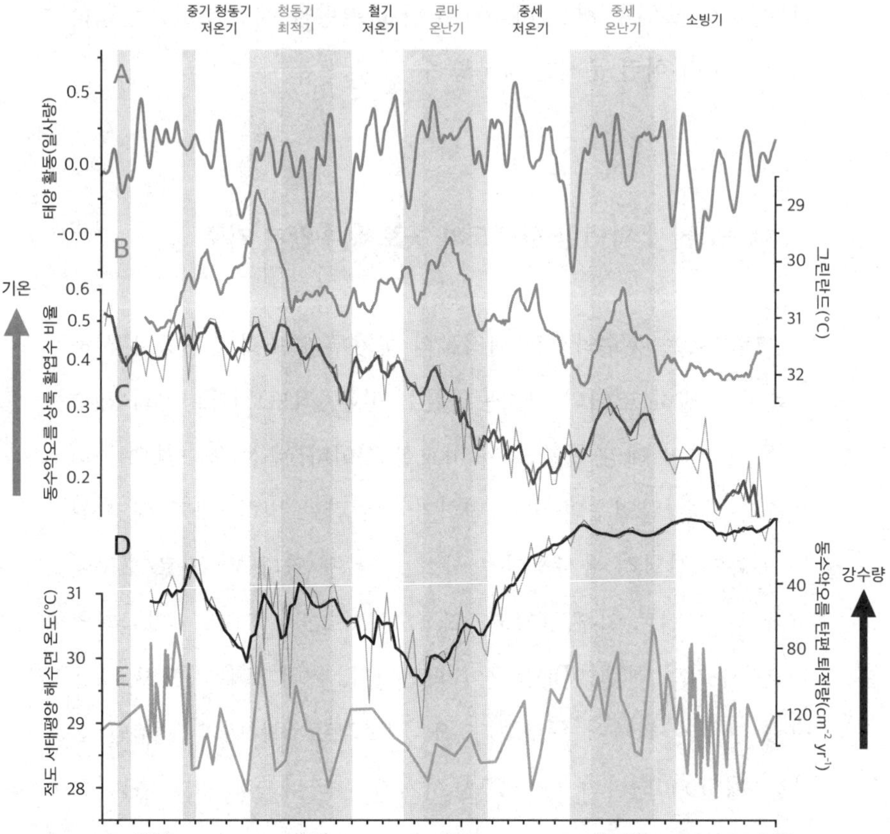

중기 청동기 저온기
청동기 최적기
철기 저온기
로마 온난기
중세 저온기
중세 온난기
소빙기
A
B
C
D
E
태양 활동(일사량)
그린란드(°C)
동수악오름 상록 활엽수 비율
기온
동수악오름 탄편 퇴적량(cm⁻² yr⁻¹)
강수량
적도 서태평양 해수면 온도(°C)
4000
3000
2000
1000
0 BP


**그림7-5 태양 활동, 그린란드 온도 복원 자료, 동수악오름 퇴적물 상록 활엽수 화분 비율 및 탄편 퇴적량, 적도 서태평양 해수면 온도 비교**

홀로세 후기 한반도의 기온(C)은 주로 태양 활동(A)이 좌우한 반면, 한반도의 강수량(D)은 적도 서태평양의 해수면 온도(E)가 좌우했다.

세 온난기의 도래로 400년 정도 따뜻한 기후가 나타났으나 소빙기로 들어서면서 기온은 재차 하강 곡선을 그렸다. 앞서 말했듯 동수악오름 퇴적물에는 인간의 영향이 1850년부터 나타난다. 그래서 소빙기가 끝나고 현 온난기에 들어섰음에도 상록 활엽수의 비율이 오르지 않고 계속 떨어지는 모습을 보인다. 이는 기후가 아니라 사람이 동수악 주변의 환경을 교란한 결과다.[15]

조립 탄편 자료에서도 3.2ka, 2.7ka, 2.3ka, 1.8ka와 같은 400~600년 주기의 단기 한랭화를 확인할 수 있다. 탄편량 변화를 보면 적도 서태평양의 해수면 온도 변화와 매우 유사하다. 홀로세 후기 적도 서태평양의 해수면 온도가 낮았을 때, 건조한 제주도에서 불이 빈번하게 발생했음을 알 수 있다. 특히 흥미로운 건 2000년 전 이후의 경향이다. 탄편량은 2000년 전부터 지속해서 줄어들다 1200년 전에 이르러 거의 찾기 힘들 정도로 줄어드는데, 이는 기후가 습윤해져서 화재 빈도가 많이 감소했음을 시사한다. 이런 경향은 같은 시기 서어나무류의 화분 비율이 상승하는 것과도 연결된다.[16] 2000년 전 이후 여름 몬순이 강해지면서 동아시아 전역의 강수량이 증가하는 경향은 중국의 석순 자료에서도 이미 여러 번 확인된 바 있다.[17] 기온과 강수량의 변화가 한라산 중턱에서 참나무에 비해 습하고 서늘한 기후를 선호하는 서어나무의 경쟁력을 높인 것으로 보인다.

상록 활엽수 비율과 조립 탄편량은 2000년 전 이후 제주도 기온의 감소와 강수량 증가를 명확히 보여준다. 단 강수량은 시간이 흐르면서 꾸준히 증가했지만, 기온은 계속해서 떨어지기만 한 건 아니었다. 앞서 말했듯이 800년부터 중세 온난기가 시작됐기 때문이다. 중세 온난기가 되면 기온이 오르고 화재의 빈도가 조금 높아지는 것을 볼 수 있다. 또한 서어나무의 비중도 약간 줄어드는 걸 볼 수 있다.

※　※　※

기후 변화는 유라시아 전역에서 일어난 대부분의 이주 과정에 절대적인 영향을 미친 요인이었다. 마지막 빙기에 수렵채집민이 퍼져나갈 때, 홀로세 초기와 중기에 농경민이 새로운 땅을 찾아 확산할 때, 홀로세 후기 들어 유목민이 정주민을 침략하고 이에 밀려 정주민이 남하할 때, 그 뒤에는 항상 기후 변화가 도사리고 있었다. 2부의 마지막 장에서 마지막 빙기 최성기 이후 한반도의 기후가 어떠한 변화 과정을 거쳤는지 살펴봤다. 유라시아의 다른 지역과 마찬가지로 한반도에서도 수렵채집민, 정주 농경민, 유목민의 유전자가 섞일 때 기후 변화가 핵심적인 역할을 했을까? 이에 대해 3부와 4부에서 자세히 살펴보고자 한다.

# 3부

# 사피엔스,
# 한반도로 들어오다

스텝 초원은 이동과 이주의 경관으로
사람과 사상이 멀리 퍼지면서
유라시아의 역사를 형성한 곳이었다.

– 배리 컨리프Barry Cunliffe, 고고학자

인간이 자고로 안정감과 편안함을 느꼈던 곳은 시야가 트이고 나무가 드문드문 서 있는 널찍하고 평탄한 초원이었다. 나무가 빽빽하게 들어차 시야가 제한되는 숲은 매 순간 어떠한 위험이 닥칠지 모르는 위험한 곳이었다. 숲에 대해 많은 사람이 가지고 있는 이런 느낌은 숲을 떠나 사바나 초원으로 내려온 인류와 침팬지의 공통 조상이 초원에 적응하면서 자연스럽게 생겨나지 않았을까. 이들은 사바나 풀 위로 주변의 맹수를 경계하는 동시에 숲에 비해 먹을 것이 부족한 초원에서 충분한 식량을 확보하기 위해 넓게 움직였다. 장거리를 이동하기 위해서는 에너지가 적게 소모되는 직립보행이 유리했고, 이는 다른 포유류가 지니지 못한 우리 인류의 고유한 특성이 되었다. 삶의 터전으로 초원을 선호했던 과거 수렵채집민의 성향은 지금의 우리에게도 면면히 이어져 온다. 사냥할 만한 초식 동물이 도처에 돌아다니고 저 멀리 어슬렁거리는 맹수의 움직임을 자세히 관찰할 수 있으며 건조한 환경으로 해충의 위험도 적은 곳. 아마도 초원은 수렵채집민이 살아가기에 최적의 장소였을 것이다.

아프리카의 사바나 초원을 떠나 동쪽으로 이동한 사피엔스들은 주로 어패류 등 먹을거리를 구하기 쉬운 해안가 혹은 자신들의 고향 땅과 엇비슷하여 익숙하게 느끼는 사바나 경관을 좇아 움직였다. 동남아시아의 사바나 초원에 도착한 이들은 북쪽으로 향했고 곧 주로 참나무 등 온대지역의 수목들로 구성된 삼림이 나타났다. 하지만 이곳에 머무르기로 한 일부 수렵채집민을 뒤로한 채, 대다수는 다시 북으로 움직였다. 삼림은 수렵채집민에게 그리 매력적이지 않았던 것이다. 이들은 새로운 초원을 찾고 있었다. 곧이어 짧은 풀이 자라는 스텝 초원이 나타났다. 사바나 초원의 경관과는 뭔가 다른 독특한 이질감이 느껴졌다. 동아시아의 스텝은 확실히 남쪽의 사바나에 비해 춥고 건조했다. 하지만 느리게 곡류하는 하천과 범람원에 점점이 분포한 배후습지는 이들이 식량과 무엇보다 식수를 구하기에 손색없었다.

동아시아의 수렵채집민에게 가장 중요한 자원은 풀과 물이었다. 하지만 이들이 존재하는 장소는 고정되어 있지 않았다. 풀과 물은 기후 변화의 영향으로 끊임없이 위치를 달리했다. 동아시아의 수렵채집민은 푸른빛이 도는 초지와 맑은 물을 찾아 계속 움직였다. 그리고 그 과정에서 빙기의 엄청난 추위를 무릅쓰고 북방을 향해 도전적으로 움직이는 집단들까지 나타났다. 여기서 궁금증이 하나 생긴다. 마지막 빙기에 순다랜드는 어디에서나 풀과 물을 찾을 수 있는 풍요로운 곳이었다. 다시 말해 수렵채집민이 살아가기에는 부족함이 없는 지역이었다. 그런데 왜 이들은 살기 좋은 곳에 계속 머물지 않고 또 다른 곳을 찾아 떠나야 했을까?

마지막 빙기, 사바나 수렵채집민의 상황을 한번 상상해 보자. 사바나는 본래 자원이 넘치는 곳이다. 외부인의 유입이 꾸준히 이어진다. 자체 출생률도 당연히 높다. 인구가 증가하자 그 많던 자원도 점차 부족해진다. 자원의 확보 과정에서 무리가 마주치는 빈도가 증가한다. 물리적 충돌로 피해가 쌓여가니 갈등을 피하고자 큰 폭으로 움직이는 집단이 생겨나기 시작한다. 저 멀리 북쪽에는 이곳에서 찾기 힘든 엄청난 크기의 털북숭이 대형 포유류가 초원위를 돌아다닌다는 소문이 돈다. 한 마리만 잡으면 당분간 먹을 것 걱정은 하지 않아도 된다. 과연 얼마나 클까? 호기심도 솟구친다. 그 크기를 눈으로 직접 확인해 보고 싶다는 마음 아니었을까. 사피엔스는 세상에서 가장 뛰어난 사냥꾼이 아니던가!

위기가 곧 기회라고 믿는 사람이 구석기 시대라고 없었겠는가? 해수면이 100미터 이상 낮았던 마지막 빙기, 뭍으로 드러난 서해 땅이 더해진 동북아시아는 그야말로 광활했다. 이곳은 매우 춥고 건조했지만, 경쟁자가 별로 없는 기회의 땅이기도 했다. 그리고 무엇보다 강렬한 사냥 욕구와 호기심을 불러일으키는 대형 동물이 널려 있었다. 동북아시아에 도착한 수렵채집민은 이후 마지막 빙기의 기후와 식생이 변할 때마다 떼로 이동하는 동물을 쫓아 북으로 남으로 스텝 초원을 누볐다. 다음은 그들에 대한 이야기이다.

8장

# 순다랜드에서 아무르강까지

## 순다랜드에서 다시 북쪽으로

아프리카에서 출발하여 해안을 따라 동쪽으로 이동하던 호모 사피엔스는 대략 5만 년 전 순다랜드 북부에 도착했다. 이들 가운데 일부는 적도를 향해 남쪽으로 움직였고 일부는 빙기의 추운 환경 속에서도 북쪽을 향해 이동했다. 마지막 빙기가 시작된 약 11만 5000년 전 이후부터 기온은 꾸준히 하강하고 있었다. 특히 7만 년 전에서 6만 년 전 사이에 상당히 추운 시기가 나타났다. 그러나 이후 6만 년 전부터 빙기치고는 따뜻한 기후가 3만 년 동안 지속되었기 때문에 경쟁이 덜한 북방으로 이동하는 것이 아주 불리한 결정만은 아니었다. 북진하는 과정 중에 인도차이나 지역에서 떨어져 나간 사피엔스가 동남아시아의 수렵채집민 사회인 호아빈 집단으로 이어졌다. 당시는 빙기의 낮은 기온으로 지구상의 빙하가 확대되어 서해와 동중국해의 많은 부분이 육지로 드러나 있었다. 순다랜드를 벗어나자 광활한 땅이 이들 앞에 펼쳐졌다. 사피엔스는 지금보다 훨씬 넓었던 아시아 대륙으로 빠르게 퍼져나갔다.

북쪽으로 계속 전진한 수렵채집민은 현재의 중국 북부, 만주,

몽골에 이르는 광범위한 평원에 터를 잡았다. 이들이 바로 티안유 안인으로 동북아시아 수렵채집민의 원형이라고 할 수 있다. 티안 유안인의 4만 년 전 유골을 분석해 보니 이들의 주된 먹을거리는 민물 어류였다.[1] 이 점을 감안하면 동아시아 북부뿐 아니라 지금은 바다에 잠긴 서해 지역에도 다수의 티안유안인이 퍼져 살았을 가 능성이 높다. 빙기에 육지로 드러났던 서해는 해발 고도가 낮고 평 탄하여 이곳을 관통하는 하천의 범람원에는 수많은 습지가 분포하 고 있었다. 해수면이 가장 낮았던 마지막 빙기 최성기에는 황허강, 압록강, 한강 등이 서해의 넓은 대륙붕을 지나 당시 제주도 인근 에 형성된 동아시아의 구해안까지 흘러갔다. 그러나 빙기의 건조 한 기후 탓에 하천의 유량이 적어 하류부 계곡은 뚜렷하게 발달하 지 않았다. 산지에서 운반된 침식물은 바다에 도달하지 못하고 사 행하는 하천 하류의 범람원에 쌓이면서 습지가 조성되었다.[2] 담수 어패류를 기반으로 살아가던 티안유안인에게 당시 서해는, 즉 서 해 평야는 최적의 생활 환경이었을 것이다.

북진하던 수렵채집민 가운데 일부는 3만 8000년 전 이후 류큐 제도를 따라 (혹은 한반도를 통해) 일본으로 진입했다. 이들이 바로 조 몬인으로 당시 대륙의 본토로부터 거의 고립되면서 티안유안인과 는 다른 집단으로 분기했다. 일본의 조몬 수렵채집민은 유전적으 로 유사한 여러 계통의 사람이 섞인 집단이다. 빙기에 동아시아 남 부의 구석기인이 여러 차례 일본 남부를 통해 들어왔고, 아무르강 유역의 수렵채집민과 서쪽에서 이동한 고시베리아인도 북쪽 사할 린섬이나 캄차카반도를 통해 홋카이도로 진입하였다.[3,4] 즉 남쪽 경로를 통해 일본으로 들어와 주축 세력으로 발전한 조몬인의 선조가 이후 남쪽과 북쪽 그리고 한반도를 통해 진입한 여러 계통의 수렵채집민과 섞인 것이다. 조몬인은 약 2800년 전부터 한반도에서 건너온 벼 농경민이 야요이 문명을 세우자 북쪽의 홋카이도와 남쪽의 류큐 열도로 밀려났다. 홋카이도의 원주민인 '아이누족'은 조몬인과 이후 북쪽 사할린을 통해 들어온 아무르강 수렵채집민이 섞여 형성된 집단이다.

한편 한반도는 아시아 대륙의 동쪽 변두리에 있는 데다 대부분 산지로 이루어져 기온이 낮았기 때문에 티안유안 계통의 수렵채집민이 즐겨 찾는 곳이 아니었다. 한강과 압록강이 유입되는 한반도 서쪽의 서해 평야는 아마 살아가기 괜찮은 곳이었겠지만, 이곳을 제외하면 대체로 한반도의 인구 밀도는 동아시아의 다른 지역에 비해 낮았던 것으로 보인다. 2만 5000년 전 마지막 빙기 최성기가 시작되자 기온이 떨어졌고, 한반도의 인구는 사람들이 한기를 피해 북쪽에서 내려오며 점차 증가했다. 이때 한반도로 남하한 이들은 대부분 만주와 연해주의 아무르강 유역에서 살던 수렵채집민이었다.


## 아무르강과 한반도


과거 아무르강 유역에 살았던 수렵채집민의 기원을 보여주는 고유전체 자료가 최근 발표되었다. 이 자료는 아무르강 유역의 수렵채집민이 동북아시아인의 형성 과정에서 핵심 역할을 했다는 사실을 보여준다. 아무르강 유역에서 발굴된 3만 3000년 전의 인골은 4만 년 전의 티안유안인, 3만 4000년 전의 몽골 살킷인과 유전적으로 상당히 가까운 것으로 판명되었다. 이는 티안유안인 계통이 몽골, 만주, 연해주 등 동아시아 북부의 넓은 지역에 걸쳐 분포하고 있었음을 의미한다. 다만 몽골의 살킷인은 야나의 고대북시베리아인과 활발히 교잡했지만, 아무르강 유역의 수렵채집민은 내륙의 중앙이 아닌 외곽에 고립돼 있어서인지 별다른 교류가 없었다.[5] 높은 고립도는 아무르강 집단이 티안유안 계통에서 분기한 요인이었을 것이다.

마지막 빙기 최성기의 매서운 추위는 유라시아 전역의 수렵채집민에게 영향을 미쳤다. 동아시아도 예외일 수 없었다. 아무르강 유역의 1만 9000년 전 고유전체 자료는 당시의 추위에 적응하는 과정에서 아무르강 집단이 티안유안 계통으로부터 분리되는 과정을 잘 보여준다. 1만 9000년 전의 수렵채집민은 3만 3000년 전의 선조와는 유전적으로 큰 차이를 보이고 이후에 나타난 후손과는 유전적으로 가깝게 연결된다. 마지막 빙기 최성기가 약 2만 5000년 전부터 시작되었으니 아마도 아무르강 집단이 티안유안 계통에서 분기되는 시점은 1만 9000년 전보다는 이른 시점일 가능성이 높다. 아무르강 집단은 추위를 버텨내고 생존에 성공했지만, 나머지 티안유안인 집단은 마지막 빙기 최성기의 혹독한 기후를 극복하지 못하고 대부분 소멸한 것으로 보인다. 아무르강 집단은 티안유안인 집단을 대신해 마지막 빙기 최성기 이후 동아시아 북부 전역을 점유한다.[6]

홀로세 초기, 신석기 시대로 접어들면서 북쪽의 황허강 유역에서는 조/기장 농경이 시작되었고 남쪽의 양쯔강 유역에서는 벼 농경이 시작되었다. 이 두 집단은 서로 다른 작물을 재배했기 때문에 문화면에서 상당한 차이를 보였지만 원래부터 유전적으로도 꽤 거리가 멀었다. 황허강 유역에서 조/기장을 재배한 이들의 선조는 아무르강 집단으로부터 많은 영향을 받았다.[7] 아무르강의 수렵채집민이 마지막 빙기 최성기 때 추위를 피해 아무르강 남쪽에 위치한 황허강, 서해 평야, 한반도로 대거 이동했기 때문이다. 황허강과 양쯔강 농경민의 유전적 분리는 홀로세 초기 재배 작물의 차이보다는 그 이전 마지막 빙기 최성기 때 아무르강 집단의 이주에서 비롯되었다고 보는 것이 타당하다. 이렇듯 분화 시점이 일렀기 때문에 뚜렷한 물리적 장벽이 존재하지 않았음에도 황허강에서 기원한 집단과 양쯔강에서 기원한 집단이 유전적으로 차이를 보인다.

아무르강 집단의 인구는 1만 4000년 전부터 조금씩 증가하기 시작했다. 이 지역에서 토기를 처음 사용한 것이 약 1만 6000년 전임을 고려할 때, 뵐링-알레뢰드기가 도래하여 기후가 온난 습윤해지자 수렵채집민들이 정착해서 살 수 있을 정도로 주변에 먹을거리가 늘었던 것으로 보인다.[8] 아무르강 유역은 야생 동식물과 어패류가 풍부한 곳이었기 때문에 1만 4000년 전 이후 영거드라이아스기와 같은 급작스러운 아빙기를 겪으면서도 수렵채집민들이 이곳에서 계속 삶을 영위해 나갈 수 있었다. 약 7700년 전 연해주의 악마문 동굴 주변도 이들의 생활 터전이었다. 이들의 유전자는 현재 사할린섬 맞은편 내륙에서 살고 있는 울치 원주민에게 많이 남아 있다.[9] 한편 아무르강 집단은 만빙기에 시베리아에서 베링해협을 건너 아메리카 대륙으로 이동한 수렵채집민과도 관계가 깊다. 아메리카 원주민들은 고시베리아인의 후손으로 고대북유라시아인과 아무르강 집단의 유전자를 함께 갖고 있다.

아무르강 집단은 마지막 빙기 최성기의 혹독한 환경을 거치면서 현대 동아시아인 대부분이 지니는 'EDAR V370A'라는 이름의 돌연변이 유전자를 얻게 된다.[10] 이 유전자는 모유 내 비타민 D의 생성을 촉진했기에 아무르강 집단이 마지막 빙기 최성기에 태양광이 부족해진 상황을 극복하는 데 도움이 되었다.[11] 이와 더불어 EDAR V370A의 부수적 효과로 모발이 두꺼워지고 앞니가 삽 모양을 띠며 땀샘이 많아지는 외형적 변화가 뒤따랐다. 이는 동아시아인의 전형적인 특징이다. 기존의 티안유안인 집단에서 분기된 아무르강 집단은 새로운 유전자 덕분인지 마지막 빙기 최성기 이후 다른 집단과의 경쟁에서 앞서 나가며 동아시아 북부 전역으로 넓게 퍼져나갔다.

## 추위를 피해 남하하는 사람들[12]

마지막 빙기 최성기의 추위가 절정에 이르자 아무르강 집단은 전격적으로 움직이기 시작했다. 추위와 사막화를 피해 남쪽으로 내려온 수렵채집민 가운데 일부가 한반도로 진입했다. 이들이 한반도로 유입되면서 한반도의 수렵채집민 수는 눈에 띄게 증가하였다. 그러나 인구 이동은 MIS 3 시기가 끝나는 시점인 2만 9000년 전부터 이미 조금씩 진행되고 있었다. 단지 2만 5000년 전부터 더욱 매서워진 추위 탓에 이주의 규모가 커졌을 뿐이지 수렵채집민의 남하는 수천 년간 점진적으로 일어난 변화의 물결이었다.

한반도에서 수렵채집민의 존재를 나타내는 세석기, 슴베찌르개, 돌날 등의 유물은 2만 9000년 전부터 증가한다. 그리고 2만 5000년

**그림8-1 슴베찌르개와 새기개**

슴베찌르개란 하단부에 슴베가 달린 찌르개다. 슴베는 창자루에 찌르개를 꽂는 부분이다. 새기개는 뼈나 뿔에 홈을 파거나 긁을 때 사용한 것으로 추정된다. 사진 속 새기개는 흑요석을 사용해 만든 것으로 검은 유리의 광택이 도드라진다.

전에서 2만 1000년 전 사이에 정점에 달한다.[13] MIS 2 시기에 접어들면서 북방 수렵채집민 집단의 남하가 시작되었고, 마지막 빙기 최성기에 한반도로 들어오는 수렵채집민 수가 많이 증가한 것이다. 매우 한랭했던 이 시기에 한반도 자체적으로 인구가 늘기는 힘들었을 테고 외지에서 지속해서 사람들이 유입되었을 가능성이 높다.

한반도의 수렵채집민 사회에서 세석기문화가 널리 퍼지기 시작한 때가 바로 MIS 2 시기의 시작과 상응하므로 기후 변화로 이동한 수렵채집민이 당시의 선진 문물인 세석기문화를 전파했음을 알 수 있다. 세석기는 뗀석기의 일종으로 주로 작살이나 화살촉에 사용되었다. 보통 5센티미터 이하로 작고 날카로우며 구석기와 신석기 사이인 중석기를 상징하는 사냥 도구이다. 마지막 빙기 최성기에 한반도의 수렵채집민은 백두산 기원의 흑요석을 주된 소재로 세석기, 밀개, 새기개 등 다양한 도구를 제작하였다.

2만 9000년 전부터 기온이 점차 떨어지자 수렵채집민의 활동 반경은 감소하기 시작했다. 이들은 한정된 자원을 찾아 생존이 가능한 몇몇 지역으로 몰렸고 지역별로 자원을 두고 벌인 경쟁에서 승리하는 집단이 나타났다. 그런데 날 선 경쟁의 결과로 집단의 수가 감소하자 집단 간 거리는 확연하게 멀어졌다. 이들의 교류를 돕는 연결망은 느슨해질 수밖에 없었고 추위 또한 이동에 장애로 작용하면서 과거에 비해 상호 소통의 폭은 한층 좁아졌다. 접촉이 줄어들면서 고립된 집단들은 각자 독자적인 문화를 발전시켜 나갔다. 기후는 지속해서 열악해졌고 이에 대처하는 과정에서 각 문화가 갖는 장단점이 뚜렷이 부각되었다.[14]

2만 5000년 전부터 시작된 마지막 빙기 최성기에 집단의 성공과 실패를 갈랐던 것은 기후 변화에 대한 적응 여부였다. 최성기에 한랭화는 절정에 이르렀고 동아시아 북부에서 상당히 많은 수의 수렵채집민이 남쪽으로 내려왔다. 이 과정에서 경쟁력을 갖춘 집단이 자신들의 유전자와 문화를 주변에 빠르게 퍼트렸다. 대표적으로 흑요석 세석기는 특정 집단이 다른 집단과의 경쟁에서 우위에 서는 요인이 되었다. 이러한 선진 기술을 먼저 받아들인 집단은 거주에 적합한 동굴 등을 선점하거나 뺏으면서 환경 악화로 더욱 치열해진 경쟁에서 앞서나갈 수 있었다. 새로운 기술의 발달과 확산은 기후 변화로 가속이 붙는 경우가 많다.

원래 한적했던 한반도 남부 지역도 마지막 빙기 최성기로 접어들면서 수렵채집민의 수가 늘어났다. 육지로 드러난 서해는 고도가 낮은 평지라 기온이 비교적 온화하였고 큰 강과 넓은 습지가 분포하여 야생 동물이나 어패류 등의 먹을거리가 풍부하였기 때문

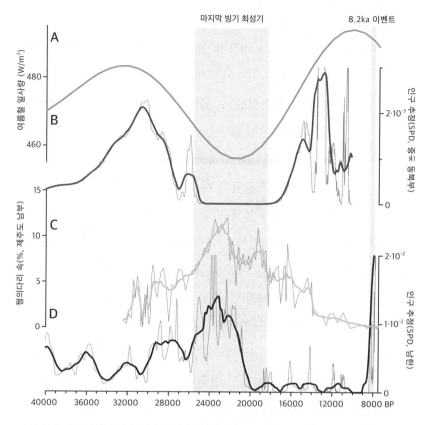

**그림8-2 마지막 빙기 말 동북아 수렵채집민의 이동**

여름철 일사량이 낮았던 마지막 빙기 최성기에 기후가 한랭 건조해지면서 한반도에서
초본류의 비중이 높아졌다(A와 C). 아무르강 유역의 수렵채집민이 따뜻한 곳을 찾아 한
반도로 남하했고 한반도의 인구가 급하게 늘어났다(D). 마지막 빙기 최성기가 끝나고
추위가 물러나자 사람들은 원래 살았던 북방으로 이동하기 시작했다. 그 결과 만주 일
대의 인구가 다시 증가했다(B).

에 북방에서 이동한 수렵채집민이 선호할 만한 곳이었다. 사람들
이 서해 평야로 몰리면서 자원을 두고 경쟁이 가열되었다. 그러자
몇몇 집단은 동편에 붙어 있는 한반도로도 움직였다. 이곳은 고도
가 높은 산지로 이루어져 서해 평야에 비해 인기는 덜 했지만 좀

더 다양한 먹을거리를 취할 수 있는 장점이 있었다.

반면 동아시아 북부와 내륙의 인구수는 눈에 띄게 감소하였다. 중국 닝샤후이족 자치구의 수이둥거우 유적과 간쑤성의 다디완 유적에서 그러한 변화를 확인할 수 있다. 한반도 북쪽의 아무르강 유역에서도 인구가 큰 폭으로 줄어들었다. 이는 동아시아 북방의 아무르강 수렵채집민이 한반도로 내려왔음을 명확히 보여준다. 최성기의 기후가 너무나도 혹독했기 때문에 북위 41도 이상의 지역에서는 수렵채집민 사회가 종적을 감췄다. 특히 시베리아는 당시에 사람이 거의 살 수 없는 땅에 가까웠기에 이곳에 거주하던 사람들은 추위를 피해 어디로든 이동해야 했다.[15] 그림8-2에서 볼 수 있듯 2만 2000년 주기의 세차 운동의 결과로 나타난 마지막 빙기 최성기 당시 만주 등의 인구는 많이 감소한 반면, 한반도 남부의 인구는 눈에 띄게 늘었다. 최성기의 강추위는 한반도의 생태계에도 영향을 미쳤다. 건조함 속에서 힘겹게 버티던 작은 나무들마저 결국 추위를 극복하지 못한 채 사라져갔다. 대신해서 초본류의 개체수는 빠른 속도로 늘었다. 이는 꽃가루 분석 결과에서 잘 드러난다. 추위에 경쟁력이 있는 꿩의다리*Thalictrum* 속이 증가하는 양상은 당시 중위도 지역의 여름철 일사량이 감소하고 한반도 남부의 인구수가 증가하는 모습과 상당히 유사하다.

하지만 세차 운동은 약 1만 9000년 전부터 여름철 일사량을 다시 높이기 시작했다. 그 여파로 마지막 빙기 최성기는 종언을 고했고 또다시 동아시아에서는 대대적인 인구의 이동이 일어났다. 한반도의 인구는 눈에 띄게 감소했지만, 북방의 인구는 많이 늘어난 것이다. 다음은 이에 대한 이야기이다.

## 만빙기가 오자 다시 아무르강을 찾아 떠나다

동아시아 전체에 엄청난 파장을 몰고 온 마지막 빙기 최성기의 추위도 자연스러운 기후의 순환 주기를 이기지 못하고 약 1만 9000년 전부터 약화하는 모습을 보였다. 동시에 동아시아 북부의 인구가 증가하기 시작했다. 반면 한반도 남부의 인구는 뚜렷하게 감소하면서 정반대의 양태를 띠었다. 한반도의 저조한 인구수는 대략 8200년 전까지 1만 년 넘게 이어졌다. 최성기가 끝나고 만빙기가 들어서면서 기온이 상승하는 상황에서 왜 한반도의 인구는 감소했던 것일까?

기온이 낮았던 마지막 빙기 최성기에 한반도의 수렵채집민 규모는 커진 반면, 최성기가 끝나고 기온이 높아진 만빙기에는 오히려 줄어들었다. 추웠던 시기에 인구가 늘어난 상황은 외지 수렵채집민의 유입으로 설명할 수 있지만, 따뜻한 시기에 인구수가 감소한 정황은 이해하기 쉽지 않다. 다양한 원인이 있을 수 있는데, 우선 기후가 온화해지면서 만빙기에 나타난 생태계 변화가 인구 분포에 영향을 미쳤을 가능성이 있다. 기후가 점차 온난 습윤해지자 동아시아의 초지 생태계는 서서히 삼림으로 변해갔다. 초지에서 풀을 뜯으며 살아가던 초식 포유류는 초원 지대를 찾아 북쪽으로 이동해야 했다. 수렵채집민들 또한 사냥감을 쫓아 함께 움직이는 길을 택했다. 2만 년 넘게 동북아시아의 초지에서 삶을 영위했던 이들에게 확장하는 삼림은 위험을 의미했다. 또한 해수면이 빠르게 상승하면서 서해의 해안선이 서쪽과 북쪽으로 전진하였으므로 초지의 수렵채집민은 어쨌든 내륙 깊숙이 쫓겨 들어갈 수밖에 없었다.

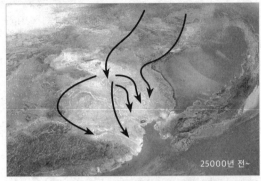

**그림8-3 마지막 빙기 말 동북아 수렵채집민의 추정 이동 경로**

북방 아무르강 유역의 수렵채집민은 마지막 빙기 최성기에 추위를 피해 남하했다가 만빙기 들어 기온이 오르고 해수면이 상승하자 초원 지대를 찾아 북쪽으로 돌아간 것으로 보인다. 마지막 빙기 최성기 때 육지였던 서해 대륙붕은 이들이 거주 지역으로 선호할 만한 곳이었다.

    수렵채집민 사회에서는 시간이 흐를수록 자원을 두고 벌이는 경쟁이 완화되고 집단 간에 적정한 거리가 유지되는 것이 일반적이다. 그러나 동시에 그 거리를 가능한 한 최소화하기 위한 노력도 함께 이루어진다. 다른 무리와 멀어지면 멀어질수록 경쟁에서 벗어나면서 자원 확보에는 유리하지만, 아무래도 새로운 문화와 기술을 받아들여 집단의 발전을 도모할 기회를 잃을 때가 많기 때문이다. 최성기의 척박한 환경에서 동아시아의 외곽에 위치한 한반도를 거처로 삼은 사람들은 서해 평야의 주류 수렵채집민 집단과 교류하면서 신문화를 접하는 일이 무엇보다 중요했다. 한반도 남부가 동아시아 수렵채집 사회의 교류망에서 벗어나 있었다면 멀리 백두산에서 기원한 흑요석으로 세석기를 만들어 사냥 효율성을 높였던 혁신은 아마도 일어나기 힘들었을 것이다.

    최성기 때 대부분 초지로 덮여 있던 한반도 또한 서해 평야와 마찬가지로 만빙기로 들어서면서 자작나무나 오리나무의 삼림 면적이 늘기 시작했다. 초원이 익숙한 수렵채집민은 초지가 새로 조성되던 북방을 향해 떠날지 아니면 숲에 적응하면서 한반도에 남을지 결정해야 했다. 최성기가 끝나고 온도는 지속해서 올랐고 강수량도 함께 증가하였다. 생태계는 점점 풍요로워지고 있었으므로 변화하는 환경에 적응만 잘 한다면 충분히 버틸 수 있는 조건이었다. 그러나 만빙기는 북대서양 해류가 자주 교란되면서 기후 변동이 극심했던 시기였다. 한반도의 수렵채집민 사회는 규모가 작아 이렇듯 복잡다단한 환경 변화에 대처할 만한 문화 혁신 역량을 갖추기 힘들었다. 이들은 끊임없이 변화하는 기후를 불안해하면서 주류 사회를 쫓아 움직이는 길을 택했다. 서해 평야가 물에 잠기면서 서쪽 집단과 연결망이 끊어졌으므로 그들이 생존을 도모하기 위해 향할 수 있던 곳은 북쪽의 원래 고향, 아무르강 유역이었다.

## 동북아시아 대형 포유류의 멸종

동북아시아의 마지막 빙기 최성기에는 어떤 대형 동물들이 살고 있었을까? 우선 동북아시아 북부 지역인 황허강 이북에는 털매머드, 털코뿔소, 스텝들소, 타조, 말 같은 초식동물과 동굴하이에나, 자이언트짧은얼굴하이에나, 동굴사자, 동굴곰, 늑대 같은 육식동물이 서식했다. 한편 황허강 이남에서는 털매머드, 스텝바이슨, 나우만코끼리, 자이언트사슴, 자이언트판다, 자이언트맥, 스테고돈, 검치호랑이 등이 돌아다녔다.[16]

마지막 빙기 최성기에 동북아시아에서 살던 이런 동물 가운데 지금까지 살아남은 동물은 멸종 위기 종인 자이언트판다와 늑대 정도다. 엄청난 크기를 자랑하던 털북숭이 동물은 홀로세로 넘어올 때 대부분 사라졌다. 어떤 이유로 이들은 멸종의 길로 들어섰을까? 만빙기에는 동북아시아뿐아니라 전 지구적으로 많은 대형 포유류가 멸종했다. 이와 관련해서는 보통 기후 변화로 먹이(초지)를 찾지 못해 대형 포유류가 멸종했다는 주장과 인간의 사냥이 그 원인이라는 주장이 팽팽히 맞서고 있다.

유라시아에서 인간과 대형 포유류는 수만 년간 공생했다. 동물들이 인간이 작고 연약해 보이지만 상당히 위험한 존재라는 사실을 본능적으로 인지했는지 인간에 의해 멸종 되는 동물이 상대적으로 많지 않았다. 하지만 오스트레일리 아에서는 상황이 달랐다. 약 5만 년 전 최초의 사람들이 바다를 건너온 이후 동물들이 빠르게 사라져갔다. 거대한 유대 류들은 처음 대면한 인간에게서 위협적인 면을 발견하지 못 했다. 강인한 정신과 높은 협동성으로 무장한 인간 사냥꾼의 잠재력을 오판한 것이다. 유라시아에서는 이러한 상황이 연출되지 않았으므로 멸종된 종의 수는 전체적으로 적었다. 멸종 시기 또한 만빙기부터 홀로세 초기까지 긴 시간대에 걸쳐 있다. 이런 점을 고려할 때 동북아시아 지역의 대형 포유류 멸종은 인간의 사냥보다는 만빙기의 기후 변화와 식생 변화가 주원인일 가능성이 크다. 물론 인간의 사냥 역시 기후 변화로 힘겹게 버티던 동물들의 멸종을 좀 더 앞당기는 역할을 했을 것이다. 한껏 경계심을 품은 동물이라도 인간의 명석하고 냉철한 두뇌를 극복하기는 힘들었을 테니 말이다.

사피엔스의 사회성과 소통 능력은 거대 동물을 사냥할 때 더욱 빛을 발했다. 모험에 가까운 위험천만한 시도가 성공을 거둘 때마다 집단의 결속력은 올라갔다. 사냥에서 얻는 성취감과 동료의식은 이들을 계속 초원으로 내모는 마약과 같았다. 삼림이 침범해 들어오면서 초지는 자꾸 사라졌지만 이들은 사냥을 포기하지 않았다. 먹을 것을 찾아 북쪽으로 움직이는 동물을 집요하게 쫓았다. 동물 입장에서는 끊임없이 모습을 드러내는 인간들이 마치 지옥의 사자같이 느껴졌을 것이다. 기후 변화와 사냥으로 대형 포유류의 개체 수는 계속 감소하였다. 개체 수 감소는 동물 집단을 유전적 부동에 노출했다. 그 결과 유전자의 다양성이 줄어들면서 돌연변이가 속출했다. 이제 절멸은 시간문제였다. 홀로세로 진입할 때 동북아시아에서 초지는 거의 남아 있지 않았다. 두꺼운 털로 온몸을 감싸고 최성기를 주름잡던 대형 포유류는 대부분 흔적도 없이 사라졌다.

## 9장

# 아무르인과 한민족

마지막 빙기 최성기가 끝나고 만빙기에 들어서자 한반도의 수렵채집민 수는 급감했다. 이후 대략 1만 년 이상 낮은 인구 밀도를 유지했는데, 8200년 전에 이르러 인구가 갑자기 늘어나는 모습이 확인된다. 8200년 전은 북반구 전역에서 한랭화가 극심해지면서 단기간에 기온이 크게 떨어졌던 시기이다. 추위가 매서웠던 최성기에 한반도의 인구 밀도가 눈에 띄게 증가했던 전례를 고려하면, 8200년 전의 인구 증가 또한 기후의 급격한 한랭화와 관련 있을 가능성이 높다. 8200년 전 한반도에 불어닥친 기온 급락이 한반도의 생태와 사회에 어떤 변화를 몰고 왔는지 살펴보자.

## 8200년 전의 갑작스러운 추위

홀로세 초기에는 대략 200~300년 정도 지속되는 단기 한랭기가 북반구에서 주기적으로 나타났다. 북아메리카의 로렌타이드 빙상이 기온 상승의 여파로 빠르게 녹으면서 북대서양으로 다량의 담수가 유입되는 상황이 자주 발생하였고 그때마다 북대서양을 중심으로 갑작스러운 한랭기가 찾아오곤 했다. 멕시코 만류의 흐름에 이상이 생기면서 저위도의 열에너지가 고위도로 원활하게 전달되지 못한 결과였다. 이러한 아빙기는 홀로세 초기뿐 아니라 마지막 빙기 동안에도 1500년 주기로 발생하면서 지구 기후에 지대한 영향을 미쳤다. 1만 2800년 전에 시작돼 1000년 넘게 이어졌던 영거드라이아스기가 대표적인 사례이다. 영거드라이아스기를 초래한 기후 메커니즘이 홀로세 초기까지 이어지면서 1000년마다 한랭기를 불러왔는데 그중 8200년 전의 한랭화가 가장 강력했다.

8.2ka 이벤트는 영거드라이아스기가 끝나고 홀로세로 접어든 후 비교적 안정적으로 유지되던 동아시아의 기후 또한 크게 흔들었다. 북대서양을 면하고 있는 서유럽이나 아메리카 동부 지역만큼은 아니었지만 대서양 해류의 교란은 멀리 떨어진 한반도의 생태계에도 뚜렷한 흔적을 남길 정도로 위력적이었다. 전라남도 비금도와 광양의 꽃가루 분석 결과는 8200년 전에 한반도의 식생 구성이 크게 달라지는 모습을 잘 보여준다. 참나무를 위시한 나무의 비율이 급감한 반면, 이끼나 양치류 등의 포자식물의 비율은 크게 높아졌다. 이런 생태계 변화는 당시 한반도의 기후가 갑자기 춥고 건조해졌음을 시사하는데, 한반도 또한 8200년 전 북반구 전역을 덮쳤던 한랭화로부터 자유롭지 않았음을 알 수 있다.[1]

비금도의 8200년 전 꽃가루 자료는 북반구의 중국이나 스페인뿐 아니라 남반구에 위치한 브라질의 고기후 자료와도 유사하다. 이는 8200년 전 북대서양에서 비롯된 기후 이벤트가 실재했을 뿐 아니라 그 영향력이 북반구를 넘어 남반구까지 미쳤음을 보여준다. 한반도에서 나타난 한랭 건조화 경향은 많은 나무를 고사에 이르게 할 만큼 강력했다. 8.2ka 이벤트가 끝난 후에 기온이 빠르게 정상으로 돌아갔음에도 한반도의 삼림 생태계는 쉽게 회복되지 않았다. 광양의 연구 결과는 한랭화의 충격으로 기후 조건에 맞지 않는 식생이 400년 가까이 한반도 남부에 존속했음을 보여준다.[2]

홀로세의 꽃가루 도표에서 볼 수 있는 각 식물군의 비율 변화는 대체로 개체 수의 변동이 아니라 꽃가루의 생산량 변화를 나타낸다. 홀로세의 기후 변동 대부분이 이들을 고사시킬 정도로 강하지 않았기 때문이다. 나무들은 어느 정도 내한성을 지니고 있다. 저온으로 나무의 면역력이 감소하여 병충해에 취약해지거나 꽃가루 생산이 저해될 수 있지만, 이는 나무가 고사하는 것과는 엄연히 다른 문제다. 나무나 풀의 개체 수가 변화하지 않더라도 일반적으로 온난 습윤하면 나무의 꽃가루 생산량이 증가하고(풀의 생산량은 감소한다) 한랭 건조하면 감소하므로(풀의 생산량은 증가한다) 꽃가루 비율 변화를 통해 과거의 기후 변화를 추정할 수 있다.

그러나 8200년 전의 기후 변화는 홀로세 동안 한반도에 나타났던 다른 단기 한랭기와는 차원이 달랐던 것으로 보인다. 기온이 단기간에 크게 떨어지면서 냉해나 동해로 실제 고사한 나무가 많았다. 꽃가루 생산량의 감소만으로는 8.2ka 이벤트 이후 식생과 기후 사이의 불균형 상태가 400년이나 지속된 상황을 설명하기 힘들다.


## 아무르강 사람들, 다시 남쪽으로[3]

최성기가 끝난 후, 만빙기를 거쳐 홀로세 초기에 이르기까지

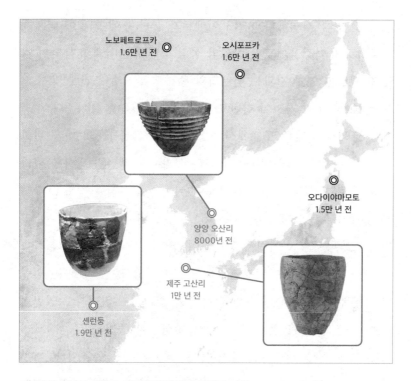

**그림9-1 동북아시아 각 지역의 최초 토기 유형과 연대**

양양 오산리에서 출토된 덧무늬 토기는 연해주에서, 제주 고산리에서 출토된 고산리식 토기는 일본에서 전파된 것으로 추정된다.

한반도는 외부의 수렵민이 간헐적으로 방문할 때를 제외하고는 거의 비어 있었다. 만빙기 동안 기후는 차츰 온화해졌지만 기온이 상승하는 과정에서 기후 변동이 극심하게 나타났고 이상 기상 현상이 빈번했기 때문이었다. 이러한 환경에서 소규모 수렵채집민 사회가 반도에 고립되어 살아가기에는 위험 부담이 클 수밖에 없었다. 1만 년 넘게 한반도는 주변인들이 한시적으로 머물다 떠나는 공간에 그쳤던 것으로 보인다.

홀로세로 접어든 후 비교적 안정적인 기후가 3000년 넘게 이어지다가 8200년 전 갑작스럽게 기후가 한랭해졌다. 기후 악화는 아무르강 유역에 모여 살고 있던 수렵채집민이 최성기에 그러했듯이 재차 남하하는 원인이 되었다. 비어 있던 한반도는 북방의 수렵채집민에 의해 빠르게 채워졌다. 강원도 고성과 양양 그리고 부산의 패총에서 발견된 홀로세 초기의 덧무늬(융기문) 토기 유물은 그 형태가 아무르강 중상류의 노보페트로프카와 그로마투카에서 출토된 토기와 유사하다. 이는 당시 아무르강 유역 사람들이 추위를 피해 동해안을 따라 이동해 한반도 남동부까지 내려왔음을 시사한다. 흥미로운 것은 한반도 내에서 토기가 처음 사용된 시점이 한반도 주변의 양쯔강 유역, 일본, 아무르강 유역에 비해 상당히 늦었다는 점인데, 그 원인을 놓고 다양한 논쟁이 진행 중이다.[4]

2012년 중국의 장시성 셴런둥 동굴에서 1만 9000년 전의 토기 파편이 발견되면서 동아시아에서 처음으로 토기를 사용한 곳이 양쯔강 이남 지역이라는 것이 확인되었다.[5] 1만 9000년 전이면 최성기가 끝나고 만빙기가 시작되려는 시점이다. 수렵채집민이 환경 변화에 적응하는 과정에서 토기 문화라는 혁신이 일어난 것이다. 매우 이른 시기에 토기를 제작한 양쯔강 이남의 수렵채집민이 벼농경을 최초로 시작할 수 있었던 것은 우연이 아니다.

일본의 조몬 사회는 가장 오래전부터 토기를 제작한 수렵채집민 집단으로 익히 알려져 왔다. 수렵채집과 어로 활동에 기반했음에도 저장용 색토기를 사용했다는 것은 이들 주변에 먹을 것이 풍족했음을 시사한다. 특히 조몬의 토기에는 어패류를 조리한 흔적이 많이 남아 있어 바다에서 쉽게 얻을 수 있는 해산물이 조몬인의 정착 생활을 가능하게 한 주된 요인 가운데 하나였음을 알 수 있다. 조몬 사회에서 토기를 처음 사용한 시점은 대략 1만 6000~1만 5000년 전으로 추정된다.[6] 토기 문화가 독자적으로 발생한 것인지 타지역에서 건너온 것인지 그 기원은 불분명하다. 하지만 동아시아 외곽의 고립된 지역인 일본 열도에서 토기 문화가 독립적으로 나타났다는 주장보다는 아시아 내륙에서 일본으로 전파되었다는 주장이 좀 더 설득력 있어 보인다. 아무르강 하류의 오시포프카 문화 유적지에서 발굴된 토기 또한 연대 분석 결과 조몬 토기만큼이나 오래전에 제작된 것으로 밝혀졌고 그 용도나 형태도 서로 유사하다.[7] 당시에는 아무르강 하류, 사할린, 홋카이도가 모두 육지로 연결되어 있었기 때문에 내륙에서 일본으로 문화가 확산하는 데 방해될 요인이 별로 없었다. 일본 열도의 조몬 사회는 3만 8000년 전 이후 동아시아 남부에서 올라온 집단들이 중심을 이뤘다. 여기에 사할린을 통해 북쪽에서 틈틈이 남하한 소규모 무리들이 복잡하게 섞였는데, 이 과정에서 아무르강 유역에서 기원한 토기 문화가 전달되었을 것이다.

한반도에 토기 문화를 처음 전파한 사람들 역시 아무르강 유역의 수렵채집민으로 추정된다. 홀로세의 시작과 함께 기후가 안정적으로 유지되면서 아무르강 유역의 수렵채집민 수는 빠르게 증가하였다. 일본과 마찬가지로 아무르강 하류에서 출토되는 토기에서도 수산물을 가공한 흔적이 자주 발견된다. 이들은 지역의 풍부한 수산물에 기대 정주 생활을 영위했던 것으로 보인다. 그러나 8200년 전 갑작스럽게 추위가 찾아오자 먹을 것이 부족해졌고 자원을 둘러싼 경쟁은 치열해졌다. 경쟁에 지친 일부는 남쪽으로 이주하기로

마음먹는데 아무래도 원래 살아가던 공간인 해안가가 익숙했을 것이다. 이들은 한반도의 동해안을 따라 한반도 남쪽 끝까지 내려왔고 이 과정에서 한반도 본토에 처음으로 토기 문화를 전파하였다.[8]

한편 제주도의 고산리 유적에서는 대략 1만 년 전의 문양 없는 토기가 출토되어 고고학자들의 관심을 끌었다.[9] 이는 한반도 본토의 가장 오래된 토기보다 2000년 가까이 빠른 것으로 흔히 '고산리식 토기'라 부른다. 식물의 줄기나 잎을 섞은 재료로 토기를 만들었기 때문에 제작 과정에서 이들이 타고 남은 흔적들이 토기 내외 면에 뚜렷하게 보인다.[10] 조몬 토기나 아무르강 하류의 오시포프카 토기와 비슷한 모습을 띠고 있음을 고려할 때 일본에서 제주도로 건너온 조몬인이 만든 토기일 가능성이 크다. 앞서 언급했지만 이처럼 한반도 본토에서 토기 문화가 뒤처졌던 것은 한반도가 1만 년 이상 동아시아의 주류 수렵채집 사회로부터 외면을 받은 결과라고 할 수 있다.


## 악마문 동굴인과 한국인

여기서 궁금증이 하나 생긴다. 최성기가 끝난 후 홀로세 초기까지 8.2ka 이벤트가 발생하기 전에도 영거드라이아스기와 같이 갑작스럽게 기온이 떨어지는 아빙기가 여러 차례 있었다. 다른 아빙기들은 그 강도가 약했다손 치더라도 영거드라이아스기는 추위가 1000년 이상 지속되면서 북반구 생태계에 큰 충격을 안겼던 시기인데 왜 이때에는 동북아시아의 수렵채집민이 한반도로 내려오

지 않았을까? 다시 말해 영거드라이아스기와 8.2ka 이벤트가 한반
도 사회에 미친 파장이 달랐던 이유는 무엇일까?

마지막 빙기 최성기 때에는 기온이 낮게 유지되었을 뿐 기후 변
동이 그리 뚜렷하지 않았다. 오히려 뵐링-알레뢰드기나 영거드라
이아스기가 출현한 만빙기에 기후 변동의 폭이 컸고 기온 상승과
함께 나타나는 이상 기상 현상도 극심했다. 수렵채집민의 사회 규
모가 커지기에는 환경 조건이 여의찮았던 것이다. 중국 전 지역의
탄소 연대 자료를 통합하여 분석한 연구 결과를 봐도 마지막 빙기
최성기가 끝나고 기후가 점차 온화해지는 상황 속에서도 인구가 많
이 증가하는 모습은 보이지 않는다. 영거드라이아스기에 감소한 인
구는 약 9000~8000년 전부터 확연하게 증가하기 시작한다.[11,12]

만빙기에는 해수면이 지속해서 상승했기 때문에 최성기 때처
럼 북쪽의 수렵채집민이 한꺼번에 이동할 만한 이유, 가령 광활한
서해 땅이 있었던 것도 아니었다. 즉 대대적인 움직임이 일어나기
어려운 조건이었다. 설사 소수가 남쪽으로 움직였다 하더라도 넓
은 평지가 있어 교류망이 좀 더 촘촘한 중원 쪽으로 이동했을 것
이다. 한반도와 같이 외지고 산지로 이루어진 곳으로 이동하는 경
우 고립으로 인해 주류 사회로부터 멀어지는 문제를 감수해야 했
기 때문이다.

영거드라이아스기가 끝나고 홀로세가 시작되면서 기후는 눈에
띄게 안정세로 접어들었다. 아무르강 유역의 인구는 빠르게 증가
하였다. 기후가 예측 가능해지면서 아무르강 유역에 정착한 집단
의 규모는 점차 커졌다. 토기의 사용 빈도도 급증하였다. 온난 습
윤한 기후가 한동안 유지된 덕에 인구는 늘어날 만큼 늘어났다.[13]

그림9-2 러시아 연해주에 위치한 악마문 동굴

이런 상황에서 갑작스레 8200년 전에 큰 추위가 찾아온 것이다. 이전과 달리 인구 증가로 자원을 놓고 벌이는 경쟁은 훨씬 치열할 수밖에 없었다. 또한 아무르강 유역의 수렵채집민 인구가 많이 늘었기에 남쪽의 반도로 이주하더라도 이전과 같이 생존에 위협을 느낄 정도로 고립될 가능성은 크지 않았다. 물론 급속한 한랭화가 직접적인 동인이었겠지만, 따뜻해진 홀로세에 눈에 띄게 증가한 인구 또한 8200년 전 연해주에서 한반도로 인구 집단의 이주를 부추긴 중요한 요인이었다.

  8.2ka 이벤트 때와 달리 영거드라이아스기에 별다른 움직임이 없었던 이유는 여전히 춥고 불규칙했던 뵐링-알레뢰드기의 기후가 연해주의 인구 증가를 좀체 허락하지 않았기 때문이다. 이는 동

시기 레반트 지역에서 나투프 문화가 발전하면서 인구가 늘어난 모습과는 확연히 달랐다. 뵐링-알레뢰드기에 북대서양 주변의 기후는 꽤 따뜻했지만, 서태평양 부근은 그렇지 않았다. 여전히 낮았던 기온은 연해주의 수렵채집민 사회가 성장하는 데 걸림돌로 작용했다. 연해주의 인구는 영거드라이아스가 끝난 후에야 본격적으로 증가했다.

최근 러시아 악마문 동굴에서 발굴된 인골의 고유전체 자료가 발표되어 우리나라 언론의 많은 주목을 받았다.[14] 이 자료는 8200년 전 이후에 한반도로 들어온 수렵채집민의 본류를 추정하는 데 핵심 정보를 제공한다. 악마문 동굴은 신석기 수렵채집민의 주거지로 블라디보스토크 북쪽 해안에 면한 산지에 위치한다. 아무르강 유역에서 연해주의 해안가로 이동한 수렵채집민이 거주하던 곳이다. 이들의 고유전체 자료는 매우 흥미로운 사실을 말해준다. 악마문 동굴의 북쪽, 사할린과 가까운 아무르강 하류에는 악마문 동굴인의 후손으로 볼 수 있는 울치족이 살고 있다. 고DNA 분석 결과 이 울치족 원주민을 제외하면, 한국인이 동아시아에서 악마문 동굴인과 유전적으로 가장 가까운 현대인이었다. 악마문 동굴인의 미토콘드리아 유전자 또한 한국인이 주로 갖고 있는 미토콘드리아 계열과 동일했다. 이는 8200년 전 추위가 심해지자 동북아시아에서 아무르강 유역에서 내려와 한반도를 채웠던, 즉 한민족의 바탕이 되었던 그 사람들의 후손이 악마문 동굴에서 살았음을 보여준다. 홀로세 후기에 동아시아의 농경민 집단이 한반도로 들어오기 전, 한반도는 조몬인이 거주하던 남해안 지역을 제외하면 대부분 8200년 전 이후에 아무르강 유역에서 내려온 이들의 땅이었다.

10장

# 한반도의 전성기

## 걱정 없는 사람들

갑자기 찾아온 8200년 전의 한랭화가 잦아든 후 기후는 급하게 제자리를 찾아갔다. 당시 기온의 상승 속도가 상당히 빨랐기 때문에 한반도의 생태계는 수백 년간 기후에 맞지 않는 모습을 띨 수밖에 없었다. 대략 7600년 전에 이르러서야 온대 우림이 크게 확장하면서 한반도는 이른바 '홀로세 기후 최적기'로 들어서게 된다. 이후 온난 습윤한 기후가 3000년 가까이 이어지면서 한반도 생태계의 생산성은 정점에 올랐다. 따뜻한 기후 덕분에 '최적기'라는 단어가 무색하지 않게 동식물의 개체 수는 급증하였다. 북대서양 열염순환의 교란이 1000년 주기로 기후 변화를 불러왔던 홀로세 초기, 그리고 태평양의 장주기 엘니뇨가 500년 주기로 기후 변화를 가져왔던 홀로세 후기와는 달리, 홀로세 중기의 최적기에는 뚜렷한 기후 변동 없이 기후가 안정적으로 유지되었다.[1] 이러한 경향은 한반도뿐 아니라 만주, 연해주, 일본 등지에서도 유사하게 나타났다.[2,3]

홀로세 기후 최적기가 나타났던 시기는 적도 서태평양에서 해수면 온도가 증가했던 시기와 상응한다.[4] 적도 태평양의 해수면 온도 분포에 영향을 미치는 주된 기후 인자는 무역풍이다. 현재 우리는 과거뿐 아니라 현재의 무역풍도 어떻게 조절되는지 잘 알지 못하지만, 무역풍의 세기를 열대수렴대의 평균적인 위치와 연관시키면 다음과 같은 해석이 가능하다. 홀로세 기후 최적기에 지표로 유입되는 태양 에너지의 증가로 바람이 약한 열대수렴대가 북쪽으로 치우쳤다면 적도 지역의 무역풍이 강화되었을 가능성이 존재한다. 무역풍이 강해지면 적도 서태평양의 해수면 온도가 올라가면서 장주기 엘니뇨는 위축될 수밖에 없다. 이러한 메커니즘이 실제로 작동해 영향을 미쳤다면, 반대로 최적기 이후에는 다시 열대수렴대가 남하하면서 무역풍의 세기가 약해졌을 것이고 장주기 엘니뇨는 강화되었을 것이다.

어떠한 이유든 무역풍이 강해지면 적도 서태평양의 해수면 온도는 오르고 해들리 순환의 규모는 확대된다. 아열대고기압대와 북쪽의 강수 구역 모두 평소보다 고위도에서 형성되며, 북중국과 한반도에서는 여름 몬순의 강화로 기후가 습윤해진다. 반대로 남중국은 아열대고기압대가 위치하면서 건조해진다. 홀로세 중기, 즉 홀로세 기후 최적기에는 무역풍은 강했고 해들리 순환은 확장하였다. 그 여파로 한반도, 북중국 등은 비가 많이 내려 습윤했고 남중국은 상대적으로 건조했다.[5]

적도 서태평양의 해수면 온도 상승과 함께 나타난 한반도의 홀로세 기후 최적기는 북반구의 여러 지역에서 초기 문명이 출현하여 발전하던 시기와 겹친다. 기후가 온난 습윤해지자 과거에 비해 전체 산림의 면적이 늘어났고 나무의 밀도 또한 높아졌다. 홀로세 기후 최적기 들어 심한 변동 없이 기후가 안정적으로 유지되면서 한반도 생태계의 극상종인 참나무의 비중이 눈에 띄게 늘어났다. 대신 교란이 잦은 환경 조건에서 경쟁력을 갖는 소나무와 초본류는 감소하였다. 광양 섬진강 범람원 퇴적물의 꽃가루 자료에 의하면, 최적기의 나무 꽃가루 비율은 전체 꽃가루 대비 평균 90%에 달한다. 이 가운데 참나무 속의 비율은 평균 50%를 넘으며 또 다른 극상종인 서어나무 속의 비율도 평균 5% 정도로 적지 않다. 한편 햇빛을 좋아해 열린 공간을 선호하는 소나무 속의 비율은 평균 15%를 차지하고 있다. 소나무는 토양층이 얇고 사태가 자주 발생하는 경사지나 능선에 국한해서 분포했을 것이다. 주로 하천 변에 분포하는 오리나무속의 비율은 10% 정도이다. 범람원에서 확보한 퇴적물이기에 실제 개체 수에 비해 오리나무속의 비율이 높게 나올 수 있음을 감안해야 한다. 이 같은 광양의 꽃가루 자료는 최적기에 일부 산지를 제외하고 대부분이 참나무를 주 수종으로 하는 극상림으로 덮여 있었음을 시사한다.[6]

최적기의 따뜻한 기후와 참나무 원시림은 한반도의 수렵채집 사회가 성장하는 데 큰 도움이 되었다. 수렵채집민들은 도토리와 같은 열매나 야생 동물, 어패류 등을 주변에서 쉽게 얻을 수 있었다. 과거와 달리 먹을 것을 구하기 위해 멀리 움직일 필요가 없다 보니 이들의 이동 반경은 지속해서 감소하였고, 결국 해안이나 하천을 중심으로 정주하는 문화가 나타나기 시작했다. 한반도 유적의 탄소 연대 자료를 모아 시기별 주거지 수를 추정한 연구 결과는 대략 5700~5500년 전부터 인구가 증가하고 정착 수렵채집민의 수가 늘어났음을 잘 보여준다.[7]

이때는 북방의 랴오허 유역이나 랴오둥반도에서 한반도로 조/기장 농경 문화가 처음 전파된 시기와 가깝다. 최적기의 온화한 기후 덕에 정주 생활을 영위할 수 있었던 수렵채집민 중 일부가 남들보다 먼저 농경이라는 새로운 실험을 시도했다. 먹을거리는 풍부했으므로 실패에 대한 부담은 그리 크지 않았을 것이다. 조, 기장, 팥, 콩 등의 초기 농경은 들이는 시간에 비하면 얻는 것이 그리 많지 않았지만 야생 먹거리가 부족할 때 보조 생계 수단으로 요긴하게 활용되었다. 농경이 시작된 후에도 주거지 수가 크게 늘지 않았음을 고려할 때 최적기에 조나 기장 재배가 본격적인 농경으로 이어지지는 않은 것으로 보인다. 그러나 농경이라는 새로운 문화가 더해지면서 수렵채집민의 삶이 더욱 풍족해졌으리라는 점은 충분히 예상할 수 있다.

그럼 최적기에 한반도로 최초의 농경 문화를 전달한 사람들은 도대체 누굴까? 북방의 조/기장 농경이 한반도로 유입될 때 대규모 집단의 이동이 있었을까? 아니면 소수의 사람에 의해 문화만 전파된 것일까? 이와 관련해서는 다양한 의견이 존재하는데, 최근 독일 막스플랑크연구소의 마르티너 로베이츠Martine Robbeets가 주도해 《네이처》에 발표한 논문은 이 논쟁에 다시금 불을 지폈다.[8] 무엇보다 이 논문은 최초로 한반도에서 발굴된 고인골의 전장 유전체 자료를 수록하고 있어 특별한 관심을 불러일으켰다. Y염색체나 미토콘드리아 DNA가 아닌 선사 시대 한반도인의 상염색체를 분석한 자료는 이것이 처음이다.

# 한국어의 기원을 찾아서

마르티너 로베이츠는 요하 유역의 기장 농경민이 확산하면서 동북아시아의 언어들이 퍼져나갔다고 주장한다. 지금까지 많은 학자가 약 4000년 전 중앙아시아의 유목민이 이동하면서 알타이어 계통의 언어를 전파했다는 유목민 가설을 믿어왔는데, 로베이츠의 주장은 이 가설을 정면으로 반박한다. 로베이츠가 제안한 '트랜스유라시아어족'은 서편의 튀르키예에서 동편의 한반도와 일본까지 북유라시아에 광범위하게 분포하고 있는 어족으로 분포 지역만을 놓고 보면 유목민이 퍼트렸다고 보는 것이 자연스럽긴 하다. 그러나 로베이츠는 약 9000년 전 랴오허 유역의 작물 농경민이 사방으로 이주하면서 언어를 전파했다고 봤으며, 이는 고고학자 렌프류와 유전학자 카발리-스포르차가 인도유럽어의 확장을 설명할 때 채택했던 가설과 유사한 성격을 띤다. 물론 현재 유럽의 고DNA 분석 결과가 축적되면서 지금의 인도유럽어 분포가 아나톨리아 농경민보다는 얌나야 유목민의 이주와 관련이 있다고 보는 시각이 더 지지받고 있지만 말이다.

트랜스유라시아어족에 포함된 몽골어, 퉁구스어, 튀르크어, 일본어, 한국어 등은 모두 주어-목적어-서술어의 어순을 갖고 있다. 또한 성별에 따라 단어에 차이가 없고 모음이 조화를 이루며 접속사나 관계대명사가 없는 등 여러 공통적인 특성이 있어 오래전부터 알타이어 계통으로 한데 묶였던 언어들이다. 그러나 한국어의 경우 최근에는 알타이어 계통의 다른 언어들과 차별성이 강조되면서 고립어로 간주하는 경향이 강하다.[9] 랴오허 유역의 농경민에 의해 기원했다는 트랜스유라시아어족이든, 몽골 일대의 유목민에 의해 기원했다는 알타이어족이든, 어떠한 분류가 더 적절한지 판단하기 위해서는 시간이 좀 더 필요해 보인다. 어쨌든 우리가 사용하는 한국어는 이 어족들에서 벗어난 고립어의 특징을 갖는다는 점을 인지할 필요가 있다.

로베이츠의 논문이 출간되고 얼마 되지 않아 그의 연구가 갖는 문제점을 조목조목 지적하는 공식적인 글이 인터넷에 올라올 정도로, 로베이츠가 제시한 가설에는 많은 약점이 있다.[10] 그의 가설에 설득력이 있으려면 이를 뒷받침할 수 있는 동북아시아의 고DNA 자료를 더 많이 모을 필요가 있어 보인다.

이런 배경을 염두에 두고 로베이츠의 주장을 검토해 보자. 랴오허 유역의 조/기장 농경 집단은 9000년 전부터 작물 재배를 시작하였고, 그 결과 인구가 늘자 이주를 거듭하면서 언어를 전파했다. 조나 기장 농경은 토지 단위 면적당 산출량이 많지 않아 땅이 많이 필요했으므로 농경민의 확산 속도는 빠를 수밖에 없었다. 로베이츠는 이주민 가운데 일부가 남쪽으로 이동한 뒤 한반도의 서해안에 정착하면서 농경 문화와 함께 원시 한국어가 한반도로 유입되었다고 주장한다. 트랜스유라시아어족 계통의 언어들에는 모두 조/기장 재배와 관련된 단어가 존재한다. 식량의 저장 행위를 암시하는 발효와 가공, 정주를 암시하는 호두, 도토리, 밤 그리고 가축인 돼지, 개 등과 관련된 단어는 모두 트랜스유라시아어족이 처음 기원한 곳의 주된 생계 방식이 유목이 아닌 정주 농경이었음을 반영한다. 이후 청동기 시대에 들어선 후에야 여러 개별 언어로 갈라지면서 유목 행위 그리고 다른 작물의 재배를 보여주는 단어가 추가된다. 벼, 보리, 밀, 소, 양, 말, 젖, 비단 등과 관련된 단어다. 로베이츠는 이러한 단어가 트랜스유라시아어족이 정주 농경 문화에서 비롯되었음을 보여주는 증거라고 생각했다.[11]

그러나 안타깝게도 로베이츠가 활용한 고고학 자료와 고DNA 자료는 자신의 농경민 가설을 강고하게 뒷받침하지 못한다. 우선 한반도와 관련된 내용을 중심으로 살펴보자. 상염색체의 DNA 분석이 이루어진 고인골은 모두 해안의 패총에서 얻은 것들이다. 한반도 토양은 강한 산성을 띠므로 땅에 묻힌 뼈들이 빨리 썩어 없어지지만, 수렵채집민의 쓰레기장이라고 할 수 있는 해안가 패총은 주로 조개껍질로 이뤄져 염기 성분이 강한 탓에 동물 뼈나 고인골 등이 비교적 잘 보존된다. 패총은 과거 선조들이 먹고 버린 조개껍데기가 쌓여 만들어진 무더기로 신석기 고고학자들의 주요 연구 대상이다. 우리나라에서는 해수면이 안정화된 시점부터 농경이 본격적으로 이뤄지기 전까지, 즉 홀로세 중기에 조성된 패총이 해안가에 많이 분포한다. 로베이츠가 분석한 고인골은 전남 여수의 안도, 부산 가덕도의 장항, 경남 통영의 연대도와 욕지도, 그리고 충남 서산의 대죽리 총 다섯 지역의 패총에서 발굴된 것들이다.

각 고인골의 연대는 대략 8300~2500년 전의 범위 안에서 골고루 분포하는 편이다. 하지만 안도, 연대도, 욕지도의 고인골 연대는 불명확하여 유효한 자료라고 보기 힘들다. 안도의 고인골은 8300~5000년 전 사이, 연대도의 고인골은 7000년 전, 욕지도의 고인골은 4000년 전의 것으로 대충 짐작만 할 수 있을 뿐이다. 반면 나머지 두 곳의 고인골은 연대가 비교적 명확하게 설정되어 있다.

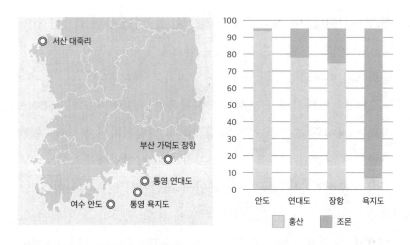

**그림10-1 고인골이 발견된 지역과 유전체 구성**

욕지도 고인골의 유전 성분 가운데 조몬 비율이 매우 높은 것이 인상적이다.

장항의 고인골 3점의 연대는 7000~6500년 전, 대죽리의 고인골 1점의 연대는 2700~2500년 전으로 추정된다.

연대가 불분명하여 정확한 사실 관계를 유추하기는 어렵지만, 이 다섯 지역의 고DNA 자료는 상당히 흥미로운 내용을 담고 있다. 분석 결과를 살펴보면 연대도와 장항의 경우 홍산 문화인의 유전자가 83~85%를 차지하고 조몬인의 유전자가 15~17%를 차지한다. 현재 조몬인의 유전자가 현대 일본인 유전자의 대략 10%를 차지한다는 점을 감안할 때 15~17%는 꽤 높은 수치라 할 수 있다. 욕지도의 경우는 더 극단적인 결과를 보였는데 조몬인 유전자의 비율이 무려 85%를 넘었다.[12] 이러한 결과를 놓고 볼 때 한반도 남해안의 일부 지역은 홀로세 초중기에 일본에서 건너온 (혹은 홀로세 이전부터 거주한) 조몬인들이 차지하고 있었을 공산이 커 보인다.

홀로세 중기의 고인골 가운데 신뢰할 만한 연대를 갖춘 시료는 대략 7000~6500년 전의 것으로 추정되는 장항의 고인골이다. 로베이츠는 이 연대를 기반으로 원시 한국어를 쓰며 조/기장 농경을 하던 홍산 문화인이 6500년 전 한반도에 진입했을 것으로 추정했다. 실제 장항 고인골의 고DNA는 83%의 홍산 문화인 유전자와 17%의 조몬인 유전자로 구성된다. 랴오허 유역의 홍산 문화인이 남하하여 남해안의 조몬인과 섞였다고 볼 수 있는 것이다.[13] 문제는 유적의 탄소 연대 자료를 모아 추정한 과거 인구수 변화 자료를 보면 한반도에서는 5500년 전부터 인구가 증가하는 모습이 나타난다는 점이다. 6500년 전에 전파된 한국어가 한반도 전역으로 확산하여 현대 한국인의 주 언어로 자리매김했다고 가정한다면, 당시에 원시 한국어를 사용하던 사람들이 랴오허 유역에서 대거 이주했거나 혹은 6500년 전 조/기장 농경의 시작과 함께 생산성이 크게 향상되어 한반도 내 인구가 급증해야 정상일 것이다. 그러나 한반도의 인구 증가는 5500년 전부터 나타났고 그 상승 폭도 인상적이지 않았다. 앞서 언급했듯이 조/기장 농경은 수렵채집민의 보조 생계 수단에 불과했다. 한반도의 인구는 3500년 전 이후 벼 농경이 본격화되면서 빠르게 증가했다.

부산 가덕도 장항에서 발견된 고인골은 홍산 문화인의 유전자 비율이 83%에 달하지만, 그들은 작물을 재배한 농경민이 아니라 어패류에 의존한 수렵채집민이었다.[14] 고령으로 죽은 고인골의 양쪽 귀 외이도에서 골종이 확인되었는데, 이는 어패류 채집을 위해 장시간의 잠수를 반복했음을 의미한다. 아마도 기존에 한반도에 기거하던 아무르강 유역 기원의 수렵채집민이 홍산 문화인과 유전적으로 가까웠기 때문에 이러한 결과가 나온 것이 아닌가 추측해 본다. 랴오허 유역의 홍산 문명은 북동쪽의 아무르강 유역과 남서쪽의 황허강 유역에서 퍼져나간 사람들이 섞여 형성된 문화인데, 유전적으로 황허강 유역보다는 아무르강 유역 사람들의 기여가 컸다. 이 점을 고려하면 장항 고인골에서도 충분히 홍산 문화인의 유전자 비율이 높게 나올 가능성이 있는 것이다. 아무르강 집단의 이동 욕심은 대단했던 것으로 보인다. 이들은 대략 7000년 전 서쪽으로 수천 킬로미터를 이동하여 몽골고원 넘어 알타이 지역까지 이동했고 5000년 전 이후로는 북쪽 동토의 땅 야쿠티아 지역까지 광범위하게 확산했다.[15]

랴오허강 지역으로 이동한 아무르강의 수렵채집민은 조/기장 농경 문화를 체득한 반면, 한반도 남부로 남하한 아무르강 유역의 사람들은 또 다른 수렵채집민인 조몬인과 섞였다. 그리고 진입 시기는 알 수 없지만 로베이츠의 가설대로 황허강 유역에서 산둥반도와 랴오둥반도를 거쳐 한반도로 들어온 소수의 기장 농경민도 아마 있었을 것이다. 이들이 한반도에 최초의 농경 문화를 전달했을 테지만, 조/기장 농경은 한반도의 신석기 사회와 자연환경에 큰 영향을 미치지 못했으므로, 이때 원시 한국어가 전파되었을 가능성은 그리 크지 않아 보인다. 로베이츠의 가설을 입증하기 위해서는 한반도에서 수렵채집민의 수가 늘어나는 5500년 전 이후의 한반도 고DNA 자료가 필요하다. 더불어 조몬인의 영향을 받은 해안가가 아니라 해안에서 먼 내륙 안쪽의 자료가 확보되어야 홀로세 중기의 인구 변동에 대해 깊이 있는 논의가 가능할 것이다.

## 최적기의 끝이 불러온 혼란

홀로세 기후 최적기에는 전체적으로 온난 습윤한 환경이 조성되면서 전 세계 여러 곳에서 초기 문명이 발생하고 인구가 늘어났다. 다른 지역과 마찬가지로 한반도의 생태계 또한 최적기 내내 풍요로움을 유지했다. 5500년 전에는 조/기장 농경까지 시작되어 한반도의 정착 수렵채집민 수는 꾸준히 늘어갔다. 하지만 3000년 가까이 이어지던 홀로세 기후 최적기도 결국 4800~4700년 전 지구의 세차 운동과 장주기 엘니뇨 등의 변화로 끝이 났고, 이때 우연의 일치라고 보기는 어려울 정도로 북반구의 여러 곳에서 뚜렷한 사회 변동이 일어났다. 흥성하던 문명과 집단이 갑작스러운 쇠락을 겪었고 집단 구성원들이 대규모로 이동하기 시작했다. 빈번한 이주는 집단 간 갈등으로 이어졌고 소멸한 기존 문화를 대신해 새로운 문화가 들어섰다.

한반도에서는 4800년 전 이후로 먹을 것이 부족해지면서 수렵채집민이 식량 확보를 위해 더 멀리, 더 자주 이동해야 했다. 정주 생활을 지속하기에는 위험 부담이 컸으며 이동성의 강화는 주거지 수의 감소로 이어졌다. 이들은 과거에 경험하지 못한 추위와 가뭄에 빨리 적응해야 했다. 중국의 랴오허강과 황허강 유역에서도 홍산 문화와 양사오 문화가 비슷한 시기에 쇠퇴할 정도로 기후 변화의 여파는 컸다.[16,17] 최적기가 매조지며 야기된 변화가 한반도를 포함하는 동북아시아 전역에 광범위한 혼란을 몰고 온 것이다. 메소포타미아의 우루크가 약해지고 얌나야 유목민이 중앙아시아에서 유럽으로 진격하며 농경 사회를 제압한 시기도 이때다.[18,19]

최적기 이후 장주기 엘니뇨가 차츰 강해지면서 적도 서태평양의 해수면 온도는 떨어졌고 한반도는 가물어졌다. 최적기가 끝난 4800년 전과 유사하게 4200년 전과 3700년 전에도 기후가 건조해지면서 한반도의 수렵채집 사회는 어려움을 겪었다. 그렇지만 4200년 전의 기후 변화가 북반구 전역에 심각한 파장을 일으킨 것과 비교할 때 한반도에 미친 영향은 별로 크지 않았다. 당시까지만 해도 정주 인구수가 많지 않았기 때문이다. 다른 지역에서는 대가뭄의 위력이 엄청났다. 당시 메소포타미아, 이집트, 인도 북서부, 중국 황허강과 양쯔강 등을 주도하던 대문명들이 모두 이때 한꺼번에 무너졌다.[20,21]

　　4200년 전에 이어 3800~3700년 전에 발생한 기후 변화는 한반도의 정주 수렵채집민 사회를 거의 소멸 직전까지 몰고 갔다. 이후 기후가 다시 온화해지면서 한반도 사회는 3500년 전경부터 살아나기 시작했다. 비슷한 시기에 북쪽의 랴오둥반도를 통해 벼 농경문화가 새롭게 전파되었다. 양호해진 기후의 도움으로 벼 농경이 주된 생계 방식 중 하나로 자리 잡자 정주 인구가 빠르게 늘기 시작했다. 홀로세 중후기 한반도로 들어오는 신문화는 보통 랴오허 유역에서 출발하여 랴오둥반도를 거쳐 들어오는 경우가 많았다. 랴오허 유역에서도 최적기 이후 주기적으로 나타난 엘니뇨의 영향으로 한반도와 비슷한 시기에 사회 변동을 겪었다. 최적기가 끝난 4800년 전에는 훙산 문화가 쇠락하고 대신 샤오허옌 문화가 성장했고, 4200년 전에는 가뭄의 충격으로 샤오허옌 문화의 세력이 크게 위축되는 모습이 나타났다. 3700년 전에는 근근이 이어지던 샤오허옌 문화가 결국 쇠퇴하고 샤자뎬 하층문화가 랴오허 유역을 차지한다. 이 샤자뎬 하층문화 집단은 농경 기반의 사회였는데 일부 구성원이 기후 악화를 피해 남쪽으로 내려오면서 연쇄적인 이주의 물결을 일으켰고 그 과정에서 한반도에 벼 농경이 전파된 것으로 보인다. 벼 농경의 전파는 다음 장에서 더 자세히 살펴볼 것이다.

※  ※  ※

홀로세 기후 최적기 내내 동아시아의 각 지역 사회는 별다른 변동 없이 안정적으로 유지되었다. 당시 한반도 또한 외지인의 유입이 드물어 이렇다 할 사회 변화를 겪지 않았다. 신석기인들은 온화한 기후의 축복 속에서 생태계의 풍족함을 만끽하며 평화로운 수렵채집민의 삶을 영위했다. 그러나 언어학자 로베이츠는 자신의 농경민 가설에 근거하여 홀로세 기후 최적기의 양호한 환경에도 불구하고 랴오허 유역에 살던 다수의 사람이 한반도로 이주했다고 주장한다. 농경의 발달로 인구 증가를 예상할 수 있으므로 유출 요인이 존재하기는 하지만, 대부분 산지로 이루어진 한반도에서 이들을 유인할 만한 유입 요인은 찾기 힘든 것이 사실이다. 좀 더 확실한 고DNA 자료로 뒷받침되지 않는다면 로베이츠의 가설이 학계에서 두루 인정받기는 어려울 것 같다.

최적기가 끝나고 청동기 시대에 들어오면서 기온과 강수량이 차츰 하강 곡선을 그리기 시작했다. 주기적으로 한랭기가 닥칠 때마다 동아시아 전역에서 연쇄적인 난민 행렬이 이어졌고 한반도로도 외지인이 들이닥쳤다. 외부의 이주민들은 갈등과 혼란을 가져오면서 기존 사회의 기반을 약화하는 주범이었다. 그러나 동시에 농경 기술, 야금술, 토기 제작 기법, 직조술 등 북방의 선진 문화 또한 전해주었기 때문에 한반도 사회가 발전하는 데 도움이 되기도 하였다. 한반도의 청동기 시대는 벼 농경이라는 신문물이 도입되어 인구가 급성장하는 때이다. 다른 한편으로는 기후의 전반적인 악화로 잦은 이주와 사회 갈등으로 점철된 시기이기도 하다. 다음 장에서는 청동기 시대 이래 기후 변화가 초래한 한반도의 인구 이동과 사회 변동을 시기별로 살펴보면서 한민족의 형성 과정을 추론해 볼까 한다.

# 4부

# 한국인의 기원

산 너머 남촌에는 누가 살길래
해마다 봄바람이 남으로 오네
꽃 피는 사월이면 진달래 향기
밀 익는 오월이면 보리 내음새
어느 것 한 가진들 실어 안 오리
남촌서 남풍 불 제 나는 좋데나

— 김동환, 시인, 〈산 너머 남촌에는〉

마지막 빙기의 후반부 내내 동아시아의 수렵채집민은 가까이에 강이 흐르고 습지가 산재한 옅은 초록색의 초지를 찾아 떠돌았다. 대략 2만 년 전 추위가 극심하던 시기, 해수면 하강으로 물으로 드러난 서해 평야의 광활한 초지에서 수렵채집민은 충분한 양의 먹을거리와 마실 물을 구할 수 있었다. 초원 지대를 관통하여 구불구불 흘러가는 강과 하천의 양안 너머 범람원에 조성된 배후 습지에는 어패류가 넘쳐났다. 물을 찾아 모여드는 초식 동물들은 사냥에 이골이 난 이들에게 손쉬운 먹잇감이었다. 밤에는 가까운 동굴에서 잠을 청하고 해가 뜨면 습지 주변에서 식량을 채집하거나 동물을 사냥했다.

마지막 빙기가 끝나고 홀로세로 접어들자 기후는 빠르게 온화해졌다. 이들은 주변이 천천히 숲으로 변해가는 모습을 보며 결정을 내려야 했다. 과거 조상들이 그러했듯이 푸른 초원을 쫓아 움직일지 아니면 이대로 여기에 머무르면서 변화하는 환경에 맞춰 살지를 말이다. 급격하게 기후와 환경이 변해갔지만, 대다수의 수렵채집민은 수만 년 동안 체화된 사냥꾼 본능을 버리지 못했다. 초지를 찾아 북으로 이동하는 동물을 따라 이들 또한 자연스럽게 발걸음을 옮겼다.

홀로세의 기후는 빙기와는 달리 온화하고 습윤하고 안정적이었다. 생태계의 생산성은 빠르게 높아졌다. 동아시아 북부로 되돌아간 수렵채집민 가운데 하천 하류부나 해안가를 차지한 일부 집단은 정주가 가능할 정도로 풍족한 생활을 누렸다. 농경을 시작하기 전이었음에도 한 곳에 오랜 기간 머무르기 시작하자 인구는 빠르게 늘어났다. 인구 압박이 거세지기 시작했다. 그런데 예상치 못한 추위가 갑작스럽게 덮쳤다. 한정된 자원을 두고 경쟁에서 밀리는 사람들이 하나둘 나타났다. 이들은 먹을 것이 있는 곳을 찾아 무작정 움직였다. 그리고 얼마 지나지 않아 남쪽 한반도의 삼림 지대에 도차했다. 이들의 결정은 옳았다. 곧 홀로세 기후의 정점을 맞아 이곳의 풍요로움은 극에 달할 터였기 때문이다.

홀로세 후기에 들어서면서 동아시아 전역으로 농경이 확산하였다. 그러자 남쪽 땅을 향한 사람들의 갈망이 더욱 커졌다. 특히 기온이 낮아지거나 가뭄이 들어 수확량이 예년에 비해 많이 감소할 때면 더욱 그러했다. 한반도나 일본 열도와 같이 산지로 이루어져 저지대의 평지를 찾기 어려운 곳도 가리지 않았다. 사냥꾼에게는 땅이 기후보다 중요했는지 몰라도 농사꾼에게는 땅보다는 기후가 우선이었다. 농경에 더 적합한 따뜻한 남쪽을 향해 움직이는 이주의 물결은 홀로세 후반부 내내 계속되었다. 이들은 바다를 건너는 고행도 감수했다.

온대 지역은 계절 변화가 뚜렷하다. 여름철에는 먹을 것이 나름 충분하지만 겨울철에는 그렇지 않다. 먹을 것이 부족한 시기가 오면 중위도의 동물들은 살기 위해 끊임없이 돌아다녀야 한다. 황량한 겨울에는 긴 동면에 들어가기도 한다. 여기에서 성공적으로 살아가는 동물들은 보통 다양한 환경에 적응할 수 있는 제너럴리스트의 속성을 지닌다. 한정된 서식 공간과 부족한 먹을거리를 확보하기 위해 더 자주 더 넓게 움직인다. 이 과정에서 적응력과 기동성이 떨어지는 동물들은 도태된다. 온대 지역은 생물 다양성이 열대 지역에 비해 확연하게 낮다. 환경 변화에 대처 능력이 뛰어난 소수의 종이 넓은 땅을 차지하고 있기 때문이다. 이곳에서는 생태적 내성의 차이가 종의 운명을 결정한다.

이에 비해 저위도의 열대 지역은 다수의 종이 공존한다. 열대는 생물이 선호하는 기후가 연중 안정적으로 유지되는 곳이다. 온대 지역과는 달리 환경 변화에 내성이 강한 개체가 특별히 유리하지 않다. 생물 간의 경쟁에서 앞서가는 것이 무엇보다 중요한 곳이다. 열대의 풍부한 태양 에너지와 수량은 이곳에 서식하는 생물의 개체 수를 거의 무한정 늘려준다. 개체 수가 워낙 많다 보니 서식처와 먹을거리를 두고 벌이는 경쟁은 치열할 수밖에 없다. 하지만 경쟁이 열대의 전부는 아니다. 오히려 열대의 본질은 공존에 있다. 이곳에서는 모든 개체가 자원을 최대한 나눠 가지면서 다양한 속성을 갖는 여러 종으로 분화한다. 스페셜리스트의 세상이다. 생태계의 이러한 공간적 차이는 과거 동북아시아의 인간 사회에서도 얼핏 드러난다.

북방의 농경 집단은 농경뿐 아니라 목축과 수렵채집을 함께 영위하며 제너럴리스트의 삶을 살았다. 저위도에 비해 생산성이 현격히 떨어지는 북방에서 생존하기 위해서는 다양한 생계 방식이 요구되었기 때문이다. 계절별로 기온 차이가 무척 큰 대륙성 기후는 적응력과 기동성이 떨어지는 집단을 무력하게 만들었다. 거친 북방 땅에서 경쟁력이 처지는 집단은 따뜻한 남쪽 땅을 끊임없이 갈구할 수밖에 없었다. 이들은 기후가 악화될 때면 여지없이 남쪽으로 발걸음을 옮겼다. 남쪽에 내려와서는 농경에 집중하면서 제너럴리스트의 생활 방식을 버리고 스페셜리스트의 삶에 자연스럽게 동화되어 갔다.

북에서 밀려 내려오는 사람들로 한반도의 인구 밀도는 차츰 높아졌다. 특히 기후가 출렁거릴 때 북방의 이주 물결은 세차게 몰려왔고 인구의 섞임은 반복되었다. 동시에 제너럴리스트 집단이 엄혹한 북방 땅에서 생존을 위해 일군 여러 혁신 문물이 빠짐없이 남쪽 한반도로 전해졌다. 작물, 언어, 말馬, 금속 등과 관련된 문화는 모두 북에서 비롯하여 한반도로 내려왔고 바다 넘어 일본까지 건너갔다. 북방의 문화는 밝은 햇살이 가득한 남쪽 땅에서 다양하게 변주되며 꽃을 피웠다. 차가운 북방 문화의 잠재력이 온화한 남방에서 폭발한 것이다. 기후 변화에서 비롯된 인간 집단과 문물의 이동은 한반도와 일본 열도의 왕조들이 중국 왕조에 크게 뒤지지 않는 자신들만의 고유한 문화를 구축할 수 있었던 주된 요인이었다. 지금부터 그 과정을 자세히 들여다보자.

# 11장

# 기후 난민

## 주기적 한랭화와 북방민의 곤경

4900~4800년 전 차츰 기후가 한랭 건조해지면서 생물에게 최적의 환경을 제공했던 홀로세 기후 최적기가 종언을 고했다. 최적기가 끝나자 대략 500년 주기로 한랭화가 한반도와 랴오허 유역을 포함한 동북아시아 전역에 엄습했다. 상대적으로 랴오허 유역은 수증기와 열을 공급해 주는 남쪽 바다로부터 멀리 떨어져 있어 강수량과 기온의 연간 편차가 심했다. 불안정한 기후 여건 탓에 농부의 희비는 매해 엇갈렸다. 특히 장주기 엘니뇨에 의한 기후 변화는 랴오허 사회의 성패를 가를 만큼 갑작스럽게 찾아오곤 했다. 게다가 세차 운동이 홀로세 후기의 대기 온도를 지속해서 낮추었기 때문에 정착민의 어려움은 커져만 갔다. 최적기 동안 적절한 온도, 풍부한 수원, 풍족한 생태계라는 혜택을 3000년 가까이 누렸던 것도 랴오허 사회가 적응력이 낮을 수밖에 없던 이유였다.

랴오허 농경민들은 작물 농경, 목축, 수렵 등 다양한 생계 방식을 병행했지만 홀로세 후기에 나타난 기후 악화로 식량 확보에 어려움을 겪을 때가 많았다. 기온이 내려가거나 강수량이 감소하게 되면 작물 재배나 목축뿐 아니라 수렵도 어려워질 수밖에 없다. 홀로세 후기의 점진적인 한랭화 경향은 시간이 흐를수록 더욱 버겁게 느껴졌을 것이다. 거기에 더해 500년마다 갑작스럽게 도래하는 한랭기는 많은 이로 하여금 적응을 포기하고 이주를 결심하게 만들었다. 주기적으로 한랭기가 닥칠 때마다 한반도 북방에서 발생한 기후 난민들은 한반도로 진입하여 기존 사회와 충돌하였다.

　흉년이 들어 먹을 것이 부족해지면 면역력은 떨어질 수밖에 없다. 전염병이 확산하면서 사회의 불만은 극에 달하고 갈등은 첨예해진다. 이러한 사회의 내부 갈등은 구성원을 밖으로 내모는 요인으로 작동하기에 충분하다. 갈등의 근원인 흉년은 생산성을 제약하는 기후 환경이 원인이었기에 많은 이가 더 온화하고 습윤한 남쪽으로 방향을 잡고 이동했다. 목적지는 대부분 황허강 유역이었을 것이다. 황허강 유역은 넓은 평원으로 이루어져 있어 거주할 수 있는 공간이 넓었고, 랴오허강 유역의 사회 구성원 중 상당수가 따지고 보면 황허강 유역 출신의 후손일 정도로 둘 사이에는 이미 이주가 잦았으니 말이다.[1] 그러나 랴오허 유역 사람 중 몇몇 사람에게는 기존의 대규모 사회가 터줏대감처럼 자리 잡고 있는 황허강 유역보다는 소규모 집단들이 점점이 분포하는 요동과 한반도가 좀 더 만만해 보였을지 모른다. 한반도의 매력은 남쪽에 위치한 동시에 인구 밀도가 낮다는 점이었다. 대부분 산지로 이루어져 있어 황허강 유역에 비하면 유입 요인이 약했던 것도 사실이다. 하지만 기후 변화로 랴오허강 유역의 피해가 심했다면, 그래서 많은 사람이 움직였다면, 그중 일부가 한반도로 들어왔을 가능성은 충분하다.

　한반도로 외부인 유입이 본격화된 것은 3200년 전 이후로 추정된다. 이때부터 대략 500년 주기로 기후가 나빠질 때마다 북방에서 사람들이 내려와 갈등을 일으키고 선진 문화를 전달했으며 기존의 사람들과 섞였다. 그런데 여기서 한 가지 의문이 생길 수밖에 없다. 최적기는 안정적인 기후 덕에 동북아시아 사회의 부침이 적어 이주의 모습이 뚜렷하지 않았다고 본다면, 최적기가 끝나고 나타나 4700년 전, 4200년 전, 3700년 전의 기후 변동기에는 왜 이러한 이주의 흐름이 나타나지 않았을까? 왜 3200년 전 이후에야 인구의 유입이 본격적으로 시작된 것일까?

랴오허강 유역은 아무래도 고위도에 위치한 탓에 남쪽의 황허강이나 양쯔강 유역에 비해 인구 증가 속도가 더디었다. 최적기의 후반부인 6500년 전부터 5000년 전까지 번영을 누렸던 홍산 문화는 랴오허 문명을 대표하는 문화 가운데 하나였지만 인구 규모가 그리 크지 않았다. 로베이츠는 이 시기에 조/기장 농경 덕에 랴오허 유역의 인구가 증가했고 사람들이 확산하면서 트랜스유라시아어 계통이 퍼져나갔다고 주장한다. 그러나 홍산 문화 시기와 그 이전의 랴오허 유역 유적지에서 농경의 흔적을 발견하기란 쉽지 않다. 돼지를 키운 것은 확실해 보이지만 작물을 재배했던 흔적은 찾기 힘들다. 식량을 확보하는 수단으로 여전히 수렵채집이 중요했던 사회였음이 틀림없다. 같은 시기 황허강 유역에 자리 잡고 있었던 양사오 사회와 비교해 봐도 주거지 수가 훨씬 적었고 주거지 면적도 넓지 않았다. 농경보다는 수렵채집을 주로 하면서 이동 생활을 즐겼기 때문에 양호한 환경이 유지되었던 최적기에도 인구가 빠르게 늘기 힘들었다.[2]

랴오허 유역에서는 대략 4000년 전부터 3000년 전까지 지속된

**그림11-1 샤자뎬 하층문화의 분포 지역**

샤자뎬 하층문화 시기에 들어서야 인구가 많이 증가하는 모습이 나타난다.[3] 샤자뎬 하층문화는 황허강 유역의 룽산 문화로부터 영향을 받은 진정한 농경 사회였다. 랴오허 유역의 조/기장 농경은 황허강 유역에서 이주해 온 사람들에 의해 본격화되었다. 샤자뎬 하층문화의 특징은 홍산 문화에서는 보기 힘들던 이중벽의 방어시설과 하수도를 갖춘 넓은 주거지에서 찾을 수 있는데, 이러한 유적은 드디어 정주 문화가 정착했음을 시사한다. 기장 농사를 중심으로 돼지뿐 아니라 소, 양, 염소를 키우기 시작했고 대신 수렵의 비중이 현격히 낮아졌다. 고분의 양식과 부장품 또한 농경의 발전으로 잉여 식량이 확보되면서 사회 계층의 분화가 나타났음을 잘 보여준다.

고인골의 DNA 분석 결과를 보면 왜 홍산 문화와 달리 샤자뎬 하층문화에서 농경 사회의 특징이 뚜렷하게 나타났는지 알 수 있다. 홍산 문화 시기의 고인골에서는 아무르강 유역 기원의 유전자 비율이 상당히 높게 나타나지만, 샤자뎬 하층문화 시기의 고인골에서는 황허강 유역 기원의 유전자 비율이 크게 높아진다. 이는 홍산 문화기에 수렵채집을 기반으로 하는 아무르강 유역 사람들이 아무르강 유역과 연해주뿐 아니라 서쪽의 랴오허강 유역과 몽골 지역까지 넓게 퍼져 있었으며, 샤자뎬 하층문화 시기에 들면서 남쪽의 황허강 유역에서 새롭게 사람들이 유입되었음을 의미한다.[4] 이들의 진출과 함께 정주 농경이 본격적으로 시작되면서 샤자뎬 하층문화의 인구는 그 이전 시기와 비교해 5배 이상 많이 증가하였다.[5]

4700년 전, 4200년 전, 3700년 전은 랴오허강 유역에서 농경이 본격화되기 이전으로 사회 규모가 그리 크지 않았기 때문에 기후 변동에 따른 이주가 대부분 중원을 향했을 가능성이 크다. 한반도로 내려오는 경우는 흔치 않았을 것이다. 하지만 이후에 나타난 500년 주기의 기후 변동기에는 요동과 한반도에까지 이주의 흐름이 이어졌다. 샤자뎬 하층문화 이후 랴오허강 유역의 농경 생산성이 높아지면서 인구가 급증했기 때문이었다. 인구의 빠른 성장은 환경의 교란을 가속하여 생태계의 회복력을 떨어뜨렸다. 수렵채집을 완전히 그만둔 것은 아니었지만, 농경 기반의 사회로 변모하면서 사회 집단은 이전에 비해 기후 변화에 더욱 취약해졌다. 기후가 나빠질 때마다 대규모 이주가 불가피했다. 이주민 가운데 일부는 인구 밀도가 높은 서남쪽이 아닌 비어 있는 동남쪽을 비집고 내려왔다. 대략 3500년 전부터 랴오둥에서 한반도로 소규모의 이동이 간헐적으로 이어졌지만, 본격적으로 이주가 시작된 것은 샤자뎬 하층문화가 무너지고 샤자뎬 상층문화가 들어서던 3200년 전 즈음이었다.

## 500년 주기의 기후 변화와 동북아 이주 물결

고기후학자는 특정 지역의 과거 기후 변화를 추적할 때 보통 다양한 프락시 자료(빙하, 석순, 나이테, 퇴적물, 산호 등)를 한 그래프에 모아놓고 비교하는 과정을 거친다. 여러 자료가 비슷한 변화 경향을 보이면 그 변화가 과거에 실재했을 가능성이 더 높기 때문이다. 또한 주변 지역의 프락시 자료와 비교하는 경우도 흔한데, 기후 원격 상관에 의해 아주 먼 지역에서도 비슷한 기후 변화가 나타날 때가 있다. 자료 간의 유사성과 원격 상관의 메커니즘을 제시할 수 있다면, 자료의 공신력은 더욱 높아진다. 하지만 다양한 자료를 한 그래프 안에 몰아넣다 보면 너무 복잡하다는 문제가 생긴다. 본 책에도 여러 그래프가 나온다. 독자들을 위해 그래프를 최대한 간단히 만들고 싶지만 설득을 위해 복잡한 그래프를 포기하기 어려울 때가 많다. 독자들이 그래프 해석에 더 익숙해졌으면 하는 바람으로 보충 설명 지면을 빌려 이 책에서 가장 중요한 그래프를 자세히 살펴보고자 한다.

그림11-2의 맨 위쪽에 있는 A는 중국 남부의 유명한 석회암 동굴인 '동거 동굴' 내 석순의 안정 산소 동위원소 데이

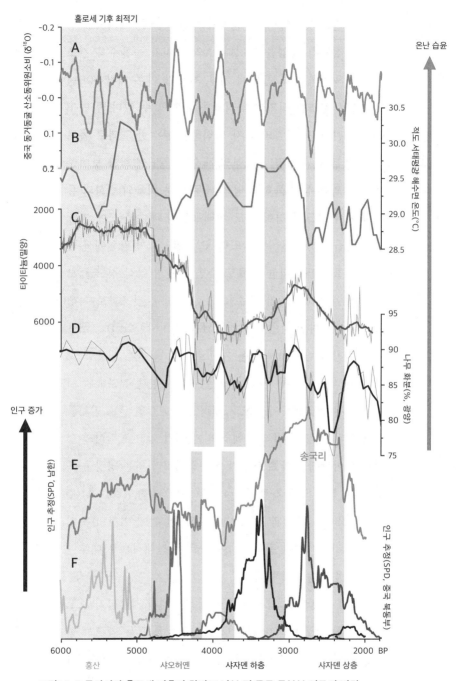

그림11-2 동아시아 홀로세 기후와 한반도 남부 및 중국 동북부 인구의 변화

터를 표현한 것이다. 우선 원자료의 큰 추세를 제거했고 평활화와 정규화 작업을 거쳤다. A의 수치가 높을수록 건조했음을 의미하는데, 홀로세 기후 최적기 이후 대략 500년 간격으로 건조한 시기가 나타남을 확인할 수 있다. 반면 B는 필리핀 남단 해역의 해저 퇴적물을 분석한 결과로 홀로세 후기 적도 서태평양 지역의 해수면 온도 변화를 보여준다. 변화의 양상이 특히 광양의 나무 화분 비율의 변화와 유사하다. 한반도 환경이 적도 서태평양의 해수 온도에 지대한 영향을 받았음을 알 수 있다. C는 밀양강 범람원에서 얻은 퇴적물의 타이타늄 자료로 주변 사면의 침식 정도를 보여준다. 수치(침식량)가 클수록 기후의 한랭 건조화로 식생 밀도가 감소하면서 침식이 늘어났음을 의미한다. D 그래프는 섬진강 범람원에서 얻은 자료로 나무 꽃가루 비율을 보여준다. 나무 꽃가루 비율이 낮은 구간이 한랭 건조했던 시기로 앞서 언급했듯이 적도 서태평양의 해수면 온도 변화를 반영한다. 이들 네 지역 간에 거리가 제법 있고 프락시의 성격도 상이함에도 자료 모두가 비슷하게 변화하는 양상을 볼 수 있다. 특히 모든 자료에서 4800~4700년 전, 4200~4100년 전, 3800~3700년 전, 2800~2700년 전에 변화의 폭이 컸다. 이 네 시기에 동북아시아 사회가 전체적으로 대혼란에 빠졌을 가능성이 높다.

E와 F는 한반도 남부와 중국 동북부에서 지금까지 보고된 고고학 발굴지의 탄소 연대 측정치들을 모두 합해서 산출한 데이터이다. 고고학자들은 선사인의 움집 구덩이를 발

견하면 주거 연대를 추정하기 위해 보통 이곳에서 출토된 탄화목이나 탄화 종자의 탄소 연대를 측정한다. 이러한 탄소 연대 측정 자료를 통합하면 과거의 주거지 수 변화를 연속적으로 보여주는 자료를 만들 수 있다. 특정 시기의 선사 주거지 수가 그 시기의 인구수를 반영한다고 보면 탄소 연대의 누적 수치 변화로부터 과거의 인구 변화를 유추하는 것이 가능하다. 다만 통합된 연대 자료는 시기별 주거지 수의 상대적 변화 추이를 파악하고자 할 때 유용하지만 정량적으로 정확한 정보까지 제공해 주지는 않는다.

여기서 무엇보다도 유심히 살펴볼 부분은 한반도 남부와 중국 동북부의 인구 변화 양상이 유사하다는 점이다. 랴오허 문명을 대표하는 훙산 문화에서 한국인과 유전적으로 밀접한 샤자뎬 하층문화 및 상층문화에 이르기까지 이들 문화가 흥하거나 쇠할 때 한반도 남부에 있던 사회 또한 비슷한 과정을 겪었다. 홀로세 기후 최적기가 끝난 4800~4700년 전 랴오허 유역에서는 훙산 문화가 소멸했고 한반도 남부에서는 정착 수렵채집민 집단이 와해되었다. 이후 대략 500년 간격으로 기후가 악화될 때마다 한반도 남부와 랴오허 유역의 주거지 수와 인구는 함께 감소한 것으로 보인다. 다만 샤자뎬 하층문화를 무너뜨린 3200년 전의 기후 변화만은 예외였다. 이때 한반도 남부 사회에서는 랴오허 지역과 달리 인구가 줄어드는 변화는 일어나지 않았다. 이후 2800~2700년 전과 2300년 전에 나타난 기후 악화로 샤자뎬 상층문화와 송국리 문화가 함께 쇠락한 것과 비교해 보

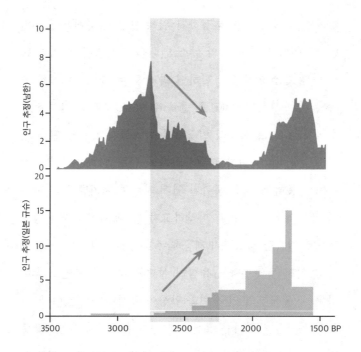

**그림11-3 철기 저온기의 한반도 남부와 일본 규슈의 인구 변화**

면 분명 차이가 있었다.

한반도 남부의 주거지 수와 인구수는 3200년 전에 닥친 기후 악화에도 아랑곳하지 않고 지속해서 늘어났다. 이전이나 이후 500년마다 나타난 다른 기후 변화 시기와는 달랐다. 선진 농경 기술을 지닌 북방민 집단이 3200년 전의 기후 변화를 피해 남하하여 한반도 남부에 수도작 문화를 퍼트린 것이 지역 인구의 증가로 이어졌다고 보는 것이 합리적이지 않을까? 흥미롭게도 이와 유사한 상황이 일본 규슈에서도 재현되었다. 2800~2300년 전 랴오허 유역과 한반도 남부의 주거지 수가 급감하던 철기 저온기에 일본 규슈는 오히려 호황기를 맞았다. 한반도에서 기후 악화로 어려움을 겪던 사람들이 농사 짓기 좋은 곳을 찾아 남쪽으로 내려오다가 일본까지 건너간 것으로 보인다. 한반도 남부에서 농경민이 바다를 건너 지속해서 넘어온 데다 수도작 문화가 정착되면서 기후 악화에도 불구하고 규슈의 인구는 자연스레 증가 일로를 걸었다. 이들은 규슈에서 자신이 선진 문물을 바탕으로 야요이 문화를 발전시켰고 인구가 늘어나자 일본 전역으로 확산하기 시작했다. 과거 인간이 이주를 결심하게 되는 과정에서 기후 변화와 인구 증가만큼 강력한 요인을 찾기란 쉽지 않다.

## 샤자뎬 하층문화의 쇠락

최적기가 끝난 4800년 전부터 약 3700년 전까지 기후는 점점 건조해졌다. 한반도 남부의 수렵채집민은 과거보다 열악해진 환경에 적응하기 위해 이동성을 높여야 했으므로 기장 농경을 꾸준히 지속하기는 어려웠다. 대신 수렵채집의 비중이 높아지면서 주거지 수는 계속 감소했다. 한반도에서 다시 인구가 증가하기 시작한 시점은 랴오허 유역에서 샤자뎬 하층문화가 전성기를 이루던 3400년 전이었다. 한반도 남부의 주거지 수 변화를 반영하는 '탄소 연대의 합산 곡선'을 살펴보면 최적기 이후 지속적으로 가라앉던 수치가 3400년 전에 이르러 가파른 증가세로 돌아서는 모습이 확연하다.

4200년 전 4.2ka 이벤트가 있었을 때나 3700년 전 샤오허옌 문화가 소멸하고 샤자뎬 하층문화가 들어설 때에도 밭벼 등 새로운 작물이 전파되었을 가능성이 있는데, 정확한 사실 관계를 판단하기 힘들다. 다만 주거지 수가 4200년 전과 3700년 전 미약하나마 증가하는 경향이 있으므로 소규모 외지인 집단의 유입을 상정해볼 수는 있을 것이다. 하지만 탄소 연대 자료가 빈약한 시기라 신뢰성을 담보할 수 없어 이에 대해 굳이 논할 필요는 없다고 생각한다.

동북아시아의 기후는 3600년 전부터 온난하고 습윤한 경향을 띠었다. 때마침 전파된 벼 농경 덕분에 3400년 전부터 한반도의 인구가 늘기 시작한다. 이때부터 민무늬토기(무문토기)로 대표되는 우리나라의 청동기 시대가 시작되었다고 본다. 수백 년 후 논에 물을 대고 벼를 키우는 수도작 기술이 한반도로 전파되었고 2800년 전까지 한반도의 가파른 인구 성장을 이끌었다. 수도작 문화가 한반도로 전파된 시기나 과정은 불분명하다. 기후가 악화될 때마다 북방 사회가 갈등에 휩싸이고 이주가 이어지면서 선진 문물이 한반도로 전달되었다고 가정한다면, 가장 유력한 시기는 3200~3100년 전이라 할 것이다. 이때는 랴오허 유역에서 3400년 전 정점을 찍은 샤자뎬 하층문화가 급속하게 쇠락하는 시점이다. 샤자뎬 하층문화는 대략 3100년 전부터 부상한 샤자뎬 상층문화에 의해 결국 대체되고 만다.[6]

제주도 동수악오름의 퇴적물 분석 결과는 이 시기에 급격한 기후 변화가 있었다고 말한다. 특히 약 3150년 전의 탄편 퇴적률이 상당히 높게 나오는데 이는 당시 기후가 건조하여 오름 내부에서 불이 잦았음을 암시한다. 이때는 적도 서태평양의 해수면 온도가 갑자기 낮아지는 시기이기도 하므로 적도 태평양의 상태 변화가 동북아시아에 가뭄을 몰고 왔을 가능성이 높아 보인다.[7]


## 기후 난민과 송국리 문화의 기원

지금까지 내용을 종합하면 한반도로 수도작 문화가 전달된 과정을 다음과 같이 추정해 볼 수 있다. 랴오허 유역의 샤자뎬 하층 문화는 3200년 전에 나타난 기후 변화에 큰 충격을 받았다. 랴오허 집단은 살아남기 위해 이주를 거듭했고 그 여파로 랴오둥과 한반도는 혼란에 빠졌다. 랴오둥반도 끄트머리에는 산둥반도에서 건너온 벼 농경민 집단들이 산재해 있었다. 이들은 원래 양쯔강 하류에서 중국의 동해안을 따라 올라온 벼 농경민이 황허강 하류의 조/기장 농경민과 섞여 형성된 집단의 후손들로 산둥반도에서 거처를 잡고 살아가던 농민들이었다. 산둥반도는 바다 맞은편 랴오둥반도와의 사이에 섬들이 징검다리같이 점점이 놓여 있어 서해를 횡단하는 기점으로 안성맞춤인 곳이다. 룽산 문화 말기, 인구 밀도가 크게 높아진 상태에서 4.2ka 이벤트의 도래로 기후마저 나빠지자 적당한 농지를 구하지 못한 젊은이들이 늘기 시작했다.[8] 이들은 산둥반도를 버리고 새로운 곳을 찾아 바다를 건너는 모험을 단행해 랴오둥반도 끝에 자리를 잡는 데 성공한다. 더 안쪽까지 들어가 터를 닦은 이들도 있었다. 산둥반도와 달리 랴오둥반도는 인구가 많지 않아 자기가 원하는 만큼 땅을 차지할 수 있었다. 룽산 문화 이후 3900년 전부터 산둥 지역을 차지한 유에쉬 문화 사람들도 틈틈이 랴오둥 지역으로 넘어오면서 황허강 유역의 선진 농경 기술이 동쪽으로 꾸준히 유입되었다.

그러던 와중 3200년 전 즈음 점점 기온이 내려가고 강수량이 줄어드는 듯하더니 서북쪽에서 많은 사람이 내려오기 시작했다. 추운 곳이긴 하지만 동쪽으로 넓은 평원을 면하고 있어 부러움을 사던 랴오시 지역의 샤자뎬 하층문화 집단 사람들이었다. 북방민과 부딪혀 봐야 수에서 밀리니 좋을 것이 없었다. 이들은 애써 갈아놓은 랴오둥의 땅이 아까웠지만 손해가 큰 물리적인 갈등을 피해 남쪽으로 내려가기로 한다. 산둥에서 지속적으로 문물을 받아들이면서 벼 농경에 조예를 갖춘 사람이었던 이들은 어디가 벼 농경에 적당한 곳인지 잘 알고 있었다. 한반도 서해안을 따라 남하하다가 금강 중하류, 지금의 부여, 공주, 논산, 익산 등지에 자리를 잡았다. 북방의 농민들은 따뜻한 남쪽 기후에 만족하며 노련한 솜씨로 논을 조성하고 곧 쌀을 생산하기 시작했다. 이들이 바로 우리 학계에서 한반도 최초의 벼 농경 집단이라 부르는 송국리 문화의 주인공이 아닐까 한다.

이렇듯 북방에서 밀려 내려온 사람들에 의해 수도작 문화가 전달되었을 가능성이 높아 보이지만, 송국리형 문화가 정확히 어떠한 과정을 거쳐서 금강 중하류에 나타났는지는 여전히 미궁 속에 있다. 앞에서 묘사했듯이 랴오둥 지역에서 벼 농경민이 한반도 남부까지 바로 내려와 금강 유역에 정착한 것일 수 있다. 아니면 중간에 여러 곳을 거치면서 다양한 문화에 영향을 받아 점진적으로 변한 결과 송국리형 문화가 나타난 것일 수도 있다. 또한 산둥의 벼 농경민이 랴오둥을 거치지 않고 서해를 건너 한반도 중부 지역으로 직접 건너왔을 가능성도 완전히 배제할 수는 없다.

송국리 문화의 시작이 언제였는지도 불분명하다. 대체로 그 시작을 3000년 전으로 잡고 있으니, 먼저 3200년 전에 발생한 다른 문화들(가락동 유형, 역삼동 유형, 흔암리 유형 등)의 변형된 결과가 송국리 유형일 수 있다. 우리나라의 고고학계에서는 송국리 유형이 외래 집단

그림11-4 한반도 청동기를 대표하는 송국리 문화의 민무늬토기

의 유입에 의해 나타난 것인지, 아니면 기존에 있던 문화가 자체적으로 변화한 결과인지를 두고 의견이 팽팽히 맞서 있다. 송국리 문화의 시작 연대를 감안하면 이 유형으로 이어지기 전 한반도에 중간 단계가 존재했을 가능성이 있다. 그러나 다른 한편으로 송국리 문화인의 전형적인 주거지, 토기, 묘지 유형을 이전 문화에서는 찾기 힘들다는 점과 무엇보다도 이들이 수전 농경을 최초로 시작했다는 점은 선진 농경 기술을 갖춘 외부인이 금강 유역으로 바로 이주해 들어왔음을 시사한다.

어떠한 가설이 맞든 간에 중요한 것은 기후가 열악해졌을 때 다수의 북방 농경민이 온난 습윤한 곳을 찾아 한반도로 이동했다는 점이다. 500년 주기의 엘니뇨의 도래로 나타난 3200년 전의 기

후 변화는 랴오시 지역을 주도하던 샤자뎬 하층문화를 무너뜨릴 정도로 만만치 않았다. 물론 생태계의 회복력이 낮은 고위도 지역에서 인구가 급증했던 것이 더 큰 문제였을 수 있다. 그러나 사람들이 습윤하고 따뜻한 남쪽을 향해 움직이기로 결심한 배경에는 분명 기후 변화가 함께 자리하고 있다. 그렇지 않다면 이들이 굳이 수고를 들여가며 요동의 산지를 건너 평야가 협소한 한반도까지 내려오려고 하지 않았을 것이기 때문이다. 그 광활한 만주 벌판을 놔두고 말이다.

이들이 랴오허강을 건너 남동쪽의 랴오둥 지역으로 이동하자 이곳에서 작물을 재배하며 살아가던 소규모 사회들은 혼란 속에 빠졌다. 마치 도미노와 같이 이주의 물결이 연쇄적으로 퍼져나갔다. 앞서 말했듯이 아마 랴오둥에서 살아가던 일부 농경민이 한반도 남부까지 내려와 송국리 문화와 같은 벼 농경 사회를 일궜을 것이다. 탄소 연대를 토대로 주거지 수를 추정한 자료에서 나타나듯, 3200년 전 기후 악화에도 불구하고 한반도 남부의 주거지 수는 지속해서 증가하였다.[9] 다른 한랭화 때 주거지 수가 많이 감소했던 상황과는 사뭇 다른데, 이는 당시 기후 악화로 북방의 이주민이 한반도로 대거 유입되었음을 방증한다. 기후 난민의 유입과 신문물의 전파는 이후에도 기후 변화의 주기에 따라 반복적으로 일어났다.

거대한 사회 변화를 야기했던 3200년 전의 기후 변화가 동아시아에서만 두드러졌을까? 그럴 리 없다. 비슷한 시기 유럽 청동기 문명의 본산이던 지중해 동부도 기후 변화에 따른 극심한 혼돈 속에 주요 나라들이 하나둘 무너지고 있었다.

## 바다 민족이 뒤흔든 격변의 지중해

　3200년 전은 지중해 동부의 강력했던 청동기 문명들이 함께 몰락한 시기로 세계사 측면에서도 중요한 의미가 있다. 대대적인 인구 이동으로 전쟁이 빈번하게 발생하였고 기존의 정치 체제가 무너지면서 지중해 사회는 무질서의 수용돌이 속으로 빠져들었다. 역사학자들이 말하는 이른바 '바다 민족'이 지중해 동부를 휩쓸던

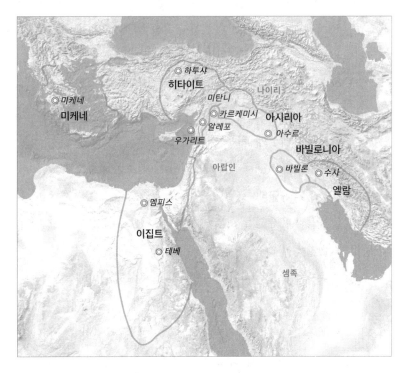

**그림11-5 3300년 전 지중해 동부의 강대국들**
전성기를 누리던 미케네, 이집트 신왕국, 히타이트 등은 약 3200년 전 나타난 기후 변화와 이민족의 난입으로 쇠락의 길을 걷게 된다.

시기가 바로 이때다.

그리스 최초의 왕국이라 일컬어지는 미케네 왕국은 크레타섬의 미노아 문명을 정복한 3500년 전 이 지역의 강자로 떠올랐다. 왕국은 당시 아나톨리아에서 세력을 키우던 히타이트와 무역을 통해 성장을 거듭했다. 미케네는 당시 지중해의 해상 무역을 주도하던 도시 국가 트로이를 가볍게 패퇴시킬 정도로 국력이 강했는데 흑해에 이르는 교역로를 독차지하면서 지중해 동부의 맹주로 발돋움하게 된다. 호메로스가 쓴 《일리아드》와 《오디세이》에서도 당시 위명을 떨치던 미케네 왕국의 모습을 엿볼 수 있다. 그러나 그렇게 잘 나가던 미케네도 발칸반도의 불규칙한 날씨가 내리는 저주를 풀기란 쉬운 일이 아니었다. 농업에 의존하던 미케네는 예기치 못한 기상 이변으로 식량 위기가 빈번하게 찾아왔다.[10] 또한 미케네 왕국은 독립적인 도시들의 느슨한 연합체에 가까웠다. 도시 간의 결속력이 약했기 때문에 외부 침략에 취약할 수밖에 없었다. 역사가들은 오래전부터 미케네 왕국의 멸망이 펠로폰네소스반도를 침탈한 북방의 도리아인과 관련이 있다고 믿어왔다. 또 다른 한편에서는 전설적인 파괴자로 알려진 '바다 민족'에 초점을 맞추고 미케네 왕국의 소멸을 바라봤다.

바다 민족의 침략은 미케네인뿐 아니라 이집트인에게도 엄청난 시련이었다. 이집트 신왕국의 람세스 3세가 왕위에 오른 지 8년째 되는 기원전 1177년, 이집트는 바다 민족과 치열한 해전을 벌였다. 이집트 남부의 도시 룩소르 근처에 위치한 람세스 3세의 장례 신전인 메디나트 하부에는 이 전쟁을 인상적으로 묘사한 벽화가 그려져 있다. 부조 벽화 옆에는 비문이 새겨져 있는데 그 내용

**그림11-6 이집트군과 바다 민족의 전투**

메디나트 하부 북쪽의 벽에 새겨진 부조. 이집트군과 바다 민족의 전투를 생생하게 보여준다.

을 읽어보면 이집트인이 바다 민족을 얼마나 두려워했는지 생생하게 느낄 수 있다. 비문의 기록에서 상대 전사들은 '섬에서 온 사람'으로 표현된다. 그들이 누구인지 정확히 알기는 어렵다. 지중해 북동부 연안의 다양한 사람들, 예컨대 필리스틴인, 아카이아인, 튜크리인, 라이키아인, 아나톨리아인, 다난인, 사르디니인 등 섬이나 해안의 민족들이 모인 정체불명의 집단으로 추정된다. 이집트 신왕국은 바다 민족의 침략을 힘겹게 막아냈고 파라오는 이를 승전보로 여기며 기념했지만 전쟁 통에 국세는 이미 기울고 있었다. 기원전 1550년에 시작된 신왕국은 람세스 3세 사후 쇠락을 거듭하다가 기원전 1077년 외지인인 리비아의 추장이 파라오에 등극하며 소멸했다. 역사학자들은 실제 신왕국이 망한 기원전 1077년이 아닌, 신왕국이 바다 민족과 전쟁을 벌였던 기원전 1177년을 지중해 유럽의 청동기가 막을 내린 해로 기억한다.

이집트 신왕국과 바다 민족 간 싸움은 람세스 3세 이전에도 빈번했다. 이집트 역사상 가장 강력한 파라오로 일컬어지는 람세스 2세 또한 이집트로 향하던 화물선을 공격한 사르디나 해적을 나일강 하구에서 격퇴한 적이 있었다. 그다음 왕인 메르넵타의 통치기(기원전 1213~1203년)에는 리비아인과 바다 민족의 연합체가 이집트로 쳐들어와 멤피스와 헬리오폴리스를 위협하기도 했다.

또한 지중해 연안의 항구 도시인 우가리트 왕국의 점토판 기록은 바다 민족의 침략 행위를 상세히 묘사하고 있다. 우가리트는 작지만 부유했던 왕국이다. 농업과 수공업으로 부를 쌓았고 무역과 외교에도 능해 레반트 지역을 장악하다시피 했다. 근처의 다른 소국과 연합하여 메소포타미아의 강대국이던 아시리아에 맞서기도 했다. 그러나 이런 부국도 속수무책으로 무너졌다. 우가리트의 왕이 바다 민족의 만행을 알리기 위해 키프로스섬의 알라시야 왕에게 보낸 편지에는 7척의 배를 타고 들어온 일당이 자신의 도시에 불을 지르고 마을을 침탈했다는 소식이 담겨 있다. 또 다른 편지에는 우가리트 군대의 굴욕적 패배와 심각하게 훼손된 도시의 비참한 상황이 그려져 있다. 탈곡장의 식량이 모두 불타 없어지고 포도밭이 망가졌다고 울부짖는다.

바다 민족은 우가리트를 유유히 짓밟은 뒤 당시 람세스 3세가 통치하던 거대한 피라미드의 땅 이집트를 향해 뱃머리를 남쪽으로 돌렸다. 이전 메르넵타 왕이 이집트를 다스리던 때 육상과 해상의 양공 작전을 통해 나일강의 서부 삼각주까지 침투했음에도 결국 이집트의 완강한 저항에 밀려 정복에 실패했던 한을 풀기 위함이었다. 이들에게 지중해 동부 도시들이 단순한 노략질의 대상이었다면 이집트 정복은 평생의 숙원 같은 것이었다. 우가리트에 이어 레반트 남부까지 쑥대밭을 만든 후 바다 민족은 대대적인 공격을 감행하여 이집트를 궁지로 내몰았다. 이집트를 도우려 했던 히타이트 제국마저 흔들릴 정도였다. 당시 지중해 동부의 두 강대국이던 이집트와 히타이트는 바다 민족의 세찬 공격에 국력이 크게 쇠하며 결국 멸망의 길로 들어서게 된다. 그럼 이 바다 민족은 어떻게 생겨난 것일까? 왜 주변의 국가와 도시를 이렇듯 철저하게 파괴한 것일까?


### 히타이트의 성공과 철

히타이트는 얌나야 문화가 동서로 크게 확산한 후 지중해 동부에서 모습을 드러낸 민족으로 유목민 집단으로 여겨진다. 그러나 히타이트족을 완전히 유목민 집단으로 분류하기에는 애매한 구석이 있다. 대략 3700~3600년 전부터 기후가 변하기 시작하자 남쪽 아나톨리아로 내려와 정주 생활을 했기 때문이다. 히타이트의 수도였던 '하투샤'에는 정주의 흔적인 사원, 왕궁, 성벽 등이 확인된다. 히타이트는 오랫동안 베일에 가려져 있으나 1930년대에 이들의 설형문자가 해독되면서 그 실체가 알려졌다. 히타이트어는 현재까지 알려진 인도유럽어 가운데 가장 오래된 언어인 동시에 가장 오래전에 문자로 기록된 언어로 인도유럽어족에서 중요한 위치를 차지한다.

히타이트족은 무엇보다도 인류 역사상 최초로 철기를 사용한 민족으로 유명하다. 같은 시기의 이웃 국가들인 미케네, 이집트, 바빌로니아, 아시리아 등이 청동기 문화에 머물러 있을 때 히타이트는 도구 제작에 철을 이용했다. 보통 유목민 하면 철과 말에 조예가 깊은 집단으로 여겨진다. 히타이트가 최초로 철을 사용했다는 역사적 사실은 이들이 원래는 흑해 북쪽에서 살아가던 유목민이었을 가능성을 강하게 시사한다. 캅카스 지역(혹은 발칸반도)을 통해 아나톨리아로 이동한 이들은 서서히 정착민의 문화를 받아들였다. 얼마 지나지 않아 히타이트는 지중해 동부의 강자로 자리매김한다. 과거 유목인의 삶을 살면서 자연스럽게 체득한 기마술과 철 제련술이 분명 도움이 됐을 것이다. 히타이트의 철기 제작 수준에 대해서는 여러 이야기가 있지만, 당시 히타이트는 세계에서 철기를 전투와 농경에 실제 사용할 수 있었던 유일무이한 국가였다.


## 대가뭄과 전쟁

지중해 동부의 청동기 문명이 갑자기 쇠락한 주요인 가운데 하나로 3200년 전의 기후 변화가 유력하게 대두되고 있다. 이 시기의 기후 변화를 나타내는 프락시 자료가 최근 연이어 보고되면서 그 가능성을 진지하게 살펴보는 사람이 늘고 있는 것이다. 지중해 동부 지역은 홀로세 후기로 갈수록 가뭄의 강도와 빈도가 점차 증가하였다. 특히 4200년 전에 시작하여 300년 가까이 이어진 대가뭄은 이집트의 고왕국과 메소포타미아의 아카드 제국을 무너뜨릴 만큼 강력했다. 이후 1000년이 지난 3200년 전경 지중해 동부의 지역민들은 다시 한번 자신의 선조 문화를 무참히 짓밟았던 대가뭄에 맞서게 된다.[11] 지중해 동부의 식량 사정은 3200년 전 이후 200년 넘게 지속된 가뭄으로 최악의 상황으로 치달았다. 먹을거리가 부족해지자 사회 갈등이 심화되고 정세는 불안해졌다. 내부 갈등을 억누르고 자원을 확보하기 위한 전쟁이 빈번하게 발생했다. 사람들은 먹을 것과 안전한 곳을 찾아 뿔뿔이 흩어졌다.

당시의 식량 문제가 얼마나 심각했는지 다양한 기록을 통해 알 수 있다. 히타이트는 지중해의 라이벌 국가라 할 수 있는 이집트에서 식량 원조를 받을 정도로 기근이 심각했다. 오랜 기간 이집트와 히타이트는 서로 경쟁하는 사이였지 원조를 주고받을 만큼 관계가 좋지 않았다. 특히 이집트는 기원전 1274년 지중해의 주도권을 놓고 정면으로 부딪친 카데시 전투에서 히타이트에 패배했던 아픈 기억이 있었다. 카데시 전투에서는 적으로 싸웠지만 두 왕조는 또 다른 강국 아시리아를 견제하기 위해 기원전 1258년 '카데시 조약'을 체결한다. 카데시 조약은 기록으로 남아 있는 인류 최초의 평화 조약으로 잘 알려져 있다. 이후 두 왕조는 혼인으로도 연결되어 예전보다 평온한 관계를 유지할 수 있었다. 하지만 카데시 전투에서 패한 이집트의 후유증은 쉬이 사라지지 않았다. 두 왕조는 여전히 지중해의 패권을 두고 다투는 경쟁국일 뿐이었다.

히타이트는 이집트와의 전쟁에서 승리해 한동안 기고만장했지만 날로 심각해지는 기근 앞에서 쓸데없는 자존심을 내세울 여유 따윈 없었다. 히타이트의 푸두헤파 왕비는 람세스 2세에게 "지금 우리 땅에는 곡물이 전혀 없다"라고 전하며 식량을 구걸하다시피 했다. 이집트는 자국의 힘을 과시라도 하듯이 밀과 보리를 가득 실은 여러 척의 배를 보냈다. 이집트의 다음 왕인 메르넵타 또한 조공국인 우가리트가 기근에 시달리자 곡물을 보내 이를 해소해 주었고 가뭄으로 식량 부족에 허덕이던 히타이트까지 선대왕에 이어 재차 도와주었다. 그러나 히타이트는 이후에도 식량 문제를 전혀 해결하지 못한 듯하다. 똑같이 기근으로 힘들어하던 우가리트의 왕에게까지 나라의 생사가 달렸다며 식량 원조를 요청했으니 말이다.

동부 지중해의 북쪽 지방만 가뭄으로 힘들어한 것이 아니었다. 남쪽의 시리아와 메소포타미아도 상황은 비슷했다. 시리아의 에마르에서 발굴된 점토판에는 기원전 1190년경 "유프라테스강 주변의 식량 산출량이 감소하여 곡물값이 급증했고 가난한 집은 먹을 것을 구하기 위해 부유한 상인에게 아이들을 팔 수밖에 없다"라고 적혀 있다. 지중해 동부의 맹주를 자처하며 주변에 자비를 베풀었던 이집트 또한 가뭄을 피해 갈 수는 없었다. 사실 메르넵타 왕이 원조를 행하던 때에도 이미 기근의 전조는 보이고 있었지만, 본격적인 기근은 람세스 3세가 통치할 때 나일강의 범람이 잦아들면서 시작되었다. 흉년이 들자 전염병이 창궐했으며 폭동이 일어났다. 메소포타미아를 양분하여 다스리던 아시리아와 바빌론도 마찬가지였다. 가뭄, 기근, 전염병이 차례로 나타나면서 사회의 불만은 쌓여갔다.

동북아시아의 경우와 마찬가지로 지중해의 청동기 문명이 쇠락한 것도 결국 3200년 전의 기후 변화가 발단이었다. 식량이 부족해지자 내부 갈등은 절정에 달했고 인구 증가로 훼손된 삼림은 자연 주기에 맞춰 찾아온 가뭄의 파괴력을 배가시켰다. 굶주림 속에서 더 나은 삶을 찾아 이동하던 집단들은 먹을 것을 얻기 힘든 상황 속에서 폭력적으로 변해갔고 약탈은 일상화되었다. 그리스 북방의 두리아인은 먹을 것을 찾아 남하했고, 섬과 해안을 따라 움직이던 사람들은 해상 전투 집단을 형성하여 주변 나라를 침탈했다. 바다 민족의 정체는 여전히 베일에 싸여 있지만 아마도 기후 악화를 피해 살기 좋은 곳을 찾아 유랑하던 사람들의 무리였을 것이다. 그들은 최종적으로 이집트의 나일강 유역에 정착할 수 있기를 간절히 원했다. 그 꿈을 이루기 위해 리비아와 연합하여 육로와 해로로 이집트를 공격했다.

바다 민족의 침략으로 그리스의 미케네 문명, 아나톨리아의 히타이트 문명, 이집트의 신왕국, 바빌로니아의 카시트 왕조가 동반 쇠락했고 지중해 동부는 암흑기로 접어들었다. 사람들은 소규모 집단으로 뿔뿔이 흩어진 채 고립되었다. 아나톨리아 서해안의 트로이와 이집트의 가자 사이에 존재하던 여러 도시, 가령 하투샤, 미케네, 우가리트의 대도시가 파괴되어 폐허로 버려졌다. 기원전 1200~1150년경 지난날 찬란했던 지중해의 청동기 문명은 가뭄과 전쟁 속에 사라졌다. 그리스에서는 문자가 자취를 감추고 도기의 장식이 단순해지는 등 문화가 퇴행했다. 철기 문명을 중심으로 그리스의 고전기 문화가 살아날 때까지 유럽인들은 수백 년을 암흑기 속에서 보내야만 했다.

12장

# 일본인의 기원

## 갑작스러운 송국리 문화의 쇠락

　3200년 전 가뭄의 직격타를 맞았던 지중해 동부 지역은 약 400년간의 암흑기를 끝내고 2800년 전부터 다시 살아나기 시작했다. 재미있는 사실은 문화의 발전이 지체되었던 이 암흑기 동안 기후가 오히려 양호했다는 점이다. 500년 주기 중 하나로 2800년 전 기후가 열악해지자 지중해 동부는 활기를 띠기 시작했다. 그리스 각지에서는 성벽을 갖춘 도시 국가인 폴리스가 나타났다. 아테네, 스파르타, 테베 등이 대표적이다.

　그리스의 암흑기에는 작은 집단들이 산개하여 별다른 교류 없이 고립된 상태로 지냈기 때문에 문화의 발전을 기대하기에 어려웠다. 양호한 기후 덕에 난민은 감소하고 이주는 잦아들면서 지역 사회는 안정화되는 경향을 보였다. 그러나 2800년 전 기후가 빠르게 변하자 이에 반응하여 다시 이주의 물결이 일었다. 사람들이 몇몇 중심지로 몰려들었고 그 과정에서 그리스 사회는 재편되었다. 스파르타나 테베 같은 새로운 도시가 하나둘 모습을 드러내기 시작했다. 위기와 재난은 이주를 통해 문명에 활기를 불어넣는다

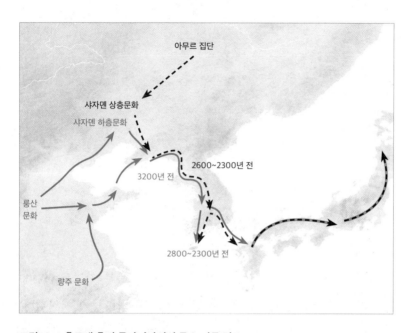

아무르 집단

샤자덴 상층문화
샤자덴 하층문화

2600~2300년 전

3200년 전

룽산
문화

2800~2300년 전

량주 문화

**그림12-1 홀로세 후기 동아시아인의 주요 이주 경로**

샤자덴 하층문화와 상층문화가 랴오둥을 거쳐 한반도로 진입한 후 일본까지 전파되었다.

　　한편 동북아시아 지역 또한 3200년 전에서 2800년 전 사이에 기후가 비교적 온난 습윤해지면서 사회는 안정을 되찾았다. 사람들의 이동은 뜸해졌다. 한반도 남부의 송국리 문화는 이때 전성기를 구가했다. 2800년 전 인구는 급증했고 벼 농경의 생산성은 최고조에 달했다. 그러나 송국리 문화의 전성기는 그리 오래 가지 않았다. 대략 2700년 전부터 주거지 수가 많이 감소하였다.[1] 이는 아마도 기후가 나빠지자 농경민의 이동성이 증가하면서 나타난 결과인 것으로 보인다. 동시에 송국리형 문화는 금강 중하류 지역을 벗어나 한반도 남쪽으로 확산하기 시작한다. 2700~2400년 전 사이에 전라도와 경상도 서부의 기존 문화들이 대부분 송국리형 문화로 대체되었다. 2800~2300년 전에 나타난 기후 악화가 남쪽으로의 문화 확산을 초래한 것이다. 농경민들은 기후 환경 측면에서 벼 농경에 유리한 지역을 찾아 남쪽으로 이동하였고 그 과정에서 송국리형 문화가 퍼져나갔다. 이들 중 일부는 바다 건너 일본 규슈까지 진출했고 일본의 야요이 문화를 열었다.

약 2300년 전 남한의 주거지 수는 다시 한번 크게 감소했다. 송국리형 문화는 거의 소멸 단계에 이르렀다. 꽃가루 자료는 한반도에 2800년 전 가뭄에 이어 2300년 전 큰 가뭄이 닥쳤음을 보여준다. 송국리 문화는 수전 농경을 바탕으로 전성기에 이른 후 불가사의할 정도로 빠르게 사라졌다. 동시에 한반도 남부의 인구는 많이 줄어들었다. 벼 농경과 관련된 유적들은 거의 자취를 감췄다. 농경 문화가 일단 정착하면 인구는 점진적으로 증가하게 마련이다. 설사 사회가 갑자기 무너지는 상황이 발생해도 곧 이를 계승하고 대체하는 새로운 농경 문화가 대두되는 것이 일반적이다. 그러나 송국리형 문화가 소멸하고 이를 대신하여 한반도의 빈 공간을 차지한 점토대토기(덧띠토기) 문화는 미약했다. 송국리형 문화 시기에 비해 집단의 취락 규모는 작아졌고 구성원의 수 또한 감소하였다.[2]

강력한 가뭄이 도래한 2800년 전과 2300년 전뿐 아니라 그 사이 기간에도 기후는 점차 한랭 건조해지는 경향을 띠었으므로 동북아시아의 지역 사회가 연이은 기후 변화에 적절하게 대응하기란 쉬운 일이 아니었다. 한반도를 주도하던 송국리 문화인은 두 차례의 가뭄을 겪으면서 인구가 많이 감소했다. 이들은 지속적인 한랭화에 대처하기 위해 남쪽으로 계속 움직였고 일부는 일본까지 건너갔다. 식량 위기를 겪은 데다가 타지역으로의 이주까지 활발해지면서 한반도에는 점차 빈 곳이 늘어갔다.


## 제주도에 남긴 유목인의 흔적


한편 같은 시기에 랴오시 지역의 샤자뎬 상층문화 집단 또한 동일한 기후 변화로 비슷한 고난을 겪고 있었다. 3200년 전의 기후 변화 이후 랴오허강 유역을 점유한 사람들은 아무르강 유역에서 서쪽으로 이동하여 랴오시로 들어온 반농반목민이었다. 그렇다 보니 샤자뎬 하층문화의 농경 문화를 계승했지만 유목 문화의 특징을 많이 지니고 있었다.[3] 이들은 잡곡 농경, 목축, 수렵채집 등 다양한 생계 수단을 활용했기 때문에 이전의 샤자뎬 하층문화 사람들과 비교했을 때 기후 변화에 대한 대응력은 비교적 괜찮은 편이었다. 그러나 2800~2700년 전 갑작스럽게 찾아온 가뭄은 이들도 버티기 힘들 만큼 큰 충격을 안겼다. 이후의 상황은 한반도와 매우 유사했다. 주거지 수가 많이 감소했는데, 특히 2800년 전과 2300년 전의 감소 폭이 컸다.[4]

샤자뎬 상층문화는 본래 수렵채집의 비중이 높았던 아무르강 사람들이 이주하여 형성된 문화였다. 복합 경제 기반으로 기후 탄력성이 비교적 높은 사회였음에도 대략 500년간 이어진 한랭화에는 장사가 없었다. 내부 갈등이 증폭되었고 사람들은 하나둘 랴오시 지역을 떠나기 시작했다. 남서쪽의 중원을 향해 움직인 무리가 주류였지만 자신들의 고향이라 할 수 있는 동쪽의 아무르강을 향해 이동한 이들도 있었다. 동쪽으로 방향을 잡고 이동하던 무리에

**그림12-2 점토대토기(덧띠토기)와 세형동검**

점토대토기는 토기 가장자리에 두른 점토 띠가 특징적이다. 한국식 동검이라고도 부르는 세형동검은 이전의 비파형동검보다 검신의 폭이 좁고 길다.

서 빠져나와 남쪽의 랴오둥으로 넘어오는 사람들도 생겨났다. 이들의 난입으로 랴오둥의 지역 사회는 혼란에 휩싸였다. 외부인과의 갈등을 피해 한반도 남부로 내려오는 사람들이 늘어났다. 마침 송국리 문화가 쇠퇴하는 중이어서 외지인의 정착을 견제하는 세력도 마땅히 없었다. 점토대토기 집단의 이주 규모 또한 크지 않았기 때문에 새 이주지에 정착하는 일은 그리 어렵지 않았다. 송국리 문화 집단과 점토대토기 문화 집단의 물리적 갈등은 심하지 않았다. 점토대토기 문화 유적이 언덕 정상부와 같은 방어적 입지에서 발견되는 경우도 있지만, 대체로 두 문화는 자연스레 동화된 것으로 보인다. 이들은 적은 인원으로 구성되어 기동성이 높고 수렵채집을 중시했으므로 취락의 수와 규모는 송국리 문화 시기에 비해 줄어들었다.[5,6]

한반도에서 송국리형 집단과 점토대토기 집단 사이에 벌어진 일들은 마치 인도아리아인이 전차 부대를 앞세워 남하했을 때 인더스 유역이 거의 비어 있었던 상황을 떠올리게 한다. 인도아리아인이 진격할 때에는 하라파와 모헨조다로의 대다수 거주민이 이미 기후 변화에 큰 타격을 입고 고지대로 이주한 다음이었다. 그 결과 인도아리아인은 별다른 마찰 없이 인도 북서부의 저지대를 빠르게 점유할 수 있었다. 점토대토기 문화인이 인도아리아인과 같이 무력을 앞세운 집단은 아니었지만 기후 변화가 양 지역 정세에 유사한 영향을 미쳤음을 알 수 있다.

앞서 유럽과 인도에서 수렵채집민, 정주 농경민, 유목민 순으로 주도 세력이 변해가는 모습을 강조한 바 있다. 한반도 사회 또한 이와 유사한 변화 과정을 거쳤다고 볼 수 있지 않을까? 홀로세 기후 최적기가 끝나고 동아시아가 주기적인 기후 변화를 겪던 중 송국리 문화로 대표되는 농경민 집단이 기존의 수렵채집민 집단을 쫓아내고 한반도를 차지한다. 그러나 농경민의 전성기는 그리 길지 않았다. 곧이어 한반도는 유목과 수렵채집의 비중이 상대적으로 높은 점토대토기 집단의 땅이 된다. 원래 점토대토기 집단은 샤자덴 상층문화에 영향을 받아 복합 경제 방식의 생활을 영위하던 사람들이었지만, 한반도로 남하한 후에는 온난 습윤한 환경에 적합한 작물 농경의 비중을 높이면서 정주민의 삶으로 차츰 녹아들어 갔다. 폰틱-카스피해 초원 지대에서 서쪽으로 진격한 얌나야 유목민이 서유럽의 농경 문화를 체득하고 그곳에 눌러앉았던 장면을 연상시킨다.

한반도로 내려온 점토대토기 문화인들 가운데 일부는 제주도로도 건너갔다. 제주도는 따뜻했지만 안타깝게도 땅이 척박하고 물이 부족해서 작물 농경이 어울리는 곳이 아니었다. 이들은 기존의 생활 방식을 바꿔야만 했다. 해안에서는 어로 활동과 수렵을, 중산간에서는 화전과 목축을 시도했다. 중산간이 인위적으로 교란되면서 이국적인 초지 경관이 넓게 펼쳐졌다. 그로부터 대략 1000년 후 몽골이 고려를 점령했다. 몽골인이 보기에 제주도의 경관은 고향 땅과 매우 유사했다 이들은 제주도에 몽골식 목마장을 설치했다. 자신들의 가장 소중한 자원인 말을 접근이 쉽지 않은 외딴섬에서 키우기로 한 것이다. 바다를 건너야 하는 나쁜 접근성에도 불구하고 이곳을 목장지로 택한 것을 볼 때 당시 제주도가 방목에는 최적의 환경이었음을 알 수 있다. 현재 제주도에서 볼 수 있는 중산간 초지는 온난 습윤한 동아시아 몬순 기후에 전혀 어울리지 않는 모습을 띠고 있다. 점토대토기 집단과 송국리 집단의 초기 작품에 몽골인이 덧칠을 해서 완성된 독특한 경관이다. 척박한 남쪽 섬의 초원은 북방에서 내려온 점토대토기 집단이 남긴 흔적인 셈이다.

한반도 남부에서는 대략 2600년 전부터 점토대토기가, 2300년 전에는 세형동검이 나타난다. 모두 기후 변화와 사회 갈등에 지쳐 북쪽의 랴오시와 랴오둥 지역에서 내려온 사람들이 전한 것들이다. 2800~2300년 전 점진적으로 한랭해지는 기후를 피해 북방의 복합 경제 집단은 지속해서 남하했다. 원시 한국어가 이때 함께 들어왔을 가능성이 있다. 그렇다면 원시 일본어는 필시 그 이전에 한반도 남부에서 일본으로 건너간 송국리 문화와 관련 있을 것이다.

## 한국어와 일본어는 왜 그렇게도 다를까

한국인과 일본인은 상대방의 언어를 사용하여 소통하는 것이 거의 불가능에 가깝다. 두 민족의 유전적 차이와 두 나라의 물리적 거리를 고려할 때 언어의 차이가 무척 큰 편이다. 한국어와 일본어가 일찍 분기한 다음에 서로 간에 언어적 교류가 많지 않았음을 시사한다. 일본이 고립된 섬나라라는 점이 어느 정도 영향을 미쳤을 것이다. 비교를 위해 다른 나라의 경우를 살펴보자. 가령 이탈리아 사람과 스페인 사람은 상대방 언어에 대한 사전지식이 전무한 상태에서도 서로의 말을 듣고 이해할 수 있다. 로마 제국 시기 이후 라틴어의 방언으로 스페인어가 떨어져 나가면서 이탈리아어와 달라졌다고 하는데, 두 언어는 여전히 무척 유사하다. 또한 지중해와 피레네산맥 때문에 스페인은 다른 유럽국으로부터 지리적으로 고립되어 있다. 그럼에도 스페인어와 이탈리아어의 차이는 생각만큼 크지 않다. 이에 비하면 한국어와 일본어는 확실히 멀게 느껴진다.

2004년 미국 인디애나대학교의 크리스토퍼 벡위드Christopher Beckwith는 부여와 고구려의 언어가 현재의 일본어와 비슷하고 신라의 언어가 지금의 한국어와 비슷하다는 주장을 제기한 바 있다.[7] 이 가설은 재러드 다이아몬드가 《총, 균, 쇠》의 개정판을 한국에서 출간할 때 책 말미에서 소개하여 우리나라에도 널리 알려졌다. 현재의 한국어와 일본어가 이렇게 다른 이유를 과거 한반도 북쪽 지역에서 통용된 고구려어와 남쪽 지역의 삼한어 사이에 존재했던 언어적 차이에서 찾은 것이다. 벡위드는 고구려어를 원시 일본어로, 삼한어를 원시 한국어로 간주한다. 이는 앞서 언급한 로베이츠의 주장에 잘 부합한다.

9장에서 소개했던 로베이츠의 주장을 다시 한번 떠올려 보자. 그는 유라시아에서 조/기장 농경 문화의 전파와 함께 유전자와 언어가 함께 확산되었다고 믿었다. 고고학자인 콜린 렌프루와 피터 벨우드Peter Bellwood가 제시한 '농경-언어 학산 기설'을 충실히 따르는 입장이다.[8] 이 두 학자는 전 세계 언어의 분포가 신석기 혁명 이후 나타난 농민의 확산과 관련이 있으며 농경 문화와 원시 언어를 함께 연구하면 인간의 이동 시기와 경로를 밝힐 수 있다고 주장했다. 인구가 많은 농경 사회가 확산하면서 주변의 소규모 수렵채집민 집단을 점차 대체하므로 농경 문화와 언어 혹은 유전자까지 동일한 방향으로 움직였다고 본 것이다. 그러나 이 가설은 유럽과 오세아니아를 제외한 다른 지역에서는 적용하기 어려울 때가 많다. 어느 한 사회의 농경 문화와 언어가 서로 다른 경로와 방식을 통해 전파된 사례를 쉽게 찾을 수 있기 때문이다. 또한 인구 대체(유전자의 확산) 없이 농경 문화의 전달만 이루어진 경우도 적지 않았다.

로베이츠는 원시 한국어가 조/기장 농경 문화와 함께 대략 6500년 전에 한반도로 유입되었다고 주장한다. 반면 원시 일본어는 벼 농경 문화와 더불어 3300년 전에 한반도로 전달된 후 송국리 문화인이 약 2800년 전 규슈로 이주할 때 함께 건너갔다고 본다. 로베이츠는 두 언어 모두 랴오허 유역에서 기원했다고 주장했다.[9] 만약 그의 가설이 맞다면, 현재 한국어와 일본어의 차이는 6500년 전 랴오허의 기장 농경민이 한반도로 이주한 후 랴오허에 남은 농경민과 한반도로 건너온 농경민이 수천 년간 공간적으로 격리된 결과로 볼 수 있을 것이다. 이후 랴오허에서 한반도로 내려온, 원시 일본어를 쓰는 벼 농경민이 한반도에 있던 기존 농경민과 별다른 언어 접촉 없이 일본으로 건너갔다고 가정해 보자. 이는 유전적으로 가까운 두 국가의 구성원이 왜 그렇게도 언어가 달라 소통이 어려운지를 설명한다. 그러나 앞서 말했지만 송국리형 문화는 추위가 시작된 2800~2700년 전부터 2300년 전까지 한반도 남부로 광범위하게 확산하는 모습을 보인다. 두 언어가 과연 접촉이나 차용을 최소화한 채 각 언어의 고유성을 유지할 수 있었을까?

한편 로베이츠와 달리 코넬대학교의 언어학자 존 휘트먼John Whitman은 원시 한국어가 2300년 전 랴오허 지역에서 세형동검을 지니고 한반도로 들어온 유목 문화 배경의 집단과 관련이 있다고 주장한다.[10] 그리고 원시 일본어는 그 이전에 벼 농경과 함께 랴오둥에서 한반도 그리고 일본 순으로 순차적으로 전달되었다고 보았다. 당시 한반도 남부에 거주하던 송국리형 벼 농경민들은 2800~2700년 전부터 시작된 기후 변화를 피해 일본으로 넘어가는 중이었으므로 2300년 전 남하한 반농반목민의 원시 한국어가 한반도 전체로 비교적 수월하게 퍼지는 상황을 상정해 볼 수 있다. 휘트먼의 생각이 옳다고 가정하고 한국어와 일본어의 언어적 거리를 감안한다면, 3200년쯤에 한반도에 나타나 2800년 전에 일본으로 건너간 송국리 벼 농경민과 수백 년 후 세형동검과 함께 한반도로 진입한 유목 문화 기반의 북방인은, 비록 두 집단 모두 랴오둥과 만주에서 남하했을 테지만 근본적으로 서로 다른 역사와 문화 그리고 언어적 배경을 가졌을 가능성이 크다. 원시 한국어와 원시 일본어가 기원지는 유사하더라도 생활 방식과 문화가 완전히 다른 집단에서 비롯되었다고 가정해 보자. 그렇다면 두 언어 간에 교류가 일어나지 않아 시간이 지나면서 그 차이가 점점 벌어졌을 것이다.

휘트먼의 가설은 한국어가 부여어와 고구려어에서 기원했다는 미국의 러시아계 언어학자인 알렉산더 보빈Alexander Vovin의 주장과도 연결된다. 보빈은 원시 한국어가 남만주에서 내려온 유목민에 의해 한반도로 전파되었다고 믿었다. 그의 주장을 요약하면 다음과 같다. 유목민이 남하할 당시 한강 남쪽에는 원시 일본어를 사용하는 벼 농경민이 살고 있었다. 그러나 이들은 말을 자유자재로 부리는 유목민을 이길 수 없었다. 벼 농경민에게는 유목민을 우두머리로 받아들여 섬기거나 유목민과의 싸움을 피해 도망치는 두 가지 선택지가 있었다. 이 중 후자가 더 나은 선택이었으며, 특히 바다 건너 일본으로 이주하는 것이 상책이었다는 것이다.[11] 보빈은 고유전학이나 고고학 정보 없이 언어 자료만을 가지고 이런 결론을 내렸다. 그의 주장은 학술적으로 엄밀하지 않은 단순한 추론에 불과하다. 그러나 원시 한국어와 부여어의 관련성을 설득력 있게 제시했다는 점에서는 주목할 만하다. 그의 분석이 옳다면, 북쪽에서 유목민이 내려와 원시 한국어가 한반도에 퍼졌고, 원래 한반도에서 사용되던 원시 일본어는 농경민이 일본 규슈로 건너갈 때 이들과 함께 넘어갔다고 볼 수 있다.

보빈의 논문에서는 고고학적인 내용을 찾아보기 힘들다. 특히 이주가 일어난 시기에는 관심이 없는 듯 대충 넘어가고 있다. 그는 한반도로 원시 한국어가 들어오는 과정에서 유목민과 벼 농경민 집단 간에 물리적 싸움이 일어났을 것으로 가정했지만 가능성은 크지 않아 보인다. 기후 변화로 인구가 감소한 데다 일본으로 많은 사람이 이동했기 때문에 한반도 남부에는 비어 있는 땅이 많았다. 북방에서 복합 경제를 영위하던 반농반목민이 진입하기에 큰 무리는 없었을 것이다.

샤자뎬 상층문화에 포함되며 고조선과의 관계 때문에 자주 언급되는 랴오시의 십이대영자 집단 또한 휘트먼이나 보빈의 가설과 연관 지어 생각해 볼 수 있다. 연구자들은 흔히 십이대영자 집단을 '동호'와 연결하곤 한다. 혹독한 기후로 한반도에서 송국리 문화가 크게 쇠락하던 2300년 전, 십이대영자 집단 또한 기후 변화에 시달리고 있었다. 엎친 데 덮친 격으로 전국 시대의 연나라가 명장 진개를 앞세워 압박해 들어왔다. 사람들은 기후 변화와 전쟁을 피해 랴오허강을 건넜고, 랴오둥에 있던 고조선 사회는 외부인의 유입으로 혼돈에 빠져들었다. 고조선인들은 갈등에 지쳐 하나둘 고향을 등지기 시작했다. 십이대영자 집단(동호)을 진압한 진개는 이번에는 랴오둥으로 진격하여 이미 세력이 약해진 고조선을 공격했다. 고조선인들은 전력의 현격한 열세를 실감하며 한반도 서북부까지 떠밀려 내려왔다. 이들이 한반도에 세형동검과 같은 유물을 남긴 주인공이다. 비슷한 시기에 해안을 따라 한반도 남부까지 내려온 점토대토기 집단도 있었다. 아마도 원시 한국어를 쓰는 무리였을 것이다.

일본어와 한국어의 차이를 농경 기반인 샤자뎬 하층문화와 복합 경제 기반의 십이대영자 문화 간의 언어 차이에서 비롯되었다고 보면 논리적으로 큰 문제는 없다. 더불어 일본의 고립된 환경과 조몬어는 두 언어의 간격을 더욱 벌리는 요인이었다. 십이대영자 문화는 만주의 수렵민 집단이 형성한 샤자뎬 상층문화의 영향을 많이 받았으므로 그 이전의 샤자뎬 하층문화와는 차별적인 성격을 띠었다. 이는 휘트먼이나 보빈이 제시한 가설과도 상통한다. 반면 6500년 전 기장 농경민이 원시 한국어를 전파했다는 로베이츠의 가설은 당시 이들의 파급력이 낮았음을 고려할 때 수긍하기가 어렵다. 벼 농경이 들어오기 전까지 한반도는 수렵채집민의 땅으로 인구 밀도가 높지 않았다. 또한 기장 농경이 한반도에서 시작되었던 때는 지난 1만 년 이상의 홀로세 기간에서 가장 풍요로웠던 시기로 이주, 갈등, 문화 전파와 같은 사회 변동이 일어날 만한 상황이 아니었다.

원시 한국어를 쓰는 랴오허 유역의 점토대토기 문화 집단이 남하하여 송국리 문화를 대체했지만, 이들은 송국리 문화를 상징하는 수전 농경을 계승하지 않았다. 생산성 높은 농경 기술이 후속 문화로 이어지지 않고 사라진 경우는 동아시아에서 흔치 않았다.[12] 남한의 점토대토기 문화 유적에서는 단지 수렵과 채집의 비중이 더 높아진 복합 경제 활동의 흔적을 간간이 볼 수 있을 뿐이다. 인구가 많이 감소하였고 벼 농경의 비중은 확연히 줄어들었다. 송국리 사회가 2700년 전에서 2300년 전 사이에 쇠퇴하는 과정에서 사회문화적 요소보다는 갑작스럽게 닥친 기후 변화가 더 큰 역할을 했을 가능성이 높다고 보는 이유다. 또한 주거지 수 자료에서도 볼 수 있듯이 2800년 전의 갑작스러운 인구 증가도 송국리 문화의 쇠락에 한몫했을 것이다.[13] 인구가 급증하면 삼림의 과도한 파괴를 피할 수 없으므로 가뭄이 사회에 미치는 파급력은 더 강해진다. 여기에 지속 가능성을 초과하는 토양과 물의 남용은 인구의 급격한 감소와 문화의 후퇴를 부추겼을 것이다.

## 스키타이족이 서쪽으로 간 이유는?

2800~2700년 전에 나타났던, 이른바 2.8ka 이벤트라고 부르는 단기 한랭기는 그 이전에 발생했던 8.2ka 이벤트, 4.2ka 이벤트, 이후에 나타난 소빙기와 비교할 때 관심을 두는 연구자가 많지 않았다. 8.2ka나 4.2ka 이벤트에 비해 변화 규모가 작았고 문헌 자료가 많이 남아 있는 소빙기와 달리 기후 기록을 찾기 힘든 먼 과거의 일이었기 때문이다. 그러나 최근 2.8ka 이벤트에 관심을 두는 연구자가 늘고 있다. 연구자들은 2.8ka 이벤트를 약 500년 후의 한랭기인 2.3ka 이벤트와 함께 묶기도 하는데, 두 이벤트를 양단으로 하는 500년의 기간을 '철기 저온기'라고 부른다. 최근 연구 결과에 따르면 철기 저온기는 북반구 전역에서 광범위하게 발생했을 뿐 아니라 인간 사회에도 뚜렷하게 영향을 미쳤다는 사실이 여실히 드러나고 있다.

2800년 전의 한랭화의 흔적은 주로 북대서양 북부, 가령 독일, 아일랜드, 네덜란드, 스웨덴 등지에서 확인되는 경우가 많았는데 최근에는 북아메리카 서부, 남유럽 이베리아반도, 캘리포니아, 동아시아, 중앙아시아, 인도, 지중해 동부 등 북반구 대부분 지역에서 보고되고 있다. 약 500년에 걸쳐 철기 저온기 동안 꾸준히 나타났던 추위는 태양 흑점 수의 감소와 관련이 있어 보인다. 학계에서는 흑점 수가 상대적으로 적었던 2800~2500년 전을 '호메로스 극소기'라고 칭한다.[14] 당시 아일랜드 등의 북서 유럽에서 기후 변화로 인구가 많이 감소해 그 여파로 청동기 시대가 막을 내리고 철기 시대가 도래했다고 보는 학자가 많다.[15] 지중해 지역 역시 한랭해지면서 그리스를 상징하는 올림포스산의 산지 빙하가 확장했고 수목선의 고도가 낮아졌다. 고대 그리스어 '올림포스Ολυμπος'는 '항상 반짝이는 산'을 뜻한다. 멀리서 산 정상부의 하얀 빙하를 매일 같이 봤을 그리스인에게 '올림포스'만큼 이 산에 어울리는 이름도 없었을 것이다. 그리스의 위대한 작가 호메로스 또한 《일리아드》와 《오디세이》에서 올림포스산의 만년설을 즐겨 묘사했다.[16]

주로 스칸디나비아반도 남부에서 살았던 게르만족 또한 철기 저온기의 추위를 피해 2700~2600년 전부터 적극적으로 발트해를 건너 중부 유럽으로 진입하기 시작했다. 이들은 수렵채집, 농사, 목축 등 다양한 생계 방식을 통해 인구를 불려갔는데 수백 년에 걸쳐 당시 유럽 전역에 넓게 퍼져 있던 켈트족을 서쪽으로 몰아내고 중부 유럽을 차지하였다. 원래 알타이 지역에 있던 스키타이 문화가 2800년 전 이래 서쪽 방면으로 크게 확산한 것도 당시의 한랭화 때문이라고 보는 학자가 많다.[17] 제트 기류의 남하로 편서풍이 강해짐에 따라 서유라시아에서 강수량이 증가하여 초원의 생산성이 높아졌는데, 그 결과 많은 야생 동물이 서유라시아의 초원 지대로 모여들었고 수렵을 병행한 스키타이족 또한 사냥감을 쫓아 중앙아시아를 떠나 서쪽으로 이동했다는 것이다. 스키타이족은 서부 유라시아 최초의 유목 민족 국가로 동부 유라시아의 흉노국과 함께 철기 저온기의 유라시아 초원을 장악했던 주인공이다. 일찍이 역사학의 아버지 헤로도토스는 자신의 저작 《역사》에서 스키타이족을 포악하고 전투에 능한 민족으로 묘사했다. 스키타이족은 적의 두개골에 금박을 입혀 술잔으로 사용할 정도로 잔인한 면모를 지니고 있었고 기마술과 궁술이 매우 뛰어났다. 이들은 2800

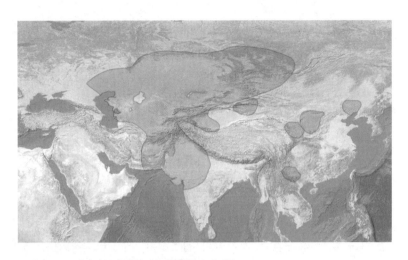

그림12-3 스키타이족이 영향력을 행사했던 지역들

년 전부터 서쪽으로 이동하여 2600년 전에는 흑해 동안에 자리 잡고 있던 유목 민족 킴메르를 쫓아냈고 이후 흑해의 북쪽 연안까지 세력을 넓혀갔다.

스키타이족은 기원전 514년에 아케메네스 제국의 전성기를 이끈 다리우스 1세와 맞붙어 전력의 열세를 뒤엎고 승리를 거두는 등 가공할 무력을 뽐냈다. 아케메네스의 국경 지역을 수시로 약탈하던 스키타이족은 제국을 완성한 다리우스 1세의 유일한 고민이었다. 다리우스 1세는 이 문제를 해결하기 위해 70만 명에 이르는 군대를 조직하여 호기롭게 쳐들어갔지만 스키타이 기마병의 뛰어난 기동력을 극복할 수 없었다. 스키타이인이 도망치기 시작하면 쫓아가는 건 불가능에 가까웠고, 스키타이인에게 추격당하면 순식간에 따라잡혔다. 스키타이인은 기마술뿐 아니라 말을 몰면서 활시위를 뒤로 겨누는 궁술에도 능해 초원 지대에서는 무적이었다.

심지어 이때는 발을 지탱해 주는 등자도 발명되기 전이었다. 몸을 뒤로 돌려 활을 쏠 때면 허벅지 힘으로 말 위에서 몸을 지탱하는 기술이 필요했다. 아무나 흉내 낼 수 있는 기술은 아니었다. 스키타이족은 기원전 4세기경에 이렇듯 남다른 전투력을 발판 삼아 전성기를 구가한다.

스키타이족이 중앙아시아를 떠나 서쪽으로 이동한 원인을 철기 저온기의 기후 변화에서 찾는 것은 일견 타당해 보인다. 그런데 이렇듯 광범위한 확산이 가능했던 요인은 의심할 여지 없이 유목민 특유의 높은 기동성에 있었다. 유라시아 유목민의 거대한 고분, 이른바 '쿠르간'은 부족의 영토 표시나 충성 표지로 활용한 상징물로 유라시아 초원에 넓게 분포한다. 수많은 대형 고분은 기마 유목민의 이동 능력이 얼마나 대단했는지 잘 보여준다. 유라시아의 동쪽 끝에 위치한 한반도에서도 유사한 형태의 고분이 발견될 정도이니 굳이 강조할 필요도 없다. 더구나 한반도는 초원도 아니고 숲으로 덮인 땅이었다.

기마 유목민의 기동성은 유라시아 초원 지대의 문화가 서로 많은 특징을 공유할 수 있었던 근본 원인이었다. 기후가 양호하여 정세가 안정적일 때는 유라시아의 문화를 동에서 서로, 서에서 동으로 빠르게 전달하면서 동아시아와 유럽의 문화가 발전하는 데 지대한 역할을 했다. 유럽, 인도, 중국을 잇는 경로를 통해 종교, 말, 금속, 작물, 악기와 같은 문물이 서유라시아에서 동유라시아로 전파되었다. 동아시아로 전파된 종교만 해도 조로아스터교, 불교, 유대교, 기독교, 이슬람교 등 여럿이다. 반대로 중국의 차, 비단, 종이, 마구 등 여러 선진 문물이 중앙아시아를 경유하여 유럽으로 전달되기도 하였다. 그런데 기후가 뚜렷한 변화 양상을 보일 때면 스키타이나 흉노 같은 유목민은 기동성을 활용해 살기 좋은 땅을 찾아 재빠르게 움직였다. 그 과정에서 정착 농경민과의 물리적 갈등은 피할 수 없었다. 이들은 페르시아의 아케메네스 제국, 전국 시대의 조나라와 같이 당대의 강대국과의 전면전도 불사했다. 철기 저온기는 유목민과 정착민의 갈등이 첨예해지는 시기였다.

## 제국을 공포로 떨게 한 스키타이족

고고학자들에게 가장 유명한 쿠르간의 유물은 아마도 카자흐스탄의 이식 지역에서 출토된 황금 인간일 것이다. 중앙아시아에서 황금으로 치장된 고대인을 발굴했다는 소식은 이집트의 파라오 투탕카멘의 발견에 비견될 정도로 학계에 큰 반향을 불러왔다. 화려한 외관을 자랑하는 황금 인간은 2800년 전부터 기후가 한랭 습윤해지면서 초원 지대가 확대되자 중앙아시아에서 서쪽으로 퍼져나갔던 스키타이족의 일원으로 대략 2300년 전에 살았던 왕자나 그의 호위병으로 추정된다. 스키타이Scythia는 그리스인이 흑해 북부의 철기 기마 민족을 가리킬 때 사용했던 용어다. 페르시아에서는 이들을 '사카Saka'라 불렀고 중국에서는 '사이塞'라 칭했다.

스키타이는 인류 역사상 최초의 제국이었던 페르시아의 아케메네스 왕조를 혼쭐낼 만큼 초원 지대에서 기마술을 바탕으로 뛰어난 전투력을 과시했다. 아케메네스는 당대 최강국이었다. 무지막지한 정복 군주 다리우스 1세는 주변을 초

**그림12-4 빅토르 바스네초프의 〈슬라브인과 스키타인의 전투〉(1881)**

토화하면서 빠르게 영역을 확장했지만, 인도와 마케도니아까지 평정한 후 유럽을 노리던 중 예기치 못한 복병을 만나고 만다. 기원전 514년 다리우스는 유럽 정복의 교두보를 확보하기 위한 목적으로 보스포루스해협과 다뉴브강을 건너 스키타이족이 살고 있는 곳으로 전진했다. 수적 우위를 앞세워 초원에서 공격을 시도했으나 스키타이인은 절대 정면으로 맞서지 않았다. 전투에서 스키타이 기마병은 빠르게 달아나면서 식량을 없애고 우물을 막아 적의 사기를 저하시켰다. 다리우스가 스키타이족을 얕잡아 본 것은 큰 패착이었다. 치고 빠지는 게릴라 전술에 속수무책으로 당할 수밖에 없었다.

다리우스는 두어 달에 걸친 행군에도 건진 것 하나 없이 자국으로 돌아와야 했다. 병력의 10분의 1만이 살아 돌아온 처참한 실패였다. 스키타이의 강인하고 유연한 전술이 유럽 전역을 정복하려 했던 다리우스의 원대한 계획을 좌초시킨 것이다. 스키타이가 없었더라면 팍스 로마나가 아닌 팍스

페르시아나가 2000년 전의 유럽을 수놓았을지도 모른다. 사실 스키타이가 아케메네스를 좌절시킨 일은 이번이 처음은 아니었다. 아케메네스 제국의 창건자이자 관대한 통치로 만인의 존경을 받았던 키루스 대제 또한 스키타이의 일족에게 살해당했다. 기원전 530년 키루스 왕을 죽음으로 내몬 전사는 남성이 아니라 마사게타이 왕의 미망인었던 토미리스였다. 헤로도토스는 초원 지대 여성들이 여사제로서 중요한 위치를 점했으며 전투에서도 매우 용맹했다고 기술했다.

스키타이족의 여성이 인상적이었던지 관련 이야기가 그리스 신화에도 등장한다. 그 주인공은 아마존 부족의 여전사다. 오랫동안 아마존 부족 이야기는 여전사가 활을 더 잘 쏘기 위해 한쪽 가슴을 절단했다거나 남자아이가 태어나면 가차 없이 죽였다는 전설처럼 근거 없는 허구만 가득했다. 그러나 최근의 러시아에서 발견된 유골을 분석한 결과 초원의 아마존 여전사가 실존했음이 밝혀졌다. 스키타이인은 전투에 임할 때 남녀 구분이 없었다. 모두 똑같이 말을 타고 적에게 활을 쐈다.

최근 들어 스키타이의 화려한 복장과 신라의 복식이 비슷하다며 신라가 스키타이 문화의 영향을 받았다는 주장을 자주 접한다. 확실히 스키타이와 신라의 분묘 형태와 금관 모양이 서로 엇비슷해 보이기는 한다. 그러나 스키타이가 살았던 흑해 북부와 한반도는 공간적으로 멀리 떨어져 있을 뿐 아니라, 스키타이는 철기 저온기(2800~2200년 전)에 나타나 흥했으므로 신라의 존속 시기와 대략 1000년 정도의 차이가 난다. 신라가 실제로 스키타이의 영향을 받았다면 스키타이의 문화를 접한 흉노나 선비 등의 북방 유목 민족이 이를 한반도 남부로 전달했다고 보는 게 적절할 듯하다. 북유라시아의 유목민 집단은 동서로 넓게 이동하면서 부지불식간에 다양한 문화를 뒤섞는 문화의 용광로 역할을 수행했다 스키타이 문화가 천 년이라는 긴 시간을 넘어 유라시아 동쪽 끝에 위치한 한반도에까지 전달된 것이 사실일까? 철기 기마 민족의 이동 범위와 문화 생존력은 우리의 상상 그 이상인지도 모른다.

얌나야 집단에서 시작된 유목 문화는 서유라시아에서 히타이트와 스키타이로 이어졌다. 이들은 유목민의 장점인 제련술과 기마술을 발판으로 철기 기마 민족의 정체성을 발전시켰다. 홀로세 기후 최적기가 끝난 4900년 전 이후 사방으로 확장한 얌나야, 3700년 전경부터 나타난 중기 청동기 저온기에 폰틱-카스피해 초원에서 남하하여 아나톨리아에 정착한 히타이트, 2800년 전경부터 시작된 철기 저온기에 중앙아시아에서 서쪽으로 이동한 스키타이는 모두 광활한 유라시아 초원 지대에서 유목 생활을 하다가 기후 변화에 자극받아 따뜻하고 물이 풍부한 지역을 찾아 이동했다. 얌나야, 히타이트, 스키타이! 대략 1000년 간격으로 출몰하여 유럽과 중동의 정착민을 두려움에 떨게 했던 유라시아의 기마 민족은 이후에도 1000년을 주기로 살벌한 이야기를 풀어냈다. 1600년 전에 나타난 훈족과 700년 전에 나타난 몽골족이 그들이다.

## 춘추 전국 시대의 추위와 혼란

중국의 철기 저온기는 동주 시대(기원전 770~256년), 즉 춘추 전국 시대와 거의 정확히 일치한다. 당시 중국의 혼란스러웠던 정국이 열악했던 기후 조건과도 연관이 있음을 시사하는 대목이다. 춘추 전국 시대 들어 기후 변화로 식량이 부족해지자 북쪽의 유목민은 새로운 목초지를 찾아 대거 남하하기 시작했다. 반면 중원의 나라들은 기후의 점진적인 악화에도 불구하고 농경 기술이 크게 개선됨에 따라 인구가 증가하여 북쪽으로 확장하는 모습을 보였다. 점차 한랭해지는 변화에 맞게 주 작물을 밀로 바꾼 것이 성공을 거둔 것이다.[18] 그 과정에서 유목민과 정착 농경민이 부딪히면서 동유라시아의 유목민 벨트가 형성되었다. 이후 2000년 가까이 이들 간에 치열한 공방이 이어졌다. 기후가 나빠져 초원의 삶이 팍팍해질 때면 어김없이 유목민이 남쪽 마을을 약탈하려고 했기에 정착 농경민과 유목민이 물리적으로 부딪히는 상황이 주기적으로 발생할 수밖에 없었다. 전국 시대의 조나라, 연나라 등 북부의 국가들은 유목 민족인 동호의 침탈을 막기 위해 장성을 쌓았다. 기원전 222년 진의 시황제 또한 중국을 통일한 후 장성을 추가로 축조해 기존의 것을 보완했다. 점차 강성해지던 흉노의 공세를 방어하기 위해서였다.[19] 철기 저온기가 끝나갈 즈음인 기원전 4세기 말, 몽골과 북중국에서 동아시아 최초의 유목 제국이라 할 수 있는 흉노가 나타났다. 흉노는 기원전 206년 전국 시대에 성했던 동호를 섬멸하면서 제국의 기틀을 닦았다.

동호는 흉노와의 경쟁에서 밀려 사라졌지만 오환과 선비가 그

명맥을 이어갔다. 동호의 기원은 분명하지 않지만 샤자뎬 상층문화와 관련이 있다고 보는 시각이 강하다. 철기 저온기에 샤자뎬 상층문화에 속한 산융과 동호의 주류가 남서쪽으로 움직이면서 정착 농경민과 유목민의 북중국 대치가 처음으로 시작되었고, 동호의 일부 무리가 남동쪽의 랴오둥으로도 이동하여 랴오둥의 점토대토기 문화 집단이 한반도로 밀려 내려오는 게기로 자용하지 않았을까 생각한다.

기마술을 앞세운 유목 민족의 전투력은 정착 농경민 사회에 전혀 뒤지지 않았다. 전술적인 면에서는 오히려 앞설 때가 많았다. 중국 왕조는 이들과의 전면전을 가급적 피하려 했다. 대신 외교적인 해결책을 선호했다. 간혹 군대를 조직하여 토벌 원정을 나설 때도 있었지만 비단 같은 선물을 주거나 왕족 간의 혼인을 통해 이들의 난폭한 성정을 달래곤 했다. 북쪽에서 호시탐탐 정착민의 재산을 노리던 유목민들은 중국 왕조의 오랜 골칫거리였다.

한편 중원에 비해 인구 밀도가 낮았던 남중국에서는 철기 저온기가 시작된 2800년 전부터 북방민의 유입이 두드러졌다. 이는 당시 중원의 정치 상황과도 결부된다. 오늘날의 티베트인과 관련이 있는 건융족은 당시 힘이 떨어진 주나라를 침공하여 기원전 771년 주나라의 왕인 유왕을 시해하기에 이른다. 이에 주나라 지배층은 수도인 시안을 포기하고 동쪽의 뤄양으로 천도한다. 천도 이후의 주나라를 '동주'라 부르고 이전의 주나라를 '서주'라 부른다. 이렇듯 극도로 무력한 조건에서 출범하였기에 동주는 태생적으로 왕권이 강하기 힘들었다. 왕실의 권위는 땅에 떨어졌고 지방에서는 유력한 제후들이 자신의 야망을 드러내기 시작했다. 중원은 곧 춘추 시대라는 복잡한 정치 상황을 맞게 되는데, 이때 추위와 전쟁을 피해 중원에서 출발하여 화이허강을 따라 따뜻한 남동쪽으로 이동한 사람이 많았다. 이들은 해안까지 도달하여 화이허강과 양쯔강 사이에 위치한 장쑤성 지역에 정착하였다. 중국의 남동부 해안은 홀로세 중기 이후로 해수면이 상승과 하강을 반복하였기 때문에 주거지로 적합한 곳이 아니었다. 오랫동안 중원에 비해 정착민이 적을 수밖에 없었지만 2800년 전부터 중원에서 많은 사람이 내려오면서 농경이 본격적으로 전개되었고 인구는 빠르게 늘어갔다.[20]

## 한반도의 철기 저온기

지금까지 철기 저온기에 유라시아 전역의 상황이 어떠했는지 살펴봤다. 당시의 주된 사회 변동이 대체로 기후의 점진적인 한랭화에서 비롯되었음을 알 수 있다. 동북아시아에서도 랴오시의 복합 경제 집단이 기온 하강의 여파로 남쪽으로 내려오면서 랴오둥과 한반도 북부는 큰 혼돈으로 빠져들었다. 북방의 이주 물결은 랴오둥 주거민을 자극했고 이들이 이주하며 한반도로 점토대토기 문화를 전달했다. 랴오둥을 지나쳐 한반도 남부까지 내려온 랴오시 지역민도 있었다.

철기 저온기의 기후 변화가 집단 이주를 이끌었다는 가설을 검증하기 위해 당시 한반도를 포함한 동북아시아의 기후가 시기별로 어떠한 양태를 띠었는지 좀 더 자세히 살펴보도록 하자. 2부에서 소개했던 제주도 동수악오름의 퇴적물 분석 자료는 이 시기에 대한 유용한 정보를 제공한다. 기온 변화를 보여주는 상록성 활엽수 화분 그래프에서 2800~2700년 전에 기온이 크게 떨어지는 모습을 확인할 수 있다(그림7-5). 이후 기온이 약간 오르긴 하지만 철기 저온기를 거치는 내내 기온이 점진적으로 하강하는 경향을 보인다. 그리고 2300년 전 기온이 다시 한번 크게 떨어진다. 비슷한 변화 양상을 그린란드 빙하 자료의 대양 활동 자료에서도 볼 수 있다. 한반도에서는 홀로세 후기에 500년 주기의 태평양 엘니뇨의 영향을 받아 기후 변화가 발생한 것으로 추정되지만, 이러한 변화가 대서양의 해양 순환(그린란드 빙하 자료) 그리고 태양 활동과도 관련 있음을 의미하는 것이다. 이는 대서양과 태평양이 기후 원격 상관에 의해 서로 엮여 있음을 보여주며 동시에 두 대양의 상태 변화를 일으키는 근본 요인이 태양 활동이라는 점을 시사한다.[21]

동수악의 조립 탄편 자료 또한 철기 저온기 기후의 성격을 잘 보여준다. 탄편량은 2800~2700년 전 증가한 후 철기 저온기 내내 점진적으로 늘어나다가 2300년 전 눈에 띄는 증가 경향을 보인다. 지난 4000년 동안 탄편량이 최고치에 이른 시기가 이때다. 즉 점점 건조해지던 기후가 철기 저온기의 막바지인 2300년 전에 이르러 절정에 달했음을 시사하는데, 이러한 탄편량의 변화는 적도 서태평양의 해수면 온도의 변화 양상과 상당히 유사하다. 해수면 온도가 낮아지면 해양에서 전달되는 수증기량이 감소하므로 오름은 건조해지고 불이 잦아지는 것이다.[22]

동수악오름의 화분과 조립 탄편 자료를 같이 놓고 보면 우리나라 철기 저온기 기후의 특성을 파악할 수 있다. 철기 저온기가 이어지면서 점차 기온이 하강하였고 대기는 건조해졌다. 특히 기온과 강수량이 2700년 전과 2300년 전에 현격히 감소했는데, 상대적으로 기온은 2700년 전에, 강수량은 2300년 전에 더 감소한 것으로 보인다. 이렇듯 기온이 떨어지고 강수량이 많이 감소하면서 정착민들이 살아가기에 불리한 환경이 조성되었다. 열악해진 기후로 식량 위기가 덮치고 전염병이 돌았다. 동아시아 전역에서 내부 갈등이 팽배해지고 대대적인 이주가 이뤄진 것은 어쩌면 당연한 수순이었다.

2700년 전과 2300년 전, 두 번에 걸쳐 랴오시 지역과 한반도 남부에서 주거지 수가 급감하는 경향이 서로 너무나도 유사하다. 2900~2800년 전 짧은 전성기를 누렸던 한반도의 벼 농경민은 곧이어 나타난 기후 변화라는 재앙에 직면하면서 생존에 위협을 느꼈다. 이들은 농사 짓기 적당한 곳을 향해 온난한 남쪽으로 이동했고 그중 일부는 바다 너머 일본 규슈에서 살길을 찾았다. 저 멀리 랴오시나 랴오둥에서 내려온 사람들도 한반도에서는 마땅한 곳을 찾지 못했는지 일부가 바다를 건넜다. 동북아시아의 농경민들은 기근으로 먹을 것이 부족해지자 자기 땅을 버리고 더 나은 곳을 찾아 끊임없이 이동했다. 이주의 물결은 랴오시에서 랴오둥으로, 랴오둥에서 한반도로, 한반도에서 규슈로 도미노처럼 이어졌다.

### 흉노가 신라의 지배층이었을까?

신라 왕족인 경주 김씨가 흉노의 후손일 수도 있다는 주장은 우리나라 역사에 관심 있는 이들이라면 아마도 한 번쯤은 들어봤을 이야기이다. 실제 삼국을 통일한 문무왕(626~681년)의 비문에는 한나라로 귀의한 흉노 왕족 출신 인물 김일제가 신라 왕조의 선조라는 기록이 남아 있다. 또한 당나라 시대에 세워진 한 묘비에서도 신라와 흉노의 관계를 가늠할 수 있는 내용이 있어 주목받은 바 있는데, 신라의 김씨 성을 가진 어떤 부인의 묘비에서 자신의 조상을 김일제와 연결시키는 글귀가 발견된 것이다. 이렇듯 신라인이 과거에 흥성했던 흉노와이 관계를 중시했던 이유는 무엇일까? 아마도 북방 유목 민족과의 관련성을 부각하는 게 외교적으로 유리했기 때문일 것이다. 당시는 흉노가 사라졌지만 북방의 초원 지대에 유연과 돌궐이 연이어 위력을 떨치고 있었다.

흥미로운 부분은 신라 때 시작된 흉노에 대한 평가가 지금도 면면히 이어지고 있다는 점이다. 한나라가 한민족 최초의 국가인 고조선을 멸망시키고 한사군을 설치했다는 반발심 때문일까? 그보다는 우리 조상들이 한반도로 물러나기 전 광활한 초원 지대를 누볐다는 자긍심에서 기인하지 않았을까. 고구려의 광개토대왕을 높이 평가하는 것처럼 말이다. 넓은 영토를 호령했던 흉노를 조상으로 삼고 싶은 마음도 한편으로 이해가 간다.

하지만 흉노족과 신라 지배층 사이의 유전적 관계를 보여주는 증거는 찾기 힘들다. 우선 흉노 집단이 한반도 동남부 지역으로 이동했을 가능성은 높지 않다. 일부 흉노의 엘리트가 내려와 선진 제련술과 기마술을 전했을 수는 있으나 눈에 띨만한 이주의 흐름은 없었다고 보는 것이 합리적이다. 혹자는 신라 17대 왕인 내물왕 때부터 왕의 이름 뒤에 붙는 단어가 '이사금尼師今'에서 '마립간麻立干'으로 바뀐 것을 두고 내물왕이 흉노의 후손이라고 주장하기도 한다. 마립간의 '간'이 유목 민족이 왕의 칭호로 사용하는 '칸'과 발음 측면에서 유사하다는 것이다. 그러나 흉노에서는 왕을 '선우'라고 불렀지 '칸'이라고 부르지 않았다. 또 칸이라는 단어는 유연 시대로 들어선 후에야 사용되었으므로 이를 증거로 보기는 어렵다. 한편 신라의 왕도였던 경주에서 흔히 볼 수 있는 대형 고분이 유목 민족의 분묘인 쿠르간과 비슷하게 생겼다는 점도 흉노를 신라와 연결시키는 근거로 자주 제시된다. 그러나 무덤의 외관은 비슷해도 내부 구조가 상당히 다르다. 무엇보다도 시베리아에서 쿠르간이 유행하던 시기와 신라 대형 고분이 축조된 시기 사이에는 수백 년이라는 시간 차가 있다.

많은 이가 궁금해하지만 신라와 흉노가 어떻게 연결되는지 정확한 사실 관계를 파악하기는 어렵다. 설령 어떤 특수한 관계가 밝혀지더라도 그러한 발견이 우리나라 역사에서 중요한 의미를 띠지도 않을 것이다. 분명한 것은 대부분의 선진 문화는 북쪽에서 들어왔고 북방의 기마 문화 또한 마찬가지였다는 점이다. 사람들이 직접 이동하여 전달할 때도 있었고 문화만 전파될 때도 있었다. 한반도로 내려온 사람 중에는 자신을 흉노인이라 생각하는 이도 분명히 있었을 것이다. 흉노는 북유라시아에서 광범위한 영역을 지배했던 대제국이었으며 동유라시아와 서유라시아의 다양한 집단이 섞여 이루어진 다양성이 매우 높은 나라였다는 점을 상기해야 한다. 흉노가 전성기를 누릴 때 유전적으로는 서로 다른 계통으로 구분되는 사람들이 모두 흉노라는 이름으로 묶였을 것이다. 이러한 점을 고려한다면 유전자 분석에서 잘 드러나지 않고 고고학적인 근거가 부족하다고 해서 흉노계 엘리트의 신라 이주를 전혀 가능성 없는 이야기로 치부하는 것도 옳지 않다.

## 한반도의 기후 위기가 촉발한 야요이 문화

한반도의 기후 위기를 피해 일본 규슈로 건너온 기후 난민들은 대략 1만 6000년 전부터 일본에서 터를 잡고 살아가던 조몬 수렵채집민 집단과 경쟁해야 했다. 조몬인은 섬나라의 풍부하고 다양한 먹을거리 덕에 풍요로운 정착 생활을 누렸고 토기도 상당히 이른 시기부터 사용했다. 이들은 대륙에서 농경이 전파되기 이전인 홀로세 기후 최적기부터 야생 식물을 관리하여 생산성을 높이곤 했는데, 일본 학자들은 이를 초기 농경 단계로 보기도 한다. 주로 관리 대상은 밤나무와 같은 유실수였다. 수렵채집민 집단이었지만 정착 생활이 가능할 정도로 주변에 먹을거리가 흔했기에 인구도 적지 않았다. 철기 저온기에 한반도에서 규슈로 넘어온 사람들은 농경민 집단이었음에도 현지의 터줏대감인 조몬인을 무력에서 뚜렷이 앞서지는 못했다.[23]

야요이 문화 초기에는 양 진영이 자원과 땅을 놓고 벌이는 갈등 속에서 충돌이 빈번했지만 한편에서는 공존하려는 움직임도 강했던 것으로 보인다. 야요이인의 고인골 유전자 분석 결과를 보면 조몬인의 유전자 비중이 약 60%에 이를 정도로 현대 일본인과 비교해 상당히 높다.[24] 이는 야요이 문화 초기에 농경민과 수렵채집민 집단 사이에 문화적 교류가 활발했음을 시사한다. 새로운 집단의 이주로 주민이 완전히 대체되기보다는 이주민과 토착민이 서로 영향을 주고받으면서 혼합되는 모습이다. 반면 현대 일본인은 조몬 유전자를 단 10% 정도만 지니고 있다. 야요이 시대에 상당히 높았던 조몬 유전자의 비율이 '중세 저온기(대략 1900~1200년 전)'들어서 크게 희석된 결과다. 이때 기후가 한랭해지고 사회가 어수선해지자 또 많은 사람이 반도에서 섬으로 넘어갔다. 일본에서는 이 시기를 '야마토 시대'라고 부른다. 현대 일본인의 유전자 조성은 야마토 시대에 거의 완성되었다. 야마토 시대는 다수의 대형 고분이 축조된 고훈 시기(기원후 250~538년)와 백제인이 문화적으로 많은 영향을 미쳤던 아스카 시기(기원후 538~710년)로 나뉘진다.

앞서 소개했듯 2021년 《네이처》에 발표된 로베이츠의 논문에는 한반도의 남해안에서 발굴된 인골의 고DNA 분석 결과가 실려 있다. 이 논문에는 여수 안도, 통영 연대도, 가덕도 장항, 통영 욕지도 등 주로 남해안의 패총에서 찾은 홀로세 중기의 고인골 분석 결과가 담겨 있는데, 당시 남해안에 살았던 고인골이 랴오시 지역에서 유래한 유전자와 조몬 유전자를 다양한 비율로 가지고 있음을 확인할 수 있다. 제주도 토박이를 제외하면 현재의 한국인에게서 조몬 유전자가 거의 나타나지 않는다는 점을 고려할 때 이는 의미 있는 발견이라 할 것이다. 그런데 조몬 유전자의 비율이 예상보다 너무 높게 나왔다. 의아함을 불러일으키는 수준이다. 욕지도의 고인골은 85%에 이를 정도로 조몬 유전자의 비율이 높았다. 여수 안도를 제외한 나머지 세 지역 모두에서 고인골의 조몬인 비율이 15% 이상이었다. 현재의 일본인과 비교해도 상당히 높은 수치이다.[25] 이러한 분석 결과는 일본의 조몬인들이 과거 한반도의 남해안에 넓게 퍼져 있었음을 지시한다. 신석기 시대 한반도의 대부분은 홀로세 초기 아무르강, 랴오시 등 북방 지역에서 내려온 수렵채집민이 차지하고 있었지만, 남해안은 예외였던 것으로 보인다. 남해안의 고DNA 자료는 문화적으로 이질적인 아무르와 조몬 두 집단 사이에 유전적 교류가 활발했음을 알려준다.

철기 저온기에 한반도에서 수도작 농경민이 대거 들어왔다는 사실은 규슈 북부의 탄소 연대 자료에서도 확인된다. 반도에서는 2800년 전 이후로 정착 인구가 빠르게 줄어든 반면 동 시기 규슈 북부에서는 인구가 서서히 증가하였다.[26] 철기 저온기의 추위로 랴오시, 랴오둥, 한반도 전역에서 대대적인 이주의 물결이 일었고 한반도의 지역 사회는 무질서의 소용돌이로 빠져들었다. 그러나 규슈의 사정은 바다 건너 한반도와는 달랐다. 마찬가지로 이곳도 기온이 떨어졌지만 농경민들이 벼농사를 짓기에는 큰 무리가 없을 만큼 충분히 따뜻했다. 대략 2800년 전 이후로 송국리 농경 집단과 점토대토기 집단이 꾸준히 한반도를 벗어나 규슈로 진입한 것으로 보인다.

반도인들은 일본으로 넘어오기 전에 대부분 남해안을 거쳤을 것이다. 따라서 이곳에 넓게 퍼져 있었던 조몬인 집단과 유전적으로 먼저 섞인 후에 규슈로 건너왔을 가능성이 있다. 즉 일본에서 반도인과 조몬인 집단이 섞인 것이 아니라는 이야기이다. 북부 규슈 지역은 한반도에서 일본으로 사람들이 건너올 때 가장 먼저 지나게 되는 입구이다. 야요이 초기에 일본으로 들어온 반도인의 유전적 정체성을 알고 싶었던 일본 학자들은 북규슈에서 발굴된 고인골에 많은 관심을 보였다. 그러나 이곳의 쓸만한 고인골은 모두 반도의 농경민이 규슈에 도착하고 한참이 지난 야요이 후기의 것으로 밝혀졌다.[27] 반도의 농경민이 조몬 유전자를 이미 지닌 상태로 일본으로 들어간 것인지 지금으로서는 알 수 없는 것이다. 만약 한반도에서 일본으로 건너간 야요이인이 조몬의 유전자를 원래부터 갖고 있었다면, 일본의 조몬 수렵채집민과 한반도의 농경민이 혼합하여 현재의 일본인이 형성되었다고 가정하는 일본의 전통적 이중 구조 모델을 재고해야 할지도 모른다. 한반도의 도래인이 홋카이도 등을 제외한 일본 열도의 조몬인을 완전히 대체했다는 가정도 가능하기 때문이다.

하지만 그럴 가능성은 높지 않아 보인다. 우선 동아시아권에서는 농경민이 수렵채집민을 완전히 대체하는 사례를 찾아보기 힘들다. 벼 농경은 특히 손이 많이 가는 작업으로 수렵채집민을 무작정 죽이기보다는 이들의 노동력을 활용하는 편이 사회 발전에 더 유리했을 것이다. 그리고 송국리형 농경민이 한반도 남부에서 조몬 수렵민과 교잡한 것이 맞다면, 이들이 일본으로 건너가고 난 후부터 갑자기 전략을 바꿨다는 이야기가 된다. 확산 도중에 맞닥뜨린 토착 조몬인 집단을 모두 제거하면서 이동했다는 것인데 설득력이 떨어질 수밖에 없다.

과거 일본 학계는 벼 농경 등의 신문화가 대략 2300년 전에 일본으로 전해졌다고 생각해 야요이 문화의 시작을 기원전 300년으로 간주했다. 야요이 문화가 언제 시작되었는지에 대해서는 여전히 다양한 의견이 있다. 일본 학자들은 현재 그 시점을 3000년 전으로 보고 있으나 연대 자료를 감안하면 본격적인 이주는 2800년 전경부터 이뤄진 것으로 보인다.[28] 일본의 학자들은 벼, 조, 기장 등 세 종류의 주요 작물이 비슷한 시기에 함께 퍼져나간 것으로 추정하지만 아직 이에 대해 명확한 증거가 제시된 바 없다 다만 이 세 작물이 규슈에서 일본의 서해안을 따라 혼슈로 확산된 후 지금의 교토, 오사카, 나고야 지역까지는 함께 전파된 것으로 보인다.

간사이 지역까지 빠르게 전파된 벼 농경 문화는 일본 중부 시즈오카현의 도카이 지역을 앞에 두고 한동안 머뭇거렸다. 도카이의 울창한 삼나무 숲이 문제였다. 그러나 2600년 전 결국 도카이 지역에도 벼 농경이 전래되었다. 재미있는 것은 그 이후에 일어난 일이다. 도카이와 간토 지역 사이에는 뚜렷한 물리적 장애물이 없다. 그럼에도 벼 농경의 전파는 여기서 가장 더딘 속도를 보였다.[29] 이유는 불분명하다. 간토에서 큰 세력을 유지하던 조몬인 집단이 농경 행위에 별다른 관심을 보이지 않았다는 견해가 유력한 가설이다. 간토 지역에는 먹을거리가 풍부하여 수렵채집만으로도 충분히 살아갈 수 있었다. 작물 재배는 노동력을 많이 요하며 실패 가능성도 상존하므로 산물이 풍부한 일본에서 농경이 갖는 이점은 그리 뚜렷하지 않았다.

그러나 2300년 전에 나타난 한랭화로 식량 위기에 봉착하자 300년 가까이 조몬과의 결전을 피했던 도카이 농경민 집단은 위험을 무릅쓰고 간토 지역으로 움직였다. 이 과정에서 결국 간토에도 벼 농경이 전래되었고 곧이어 '로마 온난기'로 들어서면서 벼 농경은 북쪽의 도호쿠 지역까지 확산한다. 기후가 따뜻해지면서 조/기장보다는 벼의 재배 비중이 확연히 늘어났다. 그러나 야요이인은 주변에 먹을거리가 많아서인지 전반적으로 쌀에 대한 의존도가 그리 높지 않았다. 땅의 대부분이 산지로 이루어져 논을 조성할 만한 평지가 부족한 것도 의존도를 낮춘 요인이었다. 오랫동안 쌀은 특별한 경우에만 먹는 제례용 성격을 띠었고 고훈 시대를 지나서야 일반적인 식량 가운데 하나로 인식되었다.


## 로마 온난기와 제국의 활기

주나라의 봉건 제도가 붕괴한 후 기원전 400년부터 기원전 250년까지 매서운 추위(2.3ka 이벤트)가 이어졌다. 주나라가 멸망한 후 치열한 경쟁 끝에 살아남은 진·조·위·한·제·연·초의 '전국 칠웅'은 한 치의 양보도 없이 전쟁을 거듭하였다. 이른바 '전국 시대'라 불리는 시기이다. 보통 기후 여건이 나빠져 흉년이 들고 전염병이 돌면 내부의 불만과 갈등이 폭증하게 마련이다. 왕권에 대한 욕심도 있었겠지만 일곱 나라 모두 부족한 자원을 확보하고 내부의 분열 상황을 해결하기 위해서라도 전쟁은 불가피한 선택이었다. 이들 가운데 중국 동북부에 터를 잡고 중원 이남의 여섯 나라와 세를 겨루던 연나라는 배후에 있는 고조선이 항상 꺼림직했다. 고조선은 요동뿐 아니라 만주와 한반도 북부를 점유한 강성한 국가였고 당시 인접국인 제나라와도 외교적으로 친밀한 관계를 유지하고 있었기 때문에 연나라 입장에서는 입의 가시 같은 존재였다. 연나라는 기원전 315~312년 전 제나라와의 전쟁에서 패하고 망국의 위험에 처한 적이 있어 제나라에 대한 감정이 좋지 않았다. 그러나 제나라와 제대로 붙어 싸우려면 일단 후방의 군사적 위협부터 제거해야 했다.

고조선과 연나라의 전쟁은 기록으로 남아 있는 우리 역사상 최초의 전쟁으로 발발 연대를 기원전 300~290년 정도로 본다. 연나라는 고조선을 침공하여 제압하는 데 성공했다. 고조선의 전력으로는 당시 진개라는 걸출한 장수가 이끈 연나라 군에 맞서 싸우기에 역부족이었다. 더구나 연나라는 수년 전 고조선 동북쪽의 동호와의 전쟁에서도 이미 승리를 거둬 사기가 높은 상태였다. 고조선은 이때의 패배로 세력이 위축되어 한반도 서북부로 쫓겨났고 동시에 다수의 유민이 한반도로 이주하여 남쪽 지방에서 부족 사회를 이루게 된다.

철기 저온기 내내 북방민이 추위와 갈등을 피해 남쪽으로 내려오면서 한반도 남부에서는 외부인과 토착민의 갈등이 끊이질 않았다. 사회는 혼란스러웠고 인구는 쉬이 늘지 않았다. 500~600년간 이어지던 추위가 마침내 끝나고 2200년 전부터 기온이 회복되는 추세를 보였다. 무엇보다 강수량의 증가가 뚜렷했다. 철기 저온기 내내 감소하던 강수량은 2200년 전을 기점으로 방향을 바꿔 상승하기 시작하였다.[30]

2200년 전에서 200년간 비교적 높은 기온이 유지되면서 한반도 사회는 안정을 되찾는 것으로 보였다. 하지만 연나라에서 망명한 위만이 기원전 194년 고조선의 준왕을 배신하고 난을 일으켜 왕권을 찬탈하는 일이 벌어졌다. 위만에 밀린 준왕은 바다를 통해 전북 익산 지역까지 내려왔다. 만경강 유역에 터를 잡고 새로운 사회를 조직하여 선진 문물을 전파하였다. 계층은 분화되고 권력은 집중되었다. 기후 여건 또한 이전에 비해 한결 나아졌기 때문에 인구는 증가하기 시작했다.

중국에서 진나라가 통일의 위업을 이루면서 전국 시대가 막을 내린 때가 기원전 221년이다. 당시 기온은 빠르게 올랐고 강수량은 꾸준히 증가하였다. 이전과는 확연하게 다른 기후였다. 기후 조건이 나아지자 내부의 불만은 잦아들었고 사회 통합에 유리한 국면이 조성되었다. 물론 전국 시대를 통일한 진나라는 불과 15년 만에 무너졌고 곧이어 초한 전쟁까지 일어났으나 5년 만에 한나라가 승리하면서 전쟁은 빠르게 종결되었다. 양호한 기후 덕을 봤는지 전쟁은 오래가지 않았다. 이후 중국 역사상 가장 강력한 한족 국가라 할 수 있는 한나라가 패권을 잡는다. 왕망의 난이 있기까지 200년 가까이 한나라(전한)는 전성기를 누렸다. 왕망은 난을 일으켜 신나라를 건국하고 기원후 9년에서 23년까지 직접 통치했다. 그러나 결국 자신의 원대한 꿈을 이루지 못했다. 연구자들은 개혁을 추구한 이상주의자 왕망이 실패할 수밖에 없었던 요인을 그의 실정에 따른 빈번한 반란과 황허강의 홍수에서 찾는다. 하지만 이때는 로마 온난기가 끝나면서 기온이 떨어지던 시기였으므로 기후 변화가 일정 부분 역할을 했을 가능성도 있다.

로마 공화정도 기후가 확연하게 온난해지기 시작하는 기원전 3세기 초반부터 전성기를 누렸다. 기원전 281년 그리스의 식민 도시였던 타렌툼을 정복하면서 이탈리아반도를 완전히 평정한 로마는 자신감이 넘쳐났다. 곧 지중해를 넘보기 시작했고 지중해의 강대국 카르타고와의 갈등이 불거지기 시작했다. 당시 카르타고는 페니키아인이 세운 레반트의 도시 국가에서 출발했지만 교역으로 많은 부를 쌓아 서부 지중해의 패권국으로 인정받고 있었다. 지중해 전역으로 세력을 넓히고자 했던 로마인에게 카르타고는 무조건 넘어야 하는 벽이었다. 이탈리아반도를 통일하면서 육상에서 이 전투 능력은 충분히 입증되었지만 바다는 또 다른 이야기였다. 게다가 상대는 오랜 기간 자국의 해상 무역을 관리하면서 노련함과 강력함을 갖춘 카르타고의 해군이었다. 명장 한니발의 존재 역시 위협적이었다.

로마는 카르타고와 지중해의 이권을 놓고 벌인 1·2차 포에니 전쟁(기원전 264~201년)에서 초반에는 현격히 밀렸다. 그러나 열세를 뒤엎고 두 차례의 전쟁에서 모두 승리하면서 지중해의 새로운 패자로 부상하게 된다. 반면 카르타고는 전쟁의 패배로 심각한 타격을 입고 지중해의 이권과 제해권을 로마에 빼앗기고 만다. 이후 로마의 계책에 말려 3차 전쟁까지 치르게 된 카르타고는 기원전 146년에 또다시 패배했고 120년간 이어진 세 번의 기나긴 전쟁 끝에 역사에서 사라지는 비운을 맞았다. 지중해의 패권을 장악한 로마의 기세는 하늘을 찔렀다. 외부 유입과 자체 성장을 통해 인구는 급격히 늘었다. 포에니 전쟁이 벌어진 시기에 로마의 기후는 무척 온난했다. 로마 시민들이 공화정의 정책에 적극 호응하고 내부 결속을 이룰 수 있었던 배경이었다. 기원전 2세기 후반 귀족층에 맞서 평민의 권익을 높인 그라쿠스 형제의 개혁까지 더해지면서 로마 공화정은 전성기를 이어갔다. 기원전 3세기에서 기원 전후까지 따뜻했던 이 시기를 '로마 온난기'라 부르는 이유가 여기에 있다.

오늘날의 대의민주주의가 바로 이때 로마에서 만개했다.

한편 요동과 한반도 북부에서는 위만조선이 위세를 떨쳤다. 위만조선은 중국계 유민과 지역 토착민과의 연합 세력이었다. 채 100년을 넘지 못하고 무너졌지만 단기간에 교역으로 많은 부를 쌓은 동북아시아의 숨은 강국이었다. 온화해진 기후를 발판 삼아 한반도 서북부를 중심으로 주변을 정복해 가며 빠른 성장 가도를 달렸다. 그런데 자신감이 너무 넘쳤던 것일까? 위만조선은 중계 무역을 둘러싸고 한나라와 갈등을 빚었다. 게다가 당시 한나라가 가장 두려워한 흉노와도 가까이 지내면서 한무제의 심기를 거스르고 만다. 결국 한나라의 침공으로 기원전 108년에 위만조선은 무너졌고 이때도 많은 유민이 발생해 남쪽으로 내려왔다. 고조선 준왕의 남천으로 마한의 부족 사회들이 점차 커지던 중에 위만조선의 유민까지 더해진 것이다. 인구는 빠르게 늘어 마한에서 변한과 진한까지 파생돼 나왔다. 한반도 남부에서는 이후 수백 년간 삼한 시대가 전개된다.

강수량은 기원후 700년경까지 증가 추세를 이어갔지만 기온은 그렇지 않았다. 기원후 1~50년부터 떨어지기 시작한 기온은 400~450년경까지 지속해서 하강하는 경향을 보였다.[31] 왕망의 무모한 도전이 벽에 부딪히고 이후 후한의 멸망과 함께 대혼란기에 접어든 중국이 괴롭게 신음하던 바로 그 시기이다. 이때 한반도에서는 무슨 일이 일어났을까? 또 북반구의 다른 지역에서는 어떠한 일이 벌어졌을까?

13장

# 중세 저온기의 전 지구적 혼란

## 로마를 뒤흔든 흑점 수의 감소

대략 2800년 전부터 시작하여 500~600년 동안 이어진 철기 저온기는 기원전 300년경에 이르러서야 끝이 났다. 철기 저온기는 서유라시아에서 스키타이족의 대대적인 이주를 불러왔다. 동 시기에 동유라시아에서는 수많은 소국들이 난립하는 춘추 전국 시대가 길게 이어졌다. 한반도에서는 벼 농경 문화가 급격하게 쇠락했고 북쪽에서 소규모의 복합 경제 집단이 빈번하게 내려와 토착민과 갈등을 빚었다. 그러나 기후의 자연스러운 순환 주기에 따라 다시 온난한 시기가 도래하였다. 200~300년가량 지속된 온난기에 들어서자 전쟁은 잦아들었고 사회는 안정을 찾아갔다. 앞서 살펴봤듯이 시기를 로마 온난기라고 부른다. 유럽에서는 로마 공화정이 지중해의 패권을 차지하면서 전성기를 누렸고 동아시아에서는 춘추 전국 시대의 혼란스러운 정국이 마무리되고 한무제가 위명을 떨치며 영토를 넓혀갔다. 그러나 자연의 맥박은 거스를 수 없는 법이다. 기원후로 들어서면서 여지없이 기온은 또다시 크게 떨어지기 시작했다.

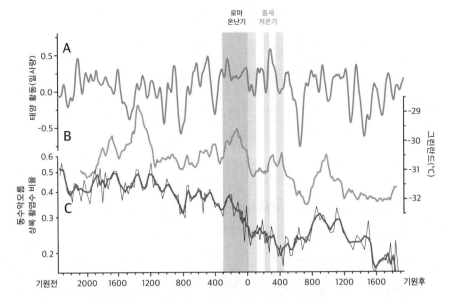

로마
온난기

중세
저온기

A

B

C

태양 활동(일사량)

0.5

0.0

-0.5

0.6

0.5

0.4

0.3

0.2

동수악얼음
상록 활엽수 비율

-29

-30

-31

-32

그린란드 (°C)

기원전　2000　1600　1200　800　400　0　400　800　1200　1600　기원후

**그림13-1 200년 주기로 기후 변화가 나타난 중세 저온기**

기원후로 접어들면서 태양 활동의 변화로 200년마다 온도가 떨어졌고 한반도는 물론 유
라시아 전역이 영향을 받았다.

　　기원후 1~100년은 흑점 수의 감소가 뚜렷했던 시기로 그린란
드 빙하 자료와 동수악 화분 자료에서도 기온이 떨어지는 양상
이 확연하다. 이때는 로마에서 아우구스투스가 황제로 즉위한 후
이어진 제정 초기로 정국이 무척 어수선했다. 네로 황제(재위 기간
54~68년)의 폭정으로 시민들의 불만은 극에 달했고 68년 네로가 자
살한 후 채 2년도 안 되는 기간에 모두 네 명의 인물이 황제 자리
에 오르는 혼란이 이어졌다. 69년 세 명의 무능한 군인 출신의 황
제가 죽고 그 뒤를 이어 평민 출신의 베스파시아누스가 권력을 잡
는다. 이때부터 플라비우스 왕조가 시작되지만 이후 황제 자리에
오른 나머지 플라비우스 왕조의 인물들 모두 전염병으로 병사하

거나 암살되는 등 불안정한 정국이 이어졌다. 기원후 96년 네르바가 황제 자리에 오르고 나서야 내부 갈등이 봉합되고 경제가 성장하면서 로마 사회는 다시 활황세를 맞게 된다. 이때부터 다섯 명의 뛰어난 황제가 통치한 이른바 오현제 시대가 100년간 이어지면서 로마 제국의 국력은 정점에 올랐다. 《로마 제국 쇠망사》의 저자 에드워드 기번은 이 시기를 인류 역사상 가장 찬란했던 시대라고 찬양했다. 흥미로운 점은 기원후 100~200년, 즉 오현제가 통치한 이 시기에 흑점 수가 뚜렷하게 늘어났다는 사실이다. 동수악 자료에서도 이때 기후가 온난 습윤해지는 모습을 볼 수 있다.[1]

그런데 흑점 수가 다시 감소하고 한반도의 기온이 내려간 3세기, 오현제의 시대는 막을 내리고 로마는 재차 위기 상황을 맞는다. 212년 알라만족, 238년 고트족, 253년 프랑크족, 283년 작센족 등 북방의 이민족이 로마의 변경에 출몰했다. 아마도 기후 변화에 자극을 받아 움직였을 것이다. 흉년이 들면서 식량이 부족해지자 전염병도 창궐했다. 이민족을 방어하기 위해 로마 제국은 군의 규모를 키워야 했다. 로마는 235년부터 284년까지 군대가 황제를 결정하는 군인 황제 시대를 맞는다. 50년 동안 황제가 26번이나 교체됐을 정도로 정세가 혼란스러웠고 지중해 무역이 감소하면서 제국의 물가가 상승하고 화폐 가치는 절하되었다. 여기에 더해 귀금속 함량이 부족한 악화가 발행되어 화폐 가치가 더 떨어지고 물가는 더 오르는 악순환이 반복되었다.

로마 제국에서 기후 변화와 사회 혼란이 1세기와 3세기에 함께 나타난 것을 우연으로 봐야 할까? 둘 사이에 상관관계가 없다고 자신 있게 이야기할 수 있을까? 대략 200년 간격의 한랭화가 유라시아 전역에 걸쳐 나타났고 유럽 사회도 그 영향에서 자유롭지 않았다고 하는 게 더 합리적으로 보인다. 홀로세에 확인되는 이러한 200년 간격의 흑점 주기를 '쥐스-더프리스 주기'라 부르며 그 존재는 여러 지역에서 이미 입증된 바 있다.[2] 고기후학자들은 새로운 기후 프락시를 얻게 되면 우선 태양 활동의 주기적 변화가 자료에서 드러나는지부터 확인한다. 이렇듯 기후 프락시 자료의 정확성 여부를 흑점 주기와 맞춰보면서 가늠할 정도로 많은 연구자가 흑점 변동 주기가 기후에 영향을 미쳤다는 가설을 인정하고 있다. 마찬가지로 로마 제정 초기의 성쇠 역시 태양 활동에 좌우되었을 가능성이 높아 보인다. 그럼 동아시아는 어떠했을까?

## 동아시아, 대혼란 속으로

앞에서 언급했듯이 기원후 9년에 왕망이 개혁의 기치를 내걸고 호기롭게 신나라를 건국하면서 전한이 무너졌지만 신나라의 국운 또한 길게 이어지지 않았다. 왕망은 건국 초기의 원대한 포부를 무색하게 하는 폭정 끝에 군벌들에게 잡혀 처형되었고, 기원후 25년 중국은 후한 시대로 접어든다. 초대 황제 광무제가 나라의 기틀을 잘 다진 덕분에 후한은 외척과 환관 사이의 세력 다툼에도 불구하고 2세기 후반까지 이어졌다. 그러나 이들의 불협화음이 영 나아질 기미가 보이질 않자 사회는 점차 안정성을 잃어갔다. 여기에 황건적의 봉기가 기름을 부었다. 국세는 급격하게 기울었다. 후한은 우후죽순같이 터진 민란을 제압하기 위해 지방 관리들에게 군권을

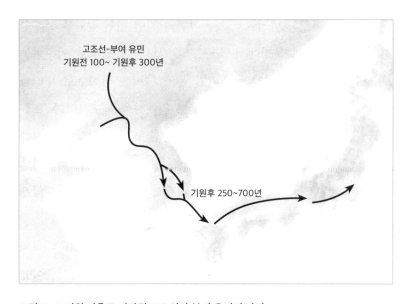

**그림13-2 기원 전후로 시작된 고조선과 부여 유민의 남진**

이들의 후손은 일본까지 건너가서 야마토 조정의 성립에 중요한 역할을 한다.

위임할 수밖에 없었는데, 그 결과 수많은 군벌이 나타나 경쟁하면서 혼란은 가중되었다. 결국 황건적의 계속된 공세에 십상시의 난까지 겹치자 후한은 더 이상 버티지 못한 채 무너졌다. 곧이어 중국은 위·촉·오 세 나라의 각축장으로 변했다. 이때가 220년경으로 삼국 간의 전쟁은 60년 동안 이어진다. 3세기의 대부분을 전쟁의 포화 속에서 보낸 것이다. 후한 말 수많은 군웅이 할거하면서 시작된 동아시아의 혼란은 오나라가 멸망하고 서진이 중국 전역을 차지한 280년이 되어서야 끝이 난다. 중국에서 이렇듯 삼국 간 전쟁이 한창일 때, 앞서 봤듯이 서쪽의 로마 또한 경기 침체, 전염병, 외부 침입 등 여러 대내외 악조건 속에서 극도의 혼란스러운 상황을 맞고 있었다.

한반도에서도 전반적으로 기온이 떨어지던 기원 원년을 전후한 시기와 3세기쯤에 북방에서 소규모의 집단들이 남부로 이주하는 모습이 나타났다. 고구려의 유민인 온조 세력은 남쪽으로 내려와 기원전 18년 한강 하류에 자리를 잡고 위례성을 축조하였다. 또한 《삼국유사》와 《삼국사기》에 의하면 기원후 42년경 경상남도 김해에 일군의 사람들이 도착하여 김수로를 왕으로 옹립하고 금관가야를 세웠다. 온조 집단과 김수로 집단 모두 북방의 선진 문물을 앞세워 토착 세력을 누르고 어르면서 지역의 지배권을 거머쥐었을 것이다. 당시에 한반도 남부에서 거주하던 토착민들은 이전에 내려와 정착한 고조선 유민의 후손들로 보인다. 북방에서 내려오는 이들은 농경이나 전쟁에 유용한 최신 기술을 보유하고 있었으므로 토착민과의 경쟁에서 항상 유리한 위치를 점했다. 또한 3세기에는 한반도 서남해안과 남해안을 중심으로 패총이 확산하는 모습이 나타난다. 당시 기온 하강으로 농업 생산성이 낮아지자 먹을 것을 찾아 내륙에서 해안으로 이동하는 사람들이 늘어난 것이다. 기후 여건이 좋지 않을 때는 날씨에 민감한 농사에 매달리기보다는 해안가에서 어로나 채집 활동 비중을 높여야 먹을거리를 안정적으로 확보할 수 있다.[3]

1990년에 처음 발굴된 김해 대성동 고분군은 금관가야의 대표적인 유적지이다. 이곳에서는 북방, 특히 부여 문화를 보여주는 다양한 유물들이 발굴되어 논쟁을 불러일으켰다. 흉노 등의 유복민이 우유를 끓여 먹을 때 쓰던 조리 기구인 동복은 북방 기마 민족의 영향을 엿볼 수 있는 대표적인 유물인데 대성동 고분에서 출토되어 관심을 끌었다. 일부 역사가들은 선비와의 전쟁에서 패한 부여의 난민이 남하하여 가야 지역으로 들어왔고 이때 새로운 기마 문화가 전파되었다고 추정한다. 이들은 대성동 고분에서 발굴되되 동복이 부여의 것과 유사하다는 점과 3세기 후반부터 순장용 말과 다수의 기마 무기 및 마구 등이 시신과 함께 묻힌다는 점을 강조한다.[4]

**그림13-3 김해 대성동 고분군에서 발견된 청동 솥(동복)**

　이는 3세기에 기온이 떨어지자 동아시아의 유목민이 대대적으로 남진한 상황과 연관 지어 생각해 볼 수 있다. 당시의 한랭한 기후가 중부 유럽의 게르만 집단이 남쪽의 로마 변경을 약탈한 배경이 되었듯이 동아시아의 유목민 또한 먹을 것이 부족해지면서 남쪽의 정착민을 괴롭히기 시작했다. 이들 유목민의 적극적인 남하는 3세기 후반 서진 시대부터 시작되어 4세기 초까지 이어졌다. 북방의 유목 민족이 중원을 향해 대거 이동하면서 그 여파는 한반도에까지 미쳤다. 강력한 전력을 보유한 선비가 285년 부여를 침략한 것이다. 부여는 수도를 빼앗기고 왕까지 사망하는 비운을 맞는다. 부여가 전쟁에서 패하자 많은 유민이 발생하였다. 이 중 일부가 한반도 남부 지역까지 내려와 가야 지역의 토착민과 섞였다.

그런데 이들 가운데 바다를 건너간 기마병 무리도 있었던 것으로 보인다. 3세기 후반부터 일본 규슈에서 초원의 기마 문화를 암시하는 대형 고분이 나타나기 때문이다. 그 이전 시기에는 규슈에서 말의 흔적이 보이지 않는다. 고분의 발굴 현장에서 말 장식, 철제 갑옷, 무기 등이 쏟아져 나왔고 등자와 안장 그리고 칼과 투구 등을 갖춘 기마병의 소조상도 함께 출토되었다. 한편 김해의 대성동 고분에서는 소용돌이 모양의 파형동기가 출토되어 사람들을 놀라게 했다. 파형동기는 일본 왕을 상징하는 장식품이기 때문이다. 당시 일본의 '왜'와 가야가 서로 매우 친밀한 관계를 유지했음을 알 수 있다. 이러한 유물들은 기마 유목민 문화가 한반도를 거쳐 동아시아의 끄트머리인 일본 열도까지 전달되었고 한반도 남부와 일본 간에 문화적 교류가 활발했음을 시사한다. 한반도 남부에서 일본으로 건너간 사람들은 규슈의 토착 집단과 함께 힘을 키웠고 차츰 동쪽으로 이동하여 야마토 평원에 자리 잡았다. 일본인이 자신들의 개국시조라 여기는 히미코 여왕도 국가의 세를 확장하는 과정에서 부여 및 가야 유민의 도움을 받지 않았을까 생각한다.


## 유럽의 민족 대이동

대략 1900년 전부터 1200년 전 사이에 다시 한번 한랭기가 찾아왔다. 이때를 가리키는 용어는 민족 대이동기, 고대 후기 소빙기, 중세 저온기 등으로 다양하다. 일본에서는 이 시기를 고훈 저온기라 부르기도 한다. 고기후학계에서는 최근 들어 '고대 후기 소빙기'라는 용어를 자주 사용하고 있지만 아직은 두루 통용되지 않고 있다. '민족 대이동기'는 대략 기원후 300년부터 800년까지 서유라시아의 유목 민족과 게르만족이 서쪽을 향해 대대적으로 이동했던 시기를 가리키는 용어로 역사학계에서 주로 쓰인다. 고기후학자들은 민족 대이동기보다는 '중세 저온기'라는 용어를 더 선호한다. 아무래도 기후 변화와의 연관성을 민족 대이동기라는 용어에서 찾기 어렵기 때문이다. 하지만 보통 중세라고 하면 서로마 제국이 무너진 기원후 5세기에서 15세기까지를 의미하는 경우가 많으므로 이 시기에 딱 들어맞는 용어라고 보기는 어렵다.

철기 저온기 때 스키타이족이 서쪽으로 넓게 확산했다는 사실에서도 알 수 있듯이 유목민은 기후 변화에 민감하게 반응했다. 기동성 덕분에 이들은 이주가 필요할 때 심사숙고하지 않았다. 정착민은 기후가 변화할 때 가급적 제자리에 머무르면서 이에 적응하려 했지만 유목민은 이주라는 적극적인 해결책을 선호했다. 만약 기후 변화의 폭이 크지 않고 그 속도가 그리 빠르지 않다고 느꼈다면 정착민은 장기간에 걸쳐 모은 자산을 버리고 떠나기보다는 자신이 일군 터전에서 어떻게든 살아남으려 했을 것이다. 익숙한 고향 땅을 등지고 미지의 세계를 향해 발걸음을 옮기는 것은 도박과 다를 바 없기 때문이다. 그러나 적응을 생각할 수 없을 정도로 기후 변화가 강하다면 생존을 위해 움직여야 한다. 결정은 빠르면 빠를수록 좋다.

동물의 세계에서도 기동성이 없으면서 동시에 변화에도 적응 못 하는 동물들은 쉽게 도태되기 마련이다. 표현형의 유연성이 낮아 자신의 모습을 환경 변화에 따라 적절하게 바꾸지 못하는 종은 이동하는 것 외에 달리 생존할 방법이 없다. 따라서 기후 변화가 극심할 때는 아무래도 기동성이 높은 동물이 유리한 위치를 차지한다. 이는 인간 사회에서도 마찬가지다. 기후가 불안정할 때는 정착민 사회보다 이동성이 강한 유목민 사회가 강점을 갖는다. 한자리에 매여 있다 보면 갑작스럽게 위기가 닥쳤을 때 대처 능력이 떨어질 수밖에 없다. 정착민이 강력한 세력을 유지하고 있을 때도 말을 앞세워 먹을 것을 약탈해 가는 유목민 무리를 막아내기란 쉬운 일이 아니었다. 하물며 기후 변화로 쇠약해진 후라면 길게 말할 것도 없다. 유목민에게 자비를 바라는 것 외에는 할 수 있는 일이 없었을 것이다.

유럽인에게 동양의 고대 인물 가운데 가장 유명한 사람을 꼽아달라고 하면 '아틸라'라는 이름이 빠지지 않고 나온다. 우리나라 사람에게는 그리 익숙하지 않은 이름이지만 아틸라는 훈족의 나라를 건국한 왕으로 유럽에서는 꽤 널리 알려진 인물이다. 그는 5세기 초 탁월한 기마술을 앞세운 활화산 같은 전투력으로 유럽의 여러 고대 문명을 순식간에 무너뜨렸다. 당시 아틸라는 유럽의 도시들을 철저하게 파괴하였고 사람들을 잔인하고 참혹하게 살해하였다. 이때부터 유럽인들은 동양의 유목 민족에 대해 극심한 공포를 느끼게 된다. 13세기에 몽골군이 그렇게 빨리 서쪽으로 전진할 수 있었던 이유도 훈족에 대한 트라우마가 여전히 유럽에 남아 있었기 때문인지 모른다. 유목민이 쳐들어오면 전투를 시작하기도 전에 군사들이 겁에 질려 우왕좌왕하는 바람에 장수들은 무엇보다도 군대의 사기를 진작할 수 있는 갖가지 방법을 동원해야 했다. 훈족이 유럽을 휩쓴 지 수백 년이 지난 후에도 '아틸라'라는 이름에 놀라 밤새 칭얼대던 아기가 울음을 그쳤다는 말이 돌 정도로 유럽에서 그의 명성은 길게 이어졌다. 몽골 제국과 티무르 제국이 유럽을 휩쓸면서 유사한 공포를 불러일으켰지만 훈족과 아틸라에 비할 것은 아니었다.

유럽인은 훈족을 두려워하면서도 이들을 극단적으로 경멸하며 적개심을 쌓았다. 북쪽의 위협적인 유목민 집단을 한나라가 흉노라고 칭하며 억지로 비하했던 것과 비슷했다. 한편 훈족이 수백 년 전 동유라시아를 호령했던 흉노의 후손 집단이라는 주장이 있다. 정황상 가능성은 높아 보이지만 아직 명확한 증거가 제시된 바 없다. 흉노는 점령한 땅이 무척 넓었기 때문에 민족 구성이 다양할 수밖에 없었다. 서로 다른 집단 간에 유전자 교환 또한 매우 활발했다.[5] 훈족은 흉노족을 이루었던 여러 혼혈 무리 가운데 하나였을 것이다.

9세기경 또 다른 기마 민족이 동유럽으로 진입하여 사람들을 놀라게 한 적이 있었다. 혼비백산한 유럽인들은 훈족의 후예가 다시 쳐들어왔다며 지레 겁을 먹고 두려워했지만, 사실 그들은 유목민이라기보다는 농경민에 가까웠다. 훈족의 일원이라 오해한 유럽인은 그들이 정착한 곳을 '헝가리'라고 부르기 시작했는데, 헝가리는 훈족의 땅이라는 뜻이다. 지금은 판노니아 평원에 위치한 국가의 이름이기도 하다. 그러나 이 민족은 훈족이 아니라 마자르족으로 유전적으로나 언어적으로 훈족과는 별다른 관계가 없는 집단이었다. 오히려 이들은 핀란드인(핀족)에 가까웠다.[6] 훈족에 대한 트라우마가 수백 년이 흐른 뒤에도 유럽 전역을 휘감고 있었음을 알

**그림13-4 훈족의 로마 침공**

아틸라가 이끄는 훈족이 로마를 침공하는 모습을 그린 울피아노 체카의 〈바바리안의 침입〉(1887)

수 있다. 유럽인은 동쪽에서 말 먼지만 일어도 두려워했다. 훈족의 진격이 도대체 어떠했길래 이렇듯 강한 인상을 남겼던 것일까?

### 추위가 변경의 야만족을 움직이다

중앙아시아에서 서진하여 볼가강 유역에 머무르고 있던 훈족은 4세기 후반부터 서쪽으로 조금씩 움직이기 시작하더니 5세기 초 아틸라를 중심으로 본격적인 정복 활동을 전개하였다. 앞서 언급했던 홀로세 후기의 200년 주기로 일어나던 태양 활동 변화와 무관해 보이지 않는다. 3세기에 로마를 성가시게 했던 게르만 야만족들은 4세기에는 별다른 말썽을 부리지 않았다. 그러다 4세기가 끝나갈 무렵 서쪽에서 밀고 내려오는 훈족의 기세에 밀려 다시금 로마의 변경을 침략하기 시작했다. 당시 태양 활동이 약화로 나타난 저온 현상이 훈족의 이동을 부채질했던 것으로 보인다. 기온 저하로 볼가강 유역의 먹거리가 부족해졌다. 훈족의 움직임은 도미노와 같이 로마 국경 주변에서 살아가던 게르만 집단의 이동을 부추겼다. '신'야만족(훈족)이 기후 변화에 자극받아 지중해 인근에 홀연히 나타나자, 로마에 의해 개화된 '구'야만족(게르만족)은 훈족의 위세에 눌려 도망치기에 바빴다. 게르만족이 주로 숨어들어 간 곳은 당시 두 나라로 분열되면서 혼란을 겪고 있던 로마 제국이었다. 수백 년을 지중해의 초강대국으로 군림했던 로마였지만 국정의 난맥상이 계속되고 야만족들의 난입에 제대로 대처하지 못하면서 양국 모두 빠르게 쇠락의 길로 접어들었다. 동로마는 6세기 초 중반 위대한 황제 유스티니아누스 1세의 치세 동안 되살아났다. 그러나 서로마는 게르만 집단이 일으킨 사회 혼란을 수습하지 못하고 일찍이 476년에 멸망하고 만다.

그럼 훈족과 게르만족이 어떻게 이동했는지 당시 상황을 좀 더 자세히 들여다보자. 훈족은 374년 같은 유목 민족인 알란족을 정복했고 일 년 뒤에는 게르만 일파인 동고트족을 정복하면서 자신의 존재를 알리기 시작했다. 3세기 중반 스칸디나비아 남부에서 발트해를 넘어 흑해 북부 연안까지 내려온 게르만 집단이 있었는데 이

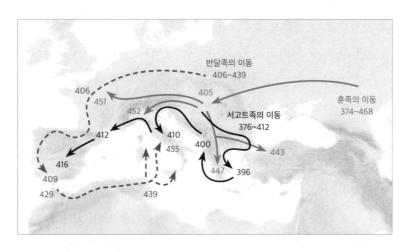

**그림13-5 훈족과 게르만족(서고트족과 반달족)의 이동**

볼가강 유역에 있던 훈족이 유럽으로 이동하면서 서고트족이 서쪽 이베리아반도까지 움직였고 이곳에 있던 반달족이 바다를 건너 북아프리카로 넘어간 후 로마를 침공했다.

들이 고트족이다. 376년 훈족의 기세에 놀란 서고트족은 자기 땅인 카르파티아산맥 서편의 다키아 초원을 버리고 로마 제국을 향해 움직이기 시작했다. 로마인은 고트족을 야만인이라고 무시했지만 이들에 대한 거부감이나 두려움은 그리 크지 않았다. 고트족에게는 다행스러운 일이었다. 로마 제국에서 이단으로 몰렸던 아리우스파 전도사가 341년경 고트족 영지로 도망가 그곳에 기독교를 퍼트린 것이 로마인의 경계심을 무르게 했다. 아리우스파는 정통 기독교가 아니었음에도 로마인은 이들 이방인을 나름 신뢰할 만한 상대로 여겼던 모양이다. 훈족의 압력으로 피할 곳이 필요했던 고트족은 별다른 어려움 없이 로마로 스며들 수 있었다. 하지만 로마 제국이 이들을 받아들인 것은 결정적인 실수였다. 376년 황제에게 제국 군대에 복역한다는 조건까지 걸며 애걸복걸하다시피 로마로 들어오는 데 성공한 서고트족이 채 3년도 되기 전에 본색을 드러내기 시작한 것이다. 로마 황제 발렌스가 자신의 어설픈 동정심이 빚은 사태를 수습하기 위해 발 빠르게 나섰지만 전열을 갖춘 서고트 군대에 379년 아드리아노플에서 참패함으로써 상황은 더욱 악화되었다. 카르타고의 한니발에게 패한 칸나에 전투 이래 로마에 가장 굴욕적인 사건을 고르라면 아드리아노플 전투가 첫손가락에 꼽힌다. 아드리아노플 전투에서 패한 이후에도 로마는 게르만의 공격에 속수무책으로 당했다. 로마가 자랑하던 보병 군대는 전혀 힘을 발휘하지 못했다. 로마의 시대가 저묾과 동시에 유럽의 전쟁은 이때부터 기마병을 중심에 놓는 전략이 주를 이루게 된다.

전쟁에서 승리한 서고트족은 382년 로마와의 평화 조약을 통해 도나우강 남쪽에 왕국을 건설하였다. 쇠약해진 로마는 서고트족의 왕국이 훗날 화근이 될 거라는 걸 알았음에도 이들의 기세에 눌려 그저 방관하였다. 로마의 혼란은 계속되었고, 테오도시우스 1세가 죽은 395년 로마는 동로마와 서로마로 분리되었다. 콘스탄티누스 대제가 사두정치와 내란에 시달리던 로마를 통합한 후 70년 만에 다시 분열된 것이다. 한편 같은 해에 서고트족 역사상 가장 뛰어난 왕으로 추앙받는 알라리크가 25살의 어린 나이로 서고트족의 왕위에 오르게 된다.

로마와의 평화 조약 이후 15년 가까이 별다른 움직임을 보이지 않던 서고트족은 알라리크가 즉위하면서 다시 기지개를 켜기 시작했다. 알라리크는 왕위에 오르자마자 군사력이 떨어진 로마 제국의 물자에 욕심을 품었다. 평화 조약을 가차 없이 폐기하고 396년 다시금 공격을 가하기 시작했다. 알라리크가 동로마 제국의 지배를 받던 그리스반도 전체를 장악하는 데 그리 오랜 시간이 필요하지 않았다. 그리스의 도시들은 철저하게 파괴되었다. 발등에 불이 떨어진 동로마 제국은 이들을 달래기 위해 막대한 물자를 제공해야 했다.

고대 그리스 문명은 이 전쟁을 겪으면서 과거의 찬란했던 빛을 모두 잃고 만다. 유럽 사회의 등불이라 해도 과언이 아닌 소크라테스, 플라톤, 아리스토텔레스 등이 일군 문화가 한순간에 무너진 것이다. 유럽인에게는 불운이 아닐 수 없었다. 게르만족의 대이동기 이후 중세의 유럽 사회는 문화적으로 크게 쇠퇴하면서 동아시아와 이슬람 사회에 확연히 뒤처졌다. 그런데 15년 가까이 잠잠하던 서고트족은 왜 이렇듯 갑자기 공격에 나선 것일까? 이 시기에 흑점 수가 빠르게 감소했음을 감안할 때 기온이 떨어진 것과 관련이 있는지도 모른다. 기온의 저하 경향은 유라시아 동쪽 끝의 한반도에서도 뚜렷이 나타났다. 알라리크의 서고트족이 일으킨 전쟁은 분명 갑작스러웠다.

그리스 도시들의 파괴는 유럽에 긴 암흑기를 불러올 만큼 파장이 컸지만, 이는 게르만의 대이동이 본격적으로 시작되었음을 알리는 서막에 불과했다. 지칠 줄 모르던 알라리크는 이번에는 동로마가 아닌 서로마 제국을 향해 움직였다. 402년 서고트족이 로마의 핵심인 이탈리아반도를 침략하자 서로마는 북방에 있던 군대를 이탈리아로 모두 불러들일 수밖에 없었다. 그 틈을 타 앵글로색슨족이 대브리튼섬을 접수했고 갈리아는 반달족, 수에비족, 알란족의 땅이 되었다. 서고트족의 이동이 지중해 연안뿐 아니라 유럽 전역의 정치 지형을 뒤흔든 셈이다. 410년 알라리크는 여러 시

**그림13-6 아테네에 입성하는 서고트족의 알라리크**

도 끝에 결국 제국의 핵심인 로마를 점령하는 데 성공했다. 그러
나 그는 로마에 만족하지 않고 이탈리아반도 남쪽으로 계속 전진
했다. 이렇게 서고트족이 이탈리아 전체를 휩쓸고 다니는 동안 갈
리아에서 서쪽으로 계속 움직이던 반달족, 수에비족, 알란족은 결

국 유럽의 끝인 이베리아반도에까지 다다르게 된다. 서로마 제국 입장에서는 서고트족만 신경 써서 될 일이 아니었다. 이베리아의 세 야만족 또한 만만치 않은 적수였다. 서로마의 황제는 서고트족에게 갈리아의 일부 땅을 약속하면서 이베리아의 야만족을 상대하도록 유도했다. 오랑캐로 오랑캐를 제압하는 이이제이以夷制夷의 방법을 쓴 것이다. 황제의 의도대로 서고트족은 그들을 확실하게 제압했다.

하지만 서로마의 황제는 서고트족에게 땅을 주겠다고 한 약속을 지키지 않고 차일피일 미뤘다. 이들 사이에 갈등이 생겨나려는 순간 누구도 예상치 못한 상황이 전개되었다. 바로 아틸라의 훈족이 이탈리아반도까지 쳐들어온 것이다. 이에 위협을 느낀 서로마와 서고트족은 훈족에게 대항하기 위해 동맹을 맺는다. 451년 신의 가호 덕분인지 동맹 세력은 결코 이길 수 없을 것만 같았던 아틸라의 군대를 물리쳤다. 그러나 서로마 제국은 이후 또 다른 강자 가이세리크가 이끄는 반달족까지 침공해 들어오면서 회복 불능의 상태에 빠지게 되었다. 결국 476년 게르만 출신 장군인 오도아케르에 의해 무너졌다. 찬란했던 제국이 지중해에서 완전히 사라지는 순간이었다. 서로마가 멸망에 이를 때 서고트족은 갈리아 남부와 이베리아반도에 걸쳐 광범위하게 퍼져 있었다. 그러나 이들 또한 507년 프랑크족에 의해 갈리아 지방에서 쫓겨난 후에는 주로 이베리아반도를 중심으로 살아가게 된다. 이들이 현 스페인 국민의 주축인 카스티야인의 조상이다.

## 신의 채찍 아틸라

서양사에서 아틸라는 '신의 채찍'이라는 별명으로 자주 불렸다. 그가 유럽을 정벌할 때 "신의 명령에 따라 인간 사회의 죄인들을 벌한다"라는 말을 하고 다닌 데서 유래했다고 한다. 하지만 아틸라가 죽고 수백 년이 지나고 나서 문헌에 기록된 이야기라 실제 그가 그러한 말을 했는지는 알 수 없다. 사실 아틸라는 스스로를 신이라 생각한 인물이다. 과연 자신의 격을 낮추는 신의 채찍이라는 표현을 사용했을까? 그렇지 않았을 것이다. 신의 채찍이라는 표현은 아틸라보다는 서고트족의 왕 알라리크에게 붙여진 별명이었을 가능성이 높다. 기독교 신학의 최고 권위자로 추앙받는 아우렐리우스 아우구스티누스가 설교 중에 알라리크를 신의 채찍이라 불렀다는 기록이 남아 있다.

아틸라와 훈족은 카탈라우눔 전투에서 유럽인(로마인과 게르만인)을 상대로 처음이자 마지막 패배를 당한 후 452년 다시 군대를 일으켜 서로마 제국을 초토화했다. 황제가 수도를 버리고 도망칠 정도로 서로마 제국의 함락은 시간문제로 보였지만 아틸라 군대는 알 수 없는 이유로 철수를 결정한다. 아마도 심한 전염병이 돌았을 것으로 추정되는데 정확한 내용은 알 수 없다. 서로마 제국의 몰락 위기를 전해 들은 동로마 제국 사람들은 아틸라가 곧 쳐들어올지도 모른다는 두려움에 연신 떨어야 했다. 그런데 아틸라가 뜻밖에 죽음을 맞이한다. 동로마 제국으로서는 천우신조나 다름없었다. 아틸라가 453년 새 아내로 맞은 프랑스 부르군트 출신의 '일

**그림13-7 신의 채찍 아틸라**

유럽을 공포에 떨게 만든 아틸라를 묘사한 외젠 들라크루아의 〈이탈리아와 예술품들을 유린하는 아틸라 부대〉(1843~1847)

디코'라는 여성과 첫날밤을 보내다 급사한 것이다. 아틸라가 어떠한 연유로 죽음에 이르렀는지 정확히 알 수 없으나 프랑스인은 일디코를 나라와 민족을 위해 폭군을 살해한 영웅으로 추켜세웠다.

아틸라가 죽자 훈족의 힘은 크게 약화됐고 훈족의 지배를 받던 게르만 부족들이 반기를 들기 시작했다. 게르만인들은 연합하여 지금까지 당한 것을 분풀이라도 하듯 훈족을 거세게 몰아붙였다. 훈족들은 동쪽 멀리 자신들의 선조가 떠나온 곳인 볼가강 유역으로 되돌아가는 것 말고는 달리 방도가 없었다. 일부가 과거의 영화를 잊지 못한 채 다뉴브강을 다시 건너 동로마 제국을 침략하기도 했지만 별무소득이었다. 볼가강 유역으로 돌아간 훈족은 초원 지대에서 자신들의 유목 문화를 잃지 않고 근근이 명맥을 유지했다. 그러나 오랜만에 맞은 평화도 잠시뿐이었다. 6세기 초 동유라시아 유목 민족 유연의 일파인 아바르족의 공세에 밀려 다시 서쪽으로 쫓겨갔다. 영웅이 사라지면서 천하를 호령하던 민족이 동네북으로 전락한 것이다. 서쪽 아조우해까지 밀린 훈족은 그곳에 살던 불가르족과 섞이며 서서히 사라져 갔다. 따라서 훈족의 유전자는 오랫동안 훈족의 후예로 알려졌던 마자르족 헝가리인보다는 불가리아인에게 더 많이 남아 있을 가능성이 높다. 아직 훈족의 정체를 거의 모르기에 (흉노에서 파생된 집단이라는 설이 강하긴 하지만) 이러한 추정이 큰 의미는 없어 보이지만 말이다.

훈족의 정체를 알 수 없어서일까. 우리나라에서 훈족이 한민족과 관련 있다고 주장을 하는 사람이 간혹 있다. 몽골 고원에서 기원한 흉노가 훈족의 조상이라고 해도 훈족은 흉노가 서쪽으로 이동하면서 서유라시아인과 섞인 집단이다. 이미 서양인의 유전자를 많이 갖게 된 이들을 구태여 동양인과 묶으려 하는 것에는 뭔가 다른 의도가 있다고 볼 수밖에 없다. 스키타이, 흉노, 훈의 정복 국가 이미지가 그토록 매력적인지는 잘 모르겠다.

## 공포의 아틸라와 반달리즘

서고트족은 결국 훈족을 피해 서쪽으로 이동하다가 애꿎은 서로마를 휘저은 셈인데, 그때 훈족은 어디서 무엇을 하고 있었을까? 훈족은 405년 판노니아 평원을 점령했으며 432년에는 루길라가 왕위에 올라 부족을 통일하고 훈족 왕국을 세웠다. 434년 루길라가 죽은 후 갓 서른을 넘은 '신의 채찍' 아틸라가 형 블레다와 함께 왕위에 오르고, 훈족은 모든 것을 휩쓸어 버릴 듯한 기세로 서쪽을 향해 움직였다. 훈족이 지중해 연안을 쓸고 다니면서 이들을 다스리는 아틸라의 악명은 도처로 퍼져나갔다. 435년 아틸라는 그에게 반기를 든 자들을 동로마가 보호한다는 이유를 빌미로 동로마에 대대적인 공격을 감행했다. 동로마는 예상치 못한 습격에 적잖이 당황하여 우왕좌왕하다가 결국에는 굴욕적인 '마르구스 조약'을 맺고 엄청난 배상금과 공물을 강탈당하고 만다. 이후에도 훈족은 441년과 443년에 연이어 동로마를 침공했다. 성벽으로 둘러싸인 수도 콘스탄티노플을 제외한 나머지 지역이 대부분 초토화될 정도로 훈족은 일방적인 승리를 거두었다. 결국 동로마 제국은 위기를 벗어나기 위해 또다시 항복과 다를 바 없는 불평등한 조약을 감수할 수밖에 없었다. 바로 '아나톨리우스 조약'으로 이때에도 어마어마한 수준의 배상금과 공물을 바쳐야 했다.

451년 이번에는 아틸라가 서로마 제국으로 향했다. 갈리아의 살롱에서 서로마 제국과 서고트족의 연합군에 맞서 치열한 전투를 벌였으나 예상외로 아틸라는 패배의 쓴잔을 마시게 된다. 유럽인은 훈족을 상대로 연전연패를 거듭하다가 카탈라우눔 평원에서 승리의 기쁨을 맛보았다. 훈족에게 대항하여 로마인과 게르만인이 거둔 처음이자 마지막 승리였다. 그러나 전투에서 패한 아틸라는 별다른 타격을 입지 않았지만, 서고트족의 왕은 전사했고 서로마 제국이 이때 너무 많은 국력을 소진하여 멸망에 이르게 되므로 유명무실한 승리라는 말이 더 어울릴 것이다.

영원한 승자는 있을 수 없다. 머리부터 발끝까지 자신감이 넘쳤던 아틸라도 453년 전쟁터가 아닌 침대 위에서 결혼 첫날밤 의문의 죽음을 맞았다. 수장의 죽음으로 크게 위축된 훈족은 468년 동로마 제국과의 전쟁에서 패배하면서 역사에서 사라졌다. 5세기 초 유럽을 공포로 몰아넣었던 훈족의 시대는 전력의 반을 차지했던 한 인물의 죽음과 함께 이렇듯 싱겁게 막을 내렸다.

반달족의 수장 가이세리크 또한 훈족의 아틸라나 서고트족의 알라리크 못지않은 잔혹하면서도 결단력 있는 정복왕이었다. 가이세리크가 반달족의 왕위에 오를 때는 서로마 제국의 요청으로 이베리아반도를 공략하기 시작한 서고트족의 공세가 한층 매섭게 이어지던 중이었다. 반도의 남부까지 밀려 내려간 가이세리크는 승세가 없음을 인지하고 결국 반도를 떠나기로 마음먹는다. 아프리카 대륙으로 넘어간다는 계획을 세우고 427년부터 함대를 조직한 반달족은 2년 후인 429년 지브롤터해협을 건너는 모험을 단행했다. 반달족 사람만 8만 명에 이르는 대규모의 이동이었다. 당시 아프리카의 로마 군대는 무용지물에 가까웠으므로 반달족은 파죽지세로 오늘날의 모로코에서 알제리 북부에 이르는 광대한 지역을 점령해 나갔다. 439년에는 북아프리카의 대도시 카르타고를 기습적으로 점령하면서 카르타고에 정박해 있던 로마의 함대를 손에

**그림13-8 455년 반달족의 로마 습격**
가이세리크가 이끄는 반달인의 약탈을 그린 카를 브리울로프의 〈로마의 약탈〉(1833~1836)

넣는 예상치 못한 행운을 누리게 된다. 반면 야만족의 약탈로 골머리를 앓던 서로마는 지중해의 제해권마저 한순간에 잃자 망연자실할 수밖에 없었다. 반달족은 함선을 재정비하여 카르타고 맞은편의 지중해 섬들 시칠리아, 샤르데나, 코르시카를 손쉽게 정복했다. 이후 근 30년을 지중해의 패자로 군림하게 된다.

그러나 반달족은 지중해의 섬들을 정복하는 과정에서 약탈과 살육을 일삼았다. 이들의 포악한 성정은 455년 로마에서 절정에 달했던 것으로 보인다. 이유 없이 무자비하게 파괴를 저지른다는 뜻의 '반달리즘vandalism'이라는 단어가 이때 로마에 입성한 반달족이 로마의 시설을 훼손하고 수많은 시민을 무차별적으로 죽인 행동에서 유래했다. 이후 프랑스 혁명 때 문화유산을 파괴하는 군중들의 행동을 반달리즘이라고 표현하면서 서양에서는 일상적으로 쓰이는 단어가 되었다. 하지만 최근의 역사가들은 이와 상반된 의견을 내놓고 있다. 반달족이 로마에서 실제 그러한 무도한 행위를 저질렀는지 확인되지 않으며, 이는 야만족의 침입 역사를 불쾌하게 여긴 중세의 로마교황청에 의해 날조된 이야기라는 것이다. 어찌 되었든 로마인은 야만족이 육지가 아닌 바다를 통해 침략할 것이라고는 전혀 생각하지 못했기에 반달족에게 손쓸 겨를도 없이 당하고 말았다. 이처럼 반달족은 대제국 로마를 무릎 꿇게 할 정도로 강하고 날랬다. 그러나 그들의 전성기는 그리 길지 않았다. 마치 아틸라의 훈족과 같이 한 명의 뛰어난 위인에 의존했던 집단의 한계를 극복하지 못하고 반달족 또한 가이세리크의 죽음과 함께 급격한 쇠퇴기로 접어들었다.

이처럼 훈족, 서고트족, 반달족 등의 대이동은 유럽 사회를 뿌리째 흔들었다. 훈족의 이동은 374년에 시작되어 468년까지 이어졌으며 서고트족의 이동은 376년에서 416년까지 이어졌다. 반달족의 이동은 406년부터 439년까지 계속되었다. 374년부터 468년까지는 흑점 수가 뚜렷하게 감소하면서 기온이 떨어졌던 시기이다. 기후 악화는 필시 식량 문제를 가져왔을 것이다. 굶주린 사람들의 불만을 잠재우기 위해서라도 지배층에게 전쟁은 필수적이었다. 기후 변화로 작물 생산성이 떨어져 사회가 혼란에 빠져드는 상황에서는 결국 싸움을 걸어 타인의 물자를 강탈하는 것이 가장 손쉬운 생존법이기 때문이다. 환경이 열악해지면 서로 뺏고 뺏기는 제로섬 싸움이 난무하게 마련이다. 추위가 이어지자 변경의 야만족은 로마와의 전쟁을 불사하면서 전리품을 취하려 들었다. 동시에 더 따뜻한 땅을 찾아 대서양을 향해 꾸준히 움직였다. 그런데 한반도 또한 이때 홀로세 기후 최적기 이래 가장 추운 시기를 맞고 있었다. 한반도에서도 유럽과 유사한 이주의 물결이 일었을까? 이곳에서는 이때 어떠한 일들이 벌어졌을까?

## 벽골제와 한반도의 인류세

3세기 북방에서 내려온 소규모의 복합 경제 집단들로 혼란스러 웠던 한반도는 3세기 끝 무렵부터 시작된 기온 상승과 함께 다시금 안정을 찾아갔다. 4세기 고구려, 백제, 신라 각 나라의 체제가 갖춰지면서 삼국의 대치 구도가 형성되었는데, 특히 근초고왕(재위 346~375년)의 백제는 황해도 남부까지 영토를 확장하며 전성기를 맞았다. 고구려는 미천왕(재위 300~331년)이 낙랑군을 몰아내고 옛 고조선 땅을 되찾으며 동아시아의 새로운 강국으로 자리매김하였다. 신라 또한 내물마립간(재위 356~402년)이 왕권을 강화하며 중앙 집권적인 국가로 성장했다. 고조선 유민과 부여 유민으로 이루어진 가야 부족 연맹체들은 지역의 풍부한 철을 기반으로 힘을 키워갔다. 특히 금관가야는 낙동강 하류에서 발전을 거듭하여 4세기 초중반에는 훗날 신라로 이어지는 사로국을 국력에서 앞설 정도였다.

한편 주로 고조선 유민들로 구성된 마한의 인구 또한 빠르게 증가하였다. 마한인(혹은 백제인)은 330년경 전북 김제에 대형 수리 시설을 구축하여 봄철 날이 가물 때마다 이를 효과적으로 활용했

**그림13-9 전북 김제의 벽골제**

왼편에 수로를 낀 벽골제 둔덕이 남북으로 길게 뻗어 있다. 벽골제 5개의 수문 중 하나인 장생거를 통해 벽골제의 규모를 가늠해 볼 수 있다.

다. '벽골제'라고 불리는 이 저수지는 우리나라 최초의 저수지 가운데 하나로 알려져 있으며 엄청난 규모를 자랑한다. 둑 길이가 무려 3.8킬로미터에 달했던 것으로 추정된다. 다섯 개의 수문으로 이루어진 초대형 저수지였다. 이 정도의 저수지를 만들고 유지할 정도라면 주변의 농경 인구가 상당히 많았다고밖에 볼 수 없다. 지도자의 철저한 계획 없이 이와 같이 모험적인 역사를 벌이고 마무리 짓기는 힘들었을 것이다. 당시 이곳에 중앙 집권에 성공한 사회가 존재했을 가능성이 높은 이유다. 330년경 벽골제 주변은 한반도 남부의 중심지 가운데 하나였을 것이다.

　벽골제의 규모가 워낙 인상적이어서 그런지 이를 둘러싼 다양한 논쟁이 이어졌다. 첫 번째 논쟁은 축조 시기와 관련된 것이다. 앞서 이야기했듯이 벽골제는 330년경에 건설된 것으로 알려졌지만 축조 시기를 6세기 이후로 보기도 한다. 벽골제의 연대를 늦춰 보는 이들은 4세기 초반 전라도 지역에 이 정도 규모의 토목 공사를 벌일만한 세력이 없었다고 강변한다. 당시 백제가 아니라 여전히 마한이 이곳을 점유하고 있었고 마한인들의 기술 수준으로는 벽골제의 축조가 어려웠을 것이라는 견해다. 이 책에서는 벽골제의 최초 축조 시기를 330년경으로 가정하고 이야기를 전개했음을 밝혀둔다. 두 번째 논쟁은 학술지에서 벽골제의 성격과 식민지 근대화론을 둘러싸고 서울대학교 이영훈 교수와 충북대학교 허수열 교수 간에 벌어졌던 치열한 논리 다툼이다. 이영훈 교수는 벽골제가 방조제였다고 주장하고, 허수열 교수는 저수지였다고 주장한다. 처음에는 방조제였다가 고려 후기에 들어와서 저수지 용도로 전환되었다고 보는 학자도 있다. 벽골제 외부 김제평야의 개간이 일제 강점기 이후 일제의 도움으로 비로소 이루어졌다는 이영훈의 주장과 벽골제가 주로 저수지로 기능했고 김제평야가 비록 생산성은 낮았지만 강점기 이전에 이미 개간된 상태였다는 허수열의 주장이 팽팽히 맞서 있다.[7]

3세기의 추위가 끝나고 4세기 초 기온 상승으로 인구가 늘자 식량이 부족해졌다. 먹을 것이 더 필요했던 한반도 남부 사람들은 풍부한 노동력이 뒷받침되자 더 과감해졌다. 본격적으로 자연을 건드리기 시작한 것이다. 한반도에서 과거 기후 위기가 닥칠 때 '이주'는 사람들이 택할 수 있는 가장 적극적인 선택지 가운데 하나였다. 그러나 거대한 수리 시설 벽골제는 자연의 힘에 쉬이 굴복하던 사람들이 4세기경부터는 자연을 능동적으로 길들이려 했음을 시사한다. 인류의 문화는 새로운 기술과 아이디어를 통해 끊임 없는 발전을 이루었다.

당시 한반도 사람들은 과거에 느끼지 못한 자신감으로 충만했을 것이다. 강 위에 4킬로미터에 가까운 둑을 쌓았으니 자연은 더 이상 앞을 가로막는 장애물이 아니라고 자만심을 느꼈을 법하다. 이들은 세상에 불가능한 일은 없다고 자신하며 기후 위기가 닥쳤을 때도 이주가 도망과 다를 바 없고 진취적이지 않은 선택이라고 여겼을지 모른다. 철기 저온기 때와는 달리 이 시기의 농경민은 위기 속에서도 자신의 땅을 지키고 주변을 변형시키면서 생존의 길을 찾았다. 이때부터, 즉 4세기경부터 인위적인 환경 교란이 본격화되었음을 짐작할 수 있다. 이후의 '이주'는 전쟁과 같은 외부 충격이나 인구 증가에서 비롯된 내부 갈등에서 대부분 시작되었다. 철기 저온기에는 기후 변화가 이주의 원인遠因(간접 원인)이기도 하고 근인近因(직접 원인)이기도 했다. 그러나 시간이 흘러 4세기 후부터는 근인이 되는 경우가 확연히 줄었다. 한반도에서 소위 '인류세'가 시작된 것이다.

### 벽골제 논쟁

서울대학교 경제학과에서 수년 전에 퇴임한 이영훈 교수는 조선 후기 경제사 연구에 천착하여 많은 연구 업적을 쌓은 인물이다. 그는 국내에서 식민지근대화론을 대표하는 경제학자로도 널리 알려져 있다. 식민지근대화론이란 한국인이 일제의 침략을 받아 고통을 겪은 것은 사실이나 식민

통치 기간에 사회경제적으로 근대화를 이룬 것도 부인할 수 없다는 점을 강조한다. 벽골제 논쟁도 이 식민지근대화론에 맞닿아 있다. 이영훈 교수는 벽골제가 내측 경작지의 염수 피해를 막는 방조제로 기능했으며 방조제의 외측인 지금의 김제평야는 바닷물에 주기적으로 잠기는 갯벌에 불과했다고 보았다. 김제평야는 일제 강점기 이후 일제의 도움으로 개간되었다는 것이 그의 핵심 주장이다. 이영훈 교수는 조정래의 소설 《아리랑》이 역사를 왜곡했다며 비난한 바 있는데 김제평야의 과거 모습을 자의적으로 묘사했다고 지적했다. 소설 속에서는 김제평야가 일제 강점기 이전에 이미 수확량이 많았다고 이야기하고 있지만 실제로는 그렇지 않았다는 것이다. 김제평야는 일제 강점기 들어 수리 조합을 개설하고 관개 시설을 구축하면서 비로소 생산성이 높아진 것이고 그전에는 넓은 평야에 물을 대지 못해 수확량이 보잘것없는 황무지에 가까웠다고 주장했다. 일제가 들어오기 전 김제평야는 갯벌과 다를 바 없었고 일본의 자금으로 간척이 진행되고 나서야 지금과 같은 평야로 탈바꿈했다고 본 것이다. 전형적인 식민지근대화론에 입각한 설명이다.

최근 타개한 충남대학교의 허수열 교수는 이영훈 교수가 내세우는 식민지근대화론을 부정하는 대표적인 학자로 이영훈 교수가 활용하는 통계 자료를 불신하였다. 특히 일제 강점기의 김제평야와 벽골제의 기능을 두고 이영훈 교수와 상대방의 주장을 비판하는 논문을 주고받으며 치열한 논쟁을 벌인 것으로 세간에 화제가 되기도 하였다. 학연이나 선

후배 관계로 얽혀 있는 국내 학계에서 흔히 볼 수 있는 광경은 아니었기 때문이다. 그는 이영훈 교수가 강조하듯이 일제의 간척 농지의 확대를 통해 조선이 급격한 경제 성장을 이루었다는 주장을 믿지 않았다. 한국의 경제 발전이 일본의 조선 지배에서 시작되었다고 보는 것은 잘못된 인식이라고 강변했다. 벽골제의 기능을 놓고 두 학자이 이견은 명백히 갈렸다. 이영훈 교수는 축조물의 형태를 볼 때 벽골제는 방조제가 분명하다고 본 반면, 허수열 교수는 《세종실록지리지》에서 벽골제를 저수지로 표현한다며 역사 문헌에 오류가 있다고 볼만한 근거가 없는 상태에서 기록을 무시할 수 없다고 맞섰다. 허수열 교수는 또한 김제평야가 비록 생산성은 낮았지만 일제 강점기 이전에 이미 개간된 상태였다고 주장했다. 저수지 시설로 벽골제가 조선 시대 초부터 김제평야의 논에 물을 공급하는 기능을 충실히 수행했다고 본 것이다.

벽골제는 하천의 하류와 범람원을 길게 횡단하는 제방 형태를 띠고 있다. 또한 여러 개의 수문이 존재하여 물을 담는 저수지보다는 염수를 막는 방조제의 성격이 강해 보이는 것이 사실이다. 게다가 벽골제가 저수지 용도의 수리 시설이었다면 제 안쪽이 모두 물에 잠겨 농지로 쓸 수 있는 땅이 크게 줄어든다는 지적에 논박하기가 쉽지 않다. 그래서 학자들은 벽골제가 처음에는 방조제 용도로 만들어졌으나 조선 시대부터 저수지의 역할을 겸했다고 주장하거나 겨울 농한기에 한시적으로 물을 저장했다가 봄철 물이 필요할 때 배수하여 벽골제 외부에 공급했을 것으로 추정하기도 한다.

아무래도 저수지보다는 방조제에 가까웠을 것으로 보는 것이다. 이영훈 교수는 최근 들어 한일 양국이 날을 세우는 민감한 역사 문제에서 우리나라의 입장을 반일민족주의로 치부하며 일본을 편드는 듯한 자세를 자주 취하기 때문에 국민의 반감을 사고 있다. 그렇다고 그가 과거에 진행한 연구들까지 모두 어떠한 정치적 의도의 산물로 보는 것은 옳지 않다고 본다.

벽골제의 성격이 어떠했든 간에 삼국 시대 초기의 인구 규모에서 이러한 토목 공사를 벌일 수 있었다는 것 자체가 놀랍다. 벽골제의 문화적 가치를 높이 산 김제시는 유네스코 세계 문화유산에 올리는 것을 추진 중이다. 필자도 최근 벽골제의 원기능을 밝히고 싶어 제방 안쪽과 바깥쪽에서 퇴적물을 얻어 분석한 바 있다. 아쉽게도 퇴적물 시료의 탄소 연대가 너무 오래전으로 나와 더 이상의 분석을 포기할 수밖에 없었다. 벽골제가 있는 곳은 하천 하류의 범람원이라 해수면 변화와 하도의 움직임에 많은 영향을 받아서 퇴적률이 일정치 않을뿐더러 인간의 간척으로 상부 퇴적층이 심하게 교란되었기 때문에 고환경 복원 연구에 적합하지 않았다. 여러모로 연구가 어려운 곳임에는 분명해 보이지만 이후에 기회가 생기면 다시 한번 시도해 볼 생각이다. 추후 연구들에 의해 벽골제의 성격이 어떻게 규명될지 예측하기 어렵지만 한가지는 분명하다. 벽골제가 우리나라 최고最古의 대형 수리 시설이었다는 점이다.

## 장수왕이 천도를 결심한 이유

나름 풍요로웠던 4세기 초중반이 지나가고 4세기 후반부터 한반도의 기온은 차츰 떨어지기 시작했다. 그리고 5세기 중반 너머까지 추위가 이어졌다. 유럽에서 게르만의 대이동을 야기했던 한랭기가 한반도에도 나타난 것이다. 동수악오름 자료를 다시 한번 들여다보자(그림13-1). 대략 기원후 1년 이후로 기온이 계속해서 떨어지는 모습을 볼 수 있는데 가장 낮은 기온에 도달하는 시기가 대략 420년경이다. 이후부터는 차츰 기온이 오르기 시작하여 대략 800년경부터 중세 온난기로 접어든다.[8] 그런데 장수왕이 국내성에서 평양으로 수도를 옮기는 천도를 감행한 해가 427년이다. 이를 과연 우연이라 할 수 있을까?

사실 한반도의 정세는 장수왕의 천도 이전인, 기온이 내려가기 시작하는 4세기 말부터 긴박하게 돌아가고 있었다. 391년 고구려의 왕으로 등극한 광개토대왕은 즉위한 직후부터 백제를 침략하기 시작했다. 할아버지인 고국원왕이 근초고왕과의 전투에서 패하고 전사한 것을 되갚으려 한 것이다. 선왕의 복수는 큰아버지인 소수림왕 때부터 고구려에 주어진 과업이었지만 따뜻한 남쪽 땅을 차지하고픈 욕심도 광개토대왕이 남정을 서두른 이유였다. 추위는 날이 갈수록 매서워졌다. 396년 고구려는 백제의 성을 58개나 빼앗는 대전과를 거둔다. 한강 이북 지역은 고구려 땅이 되었고 백제의 아신왕은 앞으로 고구려를 받들겠다는 굴욕적인 맹세를 해야 했다.

한동안 패배의 아픔에 칼을 갈던 아신왕은 결국 왜와 가야에 연락을 취했고 고구려를 치기 위한 모의에 들어갔다. 고구려와 신라의 우호 관계가 꺼림직했던 백제는 우선 신라부터 굴복시키기로 했다. 400년에 백제, 왜, 가야 삼국 연합군의 대대적인 신라 침공이 시작되었다. 이에 신라는 고구려에 원병을 요청했고 광개토대왕은 5만 군대를 거느리고 내려와 삼국 연합군에 맞섰다. 신라 입장에서는 고구려라는 강대국의 군대를 나라 안으로 받아들여야 하는 위험스러운 행보였지만 당시 급박하게 전개된 국면을 타개하기 위해서는 어쩔 수 없는 조치였다. 고구려-신라 연합군은 백제-왜-가야 연합군에 승리를 거두었고, 그 결과 가야의 중심 세력인 금관가야가 무너졌다. 이때 전쟁에서 패한 가야의 유민과 기마병이 일본으로 건너가 야마토 정권을 강화하는 데 핵심 역할을 했던 것으로 보인다. 한편 백제와의 전쟁을 승리로 이끈 이후 고구려는 대부분의 힘을 서쪽의 후연을 경계하는 데 쏟아야 했다. 후연이 고구려를 계속 자극했기 때문이다. 요동을 확실하게 지키는 일이 고구려의 급선무가 되었고 광개토대왕은 더 이상 남쪽 땅에 관심을 두지 않게 된다. 신라인에게는 다행스러운 일이었다.

그러나 광개토대왕에 이어 즉위한 장수왕은 남쪽 지역에 대한 열망이 아버지보다 더 강했다. 장수왕은 수많은 조상의 무덤이 있는 국내성을 떠나 수도를 평양으로 옮기는 파격적인 선택을 하게 된다. 원 수도인 국내성에서 새로운 수도인 평양까지의 직선거리는 약 240킬로미터에 달한다. 서울에서 광주까지의 거리에 살짝 못 미치는 수준이다. 백제와 신라는 고구려의 남진을 막기 위해 사력을 다해야 했다. 외부의 위협 속에 양국은 과거에 좋지 않았던 기억을 지우고 고구려라는 공동의 적에 맞서 동맹 관계를 맺게 된다. 장수왕이 이렇게 어려우면서도 과감한 결정을 내리게 된 배경은 무엇일까? 역사가들은 국내성이 위치했던 지역 공간이 고구려의 수도로 기능하기에는 너무 협소했기 때문에 장수왕이 귀족들의 반대를 무릅쓰고 넓은 평원이 있는 평양으로 천도했다고 본다. 또한 국내성은 내륙의 산악 지대에 있어 고립도가 높다는 문제도 있었다. 하지만 평양 또한 바다로 둘러싸인 반도에 깊숙이 내려앉아 있고 나라의 중심에서 벗어나는 곳에 있었기에 고구려의 너른 땅을 관리하는 수도의 위치로 적당했다고 보기는 어렵다. 혹자는 국내성 내 지배 귀족 계층의 기반을 약화해 왕권을 강화하려는 의도가 숨어 있다고 말하기도 한다.

그런데 당시 정점에 이른 추위를 고려하면 장수왕이 고구려의 지리적 중심인 국내성을 떠나 외곽의 평양으로 천도한 원인 중 하나로 기후 변화를 제외하기란 쉽지 않다. 고구려인이 추위를 극복할 수 없어서 이주한 것은 아니었을 것이다. 장수왕이 고구려의 앞날을 그렸을 때 수도의 물리적 위치보다는 수도의 발전을 뒷받침해 줄 수 있는 제반 여건들이 더 중요하다고 생각했는지 모른다. 점차 인구가 늘면서 작물 농경의 비중은 늘어만 가는데 기온이 계속 떨어지고 있다면 온난한 평양이 미래의 고구려 수도로서 더 나은 선택이라고 봤을 가능성이 높다. 결행은 빠르면 빠를수록 좋다고 생각했을 것이다.

장수왕이 평양으로 천도하자 나라의 존망이 경각에 달려 있다고 느낀 백제와 신라는 불과 30년 전만 해도 적이었던 이웃과 동맹을 맺기에 이른다. 하지만 당대 동북아시아 지역의 최강국 가운데 하나였던 고구려가 북쪽에서 계속 압박해 들어오자 양국의 불안은 커져만 갔다. 이에 백제의 왕이던 개로왕이 고구려를 견제하려는 목적으로 북위에 고구려 정벌을 요청하는 국서를 보냈는데, 이 국서의 내용을 알게 된 장수왕은 크게 분노했고 결국 백제를 토벌하기로 마음먹게 된다. 장수왕은 475년 3만의 병사를 이끌고 내려와 백제의 수도인 위례성에 대대적인 공격을 퍼부었다. 개로왕은 전쟁에서 패배한 후 죽음을 맞았고 그의 아들 문주왕은 고구려의 공세를 피해 수도를 웅진으로 옮겼다. 하지만 위례성에 비해 웅진은 협소하여 많은 사람을 수용할 수 없었다. 웅진은 수도로서 적당한 곳이라 보기 힘들었다. 백제와 왜는 당시 상당히 가까운 관계를 유지하고 있었으므로 전쟁에서 패하고 웅진으로 천도할 때 일본으로 건너간 백제인이 많았다. 한편 백제인이 고구려에 밀려 남쪽으로 내려오기 시작하니 자연히 전라도 쪽에 있던 마한인 또한 영향을 받을 수밖에 없었다. 한반도에서 일본으로 이주하는 사람들 가운데 마한인의 비중은 점차 늘어났다. 고구려-신라 연합군에 패한 가야의 유민들이 일본으로 건너간 지 얼마 되지 않아 이번에는 한반도 남서부에서 많은 사람이 일본으로 이주한 것이다. 그리고 여기에 660년경 백제의 멸망 후 이주한 도래인까지 더해 5세기와 7세기에 일본으로 건너간 한반도인의 수는 상당히 많았다. 현대 일본인이 지닌 유전자의 상당 부분이 바로 이들에게서 온 것이다.

## 일본인은 누구인가

일본인의 기원을 설명하는 가설은 여러 가지가 있지만 하니하라 가즈로의 이중 구조 모델이 지난 30년 동안 가장 신뢰할 만한 가설로 인정받아 왔다. 그는 대략 1만 6000년 전부터 일본 열도에서 거주한 조몬 수렵채집민과 3000년 전 이후 한반도에서 넘어온 벼 농경민이 결합하여 현재의 일본인을 형성했다고 주장한다. 하니하라는 우선 조몬인이 동남아시아, 즉 남쪽에서 올라와 일본 열도로 들어온 무리의 후손이라 봤다. 현대 일본인의 전장 유전체 분석 결과에 따르면 대략 90%의 유전자가 도래인으로부터 전달되었다고 추정되는데, 그 비율은 지역별로 약간씩 차이를 보인다. 아이누로 대표되는 홋카이도 원주민과 류큐 원주민에게서 도래인의 유전자가 상대적으로 적게 확인된다. 규슈로 진입하여 혼슈로 퍼져나간 도래인 세력에 의해 조몬 수렵채집민이 북쪽의 홋카이도와 남쪽의 류큐로 밀려 나갔음을 알 수 있다. 그 결과 홋카이도와 류큐에서는 규슈나 혼슈에 비해 농경이 늦게 시작되었다.

하니하라의 이중 구조 모델은 이해하기 쉽고 간결하여 오랫동안 많은 학자가 선호하고 지지한 가설이다. 그러나 고DNA 분석이 활성화되고 다양한 자료가 제시되면서 이중 구조 모델은 복잡한 일본인의 형성 과정을 설명하기에 너무 단순하다는 비판이 나오고 있다. 그래서인지 최근 일본에서는 이른바 삼중 구조 모델 혹은 내부 이중 구조 모델이라고 불리는 가설이 인기를 얻고 있다. 삼중 구조 모델은 야요이 시기에 한반도에서 건너간 벼 농경민보다 이후 고훈과 아스카 시기에 넘어간 도래인이 현대 일본인의 형성에 더 큰 기여를 했다는 가설이다. 즉 원래 일본 열도에서 살아가던 조몬인에 야요이 벼 농경민과 야마토 도래인이 섞여 지금의 일본인이 형성되었는데, 그중 유전적으로 가장 핵심적인 이주는 야마토 시대에 있었다는 것이다.[9] 일본인의 기원을 파악하는 일은 우리에게도 중요한 의미가 있다. 과거 일본인의 형성 과정을 정확히 복원할 수 있다면 한반도인의 기원을 추론하는 일 또한 상당히 쉬워질 것이다.

그럼 일본인을 형성한 세 집단의 기원을 지금까지 밝혀진 바에 근거하여 각각 살펴보도록 하자. 우선 조몬은 동아시아의 다른 수렵채집민 집단과 상당히 오래전에 분기하여 고립된 집단으로 여겨진다. 홋카이도의 현 원주민인 아이누족과 가장 가깝다. 조몬인 집단 전체가 유전적으로 동질적이었는지에 대해서는 다양한 의견이 있으나, 일단 현재까지의 연구 결과에 따르면 집단 내에서 그다지 이질적인 모습은 찾기 힘들다. 일본 구석기 학계의 최대 관심사는 아마도 조몬인이 어느 방향에서 언제 일본으로 들어왔느냐는 주제일 것이다. 하니하라는 이들이 동남아시아에서 올라왔다고 가정했다. 실제 타이완 원주민과 조몬인의 유전자가 유사하므로 남쪽에서 올라왔다는 가설이 더 유력해 보이지만, 남방 유전자가 언제 몇 번에 걸쳐 일본으로 유입되었는지는 여전히 오리무중이다. 일본이 대륙과 연결되다시피 한 빙기뿐만 아니라 해수면이 상승해 일본 열도가 대륙에서 완전히 고립된 홀로세에도 대만에서부터 섬들을 경유해 남방의 수렵채집민 유전자가 열도로 유입되었기 때문이다.[10]

그런데 고고학 자료는 조몬인의 기원을 밝히는 작업을 더욱 복잡하게 만든다. 조몬 유적지에서 북방의 유물인 세석기가 확인되기 때문이다. 이는 고대북시베리아인이나 고시베리아인이 마지막 빙기 최성기에 추위를 피해 남하했고 그중 일부가 일본 열도로 들어왔을 가능성을 시사한다. 세석기는 한반도에서도 확인되므로 서유라시아에서 비롯된 북방 시베리아 문화가 동아시아 전역에 전파된 것은 확실해 보인다. 그러나 예상과 달리 고DNA 분석에서는 조몬과 고대북시베리아인과의 관계가 명확히 드러나지 않는다. 조몬과 교잡했을 만한 북방인은 고대북시베리아인과 아무르강 수렵채집민의 혼혈 후손인 고시베리아인이다. 이들이 베링해협을 통해 아메리카 대륙으로 넘어가기 전 일부가 사할린을 통해 일본 열도를 향해 움직였을 개연성은 충분해 보인다. 아무르강 하류의 원주민인 니브흐족이나 울치족이 조몬인과 유전적으로 가깝다는 점도 이러한 가정을 지지한다. 그러나 이는 역사 시대에 아이누를 통해 조몬 유전자가 열도의 바깥으로 전달된 결과일 수도 있기 때문에 현대인의 DNA 자료를 토대로 북방 유전자의 흐름이 존재했다고 단정 짓기는 어려운 측면이 있다. 일본 학계에서는 조몬인에 대한 북방의 유전적 기여가 상당히 제한적이었다고 보는 시각이 강하지만 고유전체 정보와 고고학 증거가 서로 다른 이야기를 전하고 있어 혼란을 불러일으킨다. 조몬인의 형성과 관련해서는 여전히 애매모호한 부분이 많아 학자들 사이에 많은 이견이 존재한다.[11,12]

조몬인 집단의 기원과 관련하여 다양한 의견들이 제시되고 있지만, 현재 일본 학자 다수가 지지하는 가설은 결국 하니하라가 주창했던 남방기원설이다. 마지막 빙기 말 대략 3만 8000~3만 5000년 전 사이 동아시아 남부의 구해안을 따라 다수의 수렵채집민이 일본으로 들어와 집단을 형성했다고 보는 가설이다. 이들은 만빙기에 해수면 상승으로 일본 열도가 대륙으로부터 완전히 고립된 후 시간이 흐르면서 유전적으로 여타 동아시아인과 멀어졌다.

조몬 시대가 막을 내리고 일본에서 작물 농경이 시작된 시기는 대략 2800년 전으로 추정된다. 이때부터 한반도에서 규슈로 벼 농경민이 넘어가기 시작했다. 이들이 조몬인과 교잡하면서 야요이인

을 형성했고 야요이 문화를 일궜다. 반도에서 규슈로 건너간 벼 농
경민은 원래 랴오둥 주변에서 거주하던 사람들로 추정된다. 기후
가 변화하기 시작하자 서북쪽의 랴오시 지역 사람들이 추위와 가
뭄을 피해 하나둘 남하하기 시작했다. 랴오둥에서 살아가던 거주
민 또한 기후 변화와 사회 갈등을 피해 한반도 남부까지 내려오게
된다. 그런데 기후 여건은 좀체 나아지지 않았고 오히려 악화되는
모습을 보였다. 북방에서 내려온 농경민은 아예 바다를 건너는 모
험을 단행한다. 이러한 이주의 흐름은 대략 2800년 전부터 2300년
전까지 계속되었다.

　기원전 3세기부터 기온이 오르자 동아시아의 사회는 안정을 되
찾았고 이주는 잦아들었다. 대신 철기 문화가 발달하고 해상 교류
가 활발해지면서 교역을 위한 해로가 형성되었다. 중국, 한국, 일
본 등지에서 사람들이 오가기 시작하면서 해안에 거주하는 인구가
점차 늘어갔다. 일본에서는 온난한 기후 덕에 야요이인이 도호쿠
지역까지 확산하였고 벼 농경의 비중은 차츰 높아졌다. 그러나 기
원후 1세기 들어 기온이 확연하게 떨어지자 동아시아 전체에서 다
시금 사람들의 움직임이 감지된다. 3세기와 5세기에는 가야의 기
마병과 마한의 해상 세력이 건너왔고 7세기에는 멸망한 백제의 유
민이 일본 열도로 대거 들어왔다. 대략 200년 간격으로 기후 변화
가 발생할 때마다 동북아시아에서는 식량 위기가 이어졌다. 사회
내부의 갈등이 팽배해지고 외부 세력과의 전쟁 역시 빈번해졌다.
그 과정에서 발생한 난민 무리들은 적극적인 이주를 시도하며 살
길을 도모했다. 이들 가운데 일본으로 건너온 사람들은 토착민과
의 경쟁을 불사하며 새로운 터전을 찾아 계속 움직였다. 토착 집단

들은 이주민과 부딪힐 때마다 큰 혼란에 빠졌지만 도래인이 전한 새로운 문물의 도움으로 문화의 발전 속도가 높아지는 순효과도 적지 않게 누릴 수 있었다. 야요이 시대에는 작물, 토기, 청동기, 주거지, 묘 등의 문화가 한반도에서 일본으로 전래되었고, 야마토 시대에는 기마, 철기, 건축, 공예, 선박, 제방 등과 관련된 기술과 함께 불교나 유교 같은 사상도 전파되어 일본 문화의 성장을 이끌었다. 한반도와 일본의 인적 교류는 매우 활발했다. 특히 3, 5, 7세기에 한반도에서 일본으로 많은 사람이 건너간 것으로 보이는데, 최근에 지지를 얻고 있는 일본인의 삼중 구조설이 바로 이 시기에 건너온 사람들의 유전자를 강조하는 가설이다.

## 한국인과 일본인의 풀리지 않는 의문들

고DNA 분석 결과에 의하면, 야요이 시대의 도래인은 중국 동북부(만주, 연해주, 요서 등) 집단의 DNA 비중이 높고, 고훈 시대의 도래인은 상대적으로 중국 황허강 집단의 DNA 비중이 높은 것으로 나온다.[13] 앞에서 송국리형 벼 농경민이 원래는 산둥에 있다가 서해 넘어 랴오둥으로 이주한 사람들의 후손 집단인 것으로 보인다고 이야기했다. 그렇다면 야요이 문화는 송국리 문화와 관련이 깊으므로 야요이인에게서 산둥과 가까운 황허강 집단의 DNA 비중이 높아야 할 것 같은데, 철기 기마병과 관련이 있을 것 같은 고훈 문화인에게서 오히려 황허강 집단의 DNA 비율이 높게 나온다. 벼 농경 문화는 중국 남부에서 전달되었을 수밖에 없고, 기마 문화는 북방에서 전파되었다는 점을 감안할 때, 이러한 이야기는 동북아시아인의 기원을 밝히는 작업을 상당히 복잡하게 만든다.

야요이 시대의 도래인이나 고훈 시대의 도래인은 모두 랴오시나 랴오둥에서 기원해 한반도를 거쳐 일본 열도에 진입한 사람들이다. 이들이 유전적으로 큰 차이가 났을 거라고 생각되지는 않는다. 다만 고훈 시대의 도래인에게 황허강 집단 유전자가 좀 더 많다면, 이는 위만조선과 관계가 있을 가능성이 있다. 위만은 전국 시대 말의 연나라 사람으로 고조선으로 망명한 후 반란을 일으켜 당시 왕이던 준왕을 한반도 남부로 내쫓고 요동과 한반도 북부에 자신의 나라를 건국한 인물이다. 위만이 고조선에 망명할 때 그를 추종하는 다수의 연나라 사람도 함께 한반도로 들어왔다. 이때 한반도 북방으로 유입된 황허강 집단의 유전자는 위만조선이 한나라에 망한 후 남하한 유민들에 의해 한반도 남부의 삼한으로 퍼져나가게 된다. 그리고 대략 3세기부터 기후 변화나 전쟁 등으로 한반도 사회가 혼란스러워질 때마다 많은 난민이 발생하여 일본으로 건너갔는데 이들이 일본의 고훈 시대를 주도한 사람들이라 할 수 있다. 고훈 시대의 고대 일본인에게 황허강 집단의 DNA 비중이 높게 나오는 것은 이러한 연유가 아닐지 생각한다.

지금까지 살펴본 이주 과정을 현대 한국인의 Y염색체 데이터와 연결해 살펴보자. Y염색체는 여성보다 상대적으로 이동 범위가 넓은 남성을 통해서 선달되기 때문에 집단의 이주와 관련된 추가적인 정보를 파악하는 데 유용하다. 한국인의 주된 Y염색체 유형으로 C2(약 15%), D(약 2%), N(약 5%), O1b2(약 32%), O2(약 40%), Q(약 2%) 등이 있다. C 계통은 몽골족과 만주족, D 계통은 아이누족, N 계통은 북시베리아인, Q 계통은 아메리카 원주민, O1b2 계통은 한국인과 일본인, O2 계통은 중국인에게서 비교적 높은 비율로 나타난다. 우리나라 사람들에게 제일 많은 것은 O2 계통(약 40%)으로, 다음으로 많은 O1b2 계통(약 35%)과 비중이 엇비슷하다. 조몬인의 D 계통이 일본인에게 많다는 사실을 제외하면 한국인과 일본인의 Y염색체 구성은 서로 유사하다. 일본인의 Y염색체 또한 O2와 O1b2 유형이 핵심을 이룬다. 특히 O2 계통이 현대 중국인에게서 많이 확인된다는 점에서 한국인과 일본인에게 있는 O2 계통은 황허강 유역에서 기원한 사람들이 한반도와 일본으로 이동했음을 의미한다고 볼 수 있다. 한편 O1b2 계통은 중국인에게서는 거의 찾기 어려운 유형으로 주로 한국인과 일본인에게 많아 북방의 랴오허 유역에서 기원한 것이 분명한 듯하다. 문제는 언제 이들 계통이 황허나 랴오허에서 이동하여 한반도로 넘어갔는지 현대인의 Y염색체 자료만으로는 가늠하기 어렵다는 점이다.

그래도 지금까지 살펴본 내용과 연결시켜 O 계통의 한반도 유입 시기를 추정해 보자면, O1b2 유형은 철기 저온기에, O2 유형은 주로 중세 저온기에 한반도로 들어왔을 가능성이 높아 보인다. O1b2는 철기 저온기에 한반도로 농경 기술을 전파한 사람들이 주로 지녔던 유형으로 추정된다. 이들은 한반도를 거쳐 일본까지 진출했다. 한편 O2 계통이 중세 저온기에 한반도에서 증가했을 것이라는 가정은 고훈 시대의 일본 야마토인에게서 황허강 집단의 DNA 비중이 높아지는 연구 결과와도 상통한다. 이는 고조선 유민 집단에서 기원한 한반도 남부 사람들이 고훈 시대에 일본으로 건너간 것과 관련 있을 것이다.

### 히미코 여왕이 한반도에서 넘어갔다는데…

《삼국지》〈위서〉동이전에는 왜국의 흥미로운 인물에 대해 자세한 묘사가 나온다. 그 인물은 기원후 170년경 '야마타이국'의 군주로 등극해 대외적으로 왜국을 대표했던 히미코卑彌呼 여왕이다. 당시 야마타이국은 일본 열도 내 20여 개 나라 가운데 최강국의 위치에 있었다.

야마타이국이 세력을 잡기 전에는 나노국이 일본 열도를 주도했다. 일본인은 대대로 섬나라의 숙명인 문화적 고립 문제를 최소화하기 위해 외교에 많은 공을 들여왔다. 나노국 또한 마찬가지였다. 열도에 산재하던 100여 개의 부족을 대표하여 기원후 57년 후한의 광무제에게 사신을 보내 조공을 바치고 답례품을 받는 등 동아시아의 교류망에 활발하게 참여했다. 이후 70~80년 지속된 전란 끝에 나노국의 국세는 크게 기울었고 일본 열도의 패권은 야마타이국으로 넘어갔다. 히미코 여왕은 왕위에 올라 수십 년간 전쟁으로 피폐해진 사회를 수습하고 세력을 확대했다. 히미코는 군대의 수장이 아닌 제사장에 가까운 통치자였다. 귀신을 섬기고 사술에 밝아 사람을 능히 현혹할 줄 알았다고 전해진다. 실제 정치적 행위는 주로 남동생이 맡아 처리했다고 한다. 여왕은 기원후 238년 중국의 위나라에 사절을 보내 노예를 헌납했고, 위나라 황제 명제는 이에 대한 답례로 '친위왜왕親魏倭王'이라는 칭호와 금인을 하사하였다. 위 황제의 권위를 빌려 야마타이국의 위상을 높이려 한 것이다.

기원후 247년경 야마타이국에 반기를 든 쿠나노국과의

전투 이후 히미코에 대한 기록은 더 이상 찾을 수 없다. 전투 와중에 사망한 것으로 추정된다. 여왕이 사라지자 일본 열도는 남성 군주들의 폭주와 함께 여러 나라가 난립하며 다시 혼란에 휩싸였다. 그러나 히미코의 후계자로 '이요壹與'가 여왕의 자리에 오르면서 열도는 서서히 안정을 되찾았다. 이요 또한 히미코와 마찬가지로 종교적 권위를 갖는 샤먼이었다. 왕위에 오를 때 13살에 불과할 정도로 매우 어린 나이였다. 그만큼 열도 내에서 종교적 정통성이 갖는 힘은 컸으며 강력한 왕권의 정복 국가가 나타나기에는 시기상조였다. 그런데 3세기 후반 한반도 남부에서 철기 기마병이 넘어오고 고훈 시대가 오면서 국면이 달라지기 시작했다. 대륙의 군사 문화를 접한 남성 전사들의 야심이 점점 커졌고 종교의 영향력은 축소되었다. 여성 샤먼이 종교의 권위를 빌어 이들을 통제할 수 있는 시대는 저물고 있었다.

야마타이국은 한반도 남부의 세력과도 매우 가까웠다. 대부분의 선진 문화가 한반도를 통해 열도로 유입되었으므로 이는 어찌 보면 당연한 일이었다. 〈위서〉 동이전에 따르면 3세기 초 한반도 남부에는 사람들이 말을 키우긴 했지만 직접 타지는 않았고 일본에서는 말은 물론 가축 자체를 찾기 힘들었다. 기마의 흔적은 3세기 후반에 규슈 등지에서 갑자기 나타나는데, 이러한 철기 기마 문화는 한반도 남부에 존재한 금관가야에서 대마도를 거쳐 들어갔을 가능성이 높다. 1000년 전 야요이 시대의 벼 농경민 또한 한반도 남부의 비슷한 곳에서 비슷한 경로로 넘어갔을 것이다. 철기 문화는 전파되었지만 고훈 시대에는 일본에서 철의 산지가 거의 발견되지 않아 철이 항상 부족했다. 따라서 당시 풍부한 철 생산량을 자랑하던 가야와 어떤 관계를 맺느냐는 집단의 흥망성쇠를 가를 수 있는 사안이었다. 이는 야마타이국뿐 아니라 일본 내 다른 모든 나라에도 마찬가지였다.

히미코 여왕 이야기는 우리나라에서 다양하게 변주됐다. 특히 일본 열도의 핵심 지배자였던 히미코 여왕이 원래 한반도에서 건너간 사람이라는 주장이 많은 이의 흥미를 돋우는 모양이다. 히미코가 금관가야 수로왕의 딸이라는 이야기도 있고, 연오랑과 세오녀 설화의 '세오'가 히미코라는 이야기도 들린다. 연오랑세오녀 설화는 일본으로 건너간 왕과 왕비 이야기로 《삼국유사》에 수록된 전설이다. 모두 상상에 가까운 근거 없는 주장이지만, 일본의 야요이 문화나 고훈 문화 모두 한반도 남부에서 건너간 사람이 주축이 되어 일궜다는 것까지 부정하기는 어렵다. 따라서 히미코 여왕의 뿌리는 여하튼 한반도에 있을 가능성이 높다. 다만 한반도에서 언제 넘어간 무리의 후손인지는 알 방법이 없다.


한국인에게는 농경민이 유입되기 전 한반도에 원래 존재했던 수렵채집민의 Y염색체 계통 또한 남아 있다. 대표적인 것이 마지막 빙기 후반에 아무르강 유역에서 내려온 사람들이 지녔던 C 유형이다. 아이누족에 많은 조몬인의 D 계통은 현대 한국인에게서는 찾아보기 힘들지만, 삼국 시대 초까지만 해도 한반도의 남해안을 중심으로 꽤 넓게 퍼져 있었다. 마지막으로 만주에서 서북쪽으로 넓게 확산하여 핀란드 지역까지 진출했던 N 계통 또한 현대 한국인의 몸속에 존재한다. 이 N 계통은 홍산 문화 집단을 대표하는 유형이라 국내 학자들의 관심을 받을 때가 많다. 하지만 현대 한국인의 Y염색체에서 N 계통의 비중은 예상과 달리 그리 크지 않은데, 이는 홍산 문화가 소멸하고 샤자뎬 문화로 접어들면서 랴오히 지역민의 주된 유형이 점차 N 계통에서 O 계통으로 변화했기 때문인 것으로 추정된다. 홍산 문화보다는 샤자뎬 문화가 유전적으로 현대 한국인에게 훨씬 중요했음을 짐작케 하는 대목이다.

현대 일본인은 야마토 시대의 사람들과 유전적으로 거의 동일하다. 야마토 시대 이후로 외부인의 대규모 이주가 없었음을 알 수 있다. 이는 한반도 또한 마찬가지로 기원후 3세기쯤에 형성된 유전적 조성이 현시대까지 이어져 내려오고 있다. 위만조선과 부여의 유민이 내려와 토착민과 섞인 이후로 외부 집단이 대대적으로 남하하는 일은 더 이상 일어나지 않았다. 4세기 중반 들어 고대 국가 체제가 갖춰지자 한반도 내외부에서 사람들이 이주하는 빈도는 더욱 줄어들었다. 그러나 한반도와 북중국의 변경에서는 유전적 교류가 여전히 활발하여 한반도인은 북중국인과 점점 가까워졌고 섬에 고립된 일본인과는 조금씩 멀어졌다. 우리는 보통 한국인에 가장 가까운 사람들로 일본인을 먼저 떠올리지만 그렇지 않다. 한국인과의 유전적 근연성이 가장 높은 현대인은 북중국인이다.[14] 한국인은 조몬인의 유전 성분을 거의 갖고 있지 않지만, 일본인은 조몬인의 유전자가 전체 유전자의 10%를 차지할 정도로 비중이 적지 않기 때문이다. 조몬인의 유전 성분을 제외하면 한국인과 일본인은 유전적으로 큰 차이가 없다. 이는 비교적 최근에 한반도에서 일본으로 많은 사람이 넘어갔음을 시사한다. 한 가지 흥미로운 점은 과거 랴오허 문명을 일군 사람들과 유전적으로 가장 비슷한 집단이 현대 중국인이 아니라 현대 한국인이라는 사실이다. 현대 중국인은 북부와 남부의 한족이 지속적으로 섞여 이뤄진 반면, 현대 한국인은 주로 중국의 동북부에서 살던 사람들이 남하하여 형성됐기 때문이다.

일본인의 삼중 구조 모델을 들여다보면, 한반도에서 건너간 사람들이 어떻게 현재의 일본인을 형성했는지 일목요연하게 파악할 수 있다. 원래 일본 열도에서 살아가던 조몬 수렵채집민과 한반도에서 건너간 벼 농경민이 섞여 야요이인이 출현한다. 야요이인은 동쪽과 북쪽으로 확산하여 간토 넘어 도호쿠 지역까지 이동하였다. 이후 한반도 남부에서 다시 사람들이 건너와 야마토 문명을 창출했고 이들은 기존의 야요이인과 조몬인을 일본 열도의 바깥쪽으로 밀어냈다. 야요이인은 혼슈의 외곽 지역, 시코쿠, 오키나와 등지로 쫓겨났다. 홋카이도로 밀려 나간 조몬인은 사할린을 통해 내려오는 수렵채집민 등과 섞여 아이누족을 이루었다. 홋카이도의 원주민을 제외하면 일본 내에서 중심부의 야마토인과 외곽의 야요이인이 구분된다고 해서 내부 이중 구조 모델이라고 표현한다.[15] 내부 이중 구조 모델이나 삼중 구조 모델이나 결국 의미하는 바는 같다. 조몬인, 야요이인, 야마토인이 혼합하여 현대 일본인이 형성되었고, 그중 야마토인의 유전적 기여가 가장 컸다는 것이다. 하지만 앞서 이야기했듯이 철기 저온기와 중세 저온기에 넘어간 한반도인들 사이에 유전적 차이가 뚜렷하지 않으므로 야마토 도래인의 유전적

기여가 컸다는 주장은 앞으로 검증이 더 필요할 것으로 보인다.

중세 저온기에 일본 열도로 건너간 한반도인이 현대 일본인을 형성한 주축 세력이었다면, 한국인과 일본인이 쓰는 언어가 이토록 큰 차이를 보이는 이유는 또 어떻게 설명해야 할까? 그야말로 난해한 문제가 아닐 수 없다. 야요이인이 사용하던 원시 언어가 현 일본어의 조상어라면 야마토 시대에 도래인이 사용하던 원시 한국어는 일본 내에서 사멸되었다고 봐야 맞을 것이다. 이는 히미코 여왕 등에 의해 야요이인의 통치 체제가 이미 완성된 다음에 도래인이 일본 열도로 이주했기 때문일 수 있다. 또한 도래인이 선진 문물을 기반으로 지배 계층의 위치에 올라섰다 하더라도 다수의 피지배층 사람이 익숙한 원시 일본어를 고수하면서 도래인의 언어가 도태되었을 가능성도 있다. 과거 영국에서도 프랑스에서 건너간 노르만족에 의해 불어가 엘리트층의 언어로 오랫동안 자리 잡고 있었으나 14~15세기의 백년 전쟁 이후 영국 국민의 정체성이 강화되면서 불어의 위상이 확연하게 떨어지는 모습이 나타났다. 지배 계층이 사용하는 언어라고 해서 끝까지 살아남으리라는 법은 없다.


## 가야인에게 조몬인의 DNA가?


2022년 6월 울산과학기술원 연구팀이 포함된 국제 연구진이 가야 대성동 고분과 김해 유하 패총에서 발굴된 인골의 DNA를 분석한 결과를 발표했다.[16] 인골의 주인공은 기원후 300~500년 사이에 묻힌 가야인으로 무덤 주인과 순장된 사람을 포함해 총 22명이

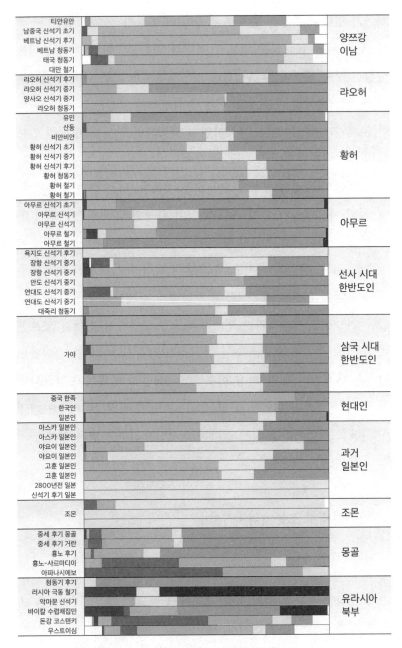

| 티안유안 | |
| 남중국 신석기 초기 | |
| 베트남 신석기 후기 | 양쯔강 |
| 베트남 청동기 | 이남 |
| 태국 청동기 | |
| 대만 철기 | |
| 랴오허 신석기 초기 | |
| 랴오허 신석기 중기 | 랴오허 |
| 양사오 신석기 중기 | |
| 랴오허 청동기 | |
| 유민 | |
| 산둥 | |
| 비안비안 | |
| 황허 신석기 초기 | |
| 황허 신석기 중기 | 황허 |
| 황허 신석기 후기 | |
| 황허 청동기 | |
| 황허 철기 | |
| 황허 철기 | |
| 아무르 신석기 초기 | |
| 아무르 신석기 | |
| 아무르 신석기 | 아무르 |
| 아무르 철기 | |
| 아무르 철기 | |
| 욕지도 신석기 후기 | |
| 장항 신석기 중기 | 선사 시대 |
| 장항 신석기 중기 | 한반도인 |
| 안도 신석기 중기 | |
| 연대도 신석기 중기 | |
| 연대도 신석기 중기 | |
| 대죽리 청동기 | |
| 가야 | 삼국 시대 한반도인 |
| 중국 한족 | |
| 한국인 | 현대인 |
| 일본인 | |
| 아스카 일본인 | |
| 아스카 일본인 | |
| 야요이 일본인 | |
| 야요이 일본인 | 과거 |
| 고훈 일본인 | 일본인 |
| 고훈 일본인 | |
| 2800년전 일본 | |
| 신석기 후기 일본 | |
| 조몬 | 조몬 |
| 중세 후기 몽골 | |
| 중세 후기 거란 | |
| 흉노 후기 | 몽골 |
| 흉노-사르마디아 | |
| 아파나시에보 | |
| 청동기 후기 | |
| 러시아 극동 철기 | |
| 악마문 신석기 | 유라시아 |
| 바이칼 수렵채집민 | 북부 |
| 돈강 코스텐키 | |
| 우스트이심 | |

**그림13-10 동아시아의 지역별 고인골 유전체와 현대 동아시아인의 유전체 비교**

그래프에서 회색은 양쯔강 이남 집단, 갈색은 아무르강 집단, 살색은 조몬인 집단, 검은색은 고시베리아인 집단의 핵심 유전자 플롯을 나타낸다.

었다. 이들에게서 나온 27개의 뼈와 치아의 DNA를 분석했는데 예상보다 조몬인의 DNA 비중이 매우 높게 나와서 학계와 언론의 주목을 받았다. 현대 한국인에게는 조몬인 DNA가 거의 없으며 현대 일본인에게도 10% 남짓만 남아 있기 때문에 20%에 가까운 비율은 예상하지 못했던 결과였다. 사실 조몬인 DNA의 높은 비율은 남해안의 신석기 인골에서 이미 확인된 바 있었지만 청동기를 지나 삼국 시대 초까지도 이렇듯 비율이 떨어지지 않고 유지될 거라고는 예상하지 못했다. 오랫동안 한반도의 남해안과 일본에 살던 집단 사이에 빈번한 왕래가 이루어졌음을 짐작게 한다.

가야인과 비교할 때 현대 한국인과 일본인이 갖는 조몬인 DNA 비율은 상당히 낮다. 대신 황허강 유역의 유전자 비중이 높다. 삼국 시대 이후로 랴오둥에서 간헐적으로 내려온 사람들에 의해 한반도와 일본의 DNA 구성이 계속 변했기 때문이다. 가야인의 고DNA 논문에 수록된 그림13-10을 보면서 한반도인의 형성 과정을 다시 정리해 보자. 이 막대그래프는 12개의 플롯으로 구성된 동아시아 각 집단의 유전체 프로필을 보여준다. 양쯔강 이남, 아무르, 조몬인 집단의 핵심 유전체 플롯이 그래프에서 각각 회색, 갈색, 살색으로 표현되어 있다. 한반도인은 양쯔강, 랴오허강, 황허강, 아무르강 등의 4개 유역에서 기원한 사람들이 이동하고 섞인 결과 형성되었다는 점은 앞에서 이미 여러 차례 밝힌 바 있다. 특히 랴오허강 유역에서 살던 사람들이 유전적으로 기여를 많이 했다는 점도 여러 번 강조했다.

랴오허 집단은 신석기 중기(홍산 문화 시기)까지 주로 아무르강 유역에서 동진한 사람들로 이루어져 있었다. 그러다가 신석기 후기부터 샤자뎬 문화기로 접어들면서 황허강 유역에서 올라오는 농경민의 영향을 많이 받게 된다. 랴오허 집단의 그래프를 보면 신석기 중기의 양사오 집단과 청동기의 샤자뎬 집단이 유사한 유전체 프로필을 갖고 있음을 알 수 있다. 이는 황허강 유역 사람들이 청동기 시기에 들어 랴오허 유역으로 이동했음을 시사한다. 특히 작물 농경이 주된 생계 방식이었던 샤자뎬 하층문화가 황허에서 이동한 사람들의 영향을 많이 받았을 것이다. 이후 나타난 샤자뎬 상층문화 시기에는 유목과 목축이 중요해진다. 아마도 아무르강 유역에서 이동한 목축민이 전투 능력을 앞세워 랴오허 유역에 살던 원 농경민들을 지배했을 것이다.

다음으로 황허강 집단의 유전체 프로필을 살펴보자. 유민은 내몽골의 중앙에 위치하는 고고학 유적지로 이곳에서 발굴된 고인골의 유전체에서 아무르강 집단의 비중이 매우 큰 것이 특징이다. 그러나 나머지 황허강 유역의 고인골은 상당히 높은 비율로 양쯔강 이남의 DNA를 갖고 있다. 특히 시간이 흐를수록, 즉 신석기, 청동기, 철기를 지나며 양쯔강 이남 DNA의 비율이 차츰 증가하는 모습이 관찰된다. 이는 양쯔강 하류의 사람들이 중국의 동해안을 따라 황허강 하류 쪽으로 이동하면서 나타난 결과로 추정된다. 양쯔강 집단 가운데 일부는 북쪽 해안이 아니라 남쪽 해안을 따라 베트남 지역으로도 이동하였다. 한편 내륙에서는 반대로 황허강에서 양쯔강 쪽으로 남하하는 사람이 많았다. 그 결과 중국 대륙 전체에서 황허강과 양쯔강 유역의 사람들이 서서히 혼합되는 모습이 나타났다. 아직 양쯔강 유역의 고인골 DNA 자료가 없어(양쯔강 집단은 여전히 유령 집단이다) 북쪽 황허 유역에서 내려온 사람과 양쯔강 유역 사람이 어떻게 섞였는지 시기별로 파악하는 것은 불가능하다. 단 내륙과 해안의 주된 이동 방향이 확실히 서로 달랐던 것으로 보인다.

한반도에서 발굴된 고인골의 유전체 프로필에서는 대부분 조몬인 DNA의 비율이 높게 나타난다. 이는 분석 대상 고인골이 충남 대죽리를 제외하면 모두 남해안에서 발굴되었기 때문이다. 그래서인지 야요이, 고훈, 아스카 시대 일본인이 유전체 프로필과 별다른 차이가 없다. 한반도 고DNA 자료는 분석된 인골이 공간적으로 편중된 탓에 얻을 수 있는 정보가 매우 제한적이므로, 일본 고DNA 자료를 좀 더 면밀하게 들여다볼 필요가 있다. 실제 일본 자료는 한국인의 형성 과정의 많은 부분을 설명해 준다.

야요이인의 유전체 프로필과 고훈인-아스카인의 프로필을 비교해 보면 조몬인 DNA의 비중에 큰 차이가 있음을 알 수 있다. 이는 대략 3세기 중반부터 고훈 시대가 시작되면서 일본 내에서 유전적으로 중요한 변화, 즉 일본으로의 대대적인 외부 이주가 있었음을 시사한다. 고훈 시대 이후의 고인골에서 양쯔강과 황허강 유역의 DNA 비중이 많이 증가한다. 그러나 조몬인 DNA는 눈에 띄게 위축된 모습이 나타난다. 양쯔강과 황허강 집단의 DNA 비율이 동시에 증가하는 모양새에서 양쯔강 하류에서 일본으로 직접 배를 타고 사람들이 건너왔다기보다는 랴오둥, 한반도 북부, 만주 등지에서 기원한 한반도 남부인이 3세기 중반부터 일본으로 넘어갔다고 보는 것이 더 자연스럽다. 이들은 아마도 위만조선이 망하고 내려온 유민의 후손이거나 부여에서 내려온 전쟁 난민의 후손일 것이다. 마한, 백제, 가야 등지에서 살던 사람들이 바다 건너 이주하면서 일본에서는 야마토 집단과 야마토 문화가 형성되었고, 야마토인들은 조몬인 집단을 홋카이도 등으로 완전히 밀어냈다. 야마토 집단은 현대 일본인과 유전적으로 거의 동일하다.

일본인의 고DNA 자료는 기원 전후 시기부터 만주, 랴오둥, 한반도 북부에서 많은 사람이 남쪽으로 내려왔고 이들 중 일부가 일본으로 건너갔다고 말해준다. 대략 1000년 전에도 유사한 이주의 흐름이 존재했다. 한반도의 벼 농경민들은 2800년 전부터 기후 변화를 피해 대거 바다를 건너기 시작했다. 곧이어 일본에서 야요이 문화가 태동하였다. 그림13-10에서 보듯이 신석기 후기와 2800년 전의 고인골 유전체는 조몬 기원 DNA가 100%를 차지하고 있지만 야요이 시기로 접어들면서 조몬인 DNA 비율은 낮아지고 동아시아 내륙의 DNA 비중이 높아진다. 대략 2800년 전 이후부터 한반도에서 농경민이 넘어갔으며 그전에는 일본이 온전히 조몬인의 땅이었음을 알 수 있다.

가야인의 유전체에는 조몬인 DNA 비율이 꽤 높게 나타나지만 현대 한국인은 조몬인 DNA를 거의 갖고 있지 않다. 그럼에도 삼국 시대 이후 지금까지 뚜렷한 외부 이주 없이 한반도에서 동일한 유전적 조성이 유지되었을 것으로 추정하는 이유는 앞서도 언급했지만 가야인 자료는 모두 한반도 남해안에서 발굴된 고인골을 분석하여 얻은 결과이기 때문이다. 이 고인골의 주인공들은 아마도 일본에서 건너온 사람들이거나 이들과 관련 있는 친척이나 후손일 것이다. 특히 고훈 시대에 일본으로 넘어간 한반도인에 의해 일본에서 조몬인 DNA 비율이 많이 감소한 것을 고려한다면, 당시 한반도에 거주하던 사람들의 조몬인 DNA 비중은 상당히 낮았을 가능성이 크다. 실제 2022년 10월에 발표된 6세기 백제인의 고인골 분석 결과에서는 조몬인 DNA가 나오지 않았다. 대신 샤자뎬 상층 문화 집단의 DNA가 절대적인 비중을 차지했고 현대 한국인과 유전적으로 매우 흡사했다.[17]

## 동아시아 사피엔스의 이합집산

현대 한국인과는 거리가 조금 있지만 몽골과 유라시아 북부의 고DNA 자료도 살펴볼 만하다. 몽골, 거란, 흉노 등의 유전체 프로필에서 모두 아무르강 기원의 DNA가 높은 비율을 보인다. 엄청난 기동력을 바탕으로 서쪽 알타이 지역까지 퍼져나간 아무르강 집단이 이후 북부 유라시아를 주도한 여러 유목 민족의 근간을 이루었음을 알 수 있다. 한편 몽골 서부에 살던 아파나시에보 문화인의 고인골에서는 서유라시아 관련 DNA(짙은 회색) 비중이 높게 나타난다. 아파나시에보 집단은 대략 5000년 전 폰틱-카스피해 초원을 떠나 알타이산맥 동부로 이동했던 얌나야인과 관련이 있다. 이후 아파나시에보 집단은 동아시아에서 서쪽으로 이주한 집단에 의해 밀려난다.

기원전 2세기 중반까지 전성기를 누렸던 흉노 제국은 서쪽으로 알타이산맥 너머까지 확장하였다. 방대한 지역을 점유하다 보니 구성원들의 유전적 속성은 다양할 수밖에 없었다. 흉노라는 단일 국가로 묶였지만 제국 초기에는 서부인과 동부인이 유전적으로 확연한 차이를 보였다. 이들은 시간이 흐르면서 점차 섞였는데 흉노가 멸망한 다음에도 이러한 기조는 이어졌다. 흉노-사르마티아 유전체는 사르마티아 유목민 집단이 전달한 서유라시아 계통의 DNA를 잘 보여준다. 원래 이란 지역에 있던 집단의 일부가 흉노가 멸망한 후 비어 있던 몽골 서부로 이주한 것으로 추정되는데, 이러한 서유라시아 DNA는 러시아 코스텐키 유적지의 고유전체 자료에서도 확인된다. 코스텐키는 3만 년 전 이전의 고인골이 발굴된 곳으로 아조우해로 흘러 들어가는 돈강 유역에 위치한다.

러시아 극동 지역과 바이칼 지역의 고인골에서는 고시베리아인 DNA(검정색)의 비중이 높다. 고시베리아인은 고대북시베리아 집단과 아무르강 집단이 섞이면서 만들어진 집단으로 아메리카 원주민과 유전적으로 가깝다. 그리고 한반도에 살던 수렵채집민의 원형으로 여겨지는 악마문 동굴인의 유전체 프로필은 아무르강 집단의 프로필과 대동소이하다. 악마문 동굴의 고인골은 8200년 전의 추위를 피해 아무르강 유역을 떠난 사람들과 달리 해안가에 남아 버틴 사람들의 후손이 남긴 흔적이다.

대략 4만 년 전 동아시아에 도달한 호모 사피엔스는 끊임없이 이동하며 이합집산을 거듭하였다. 이러한 움직임은 동아시아의 각 지역에서 정주 농경이 일반적인 생업 방식으로 자리 잡고 중앙 집권을 꾀하는 토착 세력이 나타나 국가를 이룰 때까지 계속되었다. 이렇게 오랜 기간 동안 이합집산이 지속된 배경에는 물론 다양한 이유가 있을 것이다. 하지만 그중에서 기후 변화만큼 영향력 있는 원인을 찾기란 힘들 것이다. 지금까지 살펴본 바와 같이 기후 변화는 동아시아 각 집단의 유전적 조성을 결정한 핵심 요소였다.

# 5부

# 기후와 한국인의 미래

우리의 다양성 그리고 종교, 인종, 언어,
문화적 전통의 차이는 평화로운 공존을 가로막는
장애물이 아니라 오히려 우리 힘의 원천이다.

**- 넬슨 만델라Nelson Mandela, 정치인**

우리를 둘러싼 우주의 경이로움과 실상에
명징하게 다가갈수록 파괴의 욕구는 줄어들 것이다.

**- 레이첼 카슨Rachel Carson, 작가**

14장

# 기후가 만든 한국인

## 문화 쇠락의 보편적 양상

앞의 1부에서 4부까지 아프리카를 벗어난 호모 사피엔스가 유라시아 대륙 전역으로 퍼져나간 과정을 고DNA, 고고학, 고기후학 자료 등을 토대로 검토했다. 특히 마지막 빙기 최성기 이후 동아시아 인류의 이동이 어떻게 한반도인을 형성해 왔는지 시기별로 살펴봤다. 인류가 지구 구석구석으로 끊임없이 퍼져나간 배경에는 다양한 이유가 있을 것이다. 하지만 그중에서 기후 변화가 가장 핵심적인 요인이었다는 주장을 반박하기란 쉽지 않다. 늘 지구 대부분 지역에서 기온이 떨어지고 강수량이 감소하면 먹을 것이 부족해지는 식량 위기가 찾아왔다. 먹을거리가 부족해지면 사람들은 살아남기 위해 움직였다. 동식물이 충분한 지역이나 작물을 재배할 수 있을 만큼 기후 여건이 괜찮은 곳을 찾아 계속 이동했다.

홀로세 내내 기후 변동은 집단의 이주를 야기했다. 예상치 못한 기후 변화로 굶주린 사람들은 고향을 등지고 살기 좋은 곳을 찾아 떠났다. 환경이 나은 곳으로 이주민이 모여들면서 지역의 중심지가 형성됐다. 이곳에 대한 정보가 입소문을 타면서 유입 인구는 더욱 늘어났다. 일반적으로 거주민 수가 300명 정도 되면 구성원 사이에서 계급의식이 나타나기 시작한다. 최상위층의 수장들은 자신의 지위를 친자에게 물려주는 방식을 고집하면서 자리를 호시탐탐 노리는 세력들을 견제했다. 동시에 제례 의식을 정교하게 다듬고 전쟁을 획책한다. 모두 수장이 지배권을 강화하기 위해 전가의 보도처럼 꺼내는 방법이다. 자신의 입지를 굳힌 지배자들은 사회를 안정시키고 공동체 의식을 고양한다. 동시에 농경 사회의 핵심인 수리 시설을 확장하고 관리하는 데 심혈을 기울인다. 잉여 생산량은 많이 늘어난다. 비농업 인구의 창의력이 발휘되면서 문화 발전이 가속화된다. 성숙한 문화에 고무된 정착민들은 환경을 크게 개의치 않게 된다. 사람들은 자만심에 도취되어 자연의 무서움을 잊어간다.

문화는 전성기를 향해 달리고 인구는 눈에 띄게 불어난다. 주변 환경이 심하게 교란되면서 생태계의 회복력이 크게 떨어진다. 이때 대응할 수 없을 정도로 큰 폭의 기후 변화가 갑작스럽게 나타났다고 해보자. 이동이 쉽지 않은 정착민 집단은 유목민이나 수렵채집민보다 훨씬 큰 타격을 입을 수밖에 없다. 기후 변화는 곧 식량 위기로 이어지고 굶주림은 면역력을 저하시킨다. 집단에 전염병이 빠르게 확산하면서 인구가 급감한다. 인구 감소로 사회 활력이 급속히 떨어진다. 세금이 걷히질 않으니 사회 안전망이 무너지면서 지배층에 대한 불신은 더욱 팽배해진다. 물자가 부족한 사회에서 살아남기 위해서 남의 것을 약탈하는 제로섬 싸움이 만연한다. 내부 갈등은 더욱 심화하고 민란이 연이어 발생한다. 마지막까지 버티던 사람들도 조상 대대로 살아온 고향 땅을 등지고 끝내 떠나고 만다. 예전의 화려함은 온데간데없이 이곳은 사람이 살지 않는 황량한 땅으로 변하고 만다. 문화가 발달하고 쇠락하는 과정은 지역을 막론하고 매우 유사하다. 이는 인간 행동 양식의 단일성을 보여준다.

지배층이 통찰력과 정치적 감각을 가졌다면 예상할 수 있는 최악의 상황을 막기 위해 사전에 계획하고 움직이고자 할 것이다. 이때 가장 손쉽게 택하는 방안은 침략이다. 기후 변화가 식량 위기로 번질 조짐이 보이면 아마도 전쟁 준비를 서둘렀을 것이다. 이웃 나라로 쳐들어가 우선 부족한 물자부터 확보해야 사람들의 불만이 터져 나오기 전에 불씨를 잠재울 수 있다. 과감한 계획이 성공을 거둔다면 위기는 곧 기회로 이어진다. 지배층은 탄탄한 지지를 발판으로 자신의 나라를 강고하게 유지하는 동시에 전쟁을 통해 국세를 확장하려는 원대한 뜻을 품게 된다.

이렇듯 기후 변화는 더 나은 땅을 쫓는 사람들을 움직이게 하고 내부 갈등을 일으키며 외부 세력과의 전쟁을 유도한다. 홀로세 기후 최적기가 끝난 후 동아시아의 각 지역 사회는 잦은 기후 변화에 시달렸다. 농경이 집약적으로 이뤄지기 전, 기후가 변화하는 조짐이 보일 때면 수렵채집민이나 유목민뿐 아니라 정주 농경민 역시 과감하게 이주를 감행하는 경우가 많았다. 그러나 작물 생산량과 노동 투입의 선순환으로 농경 사회의 규모가 확대되자 위기가 뻔히 내다보이는 상황 속에서도 정주민들은 이주를 주저하였다. 기후 변화의 충격은 배가될 수밖에 없었다. 자원을 두고 벌이는 외부 집단과의 경쟁은 가열되었고 계층 간 내부 갈등은 심화되었다. 정주 생활이 시작된 후 기후 위기에 힘겹게 버티는 시간만

조금 늘어났을 뿐 결국엔 역부족이라는 현실을 실감하고 이내 새 땅을 찾아 움직이는 일이 반복되었다. 지역의 부족들이 뭉치고 중앙 집권 체제를 갖춘 국가들이 나타나자 기후 변화의 여파는 사람들의 이주로 마무리되지 않았다. 대부분 큰 전쟁으로 이어졌다. 전쟁의 패잔병과 난민은 자기 의사와 상관없이 다른 곳으로 피난을 떠나야 했다.

동아시아에 호모 사피엔스가 들어오기 시작한 4만 년 전부터 고구려가 남진을 거듭하던 대략 1500년 전까지 한반도에서 이주의 물결이 멈춘 적은 거의 없었다. 그 대부분은 기후 변화와 식량 위기가 어둡게 그늘을 드리운 곳에서부터 시작되었다. 그러면 여기서 한반도를 둘러싼 동북아시아 지역의 시기별 이주 역사를 정리해 보자. 각 지역의 민족이 형성되는 과정에서 기후가 절대적인 영향을 미쳤다는 점을 다시 한번 확인할 수 있을 것이다.


## 한국인의 기원을 찾아서


대략 5만~4만 년 전쯤 남쪽의 순다랜드에서 동아시아로 대대적인 호모 사피엔스의 이동이 있었다. 하지만 당시 한반도로 유입된 수렵채집민의 수는 그리 많지 않았다. 그러다 2만 5000년 전부터 마지막 빙기 최성기가 시작되면서 한랭화가 극심해졌고 한반도의 수렵채집민 인구는 빠르게 늘어갔다. 북방에서 사람들이 추위를 피해 남쪽으로 내려온 것이다. 그들의 최종 목적지는 해수면 하강으로 육화된 서해의 초원 지대였지만 이들 가운데 일부 무리가 동쪽의 한반도로도 밀려들어 왔다. 반면 북방의 수렵채집민이 남하하면서 만주와 아무르강 유역의 인구 밀도는 현저하게 감소했다.

마지막 빙기 최성기의 추위는 약 1만 9000년 전부터 약해지는 조짐을 보였다. 이후 수천 년간 동아시아 북부의 인구는 증가하였고, 반대로 한반도의 인구는 감소하였다. 높아진 기온으로 해수면이 상승했기에 서해 평야의 수렵채집민은 내륙으로 계속 이동해야 했다. 해수면 변동이 없었더라도 어차피 이들 집단은 움직였을 것이다. 기후가 온화해지면서 동아시아의 대부분이 점차 삼림으로 덮여갔고 북쪽으로 올라가야 초지를 만날 수 있었기 때문이다. 한반도의 수렵채집민 집단도 초지를 찾아 아무르강 유역으로 돌아갔다. 고립에 대한 두려움도 한반도를 떠난 원인이었을 것이다. 그 결과 대략 8200년 전까지 1만 년 넘게 한반도의 인구는 낮은 수를 유지했다.

8200년 전 갑작스럽게 기온이 떨어지자 아무르강 하류의 수렵채집민 무리가 추위와 경쟁을 피해 다시 남쪽으로 움직였다. 이때 처음으로 한반도에 토기 문화가 전파됐다. 홀로세로 접어든 이후 온난한 기후 덕에 아무르강의 인구는 빠르게 늘었으므로 8200년 전의 갑작스러운 저온 현상은 식량 위기로 이어질 수밖에 없었다. 자원을 두고 치열한 경쟁이 펼쳐지자 북방의 수렵채집민이 살 곳을 찾아 동해안을 거쳐 한반도 남동해안까지 내려왔다. 이후 8200년 전의 한랭기가 끝나고 곧이어 홀로세 기후 최적기가 찾아왔다. 한반도의 기후는 뚜렷하게 온난 습윤해졌고 인구도 함께 증가했다.

최적기가 절정에 이른 대략 5700년 전부터 한반도의 정착 수렵채집민 수는 빠르게 늘어났다. 이 시기는 기장 농경이 처음으로 한반도에 전파된 시기와 가깝다. 온난 습윤한 기후로 풍족해진 생태계에 새로운 농경 문화까지 들어오면서 한반도의 수렵채집민 사회는 전성기를 누리게 된다. 그러나 이로부터 수백 년이 흐른 4800년 전 최적기가 끝나면서 상황은 돌변했다. 기후는 점점 건조해지고 추워졌다. 수렵채집민의 인구는 감소하였고 이들의 생활 반경은 확대되었다.

최적기 이후 한반도는 꾸준히 추워지고 건조해지는 경향을 보였다. 그러나 3500~3400년 전 들어 기후가 조금씩 양호해지더니 3400년 전에는 강수량이 급증하는 모습이 나타난다. 동시에 인구수도 가파르게 늘었다. 인구의 빠른 증가 속도를 감안할 때 이즈음에 밭벼 재배가 본격적으로 시작된 것이 아닌가 추정된다. 이후 3200년 전 400~600년 주기의 장주기 엘니뇨에 의해 동아시아 전역에 추위와 가뭄이 몰려들었다. 이 추위로 당시 랴오시 지역을 주도하던 샤자뎬 하층문화가 무너졌고, 기후 난민이 랴오허강을 건너 남동쪽의 랴오둥으로 이동하자 이곳에서 잡곡 농사를 기반으로 살아가던 소규모 사회들은 대혼란에 빠지게 된다. 마치 도미노와 같은 이주의 물결이 남쪽을 향해 연쇄적으로 퍼져나갔다.

랴오둥의 농경민은 북쪽에서 내려온 외부인과의 갈등과 기후 위기에 따른 사회 내부의 혼란을 피해 한반도 남부로 이동하여 최초의 수도작 문화인 송국리형 문화를 발전시켰다. 다른 한랭화 시기와 달리 3200년 전에는 기후가 나빠졌음에도 한반도 남부에서 인구가 줄어드는 움직임을 전혀 볼 수 없다. 외부 세력이 대거 진입한 후 수도작 농경을 기반으로 빠르게 규모를 키웠기 때문이다. 한반도 남부의 인구는 2800년 전 정점에 이르렀다. 이후에도 기후 변화의 주기에 따라 난민이 들어오고 신문화가 전파되는 과정이 반복되었다.

3200년 전의 가뭄이 끝난 후 한반도의 기후는 2800년 전까지 온난 습윤함을 유지했다. 이 덕에 사회는 안정을 되찾았고 사람들의 이동은 잦아들었다. 3000년 전경부터 시작된 한반도의 송국리 문화는 2800년 전 절정을 맞았다. 그러니 좋았던 시간은 오래 가지 않았다. 2800~2700년 전 철기 저온기의 시작과 함께 기후는 다시 한랭해졌고 송국리형 문화인은 원래 터전인 금강 중하류 지역을 벗어나 따뜻한 남쪽으로 확산하기 시작하였다. 이들 중 일부는 바다 건너 일본 규슈까지 진출하여 일본의 야요이 문화를 열었다. 한반도에서는 2300년 전에 재차 닥친 기후 변화의 여파로 인구가 다시 한번 큰 폭으로 감소하였고, 송국리형 문화는 종말을 맞았다. 수도작 농경민 집단이 사라지고 남은 공간은 역시 같은 시기의 한랭화를 피해 랴오시와 랴오둥에서 내려온 점토대토기 문화인이 들어와 서서히 채워갔다.

철기 저온기 내내 이어지던 추위가 끝이 나고 기원전 3세기부터 기온과 강수량이 증가하기 시작했다. 이후 대략 300년간 온난한 환경이 유지되면서 한반도 사회는 안정을 되찾았다. 기원전 194년 위만의 배신으로 왕위에서 밀려난 고조선의 준왕 세력이 남하했고 90여 년 후에는 위만조선이 무너지면서 유민들이 다수 내려왔지만, 이를 제외하면 대내외적으로 평온한 분위기가 이어졌다. 이때 북방에서 유민이 발생한 이유는 기후와 관계있는 것이 아니라 전성기를 누리던 위만조선이 한 제국의 비위를 거슬렀기 때문이었다. 그러나 기원 원년을 전후한 시기부터 기온은 떨어지기 시작했고 이후에는 약 200년 주기로 한랭화 경향이 두드러지는 시기가 반복되었다. 홀로세 후기의 한반도는 400~600년의 장주기 엘니뇨뿐 아니라 200년의 흑점 주기에도 많은 영향을 받은 것으로 보인다. 이 200년 주기의 기후 변화는 한반도에서 초기 국가 체제가 갖춰지던 첫 밀레니엄의 초중반에 특히 뚜렷한 흔적을 남겼다. 대략 1세기, 3세기, 4~5세기 등에 있었던 한랭화가 이주나 전쟁의 배경으로 작용했을 가능성이 높다고 생각한다.

기원 전후로 1세기까지 온조 집단과 김수로 집단이 한반도 남부로 이주하여 각각 백제와 금관가야를 건국했다. 3세기에는 기온의 하강으로 농업의 생산성이 낮아지자 한반도 해안에 패총이 확산하는 모습이 나타난다. 3세기 후반 한반도는 동아시아 유목 민족의 대대적인 움직임 속에서 선비와의 전쟁에서 패한 부여인 집단의 유입으로 소란을 겪는다. 그러나 3세기가 끝나갈 무렵부터 시작된 기온 상승은 다시금 사회의 안정을 가져왔다. 기후가 비교적 온난했던 4세기 고구려, 백제, 신라의 삼국 체제가 갖춰지면서 한반도 내 대치 구도가 완성된다. 삼국 외에 부족 연맹체 성격이 강했던 가야와 마한의 인구 또한 빠르게 늘었다. 특히 백제인(혹은 마한인)은 이때 엄청난 규모의 대형 수리 시설을 축조하기도 했는데, 이러한 대역사는 김제를 중심으로 해당 지역에 인구가 꽤 많았음을 방증한다.

4세기 후반부터 한반도의 기온은 다시 떨어지기 시작했다. 그리고 5세기 중반 너머까지 추위가 이어졌다. 400년 광개토대왕에 패한 가야의 유민과 427년 고구려의 평양 천도로 압박을 받은 백제인과 마한인이 일본으로 넘어갔다. 여기에 660년 백제가 멸망하면서 발생한 백제의 도래인까지 더해 5세기와 7세기에 다수의 한반도인이 일본으로 이주하였다. 이들이 현대 일본인에게 유전적으로 가장 크게 기여한 사람들이다.

이와 같이 과거 한반도의 사회 변동은 기후 변화와 밀접한 관련이 있어 보인다. 한반도 지역은 대부분 산지로 이루어져 있고 동아시아의 외곽에 위치하여 구석기 시대에 수렵채집민 수가 그리 많지 않았다. 그러나 기온이 떨어질 때면 북쪽에서 많은 사람이 내려오곤 했는데, 가령 2만 5000~1만 8000년 전의 마지막 빙기 최성기나 8200년 전과 같이 강력한 추위가 덮친 시기에는 그러한 이주의 흐름이 뚜렷했다. 반면 기온이 오르자 이들은 익숙한 북방의 초원 지대로 다시 돌아갔다. 홀로세에 접어든 후 온난 습윤한 환경이 한동안 이어졌고 이주의 흐름은 잦아들었다. 그러나 4800년 전 기후 최적기가 끝나면서 다시 동북아시아 전역에서 변화의 움직임이 감지되기 시작한다. 이후 발생한 대부분의 이주는 500년 주기의 장주기 엘니뇨와 200년 주기의 태양 활동 변화가 이끌었다. 장주기 엘니뇨가 강화되고 흑점 수가 감소할 때마다 가뭄과 추위가 동북아에 닥쳤고 사람들은 더 나은 땅을 향해 움직였다. 사람들의 이동은 대부분 랴오시 지역에서 시작해 랴오둥을 거쳐 한반도 남부로 그리고 일본으로 넘어가는 경로를 따랐다. 대략 1000년마다 나타나는 온난기에는 외부인의 유입이 적어 사회가 안정적으로 유지되었지만, 그 사이사이에 나타난 한랭기에는 북쪽에서 내려오는 이주민에 의해 한반도는 큰 혼란을 겪었다.

가령 중기 청동기 저온기(3800~3400년 전), 철기 저온기(2800~2300년 전), 중세 저온기(1900~1200년 전)에는 랴오시와 랴오둥에서 많은 사람이 한반도로 내려왔다. 반면 청동기 최적기(3400~2800년 전), 로마 온난기(2300~1900년 전), 중세 온난기(1200~750년 전)에는 온화한 기후의 도움으로 사회는 안정을 찾았다.[1] 저온기가 찾아올 때마다 북방민이 남하하여 한반도 남부 사회는 대내외적인 갈등에 휩싸였지만 동시에 이들이 선진 문물을 전해주면서 지역이 발전하는 순기능 또한 누릴 수 있었다. 중기 청동기 저온기에는 벼 농경 문화가, 철기 저온기에는 동검 문화와 (아마도) 원시 한국어가, 중세 저온기에는 철기 기마 문화가 전파되어 한반도의 부족 사회가 고대 국가 체제를 갖추는 데 이바지하였다.

결론적으로 약 8200년 전 추위를 피해 아무르강 유역에서 내려온 수렵채집민 집단, 중기 청동기 저온기와 약 3200년 전 산둥, 랴오둥, 랴오시 등에서 이주한 농경민 집단, 철기 저온기에 랴오시와 랴오둥에서 남하한 점토대토기 문화 집단, 중세 저온기에 북방에서 내려온 고조선과 부여의 유민이 혼합하여 현대 한국인으로 이어졌다고 본다. 여기에 조금 더 덧붙이자면 8200년 전 아무르강 수렵채집민이 내려올 당시 한반도에는 만빙기 때 북방으로 돌아가지 않고 눌러앉은 토착 집단이 존재하고 있었을 것이다. 또 한반도 남부에는 (현재 한국인에게서는 그 흔적을 거의 찾을 수 없지만) 조몬 수렵채집민도 살고 있었다. 홀로세 기후 최적기에는 랴오시 지역에서 소규모의 기장 농경민이 한반도로 내려왔을 가능성도 있다. 특히 중세 저온기 초반부에 내려온 고조선과 부여의 유민이 현대 한국인에 유전적으로 크게 기여했을 것으로 추정된다. 고조선의 준왕 세력, 황허강 집단의 유전 성분이 높은 위만조선의 유민, 선비족과 고구려에 밀린 부여 유민이 꾸준히 한반도 남부로 이주하며 기존의 삼한 사람과 섞였다. 물론 이 외에도 여기서 언급되지 않는 수많은 인적 이동이 과거 한반도인의 형성에 관여했을 것이다.

대부분의 중요한 이주는 한랭화가 진행될 때 발생했다고 본다. 그러나 기후 변화와 관계없이 움직인 소규모 무리도 분명 존재했을 것이다. 기온이 떨어지는데 오히려 북쪽으로 이동하는 사람들도 있었을 것이고, 기온이 온화한 시기인에도 다른 땅을 찾아 떠나는 사람들도 있었을 것이다. 이 책에 수록된 지도의 화살표는 각 지역의 집단을 형성하는 데 절대적인 기여를 했다고 추정되는 인구의 흐름만을 보여줄 뿐이다. 실제 일어난 상황을 표현하고자 했다면 다양한 방향으로 뻗어 나가는 엄청난 수의 화살표로 지도 전체가 덮였을 것이다(사실 정확히 알지 못하기 때문에 표현할 수도 없다).

한편 4세기 초 김제에 축조된 거대한 벽골제는 한반도, 더 나아가 동아시아의 농경민이 기후 변화에 굴복해 이주하는 상황은 더 이상 일어나지 않았다고 강변하는 듯하다. 4세기 후반부터 대규모 이주를 주도한 건 전쟁의 패잔병이나 난민이었다. 이때는 왕권의 강화로 한반도에서 고구려, 신라, 백제가 고대 국가로 발전하는 시기이다. 광개토대왕과 장수왕이 압박해 들어온 5세기 초반이나 백제가 멸망한 7세기 중반처럼 정치 상황이 급박하게 돌아갈 때면 한반도 남부에서 일본으로 도망치듯 떠난 사람이 많았다. 이들은 기후 변화의 직접적인 영향으로 움직이지 않았다. 철기 저온기에는 기후 변화를 피해 한반도에서 일본으로 사람이 넘어갔다면, 중세 저온기의 후반부부터는 전쟁에서 패한 유민이 일본으로 넘어갔다. 물론 전쟁의 미세한 발발 원인까지 따져 들어가면 그 배경에 기후와 식량 문제가 도사리고 있을 가능성이 높다. 어떠한 이유든 이주민들은 일본의 고대 문화가 형성되는 과정에서 지대한 공을 세웠다. 철기 저온기에 일본으로 건너간 사람들은 벼 농경을 토대로 야요이 문화를 창출했고, 중세 저온기에 이주한 사람들은 고훈 시대와 아스카 시대를 열며 야마토 문화를 일궜다.

15장

# 온난화와 문명의 맥박

지금까지 살펴본 대로 과거 사회의 성쇠를 온전히 기후가 좌지우지했다는 주장은 과도한 추론이 아닐까? 이는 과도한 일반화가 아닐까? 전 세계에 주기적인 기후 변화가 어떠한 영향을 미쳤는지 다시 한번 정리해 보자. 물론 여기서 제시한 모든 가설이 맞다고 자신하는 것은 아니다. 최대한 논리적으로 가설을 수립하고 이를 입증하기 위해 노력했지만, 자료가 충분치 않은 시공간의 상황을 추론할 때면 '한국인의 기원'이라는 주제가 너무 벅차다는 느낌을 받기도 했다. 그러나 집필이 진행될수록 기후 변화가 인류의 역사를 이끌었고 유라시아에 자리 잡은 여러 민족을 만들었다는 필자의 믿음은 더욱 강해졌다.

## 온난한 기후와 문명의 부흥

홀로세 기후 최적기 이후 유라시아의 기후는 점차 추워지고 건조해졌다. 여러 문명이 최적기의 양호한 환경 덕에 빠른 속도로 성장할 수 있었지만 최적기가 끝나면서 기후가 지속적으로 악화되자 문명들은 하나둘 무너지기 시작했다. 특히 큰 폭의 기후 변화가 갑작스럽게 닥칠 때면 큰 혼란이 찾아오면서 유라시아 곳곳에서 문명이 소멸하고 교체되었다. 이런 한랭 건조해지는 흐름은 1000년마다 온난한 기후가 찾아오면서 수백 년간 지체되기도 했지만 세차 운동이 일으키는 고고한 자연의 변화까지 막지는 못했다. 산업 혁명이 시작되기 전까지 유라시아 사회는 항상 추위에 시달려야 했다.

하지만 기온이 하강하는 추세를 돌리지 못했다고 해서 주기적인 온난화가 과거 인간 사회에 별다른 영향을 미치지 못한 것은 아니다. 온난기가 도래할 때면, 큰 나라들은 전성기를 누렸고, 사회는 대체로 안정을 되찾았으며, 사람들의 이주는 확연히 감소하였다. 홀로세 기후 최적기가 끝난 후 처음으로 맞는 새 천 년의 전환기였던 4000년 전에는 4.2ka 이벤트가 발생하면서 무척 추웠지만 그 이후부터는 1000년마다 어김없이 기온이 올라갔다. 그 첫 온난기가 3400년 전에서 2800년 전 사이에 있었으며 이를 '청동기 최적기'라 부른다. 이 시기 초반에 미케네, 히타이트, 이집트 신왕국이 지중해 동부에서 전성기를 누렸다. 그러나 3200년 전 갑작스러운 기후 변화와 함께 해양 민족이 출몰하면서 지중해 동부의 강국들은 모두 몰락했고, 이 지역은 문화적으로 퇴보하게 된다. 이후 지중해 동부의 기후가 온화해지면서 사회는 안정을 되찾았고 이주의 흐름은 약해졌다. 그 결과 사람들이 고립되면서 이른바 '그리스 암흑기'라 불리는 침체기가 400여 년간 계속되었다.[1]

한반도 남부에서는 기온이 상승하기 시작하는 3400년 전부터 인구가 급증하는 모습이 나타난다. 중기 청동기 저온기(3800~3400년 전)에 전파되었을 것으로 추정되는 밭벼가 기후가 양호해지자 본격적으로 재배되기 시작한 것이다. 그런데 3200년 전 갑자기 동아시아의 가뭄이 심해졌고 새로운 농경민 집단이 랴오둥에서 한반도 남부로 내려왔다. 이들은 이후 다시 온화해진 기후에 힘입어 새로운 기술인 수도작을 시도했고 대성공을 거두었다. 먹을 것이 늘고 농사가 대형화되면서 인구는 빠른 속도로 증가하였다. 대략 2800년 전 한반도의 벼 농경 사회는 전성기를 맞게 된다.

## 축의 시대, 철기 저온기

청동기 최적기가 끝난 후 유라시아 사회는 철기 저온기(2800~2300년 전)로 들어섰다.[2] 철기 저온기는 수많은 신앙과 사상이 태어난, 이른바 '축의 시대(기원전 800~200년)'라 불리는 시기와 정확히 겹친다. 이때 나타난 소위 '종교'만 해도 10여 개에 이르는데, 유럽과 중동에서는 유대교, 조로아스터교, 스토아 사상이 출현했고, 남아시아에서는 브라만교, 자이나교, 불교가, 동아시아에서는 유교와 도교가 등장했다. 기온이 떨어져 식량이 부족해지자 사람들의 생활은 팍팍해졌고 삶의 고통 속에서 기댈 곳이 필요했던 이들에게 종교는 좋은 안식처였다. 물론 기후 변화를 종교의 원인으로 보지 않는 사람도 존재한다. 이들은 이 시기 들어 부가 충분히 축적되면서 사람들이 자신을 돌아볼 여유가 생겼고 도덕이나 윤리에도 관심을 가질 수 있었다고 주장한다.[3] 빈곤해져서가 아니라 부유해져서 신앙이 생겨났다는 것인데 동의하기는 어렵다.

소크라테스, 플라톤, 아리스토텔레스, 엘리야, 이사야, 예레미야,

석가모니, 공자, 묵자, 노자, 맹자 등 불세출의 철학자와 사상가 또한 대부분 이때 등장했다. 인류의 주요 종교와 사상이 일제히 나타난 시기라는 의미로 철학자 칼 야스퍼스는 이때를 가리켜 '축의 시대'라고 했다. 추위로 고통받던 시기에 현자의 말은 깜깜한 어둠 속에서 밝게 빛나는 등불과도 같았을 것이다. 예나 지금이나 고난에 직면했을 때 종교나 철학만큼 믿음직스러운 길잡이는 없는 듯하다.

철기 저온기에 기온이 떨어지자 스칸디나비아 남부와 유틀란트반도에 거주하던 게르만족도 추위를 피해 남쪽의 중부 유럽으로 이동했다. 원래 중앙아시아에 있던 스키타이족 또한 기후가 한랭 습윤해지면서 흑해 북부의 초원 지대가 확장하자 대대적으로 서쪽을 향해 움직였다. 중국에서는 전국 7웅 가운데 하나였던 진나라가 통일을 이룰 때까지 혼란스러운 춘추 전국 시대가 무려 500년 넘게 이어졌다. 철기 저온기는 동아시아에서 수많은 전쟁으로 점철된 시기였다. 한반도에서는 2800년 전까지 전성기를 누리던 송국리형 문화가 철기 저온기 들어 갑작스럽게 쇠락하면서 농경민이 따뜻한 땅을 찾아 남쪽을 향해 넓게 퍼져나가는 모습이 나타났다. 이들 가운데 일부는 일본 규슈까지 넘어갔는데, 점진적인 한랭화에도 불구하고 일본 규슈의 인구는 한반도인의 이주가 계속되면서 꾸준히 증가하였다.


## 로마 온난기가 끝나고 닥쳐온 시련

철기 저온기가 끝나고 '로마 온난기'라고 불리는 온화한 시대가 도래했다. 청동기 최적기 이후 대략 1000년이 지난 후다. 이 시기는 대략 2250년 전부터 시작되어 300년간 이어졌다. 서구 학계에서는 보통 로마 온난기가 2200년 전에 시작해 1600년 전까지 이어졌다고 이야기하므로 제주 동수악오름 자료가 나타내는 온난기의 종료 시점과 차이가 있다. 연속되는 시계열 자료에서 변화의 경계를 나눌 때 정답은 없다. 여하튼 동수아 자료와 그린란드 자료에서 볼 수 있는 2250년 전부터 300년간 이어진 온난기에 유럽에서는 로마 공화정이 꽃을 피웠고 동아시아에서는 한나라가 한무제의 위업을 발판으로 전성기를 누렸다. 위만조선 또한 비록 짧은 기간이었지만 한반도 북부에서 강국의 반열에 올랐고, 한반도 남부 사회는 이주 물결이 잦아듦에 따라 비교적 평온함을 유지할 수 있었다.

그러나 기원후로 접어들면서 다시금 기온이 떨어져 이후 700년 가까이 추위가 이어졌다. 이 시기를 '중세 저온기'라 부르는데, 수많은 민족이 연쇄적으로 이동하면서 유럽 사회가 혼란해졌던 시기이기도 해 역사학계에서는 '민족 대이동기'라고도 한다. 중세 저온기 초반부에는 북쪽의 게르만족이 변경을 자주 침범하면서 로마 제국의 자원을 고갈시켰다. 야만인 집단의 준동을 막기 위해 나선 군인 황제들은 오히려 미숙한 국정 운영으로 제국의 쇠락을 부채질했다. 그러나 3세기 게르만족의 남진은 5세기 초 훈족의 대대적인 이동이 가져온 파장에 비하면 아무것도 아니었다. 훈족의 뛰어난 기마술과 흉포한 성정은 유럽인에게 공포 그 자체였다. 게르만족은 이들의 폭풍 같은 이동에 서쪽으로 맥없이 밀려났지만 위기 뒤에 찾아온 기회를 포착했다. 지중해를 수백 년간 호령했던 서로마 제국을 멸망시키며 서유럽의 대부분을 차지하게 된 것이다. 동시에 유럽 사회는 크나큰 변혁의 소용돌이 속으로 빠져들게 된다.

한편 동아시아에서는 220년경 후한이 망하고 위·촉·오 삼국 시대가 전개되면서 혼란이 본격화되었다. 사마염이 위나라의 황제 자리를 찬탈하여 서진을 세울 즈음 북쪽에서는 유목 민족의 움직임이 눈에 띄게 늘기 시작했다. 곧 흉노, 선비 등 다양한 유목 민족이 화북에서 기치를 올리면서 5호16국 시대로 들어섰고, 유목민의 공세에 밀린 서진은 강남으로 수도를 옮겨 그 명맥을 유지하였다. 16국 가운데 두각을 나타낸 왕조는 선비족이 세운 북위였다. 북위의 3대 왕 태무제는 5세기 초 화북을 통일하면서 북조의 황제로 등극하였다. 한편 남부에는 서진의 후신 왕조들이 이어지면서 남북조의 대치는 계속되었다. 삼국 시대부터 5호16국 시대를 거쳐 남북조 시대에 이르는 370년 동안 열악한 기후 조건에 빈번한 전쟁과 내부 갈등까지 겹치면서 동북아시아의 정세는 매우 어지러웠다. 수나라가 581년 남북조를 통일하고 나서야 길게 이어진 혼란기의 막을 내릴 수 있었다.

한반도 또한 중원에서 벌어지는 유목민 세력과 정착민 세력의 싸움에 영향을 받을 수밖에 없었다. 확장하는 선비족에 밀려 부여는 쇠락의 길을 걸었고 전쟁과 기후 변화에 지친 유민이 한반도 남부로 내려왔다. 한편 5호16국 시대에 중원에서 여러 나라가 난립하여 정신없을 때 고구려는 미천왕과 광개토대왕이 영토 확장에 성공하며 동북아시아의 신흥 강국으로 떠올랐다. 북위가 화북을 통일하면서 강성해지자 장수왕은 랴오시 방향의 확장 욕심을 거두고 한반도에 치중하기 위해 평양으로 천도하는데, 그 시기가 태양 활동이 저조하여 기온이 큰 폭으로 하강한 때와도 일치한다. 이

즈음에 광개토대왕과의 전쟁에서 패한 가야와 장수왕의 천도로 압박을 받은 백제, 마한 등의 나라에서 고국을 떠나 일본으로 향하는 사람이 많았다.

　중세 저온기는 나무의 나이테 자료에서 뚜렷하게 확인되는 이른바 '고대 후기 소빙기(536~660년)'를 포함한다.[4] 대규모 화산 폭발에서 비롯된 추위가 이후 태양 활동까지 감소하면서 120년 넘게 지속되었다. 이때는 기온의 저하와 함께 서유라시아에서 다양한 종류의 사회 격변이 한꺼번에 터진 시기였다. 우선 541년 동로마 제국에서는 흉년이 들면서 유스티니아누스 역병이 돌아 1000만 명 이상 사망했다. 몽골 유목 민족 '유연'의 후손들로 추정되는 '아바르족' 또한 이때 서쪽으로 이동했는데 기후 변화가 이들을 자극한 것으로 보인다. 훈족에게 입은 상처가 채 아물기도 전이라 동양의 기마 민족이라면 치를 떨던 유럽인에게는 또 다른 악몽의 시작으로 여겨졌을 것이다. 유럽 사회에는 다행스럽게도 당시 동로마 제국과 프랑크 왕국이 건재하여 아바르족은 훈족만큼 파괴력을 보여주지 못했다.

　반면 아라비아에서는 오히려 강수량이 늘어나 초원 지대가 확장하면서 전쟁 및 이동 수단인 낙타를 더 많이 키울 수 있게 되었고, 이는 정통 칼리파 시대에 아랍국이 제국으로 팽창하는 기폭제가 되었다. 한반도에서도 고대 후기 소빙기를 이끈 화산 폭발 때(536~537년) 고구려에서 수많은 사람이 가뭄과 자연재해 등으로 죽었다는 기록이 《삼국사기》에 남아 있다.[5] 그리고 얼마 지나지 않아 660년대에 백제와 고구려가 연이어 무너졌는데 고대 후기 소빙기의 저온 현상이 이들 나라의 기반을 약화시킴으로써 멸망에 이르게 하는 불씨로 작용했을 가능성이 있다.


## 중세 온난기와 고려의 자신감


북반구의 기온은 800년경부터 완연한 상승세로 돌았다. 로마 온난기가 끝난 후 대략 1000년이 지나 다시 온화한 시기가 도래한 것이다. 대략 1200년까지 400년 동안 온난한 기후가 이어졌는데 이 시기를 흔히 중세 온난기라 부른다. 최근에는 기온의 변화 없이 강수량 변화만 나타난 지역이 여럿 확인되면서 '중세 기후 이상기'라고 부르기도 한다. 중세 온난기에는 스칸디나비아 지역의 바이킹이 그린란드에 정착해서 살 수 있을 정도로 북유럽의 기온이 눈에 띄게 상승했다. 스코틀랜드에서 와인을 제조할 수 있었고 아이슬란드에서 귀리와 보리를 재배할 수 있었다. 이 시기 동아시아에서는 송나라가 전성기를 누렸다. 온화해진 기후 덕에 농업 생산성이 급증하면서 인구가 빠르게 늘었고 화약, 나침반, 활자 인쇄술 등 위대한 발명이 줄 이었다. 송은 군사적으로 취약한 탓에 북방 유목민 세력에 항상 시달렸지만 안정적인 내수와 활발한 교역을 통해 많은 부를 쌓기도 했다. 산업 전 분야에 걸쳐 발전을 거듭하면서 백성들은 이전에 비해 훨씬 풍요로운 생활을 누릴 수 있었다.

한반도의 고려 또한 송나라와 활발히 교류하면서 선진 문물을 적극 받아들였고 국력을 신장시켰다. 발해를 멸망시키고 전성기를 향하던 이웃 나라 거란은 송나라와 가까이 지내는 고려를 못마땅해하며 견제했지만, 고려는 대놓고 친송과 북진을 표방할 정도로 강력함을 풍기는 국가였다. 중세 온난기의 온난 습윤한 기후와 풍족한 식량 사정은 고려가 북진 정책과 같은 도발적인 대외 전략을 펼 수 있었던 원동력이었다. 그러나 무신 정권의 미숙한 국정 운영과 13세기 몽골군의 침입으로 고려는 급격한 쇠퇴기로 접어들게 된다. 13세기는 대형 화산 폭발과 함께 흑점 수가 감소하면서 북반구에서 기온이 낮아지기 시작하는 시점이다. 몽골이 일으킨 전쟁과 기후 악화는 고려 말의 국력을 크게 소진시켰다.[6]

## 여름이 없는 해

소빙기는 잘 알려져 있듯이 북반구 대부분의 사회가 추위로 고통을 겪었던 시기이다. 흑점 수가 4번에 걸쳐 크게 줄어든 데다 화산 폭발까지 빈번해지면서 저온 현상이 두드러졌다. 소빙기의 첫 극소기였던 울프 극소기(1280~1350년)에는 몽골에서 시작된 흑사병이 유럽 전체로 전파되면서 대략 1억 명의 사망자가 발생할 정도로 유럽 사회의 혼란이 극에 달했다. 기온의 저하로 흉년이 들자 먹을 것이 부족해졌고, 제대로 먹지 못한 사람들 사이에서 전염병이 빠르게 퍼져나갔다. 세 번째 극소기였던 마운더 극소기(1620~1720년)에는 이른바 '30년 전쟁(1618~1648년)'이라 불리는 장기간의 국가 간 무력 충돌이 유럽 사회를 뒤흔들었다. 로마 가톨릭교를 따르는 국가들과 프로테스탄트를 지지하는 국가들 사이의 갈등이 전쟁으로 비화한 것인데, 30년 전쟁으로 사망한 사람만 800만 명에 이를 정도로 인류 역사상 가장 잔혹한 전쟁 중 하나로 꼽힌다. 30년 전쟁의 표면적인 이유는 종교 갈등이었지만 태양 활동 감소에 따른 저온 현상이 당시 상황을 악화시켰다고 보는 역사가가 많다.[7] 울프 극소기에 흉년으로 흑사병이 창궐했듯이 30년 전쟁이 이렇게까지 길었던 이유를 식량 위기에서 찾는 것이다. 태양 활동 저하로 곡물 가격이 오르자 사람들은 충분히 먹지 못해 불만이 쌓여갔고 사회 내부 갈등은 국가 간 전쟁으로 번졌다. 전쟁 중에 먹을 것이 부족해지자 사람들은 식인 행위까지 서슴지 않았다. 그리고 자신들의 불만을 해소할 희생양을 찾아 나섰다. 주로 돈 많은 과부나 유대인이 표적이 되었는데, 특히 죄 없는 여성을 마녀로 몰아 죽이고 재산을 강탈하는 범죄가 비일비재했다.

한반도에서도 마운더 극소기에 경신대기근(1670~1671년)과 을병대기근(1695~1699년)이 일어나 수백만 명이 아사하거나 난민으로 전락하면서 사회 혼란이 극에 달했다. 이 두 대기근은 마운더 극소기 내에서도 흑점 수가 특히 적었던 시기(1670~1700년)에 일어났는데 당시 태양 활동에 한반도 사회가 직접적인 영향을 받았음을 알 수 있다. 또한 조선의 병자호란(1637년), 명 말의 농민 반란인 이자성의 난(1627~1646년), 명·청 교체(1618~1644년) 등 동북아시아의 굵직한 사건들이 모두 마운더 극소기에 발생했다는 점을 감안하면 기후 변화와 식량 위기가 정치 격변과 전쟁의 가능성을 높였다고 보는 시각이 전혀 어색하지 않다. 소빙기의 마지막 극소기인 돌턴 극소기에는 1815년 인도네시아 탐보라섬의 대형 화산까지 폭발하면서 갑작스러운 저온 현상이 나타났다. 냉해로 밀과 옥수수 가격이 치솟으면서 북반구의 대부분 사회에서 극심한 사회 갈등이 빚어졌다. 특히 폭발 다음 해인 1816년은 '여름 없는 해'라고 불릴 정도로 여름 기온이 크게 떨어졌다. 그 여파로 혹심한 흉년이 들어 아사자가 속출하였다. 여성 작가 메리 셸리는 1818년에 출간한 《프랑켄슈타인》에서 기후 변화와 화산 폭발로 불안해진 사회 모습을 소설 속에서 여과 없이 그리고 있다. 기온 저하로 곤경에 처한 인간 사회의 삭막한 분위기를 실감 나게 묘사했다. 인간과 자연 모두를 부정적으로 표현한 것이 이상적이다. 한반도도 에외일 수 없었는데 조선은 아사자와 난민이 증가하면서 호적 인구수가 100만 명 이상 감소하는 거대한 혼돈에 휩싸였다. 영·정조 시대의 안정적인 정치 상황이 끝나고 탐관오리의 횡포와 삼정의 문란이 사회를 어지럽히던 시대에 화산 폭발로 기후 여건마저 나빠지자 충격이 배가된 것이었다. 사실 탐보라 화산 폭발 이전에 이미 조선 사회는 세도 정치에 따른 정치 불안이 도를 넘고 있었다. 사회에 불만을 품은 사람들이 늘면서 민란과 봉기가 끊이질 않았다. 대표적으로 평안도 지역 몰락 양반들이 주도했던 '홍경래의 난(1811~1812년)'은 우리에게 익히 알려져 있다. 이들은 당시 서북민을 차별하는 사회 분위기를 혁파하고 지배층의 수탈을 막자는 목표를 기치로 내걸었다. 그런데 이 민란 또한 원인을 찾아 들어가 보면 1809년 초에 폭발한 장소 미상의 화산과 관련이 깊다.


## 인위적인 온난화가 시작되다


이렇게 네 번의 극소기로 이루어진 소빙기가 끝나고 다시 1000년마다 돌아오는 온난기가 우리에게 찾아왔다. 시작은 1850년경으

| 시기 | 기후 조건 | 서유라시아 | 동아시아 | 한반도 및 일본 |
|---|---|---|---|---|
| 5만~3만 년 전 | MIS 3 빙기 치고는 온난한 기후 | 중동에서 유럽과 중앙아시아로 사피엔스 확산 | 사피엔스 북진 | 조몬 선조 집단 일본 열도 진입 |
| 2.5만~1.8만 년 전 | 마지막 빙기 최성기 극심한 추위와 건조함 | 무기와 도구 발전, 그라베티안 문화 소멸 | 아무르강 유역에서 수렵채집민 남진 | 한반도 인구 증가 |
| 1.8만~1.17만 년 전 | 만빙기 불규칙한 기온 상승 | 마그달레니안 문화 북상 | 수렵채집민 다시 북방 초원으로 이동 | 한반도 인구 감소 |
| 1.17만~8200년 전 | 홀로세 초기 완만한 기온 상승 | 농경 시작 | 동아시아 인구 증가 | |
| 8200~8000년 전 | 8.2 ka 이벤트 갑작스러운 한랭화 | 대홍수 | 아무르강 집단 한반도로 남하 | 한반도 인구 증가 및 토기 전파 |
| 8000~5000년 전 | 홀로세 기후 최적기 온난 습윤 | 생태계 생산성 최고조, 문명 발달 | 생태계 생산성 최고조, 문명 발달 | 한반도 정주 수렵채집민 증가 |
| 4800~4600년 전 | 한랭 건조화 | 얌나야 집단 서진 | 홍산 문화, 양사오 문화 쇠락 | 한반도 정주 수렵채집민 감소 |
| 4200~4000년 전 | 4.2 ka 이벤트 극심한 가뭄 | 아카드 문명, 이집트 고왕국, 하라판 문명 소멸 | 양쯔강 량주 문화, 황허강 룽산 문화 쇠락 | 일본 산나이마루야마 문화 소멸 |
| 3800~3350년 전 | 중기 청동기 저온기 한랭 건조화 | 힉소스 남진, 이집트 중왕국 멸망, 아리아인 인도 남진 | 샤자뎬 하층 문화 시작 | 한반도 벼 농경 전파 |
| 3350~3200년 전 | 청동기 최적기 I | 미케네, 이집트 신왕국, 히타이트 전성기 | | |
| 3200~3100년 전 | 한랭 건조화 | 바다민족의 출몰, 미케네, 이집트 신왕국, 히타이트 쇠락 | 샤자뎬 하층 문화 쇠퇴, 상층 문화 시작 | 한반도 선진 수도작 농경 전파 |
| 3100~2800년 전 | 청동기 최적기 II | | | 송국리 문화 전성기 |
| 2800~2250년 전 | 철기 저온기 한랭 건조화 | 스키타이 서진, 스칸디나비아 게르만 집단 남하, 아리아인 이란 남진 | 샤자뎬 상층 문화 쇠락 | 송국리 문화 쇠락 및 남하, 한반도인 일부 일본으로 이주 |
| 2250~1950년 전 | 로마 온난기 | 로마 공화정 전성기 | 한나라 전성기 | 위만조선 전성기 |
| 기원후 1~800년 | 중세 저온기 | 민족 대이동기 | | |
| 1~100년 | 한랭 건조화 | | 왕망의 난 | 북방민 이주, 백제, 금관가야 등 건국 |
| 100~200년 | 비교적 온난 | 오현제 시기 | | |
| 200~300년 | 한랭 건조화 | 게르만인 로마변경 침략, 군인황제시대 | 위·촉·오 삼국시대 | 서해안 패총 증가, 부여 유민 남하 |
| 300~370년 | 비교적 온난 | | | 백제 벽골제 축조, 삼국의 세력 확장 및 정립 |

| 370~460년 | 한랭 건조화 | 훈족, 서고트족,<br>반달족의 이동 | 5호16국 혼란기 | 장수왕 평양 천도,<br>백제·마한·가야 집단<br>일본 이주 |
|---|---|---|---|---|
| 460~520년 | 비교적 온난 | | 혼란이 잦아들고<br>남북조 대치 | |
| 520~600년 | 후기 고대 소빙기<br>한랭 건조화 | 대형 화산폭발,<br>유스티니아누스 역병 | | 고구려 자연재해 |
| 800~1200년 | 중세 온난기 | 바이킹 그린란드 거주 | 송나라 전성기 | 고려 전성기 |
| 1200~1850년 | 소빙기 | 흑사병, 30년 전쟁,<br>여름이 없는 해 | 명청 교체 | 경신대기근,<br>홍경래의 난 |
| 1850년~ | 현 간빙기 | 산업 혁명의 진행 | 근대화 | 근대화 |
| 1950년~ | 인류세 시작(?) | 대기 온실가스 급증,<br>거대 가속 시대 | | |

**그림15-1 기후 변동에 따른 인류의 이동과 문명의 흥망성쇠**

로 이전의 온난기가 보통 300~400년가량 지속되었다는 점을 고려
할 때 2200년 정도까지는 온난한 상황이 유지될 것으로 예측해 볼
수 있다. 그런데 1850년경은 산업 혁명이 본격화되면서 대기로 배
출되는 탄소가 증가하는 시점과 맞물리므로 소빙기의 종결이 인위
적인 온실가스 때문인지 아니면 주기적인 온난화 때문인지 명확하
게 밝히기 어렵다는 문제가 있다. 기후의 자연스러운 순환 주기는
2000년대 초까지 지구 온난화를 연구하는 기후학자를 갈팡질팡하
게 만든 주범이었다. 산업화 이후 당시까지 이어진 기온 증가 추
세가 자연적으로 나타났다고 볼만한 여지도 있었기 때문이다. 실
제 영국의 한 방송국은 2007년 다큐 〈지구 온난화라는 거대한 사
기극The Great Global Warming Swindle〉을 만들어 상영하기도 했고, 2006
년 다큐 〈불편한 진실An Inconvenient Truth〉에서 미국의 전 부통령 앨
고어가 지구 온난화에 강한 우려를 표할 때도 적지 않은 전문가가

회의적인 반응을 보였다.[8]

    그러나 지금은 우리가 직면한 '기후 위기'를 부정하는 학자는 소수에 불과하다. 기후 전문가 대부분은 현재의 기후 변화가 인위적으로 발생했으며 앞으로 더욱 악화될 가능성이 높다고 생각한다. 지금의 기온 상승 속도가 과거 온난했던 시기와는 비교할 수 없을 정도로 빠르기 때문이다. 긴장감 속에서 세계 각국은 더 이상의 탄소 배출이 위험하다고 보고 2016년 파리기후변화협정을 체결하면서 2050년에 탄소 중립을 이룬다는 적극적인 목표를 수립했다. 그러나 2050년까지 불과 35년도 남지 않은 상황이라 무리한 계획이었다는 말들이 나온다. 우리나라의 경우는 더욱 준비가 늦어 지금까지의 배출량 증가 추세를 제어하지 못한 상태에서 바로 감축으로 들어가야 하는 상황이다. 2030년까지 탄소 배출량을 2018년 대비 40%로 감축한다는 1차 목표 자체가 실현 불가능하다는 의견이 많다. 잠재된 위험성이 높은 지구 온난화에 대응이 이토록 늦었던 이유 중 하나는 기후학자들이 현 지구 온난화의 인위성을 뒷받침하는 확실한 근거를 찾는 데 시간이 더 필요했기 때문이었다. 이는 인위적인 지구 온난화와 대략 1000년마다 찾아오는 자연스러운 기온 상승이 시기적으로 겹쳐 나타난 것과 관련이 있다. 이 외에도 지구의 지속 가능성을 고려하지 않는 자원 남용, 기존 석유 산업계의 끈질긴 저항, 각 국가의 상이한 발전 속도, 미래에 부담을 전가하는 현세대의 이기심, 과학 기술에 대한 맹신 등 지구 온난화 문제의 조속한 해결을 어렵게 하는 이유는 여러 가지다.

16장

# 한국인의 미래

## 인류세의 도래

현대 인류는 지구 생태계에 그야말로 격변을 일으키고 있다. 과거 지질시대에 있었던 5번의 대멸종을 뛰어넘는 수준이다. 우리는 격변의 과정에서 나타나고 있는 다양한 부작용들을 경험하는 중이다. 작금의 기후 위기도 그 가운데 하나이다. 지금 당장 사고의 대전환을 이루지 않으면 우리에게 닥친 곤경을 피하지 못할 것이라는 인류의 위기의식은 '인류세人類世, Anthropocene'라는 새로운 용어를 탄생시켰다. 인류세는 2000년에 네덜란드의 대기 화학자인 파울 크뤼천Paul Crutzen이 강조하면서 처음 대중화됐는데, 크뤼천이 1995년 노벨 화학상 수상자였기에 인류세는 그의 명성에 힘입어 빠르게 확산될 수 있었다.[1]

인류세라는 용어에는 인간이 지구 환경에 저지른 지난 과오를 반성하고 미래에는 지구의 지속가능성을 높이기 위해 좀 더 적극적으로 움직여야 한다는 주장이 담겨 있다. 단견에 사로잡힌 인류가 여태 지구를 훼손해 왔지만 지구를 건강한 상태로 되돌리는 일도 인류의 힘으로 충분히 가능하리라는 희망을 담고 있기도 하다.

이런 뜻에 동의해 많은 과학자가 인류세라는 새로운 지질 시대의 구분을 반기고 있다. 하지만 인류세가 2000년대 초반부터 사회에서 회자되었고 그 함의가 크다는 점을 모두가 인정하고 있음에도 이 용어는 여전히 공식적인 지질시대 명칭의 지위를 획득하지 못하고 있다. 20년 넘게 인류세의 공식화를 둘러싸고 논의만 지지부진하게 이어진 이유는 언제가 인류세의 시작인지 모두가 동의하는 답이 쉬이 나오지 않았기 때문이다.[2]

먼저 인간이 농경을 시작한 시기가 인류세의 출발점이라는 견해가 있다. 대표적으로 미국의 고기후학자인 윌리엄 러디먼이 이 입장을 지지한다.[3,4] 러디먼은 대략 8000년 전을 인류세의 시작으로 삼자고 주장하는데 이를 관철하기는 쉽지 않아 보인다. 인류가 농경을 전개하면서 자연환경을 변화시킨 건 사실이다. 그렇다고 8000년 전을 인류세의 시작점으로 잡으면 인류세는 홀로세와 거의 같은 지질 시대를 의미하게 된다. 두 용어 가운데 하나는 군더더기가 될 수밖에 없다. 또한 농경의 시작은 지역별로 천차만별이라 (퇴적물이나 퇴적암에 남는) 공통의 층서 기록을 중시하는 지질학자를 설득하기 어렵다는 문제도 있다.

아시아에서 본격적으로 벼농사가 이뤄진 대략 6500년 전이 인류세의 시작이라는 주장도 있다. 쌀은 기본적으로 물 댄 논에서 재배된다. 논은 대표적인 온실가스인 메탄의 주요 배출원이다. 아시아인이 6500년 전 벼 농경을 주된 생계 방식으로 채택하면시 메탄양이 크게 늘었고 그 결과 대기의 온도가 올랐다는 것이다. 6500년 전은 최적기가 절정에 달한 시기였다. 메탄의 영향력이 어느 정도였는지 정확히 판단하기는 어렵지만 이때 기온이 높았던 건 사실이므로 인류세의 시작을 벼 농경의 개시와 연관 지을만한 여지는 있다.

한편 2000년 전을 전후한 시기에 이르면 전 세계적으로 농경이 집약적으로 이뤄지면서 토양의 인위적 변화가 뚜렷해진다.[5] 그러나 농경의 시작이 지역별로 제각각이었듯 토양이 변화하는 시점 또한 마찬가지라 이와 같은 제안도 세계 공통의 층서 증거를 찾을 수 없다는 문제가 있다. 한반도의 경우 4세기 초 전라북도 김제에 초대형 수리 시설이 축조되었으므로 이미 그 이전에 집약적 농경이 이뤄졌다고 보는 것이 맞을 것이다. 남한 지역 곳곳에서 보고된 퇴적물 분석 결과들을 보면 농경이 본격적으로 전개되는 시기에 토양 침식량이 증가하여 퇴적률이 급상승하는 모습을 쉽게 확인할 수 있다.[6]

콜럼버스가 아메리카 대륙을 발견한 1492년 이후로 아메리카의 원주민 사회는 엄청난 후폭풍에 시달렸다. 유럽인의 '총'과 '말'은 원주민에게 경외감을 불러일으킬 정도로 위력적이었지만 무엇보다 두려웠던 건 부지불식간에 유럽인이 가져온 '균'이었다. 가축을 키운 경험이 없었던 원주민은 인수공통감염병에 대한 면역이 전무했고 천연두가 아메리카로 유입되는 순간 이미 유럽인의 신대륙 정복은 성취된 것이나 다름없었다. 1492년 5400만~6100만 명에 달했던 원주민 인구가 1650년에는 10분의 1로 줄어들 만큼 인수공통감염병으로 인한 인명 피해는 상상을 초월할 정도였다. 그런데 흥미롭게도 인구 감소의 여파가 엉뚱한 곳에서 나타났다. 아스텍과 잉카의 거대한 원주민 사회가 몰락한 후 버려진 경작지가 울창한 나무로 덮이면서 대기의 이산화탄소를 대거 흡수하기 시작한 것이다. 빙하 자료는 1610년경 대기의 이산화탄소 농도가 확연하게 낮아지는 모습을 잘 보여주는데, 이런 변화가 소빙기의 출현에 일정 부분 기여했다고 보기도 한다. 어쨌든 특정 지역의 식생 변화가 지구 대기의 이산화탄소량을 변화시켰을 정도였으니 당시 원주민 수의 감소 폭이 얼마나 컸는지 짐작할 수 있을 것이다. 무엇보다 빙하에서 층서적 증거가 확인되므로 이 사건은 인류세 시작의 후보 가운데 하나라고 할 수 있다.[7]

반면 크뤼천은 인류세의 시작과 관련해 18~19세기의 산업 혁명을 선호한다. 산업 혁명 시대는 대략 1760년부터 1880년까지에 걸쳐 있다. 인류는 석탄, 석유, 천연가스를 태우면서 얻은 동력으로 새로운 시대를 열었지만 대기의 이산화탄소 농도 증가라는 예기치 못한 부작용에 시달리고 있다. 그러나 18세기 산업 혁명 또한 층서상에서는 그 변화가 명확하게 나타나지 않아 인류세의 시작점으로 삼기에는 부족하다는 것이 중론이다. 대기의 이산화탄소량이 증가한 것은 맞지만 상승 속도가 인상적이지는 않다. 이산화탄소량은 19세기에 들어선 후에야 서서히 오르기 시작했고 생태계 교란도 일부 지역을 제외하면 무시할 만한 수준이었다. 영국을 위시한 일부 유럽 국가에 한정된 혁신이었기 때문에 전 지구 환경에 미친 영향은 그리 크지 않았다.

실제 대기 중 이산화탄소 농도가 급증하기 시작한 시점은 1950~1960년경이다. 이때는 이산화탄소 농도뿐 아니라 자연과 사회의 모든 부문에서 이전에 비해 변화 속도가 크게 상승하는 모습이 뚜렷하게 나타났다. 그래서 20세기 중반을 '대가속'의 시대라고 부르곤 한다. 다수의 전문가는 이때를 인류세의 시작으로 본다.[8] 이산화탄소 외에도 아산화질소와 메탄 농도, 기온, 해양의 산성화, 바다 어획량, 연안 부영양화 등의 자연환경 부문과 인구, 총생산량, 에너지 사용량, 비료 사용량, 대규모 댐의 수, 물 사용량, 종이 생산량, 국제 관광객 수 등의 사회경제 부문이 모두 1950~1960년부터 급속한 증가세를 보인다. 20세기 중반을 인류세의 시작이라고 볼만한 근거는 이렇게 충분하지만, '인류세'는 지질시대 명이므로 층서의 흔적이 무엇보다 중요하다. 이 고민은 20세기 중반 대대적으로 벌어졌던 핵실험의 흔적들 덕분에 해소되었다. 1945년부터 시작된 핵실험 결과 전 세계의 습지 퇴적물, 빙하, 석순, 산호, 나이테에서 당시의 핵실험을 시사하는 낙진층이 골고루 확인된다. 이미 1952년, 1954년, 1964년 등 방사성 탄소 동위원소량이 최고치를 보인 해를 인류세의 시작으로 삼자는 주장이 제안되기도 했다.[9,10] 1945~1965년 사이의 핵실험으로 거대 가속 시대의 층서 근거가 확보된 것이다. 지금까지 농경의 시작, 아메리카 대륙 발견, 산업 혁명, 대가속 시대 등 다양한 후보를 살펴봤다. 이 가운데 층서 근거까지 갖춘 후보는 20세기 중반의 대가속 시대가 유일한 듯하다. 필자도 이때를 인류세의 시작으로 보는 게 가장 적절하다고 생각하는데 거기에는 한 가지 이유가 더 있다.

인간의 교란이 있기 전 지구의 기후가 변화하는 과정에서 자연적인 변화 주기가 갖는 영향력은 절대적이었다. 우리 인류가 문명을 건설하면서 지구 환경을 훼손하기 시작한 홀로세 기후 최적기 이후 1000년, 500년, 200년 주기로 기후는 끊임없이 변화를 되풀이했고 그때마다 과거 사회는 발전 궤도에 올라서거나 극심한 혼란에 빠져 허우적거렸다. 홀로세 후기에는 1000년마다 도래한 온난기로 지중해의 청동기 문명이 전성기를 누렸고 로마 제국과 한나라의 국력이 최고조에 달했으며 그린란드에서도 사람이 거주할 수 있었다.

중세 온난기 이후 약 1000년이 지나 맞은 현 온난기에도 과거의 온난기처럼 인류는 눈부신 속도로 발전을 거듭하고 있다. 그러나 경제 성장의 외부 효과로 나타난 지구 온난화가 예상보다 심각한 파장을 불러일으킬 가능성이 높아지면서 인류는 그간 유지해온 발걸음의 보폭을 줄여야 하는 상황을 맞았다. 대기 조성의 인위적 변화는 엄청난 수준의 기온 상승을 야기하고 있고 이미 과거 1000년마다 나타났던 온난화의 규모를 훨씬 초월했다. 1850년경 돌턴 극소기를 마지막으로 소빙기가 끝나고 1950년경까지 기온이 오르는 과정은 예전의 온난화와 크게 다르지 않았다. 그러나 1950년경부터 대기 중 이산화탄소량이 급증하면서 과거 온난기에서는 볼 수 없는 수준으로 온도가 빠르게 오르고 있다. 1950년까지 대체로 자연스러운 기후 변화 주기로 조절되던 기온이 대가속 시대를 거치면서 정상 궤도를 이탈한 것이다. 자연의 변화 주기가 깨지면서 인류는 과거를 열심히 들여다봐도 미래를 예측할 수 없는 상황으로 내몰리고 있다. 이대로 가다간 지구 생태계와 인류는 전례 없는 지질 시대인 '초간빙기'로 진입할지도 모른다.


## 임계점을 향하는 가이아


플라이오세를 마지막으로 제3기가 끝난 후 보통 빙하기라고 부르는 제4기가 약 260만 년 전부터 시작되었다. 제4기의 대부분을 차지하는 플라이스토세는 20차례 이상 교차하면서 나타난 빙기와 간빙기로 구성된다. 간빙기는 대략 11만~12만 년마다 나타나 1만 년 동안 이어졌고 차가운 빙기가 그 사이사이를 채웠다. 13만~12만 년 전의 간빙기가 마지막 간빙기였고 이후 마지막 빙기가 도래했다. 빙기 내내 추웠던 것은 아니다. 마지막 빙기 동안 비교적 온난한 아간빙기가 대략 1500년 주기로 나타났다. 아간빙기가 주기적으로 도래한 이유에 대해서는 아직 명확하게 밝혀진 바가 없으나 아간빙기 이후 이어진 아빙기의 시작은 보통 북대서양 주변의 얼음이 녹으면서 열염순환이 교란된 결과로 본다. 빙기에는 지구의 기온이 낮은 것이 정상이었다. 기온이 높아져 지구가 아간빙기로 들어설 때마다 지구의 자기 조절 메커니즘(여기서는 열염순환)이 작동하면서 다시 정상 상태인 아빙기로 되돌아가는 과정이 반복되었다. 하지만 영거드라이아스기가 끝난 1만 1700년 전 밀란코비치 주기에 의한 기온 상승은 열염순환으로는 도저히 제어할 수 없는 수준의 큰 변화였다. 결국 지구는 현 간빙기인 홀로세로 진입하였고, 빙기의 저온 상태로 회귀하는 일은 더 이상 일어나지 않았다.

반대로 따뜻한 간빙기에는 지구의 기온이 높은 것이 정상이다. 홀로세 내내 주기적으로 나타났던 한랭화는 정상 상태가 아니라고 볼 수 있다. 지구에는 이러한 비정상 상태를 제어하기 위한 자기 조절 메커니즘이 분명 존재한다. 홀로세로 접어든 후에도 이전 빙기에 형성된 빙상의 일부가 여전히 남아 있었으므로 빙하가 녹은 물이 북대서양으로 유입되는 상황이 반복되었고 그때마다 열염순환은 교란되었다. 하지만 이러한 비정상 상태가 오랫동안 지속될 수는 없었다. 갑자기 찾아온 저온 현상으로 북대서양 주변의 빙하가 커지자 많은 담수가 빙하에 갇히게 된 것이다. 해수의 염도는 다시 상승했고 열염순환은 정상으로 돌아왔다. 한편 홀로세 후기

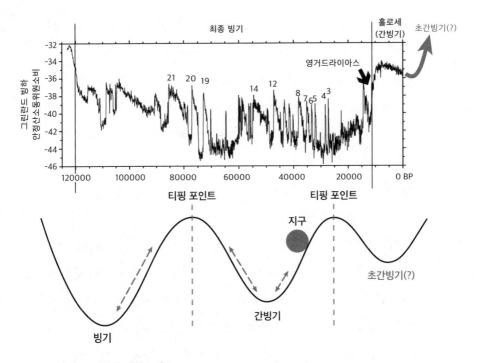

**그림16-1 지구의 티핑 포인트**

최종 빙기 때 20차례 이상 따뜻한 아간빙기가 나타났지만 지구의 자기 조절 작용에 의해 이내 정상으로 돌아갔다. 이후 지구는 영거드라이아스기 막판의 자연적인 온도 상승 기제를 끝내 이기지 못하고 간빙기로 들어섰다. 지금은 인위적인 온도 상승으로 지구가 여태 한 번도 겪어보지 못한 초간빙기 단계로 진입할지 모른다는 우려가 나오고 있다. 그래프의 아래 모형은 간빙기 상태의 지구가 정상 범위를 넘어 티핑 포인트에 다가가고 있는 현 상황을 표현한 것이다.

적도 서태평양의 해수면 온도 변화에 의해 한반도에서 주기적으로 나타났던 한랭화 또한 지구의 자기 조절 작용으로 보통 100~150년 정도만 지속되었다. 우리는 인지하기 어렵지만 대서양에서든 태평양에서든 정상에서 벗어난 변화가 발생할 때마다 이를 원 상태로 복구하려는 '가이아'의 작업은 묵묵히 계속되고 있다.

그러나 교란이 너무 커져서 지구 생태계가 임계점(티핑 포인트

442

tipping point)을 넘는 상황이 오면 가이아의 회복 능력은 무용지물이 된다. 마지막 빙기가 끝나고 홀로세로 넘어갈 때 그러했다. 당시 교란은 자연적인 밀란코비치 주기에 의한 것으로 불가항력이었다. 지금 인류가 일으키고 있는 교란은 아직 그 정도 수준은 아니다. 하지만 앞으로 온실가스 문제가 개선되지 않는다면 온난화 수준이 티핑 포인트를 넘어 지구 생태계가 전혀 다른 기후 환경으로 진입할 수도 있다. 티핑 포인트를 넘는다는 것은 인류가 이후 어떤 획기적인 조처를 하더라도 온난화의 흐름을 더 이상 막을 수 없다는 의미를 내포한다. 이는 마치 평평한 길을 걷다가 갑자기 절벽을 만나 밑으로 떨어지는 것과 같다. 다시 절벽 위로 올라오는 일은 불가능하다. 다시 말해 비가역적이다.

2016년 파리 협정 이후 지구의 온도 상승을 2℃ 이내로 제한하는 것이 인류의 과제가 되었다. 산업화 이전(1850~1900년까지의 평균 기온)과 비교해 기온이 2℃ 이상 오르면 지구가 티핑 포인트에 도달할 것이라는 예측에 근거한 것이다. 이에 좀 더 민감한 사람들은 2℃마저 지구의 지속 가능성을 담보할 수 없다며 1.5℃ 이내를 주장하기도 한다. 하지만 이미 지구의 온도가 산업화 시기와 비교해 1.2℃가 올랐기에 1.5℃ 초과는 시간문제다. 그래서 현실적으로 2℃ 제한에 초점을 맞추는 분위기인데, 많은 전문가가 이마저도 달성이 어렵다고 본다. 그런데 하필 왜 2℃일까? 이는 산업화 이전 대비 온도 2℃ 상승이 지구 생태계를 구성하는 '티핑 요소' 가운데 일부를 자극할 수 있다고 보기 때문이다.[11]

현재 지구의 영향력 있는 티핑 요소로 그린란드 빙하, 북극 바다 빙하, 대서양의 열염순환, 서남극 빙하, 고산 지대 빙하, 아마존 열대 우림, 영구 동토층, 산호초, 인도 몬순, 타이가 삼림, 제트 기류 등이 주로 거론된다. 특히 북극의 바다 빙하와 태평양의 산호초는 티핑 포인트에 거의 근접했을 만큼 이미 심각한 상황에 부닥쳤다는 것이 중론이다. 티핑 요소가 갖는 함의는 이 요소들이 서로 강하게 연결되어 있어 하나가 티핑 포인트를 넘어서면 다른 요소도 위험해진다는 사실에 있다. 학자들은 이런 도미노 같은 현상을 '티핑 캐스케이드tipping cascade'라고 부른다. 제주도에 관광객이 즐겨 찾는 명소 가운데 천제연 3단 폭포가 있다. 건기에는 1단 폭포에 물이 흐르지 않을 때가 많다. 그런데 이곳 상류에 폭우가 내려 1단 폭포의 유량이 급증했다고 가정해 보자. 곧 물이 쏟아져 내려와 고요하던 2단 폭포와 3단 폭포까지 뒤흔들 것이다. 지구 시스템이 이와 같다면 대부분의 티핑 요소가 안정적인 상태를 유지하더라도 마음을 놓을 수 없다. 이 중 하나라도 문제가 생기면 그 영향이 지구 생태계 전체로 퍼져나가 지구가 티핑 포인트에 근접하는 상황이 갑작스럽게 나타날 수 있으니 말이다. 북극이나 태평양에 시선이 쏠리는 이유다. 또한 괜히 겁을 준다며 눈총을 받아도 전문가가 티핑 포인트에 보수적으로 접근하는 이유이기도 하다.

과거 수렵채집민 시절, 인간은 계절별로 먹을 것을 찾아 끊임없이 움직였다. 그들이 생태계를 교란하는 일은 극히 드물었다. 그러나 농경을 주된 생산 방식으로 채택하면서 한곳에 정착해야 했고 필요에 따라 주거지 수변을 제 마음내로 교란하고 변형시켜 왔다. 특히 거대 가속이 시작된 1950년 이후는 자원의 유한성을 고려하지 않는 성장 일변도의 성향이 여과 없이 드러난 시기였다. 사람들은 지구에 관심이 없었고 지구를 단순히 착취할 대상으로만 여겼다. 앞서 언급했지만 지구 생태계는 건실하게 자신을 조절할 수 있는 거대한 시스템이다. 인간의 무분별한 요구에 지쳐가던 지구는 (의도했을 리 없지만) 언제부터인가 인간에게 반격을 가하기 시작했다. 지금 우리가 온난화로 겪고 있는 여러 재난, 가령 홍수, 태풍, 가뭄, 열파, 해일, 산불, 전염병 등은 모두 인위적인 온난화에 지구가 대응하는 과정에서 나타난 부산물이다. 지구가 힘겹게 버티다 결국에 손을 놓게 되는 순간, 즉 티핑 포인트를 넘는 순간 인간은 엄혹한 환경에서 정착 생활을 포기하고 과거의 이동 생활로 돌아가야 할지도 모른다. 우리가 인지하지 못하고 있을 뿐 정착 생활 양식은 온난화의 심화로 이미 많은 압박을 받고 있다.

온난화가 앞으로도 계속 이어진다면 결국 지구는 티핑 포인트를 넘어 과거에 한 번도 겪어보지 못한 새로운 기후 조건인 초간빙기로 들어설 것이다. 그 후의 상황은 예측하기 어렵다. 조금 극단적으로 이야기하자면 아마도 이런 모습이지 않을까? 생태계가 기능을 상실하면서 인류의 인구는 큰 폭으로 감소한다. 생존한 사람들은 고온과 가뭄을 이겨낸 적응력 높은 동물과 자원을 두고 경쟁해야 한다. 저위도의 사람들은 중위도로 향하고, 중위도의 사람들은 갈등을 피해 고위도로 이동하는 도미노 같은 이주와 갈등이 이어진다. 저위도의 가난한 나라들은 기후 위기를 극복하지 못하고 사라지고 이곳은 곤충이나 파충류의 땅이 될 것이다. 본격적으로 초간빙기로 향하며 기온이 빠르게 높아지고, 인간이 거주할 수 있는 지역은 고위도의 일부 지역으로 제한된다. 하지만 인류는 이 흐름을 저지할 방법이 없다. 끔찍하지만 가능한 시나리오다.

초간빙기로 향하는 흐름은 1950년경 자연적인 기후 변화가 흐트

러지면서 시작되었다. 온난화의 억제 여부는 전 세계가 기후 변화의 위험성을 인지하고 늦지 않게 적절한 대책을 마련할 수 있느냐에 달려 있다. 만약 인류의 연이은 과오가 축적되어 지구 생태계가 초간빙기로 진입한다면 미래의 (얼마 남지 않은) 과학자들은 인류세의 시작이 20세기 중반이라고 좀 더 확신에 차서 말하지 않을까 싶다.[12,13]

## 다시 북으로 향하는 이주의 흐름

이 책에서 다룬 집단 이동은 대부분 우리 조상이 과거 한랭 건조화에 대응하다가 찾은 궁여지책이었다. 그러나 지금 우리가 겪고 있는 기후 변화는 한랭화가 아니라 온난화이다. 미래에 인류가 해결할 문제는 저온이 아닌 고온에 따른 환경 변화인 것이다. 만약 인류가 온난화에 발 빠른 대처를 하지 못해 정말로 초간빙기 시대를 맞게 된다면 우리는 어디로 가야 할까? 흥미로운 상상일 수 있지만 실제로 그러한 일이 벌어져 한국인이 북쪽으로 이동해야 하는 지경에 이른다면 인류 전체의 종말 또한 그리 머지않았을 가능성이 크다. 가장 먼저 떠오르는 곳은 우리 선조 집단들이 주로 살았던 연해주, 만주, 랴오시이다. 국경을 넘어 사람들이 대대적으로 이주하는 것이 과연 가능은 할까? 혹여 그러한 일이 벌어진다면 한국인은 자신의 기원지로 되돌아가는 셈이 된다. 오랜 시간이 흐른 후 고향 땅을 다시 밟는 느낌을 받는 이들도 있을지 모르겠다. 그러나 그것이 금의환향의 감정일 리 없다.

기후 변화가 심화되면 사람들은 살기 위해 국경을 넘는 일을 서슴지 않을 것이다. 지금도 정치 난민보다 기후 난민이 더 많은데, 앞으로 기후 상황이 더 악화된다면 이주 문제가 국가 간 외교 갈등으로 비화될 것이 분명하다. 현재 세계 기후 난민은 2000만 명이 넘는 것으로 추정된다.[14] 우리가 생각하는 것 이상으로 많다. 2050년이 되면 환경 위기의 심화로 대략 12억 명의 인구가 주거할 곳을 찾지 못한 채 난민으로 떠돌 것이라는 거짓말 같은 이야기 또한 자못 충격적이다.[15] 기후 위기가 현실로 다가와 식량 문제가 본격적으로 대두되면 중앙아메리카와 아프리카의 가난한 농민은 생존을 위해 북쪽으로 이동할 것이다. 재정적으로 여유가 있는 부자는 자신들이 거주하고 있는 곳에서 기후 변화의 영향을 최소화할 수 있는 다양한 조치를 강구할 것이다. 그러나 그들이라고 온난화 문제에서 완전히 자유로울 수는 없다. 부유층마저도 결국에는 점차 심화되는 폭염과 폭풍 해일에 굴복하고 고지대나 내륙의 땅을 구입하는 방안을 진지하게 고민하게 될 것이다. 또 노르웨이나 뉴질랜드와 같이 기후 위기의 영향을 덜 받는 고위도 국가로 국제 이주를 시도하는 부자들의 움직임도 한층 가시화될 것이다.

기후 난민은 앞으로 지구 온난화와 연관된 문제 중 가장 해결이 어려운 문제로 자리 잡을 가능성이 크다. 무엇보다 이민자의 유입을 경계하는 극우적인 행태가 국가 간 난민의 이동을 어렵게 하고 있다. 그로 인해 아직은 무리하게 국경을 넘기보다는 국경 안에서 움직이는 경향이 더 뚜렷하다. 미국의 경우 지난 20년간 경제적 활력을 잃은 미국 북부의 '러스트 벨트Rust Belt'를 떠나 날씨 좋은 캘리포니아에 정착한 사람이 많았다. 그런데 캘리포니아의 세율은 높아도 너무 높았다. 이곳의 세율에 혀를 내두르고 2015년부터 애리조나나 텍사스로 이주하는 사람이 늘기 시작했다. 세계 최고 부자 가운데 한 명인 일론 머스크 또한 테슬라 본사를 2020년에 캘리포니아 로스앤젤레스에서 텍사스 오스틴으로 이전하였다. 하지만 애리조나나 텍사스도 생활하기에 결코 만만한 지역은 아니었다. 특히 지구 온난화 휴지기가 끝나고 2014년부터 재개된 기온 상승은 미국 남서부의 기후 여건을 더욱 악화시켰다. 주 정부가 세금을 덜 걷었을지 몰라도 미국 남서부의 열파와 가뭄은 쉽게 견딜 수 있는 것이 아니었다. 최근 다시 미국 북부로 되돌아가려는 이주의 움직임이 감지되고 있다. 앞으로 온난화를 피해 미국 남서부를 떠나 북부로 이동하는 사람이 더 늘어날 것이다. 과연 러스트 벨트가 기후 변화를 기회 삼아 과거의 영광을 되찾을 수 있을지 궁금하다.

과거 중앙아시아 초원에서 출발하여 한랭화를 피해 힌두쿠시 산맥을 넘었던 유목민은 현재 인도 사회를 구성하는 주축 세력이다. 수천 년 전 산스크리트어를 전달했던 집단부터 무굴 제국을 건국한 세력에 이르기까지 북쪽의 유목민과 농경민은 남쪽의 인도 아대륙으로 끊임없이 들어왔다. 그러나 최근 인도인은 적극적으로 바깥을 향해 확산하는 중이다. 돈을 벌기 위해 서쪽의 중동이나 유럽에 정착한 사람도 있지만, 자신들이 기원한 북쪽의 카자흐스탄과 우즈베키스탄 그리고 두 나라 너머 러시아의 시베리아까지 들어간 인도인도 있다. 오래전부터 가깝게 지낸 인도와 러시아는 지금도 양국 간 경제적 및 인적 교류가 활발하다. 국경을 넘는 모험이지만 인구 밀도가 높은 인도에서 낮은 러시아로 이동하는 것은 과거 사례들에 비추어 볼 때 부자연스럽게 느껴지지 않는다.

최근 유엔인구기금에서 2023년 처음으로 인도의 인구수가 중국을 추월할 것이라고 발표해 화제가 되었다. 2023년 기준 인도의 인구는 약 14억 2800만 명으로 인구수에서 오랫동안 정상을 지켜왔던 중국을 제친 것으로 파악된다. 그런데 인도는 기온이 50℃에 육박하는 강한 폭염, 이에 수반되는 산불과 더불어 미세 먼지 문제까지, 지구 온난화에 기인한 복합 재난으로 힘겨워하는 중이다. 과거 이주의 흐름은 '인구 증가'라는 인문 지리적 요인과 '기후 변화'라는 자연 지리적 요인이 겹칠 때 더욱 강하게 나타나곤 했다. 앞으로도 인도인은 뜨거운 인도 아대륙을 떠나 자신의 조상들이 살았던 북방을 향해 계속 움직이려 할 것이다.[16]

미국이나 인도에서 나타나고 있는 이런 양상을 볼 때 뭔가 기시감이 느껴진다. 이는 마치 과거 추위를 피해 북방에서 한반도로 들어왔던 사람들이 마지막 빙기 최성기 이후 나타난 온난화로 환경이 빠르게 변하자 북방을 향해 되돌아갔던 상황을 연상시킨다. 온난화 위기를 겪고 있는 우리 또한 과거의 한반도에 살았던 수렵채집민과 유사하게 북으로 이동할지 여부를 두고 심사숙고해야 하는 날이 올 수 있다고 한다면 너무 앞선 생각일까?


## 러시아, 캐나다, 북극을 주목해야 하는 이유


미래에는 서늘한 고지대나 북유라시아의 광활한 영토, 해수면 상승의 영향을 받지 않는 내륙으로 인구가 이동하는 흐름이 점차 뚜렷해질 것이다. 과거 수렵채집민이나 유목민처럼 미래 세대는 환경이 좋을 때는 정주하다가 환경이 나빠지면 신속하게 이동할 수 있는 기동력이 필요할지 모른다. 또한 네트워크의 중요성도 더 높아질 것이다. 얼마나 많은 사람이 필수 정보를 적시에 획득할 수 있느냐가 관건이다. 이는 동아시아의 수렵채집민이 살던 시절이 재현되는 듯한 인상을 준다.

산업화 이전과 비교해서 평균 기온의 4℃ 상승은 초간빙기로 가는 티핑 포인트 가운데 하나로 여겨진다.[17] 실제 이러한 상황이 오게 되면 사람들이 1년 내내 머물 수 있는 곳을 찾기란 쉽지 않을 것이다. 현재 인구 밀도가 높은 중국, 인도, 미국은 폭염이나 가뭄 빈도가 높아지면서 인구가 감소할 가능성이 크다. 반면 러시아, 캐나다, 북유럽, 알래스카주와 같은 고위도 지역이 사람들이 선호하는 곳으로 탈바꿈할 것이다. 지구 면적의 10% 이상을 차지하고 있을 정도로 광대한 국토를 자랑하는 러시아는 미래의 지구 온난화로 가장 큰 혜택을 입을 국가다. 향후 기후 변화로 전 세계 식량 사정은 점차 나빠질 가능성이 크다. 러시아는 겉으로 드러내지는 않지만 지구 온난화를 내심 반기고 있다. 자국 내 농지 면적이 증가할 것이 확실하기 때문이다. 러시아는 이미 세계 최대 밀 수출국이다. 미래의 러시아는 기후 위기 속에서 풍부한 식량 자원을 앞세워 서방국을 지정학적으로 압박하려 할 것이다.

지구 온난화는 러시아의 골칫거리인 낮은 인구 밀도 문제 또한 해결해 줄 것이다. 러시아는 소련 붕괴 후 오랫동안 인구 감소에 시달려 왔다. 외국인을 싫어하는 뿌리 깊은 자국 문화 때문에 외부인의 이주도 지지부진했다. 하지만 몇 년 전부터 러시아 역시 북반구의 다른 나라들과 마찬가지로 인구 위기를 시급히 해결해야 할 문제로 여기기 시작했다. 최근 이민법이 눈에 띄게 완화되었고, 그 덕에 중앙아시아 국가에서 많은 사람이 러시아로 이주했다. 러시아로서는 농업 생산력을 높이기 위해서라도 노동력의 확보가 중요하다. 실제 러시아 동부에서는 새롭게 조성된 농지에서 밀, 옥수수, 콩 등의 작물을 재배하기 위한 목적으로 중국 노동자를 유치하고 있다. 러시아가 외부 이주민을 적극적으로 받아들이려는 모습만 보인다면 장기적으로 러시아는 굳이 인구 감소를 걱정하지 않아도 될 것이다. 기온 상승으로 늘어난 거주 가능 공간이 고온과 가뭄으로 힘겨워하는 남쪽 사람에게 계속 유혹의 손짓을 보낼 것이기 때문이다. 하지만 아무리 좋은 땅과 일자리가 넘쳐도 정치가 불안한 곳은 선호하기 어렵다. 예기치 못한 우크라이나 전쟁 발발 이후 러시아로 향한 이주는 멈췄다. 오히려 러시아인이 징집을 피해 다른 나라로 탈출하는 현상이 나타나고 있다.

러시아와 비슷한 위도에 있는 캐나다도 미래의 지구 온난화로 혜택을 볼 수 있는 국가다. 이곳 역시 시베리아와 마찬가지로 냉대림과 불모지가 넓게 펼쳐져 있다. 그러나 캐나다는 처음부터 이민을 기반으로 탄생한 나라인 만큼 러시아와는 사정이 여러모로 다르다. 캐나다 정부는 이민자를 유치하려고 큰 노력을 기울인다. 안정적인 정치 또한 이민자를 끌어들이는 중요한 요소다. 원래 물이 풍부한 곳인 데다 기온 상승으로 경작 가능 지역이 늘고 있다. 앞으로 새로운 곡창 지대 역할을 할 것으로 기대된다.

지금은 자급자족이 불가능한 북극 주변의 땅도 머지않아 사람이 거주할 수 있는 곳으로 탈바꿈할 것이다. 북극권은 저위도 지역에 비해 두 배나 빠른 속도로 기온이 오르고 있다. 기온 상승으로 해빙 속도가 빨라지면서 사람들의 이목이 북극 항로에 쏠리고 있다. 북극에 항로가 개척되면 화물의 운송 시간과 비용을 크게 줄일 수 있기 때문이다. 북극 항로 개발은 북극권의 무역, 관광, 어업을 활성화시킬 것이고 이를 기반으로 새로운 도시가 생겨날 것이다. 미래에는 북극해에 면한 알래스카주가 미국인이 가장 선호하는 지역이 될지 모른다. 그린란드와 아이슬란드도 앞날이 밝다. 해수의 온도가 상승하면서 새로운 어종들이 몰려와 이곳의 어획량이 획기적으로 늘고 있다. 빙상의 후퇴로 땅이 노출되면서 광물이나 석유 채굴 가능성 역시 높아지고 있다. 그린란드는 현재 대부분의 땅이 얼음으로 덮여 있지만, 기온이 상승하면 빙상이 녹으면서 사람이 살 수 있는 공간이 드러날 것이다. 과거에는 볼 수 없었던 숲도 조성될 것이다.

당연히 기온만 오른다고 해서 북극권이 최적의 거주지가 될 수는 없을 것이다. 극 지역은 일조량이 부족하므로 농작물이 광합성에 어려움을 겪을 가능성이 크다. 사람들 역시 만성적으로 비타민 D 부족에 시달릴 것이다. 영구 동토층이 녹아 지반이 계속 침하되는 문제도 해결해야 하고 동토층에서 빠져나올 과거 병원균에도 대처해야 한다. 그렇지만 기후 재앙이 현실이 되어 폭염과 가뭄으로 세계가 비명을 지를 때 이 정도 어려움을 문제 삼는 이는 거의 없지 않을까? 현실을 망각한 배부른 투정으로 비칠지도 모른다.

미래에 실제로 평균 기온이 4℃ 이상 오른다면 저위도 지역에서 인간이 생존 가능한 공간은 극히 협소해질 것이다. 고위도 지역으로 올라오는 사람 간에, 특히 사회적 약자 사이에서 치열한 생존 경쟁이 펼쳐질 것이다. 미래 세대가 이러한 고통을 덜 겪게 하려면 지금 우리가 할 수 있는 모든 수단을 강구해야 한다. 힘들고 불편하더라도 온실가스 배출량을 지속적으로 감축하여 지구 온난화의 속도를 최대한 늦춰야 한다. 취약 계층이 기후 변화에 치명적인 피해를 보지 않도록 적절한 적응 방안 또한 마련해야 한다. 창의적인 이주 정책도 그중 하나가 될 것이다.

온난화 문제의 대응 차원에서뿐 아니라 지구 자원의 효율적이고 균형 잡힌 활용을 위해서라도 미래에는 인구가 많은 저위도 지역에서 사람들이 빠져나와 고위도의 저밀두 지역을 채울 필요가 있다. 물론 이는 세계인이 세계화를 희망하고 자유주의적 세계주의를 받아들인다는 전제 조건이 충족되어야 가능할 것이다. 그런데 민족, 국가, 종교를 중심으로 외부인을 배척하는 행태가 강화되는 현 흐름 속에서 경계를 넘나드는 이동은 실현 가능성이 없는, 단지 이상적인 아이디어에 불과한 것은 아닐까? 하지만 앞으로 우리가 직면할 기후 위기가 인류를 한마음으로 묶는 실마리가 될지 누가 알겠는가? 희망을 품어서 나쁠 것은 없다. 2023년 튀르키예와 시리아 강진의 피해자를 돕기 위해 연대와 도움의 손길을 뻗고 있는 수많은 사람에게서 그 희망을 본다.


## 한국인의 2100년 시나리오

많은 전문가가 2100년까지 기온 상승을 3°C 이내로 막는 것이 현실적인 목표라고 본다. 산업화 이후로 지금까지 1.1°C가 더 올랐으니 1.9°C가 남은 셈이다. 하지만 우리나라는 산업화 이후 1.6°C가 올라 세계 평균치를 훨씬 상회했다. 우리나라는 중위도에 위치한 데다(위도가 높을수록 온난화 효과가 크다) 빠른 도시화로 열섬 현상이 심하기 때문이다. 도시 표면은 녹지에 비해 열을 많이 흡수하므로 계절과 관계없이 도시 외곽에 비해 높은 기온을 유지한다.

우리나라 기상청에 따르면, 기후 변화 시나리오 SSP2-4.5를 적용하는 경우, 21세기 말 지구 평균 기온이 3°C가 오를 때 한반도는 3.9°C, 남한 지역은 3.5°C가 오른다. 한편 이보다 심각한 시나리오인 SSP3-7.0의 경우 전 지구 평균 기온이 4.3°C가 오를 때 한반도는 5.9°C, 남한 지역은 5.4°C가 오른다.[18] 앞서 말했듯 위도에 따라 온난화 효과가 다르기에 한반도와 남한의 기온 상승 폭에 차이가 난다. 여기서 SSP는 '공통사회경제경로Shared Socioeconomic Pathway'의 약자이다. IPCC의 제6차 평가보고서에 활용된 기후 변화 모델로 2100년까지 각 시나리오에 따라 온실가스 농도가 어떻게 변할지 예측했다. SSP2-4.5는 온실가스 농도를 적절히 제한하는 데 성공한 경우로 2100년 이산화탄소 농도를 567ppm으로 예측하지만, SSP3-7.0은 온실가스 감축에 실패한 경우로 2100년 이산화탄소 농도가 834ppm에 이를 것으로 예측한다(현재 이산화탄소 농도는 420ppm을 상회한다). 여기서는 두 시나리오 가운데 SSP3-7.0 시나리오를 기반으로 한국인에게 닥칠 수 있는 미래의 기후 위기와 이주 문제를 논하려 한다. SSP3-7.0 시나리오는 사실상 인류가 지구 온난화 대처에 실패하는 상황을 가정하므로 SSP2-4.5 시나리오가 미래를 더 정확히 예측한다고 생각한다. 실제 그래야만 한다. 그럼에도 SSP3-7.0 시나리오를 배경으로 이야기하려는 이유는 이 정도의 위기 상황은 되어야 한국과 같이 반도에 고립된 나라에서도 기후 난민이 심각한 사회 문제로 대두될 것이라 보기 때문이다. 게다가 현재 전 세계의 탄소 배출량은 다양한 감축 노력에도 불구하고 여전히 증가하고 있다. 특히 2021년의 증가량은 사상 최고 수준이었다. 경각심을 갖자는 차원에서 좀 더 부정적인 시나리오를 배경 삼아 미래를 생각해 보는 것도 필요하다고 생각한다.

만약 2100년쯤에 남한의 온도가 산업화 이전 대비 5.4℃가 오른다고 하면, 다시 말해 지금보다 3.8℃가 상승한다면, 서울 평균 기온(현재 12.8℃)은 16.6℃가 되어 서귀포의 기온과 비슷해지고 부산 평균 기온(현재 15℃)은 18.8℃가 되어 중국 푸젠성 지역의 기온과 비슷해진다. 냉방기가 보편화된 시대니 이 정도면 충분히 버틸 수 있을 거로 생각할지 모르겠다. 하지만 지구 온난화는 기온 상승 그 자체보다 늘어나는 기상 이변 때문에 더 무서운 것이다. 기온 상승은 대기 중의 수증기량을 늘려 여름철에 집중 폭우를 야기할 가능성이 높다. 홍수와 산사태의 강도와 빈도는 예전과 비교할 수 없을 정도로 높아질 것이다. 반면 겨울철에는 전반적으로 기온이 상승하면서 가뭄과 산불 피해가 급증할 것이다. 작물은 기온 상승과 장기 가뭄에 적응하지 못할 것이고, 따라서 생산량의 급감은 피할 수 없다. 식량 부족에 대한 우려가 현실이 될 것이다. 더불어 해수면 상승, 태풍 강화, 전염병 증가, 종 다양성 감소, 미세 먼지 증가 등 온난화에 수반해 수많은 문제가 동시다발적으로 나타날 것이다. 과연 우리는 이런 문제를 모두 극복하고 살아남을 수 있을까?

자연재해뿐 아니라 남쪽에서 올라오는 기후 난민 또한 난해한 문제가 될 것이다. 2100년까지 평균 기온이 4℃ 이상 오르면 태국의 수도 방콕이나 인도네시아의 수도 자카르타의 월 평균 기온은 30℃를 훌쩍 넘을 것이다. 하지만 이 지역들에 더 위협적인 건 기온 상승보다는 해수면 상승이다. 자카르타는 지하수 남용으로 세계에서 가장 빠른 속도로 가라앉고 있다. 여기에 해수면 상승은 불난 집에 기름을 붓는 꼴이다. 인도네시아 정부는 최근 자카르타의 지표가 매년 25센티미터씩 낮아지자 사태의 심각성을 인식하고 보르네오섬의 고지대로 수도를 옮기기로 했다. 방콕 또한 마찬가지로 지반 침하 문제가 심각하다. 거기에 기후 변화로 강수량이 증가하고 해수면까지 상승하면서 저지대 주민의 홍수 피해는 나날이 확대되고 있다. 이렇듯 현 상황도 절대 만만치 않아 보이는데, 평균 기온이 4℃ 이상 오르면 해수면 상승과 식량 문제를 견디지 못하고 고향을 떠나는 동남아시아의 난민이 속출할 것이다. 생존을 위해 이주를 결정한 이들이 위험하다는 이유로 국경 넘는 것을 마다하겠는가. 어떠한 수를 쓰더라도 기어이 북쪽으로 올라오려고 할 것이다.

이주민의 증가는 문화적 갈등을 심화시킬 것이고, 중위도 국가들 역시 사회 혼란을 피할 수 없다. 온난화의 곤경과 더불어 외부인이 빠르게 늘어난다면 이주를 고려하는 사람이 우리나라에서도 늘어날 것이다. 그럼 2100년 5.4℃가 오른 한반도의 사람들이 이동할 만한 곳은 어디일까? 캐나다나 뉴질랜드 같은 선진국이 선호되겠지만, 모두가 기온 상승으로 힘겨워할 때이니 상당한 부유층이 아니라면 이렇게 인기가 많은 곳으로 이주하기란 쉽지 않을 것이다.


## 다시 아무르강으로

그럼 한국인의 과거를 추적하면서 계속 살펴봤던 만주, 연해주, 랴오시는 어떨까? 비록 겨울의 혹한 때문에 지금은 구미를 당기는 곳이 아니지만 앞으로 온난화가 가속화되면 한국인이나 일본인을 유혹할 만한 환경이 될지도 모른다.

만주와 연해주의 도시, 가령 창춘(현재 연평균 기온 4.9℃), 하얼빈 (3.6℃), 블라디보스토크(4.3℃) 등은 서울에 비해 위도로 6~8도 정도 북쪽에 있으므로 온난화의 폭은 더 크게 나타난다. 기상청의 SSP3-7.0 시나리오에서 2100년까지 한반도가 5.9℃, 남한이 5.4℃ 가 오른다고 했으니 만주와 연해주는 6.5℃ 정도 상승한다고 해보자. 만주와 연해주의 평균 기온이 산업화 이후 이미 1.8℃가 올랐다고 해보면 이곳의 2100년 기온을 8~10℃ 정도로 예측할 수 있다. 이는 현재 북한의 청진이나 김책의 평균 기온과 엇비슷하다. 한편 랴오허강의 지류가 지나가는 선양(현재 8.3℃)의 기온은 우리나라 대전의 기온과 유사해진다. 정말로 연평균 기온이 SSP3-7.0 시나리오대로 상승한다면 만주와 연해주는 혹한이 사라져 생활하기에 괜찮은 공간으로 변모할 것이다.

그러나 여기서 놓치지 말아야 할 부분이 있는데 바로 연교차이다. 연평균 기온은 여름과 겨울의 기온 차를 반영하지 않는다. 동아시아 지역은 몬순의 영향을 받아 여름이 무척 덥고 겨울이 무척 춥다. 이런 연교차는 위도가 높아질수록 그리고 해안에서 멀어질수록 커진다. 겨울의 혹한은 만주와 연해주의 연평균 기온을 크게 낮춘다. 가령 이탈리아 밀라노의 위도는 북위 45.5도로 중국 하얼빈의 위도와 거의 같다. 하지만 밀라노의 연평균 기온은 하얼빈보다 10℃ 정도 높다. 모두 하얼빈의 낮은 겨울 기온 때문이다. 반면 하얼빈의 여름 기온은 한반도와 별 차이가 없을 정도로 꽤 높은 편이다. 하얼빈의 최난월인 7월 기온(23.3℃)은 서울의 8월 기온(25.7℃)

그림16-2 러시아 극동 하바롭스크 지역의 아무르강

보다 2.4℃ 낮을 뿐이다. 지구 온난화는 모든 계절의 기온을 함께 높일 것이다. SSP3-7.0 시나리오를 적용해 현재 하얼빈의 7월 기온에 4.7℃를 더하면 28℃가 되는데, 이는 현재 싱가포르의 최난월 기온과 비슷하다. 여름 기온만 놓고 보면 쾌적함과 거리가 있다. 하지만 하얼빈보다 남쪽에 위치한 지역의 여름철 폭염은 더욱 끔찍할 터, 이만해도 충분히 시원하다고 여길 사람들이 대부분일 것이다.

지구 온난화의 부작용은 겨울보다는 여름에 집중될 것임이 자명하다. 물론 겨울에 가뭄이 심화되면서 산불 피해가 늘어나겠지만, 여름철 폭염과 홍수 피해에 비할 바는 아니다. 게다가 여름철의 기후 변화는 주요 작물 생산량과도 직결되기 때문에 더욱 위험하다. 기온 상승은 작물의 재배 적지를 변화시키고 병해충의 발생 빈도를 높일 것이다. 고온 다습한 기후에 곤충이 적응하지 못하면서 개체수가 감소하면, 번식 매개자가 줄어들면서 농업 생산성이 크게 떨어질 수밖에 없다. 또한 온난화에 따른 이상 기상 탓에 국내에서도 가뭄에 시달리는 지역과 홍수에 노출되는 지역이 함께 나타날 가능성이 높다. 이들 모두 농사에는 치명적이다. 홍수는 농지 침수, 시설물 훼손, 토양 침식 등의 제반 문제를 일으키고, 가뭄은 벼의 생산량뿐 아니라 품질에도 좋지 않은 영향을 미친다. 지구 온난화로 세계의 식량 사정이 나빠지면 나라마다 식량 안보를 내세우면서 농산물의 수출을 통제하려 들 것이다. 식량의 자급이 중요한 이슈로 떠오를 것이고, 결국 기온 상승 그 자체보다는 식량 부족이 이주를 야기하는 핵심 요인이 될 가능성이 높다.

그럼 만주나 연해주의 식량 사정은 어떻게 될까? 만주는 엄청난 면적을 자랑한다. 특히 북만주의 평야는 광활하다. 헤이룽강이나 송화강 같은 큰 강도 흐르고 토양도 비옥한 편이다. 만약 여름철의 높은 기온을 농업에 유리한 방향으로 활용할 수만 있다면, 이곳은 앞으로 세계의 식량 생산을 이끄는 핵심 농업 지역 가운데 하나가 될 것이다. 여름이 덥더라도 겨울이 온화해지면서 거주지로도 많은 인기를 끌 것으로 보인다. 만주, 연해주, 랴오시는 한국인에게는 유전적으로 고향과도 같은 곳이다. 머지않은 미래에 다시 이곳을 꿈꾸는 한국인이 나타나도 별로 이상하게 느껴지지 않을 듯하다.

SSP3-7.0 시나리오에 근거해 한국인의 미래에 대해 살펴봤다. 세계 평균 기온이 2100년까지 4℃ 이상이 올라도 지구가 티핑 포인트를 넘지 않는다고 가정했다. 하지만 티핑 포인트를 넘는다면 기온은 상상 이상으로 더 오를 수 있다. 그렇다면 만주를 넘어 세계에서 가장 혹독한 겨울(1월 평균 기온 -37℃)로 유명한 사하공화국의 야쿠츠크까지 이동하는 한국인을 보게 될지도 모른다.

## 다시 기후 난민

기후 문제가 심각해질수록 이주민은 점차 늘어날 것이다. 하지만 기후 위기로 국경을 넘는 대량 이주를 과연 사람들이 용인할 수 있을까? 사회적 합의 없는 이주는 난입으로 여겨질 것이고 극심한 사회 갈등을 야기할 것이다. 이는 우리가 마주한 근본 문제이다. 인류는 근대 이후 휴머니즘을 발판으로 짧은 시간 안에 놀라운 인권 신장을 이뤄냈지만, 기후 위기는 이를 물거품으로 만들 태세다. 이주민을 단지 안보를 위협하는 존재로 인식하고 배척한다면, 인간은 목적이 아니라 수단으로 전락할 것이다. 이는 근대 이전의 과거로 회귀하는 것과 다르지 않다. 우리가 다양성을 경시하는 순간 기후 위기의 파고는 더욱 높아질 것이다.

최근 호주가 투발루섬의 기후 난민을 받아들이기로 했다. 앞으로 매년 280명의 투발루인이 호주에서 새로운 인생을 시작하게 된다. 1970년대 초반까지 백호주의White Australia policy로 악명 높았던 호주의 과거를 생각하면 격세지감이 느껴진다. 2023년 개봉한 영화 〈콘크리트 유토피아〉는 재해 이후 유일하게 무너지지 않은 아파트의 주민들이 외부인을 배척하면서 발생하는 여러 상황을 실감 나게 그리고 있다. 생존에 대한 위협 속에서 아파트 주민의 이기심은 날로 커진다. 갈등이 증폭되고 분쟁은 과격해지며 서로서로 죽이는 아비규환이 이어진다. 이 지옥에서 살아남더라도 희망은 없다. 영화는 절체절명의 위기에서 공존의 노력 없이는 공멸만이 있을 뿐임을 잘 보여준다. 이주민에 대한 공포에도 불구하고 이들에 대한 편견을 이겨내려는 인도주의적인 노력이 필요한 이유다. 인류가 기후 위기를 극복하려면 공존은 필수다. 호주의 사례는 외부인과 공존의 길을 택한 좋은 본보기다.

전문가들은 이제 2100년까지 산업화 이전 대비 기온 상승을 3℃ 이내라도 막을 수 있기를 염원한다.[19] 2100년이면 올해 태어나는 아이가 76세가 되는 해이다. 바이든이나 트럼프, 혹은 시진핑이나 푸틴처럼 세계의 방향을 결정하는 주요 정치인은 모두 70대 이상의 노인이다. 내 머릿속에는, 전 세계가 폭염과 가뭄에 지친 2100년의 어느 날 2024년생의 유력 정치인이 기후 난민 정책을 놓고 고심에 고심을 거듭하는 모습이 그려진다. 먼 미래의 이야기가 아니다. 현재 우리의 이야기인 것이다.


## 단일민족이라는 환상

한국인은 과거 여러 지역에서 한반도로 진입한 다종 다수의 사람이 섞여 형성된 집단이다. 이는 한국인의 유전자 분석 결과에서 명확히 드러난다. 한국에서 자란 중장년층이라면 어린 시절부터 한국인이 단일민족이라는 말을 귀에 못이 박히게 들었을 것이다. 그러나 지금까지 살펴봤듯이 국가 체제가 정립된 삼국 시대 후에나 외부 집단의 유입이 잦아들었지 그전에는 원한다면 누구나 한반도를 자유롭게 드나들 수 있었다. 한반도를 향한 외부인의 이주는 특별한 사건이 아니었다. 인류가 진화하는 대부분의 시간 동안 인간에게 인종이나 민족이라는 개념은 생소한 것이었다.

이동 욕구는 인간의 뿌리 깊은 본성이다. 우리 조상들은 생존을 위해 끊임없이 초원 지대를 찾아 움직였다. 숲보다는 탁 트인 초원이 매혹적인 건 유전자에 남은 우리 조상의 흔적 때문이다. 국가의 형성과 함께 억눌렸던 이동에 대한 욕구는 오늘날 교통과 통신의 발달에 힘입어 다시 고개를 들었다. 지난 수십 년간 기동성 증가와 함께 세계화가 대세가 되면서 인류의 유전자는 빠른 속도로 뒤섞이고 있다. 민족에 대한 애착심은 과거에 비해 많이 약화되었고 그 자리를 종교가 대신하는 추세이다. 한국, 중국, 일본, 베트남, 방글라데시와 같이 아직 민족 개념이 살아 있는 나라도 있지만, 미국, 캐나다, 호주와 같은 주요 영어권 국가에서는 해외에서 태어난 이민자가 전체 인구의 20%를 상회할 정도로 '민족 국가'라는 개념은 이미 시대착오가 된 지 오래다. 더불어 혼혈이 늘면서 민족을 넘어 인종이라는 개념도 상당히 약화되었다. 미국에서는 유럽인, 동아시아인, 라틴인, 미국 흑인 등이, 유럽에서는 북아프리카인, 아랍인, 튀르키예인, 슬라브인 등이 끊임없이 이동하면서 섞이고 있다. 동남아시아에서는 중국인 화교가 곳곳에서 상권을 장악하는 바람에 지역 토착민의 반발을 사는 일이 점차 늘고 있다. 앞으로 서로 다른 민족이나 인종 간의 혼합은 더 가속될 가능성이 크므로 민족과 인종이 갖는 의미는 빠르게 퇴색될 것이다. 문화 또한 마찬가지다. 지역의 유구한 전통문화보다는 지속적인 융합의 결과로 나타날 잡종 문화가 세계를 이끌 것이다.

　물론 단일민족이라는 소속감이 구성원에게 안정감을 가져다줄 수는 있다. 그러나 온난화, 저출산, 고령화 등의 위기가 코앞에 닥친 상황에서 외부인을 두려워하며 수혈을 거부한다면 결과는 불을 보듯 뻔하다. 무엇보다 이주자에 대한 원거주민의 뿌리 깊은 편견을 완화하고 외부인의 유입으로 나타날 부작용을 최소화하는 방안을 찾는 것이 중요하다. 이주에 개방적인 집단이 결국에는 그렇지 못한 사회보다 앞서 나갈 가능성이 높다. 하지만 이주민의 적극적 수용은 생각만큼 쉬운 일이 아니다. 난민에 대해 비교적 우호적인 유럽의 선진국에서도 북아프리카나 중동 이주민 때문에 국론이 분열돼 사회 통합에 큰 장애가 되고 있다. 최근 유럽에서 극우 보수 이념을 내세우는 정당이나 정치인이 인기를 얻은 이유도 EU의 난민 정책에 반기를 들고 아프리카와 중동의 난민을 수용하지 않겠다는 의지를 강하게 피력했기 때문이었다.

과거 로마 제국이 멸망한 후 중세 시대의 유럽은 작은 사회들로 쪼개져 암흑기를 겪었다. 미국, 중국, 인도, EU, 러시아 등 강대국이 서로 견제하고 자국의 이익만을 도모한다면 현세대 또한 비슷한 상황에 직면할 것이다. 우크라이나 전쟁이 한 해를 넘기면서 에너지, 식량 등의 자원 안보를 중시하는 기조가 세계적으로 팽배해졌다. 소련의 해체 후 탈냉전 분위기와 함께 빠르게 전개되었던 자유 무역과 세계화 경향은 크게 위축되었다. 이제 세계 시민주의에 따라 난민을 적극적으로 수용하겠다는 국가는 찾아보기 힘들다. 난민 수용 상위 10개국 가운데 선진국은 독일밖에 없다는 사실에서 이상과 현실의 괴리를 체감한다. 앞으로 각자도생의 분위기는 더욱 만연할 것이다.

과거를 돌아볼 때 지금과 같이 세계적으로 이주가 활발하면서도 이주에 대한 저항이 강했던 시대는 찾아보기 힘들다. 인류가 아프리카를 빠져나온 6만~5만 년 전부터 극히 최근까지 인류의 이동은 끊임없이 이어졌다. 그 과정에서 다양한 문화를 지닌 집단들이 복잡하게 섞였다. 뚜렷한 국경이 존재하지 않았으므로 외부인의 이주에 거부감을 가졌다 하더라도 이를 원천적으로 막을 방법은 없었다. 지구 온난화가 심화될 미래에는 지금처럼 이주자에 대한 저항이 강하기는 힘들 것이다. 그들 자신도 여차하면 북쪽으로 가야 하는 상황에 처할 수 있다는 것을 충분히 인식할 테니 말이다.

　앞으로 이동의 추세는 더욱 거세질 것이 분명하다. 세계 각국은 이주민이 어디로 이동할지 예측하고, 이들이 무엇을 할 수 있을지 가늠하며, 이들과 화합하여 국정의 효율성을 높일 방안을 강구하고, 이주자의 유입에 따른 부작용을 최소화하여 사회의 지속 가능성을 유지할 수 있는 방법을 찾아야 한다. 이 가운데 가장 난해한 문제는 이주민의 증가로 나타날 수밖에 없는 사회의 불협화음일 것이다. 2023년 7월, 프랑스 알제리 이민자들이 일으킨 폭동이 세계 언론을 뜨겁게 달궜다. 앞으로의 이민 정책에 대해 고심 중인 우리 정부 또한 프랑스의 상황을 접하면서 이주자를 받아들이는 일이 생각보다 훨씬 힘든 일임을 직감하고 있을 것이다. 남다른 '톨레랑스'를 자랑하던 프랑스조차 이럴진대 전통적으로 외부인에 대한 경계심이 강했던 우리나라는 오죽할까? 이민자가 우리 사회에 쉽게 녹아들게 하려면 관련 정책이 더 포용적이면서도 창의적이어야 한다. 이주민의 증가로 미래에 필연적으로 겪게 될 사회 혼란을 최소화하기 위해서라도 현재의 허점투성이 이주민 정책을 '시급히' 개선할 필요가 있다. 주지하다시피 우리는 너무나도 빠른 속도로 저출산 및 고령화 사회로 접어들고 있다. 대부분의 선진국과 마찬가지로 우리나라 또한 여성 인권 신장 등의 이유로 인구의 자연 증가를 기대하기 어렵다. 나라의 생활 수준을 유지하기 위해

서라도 앞으로 젊은 노동력이 꾸준히 필요할 텐데 저출산 문제에 뾰족한 수가 보이지 않는다.

반대로 아프리카, 중남미, 동남아시아 등 저위도 지역에 위치한 빈곤한 국가에서는 인구가 지속해서 증가하여 빈익빈 부익부 현상이 더욱 심화되고 있다. 기후 위기와 식량 위기는 가난한 주민들의 탈출 욕구를 계속해서 자극했고 최근 수십 년간 다수의 난민이 북쪽으로 이동했다. 현재 대부분의 선진국에서는 이들 이주자의 수용 여부를 놓고 내부 갈등에 휩싸여 있는 상황이다. 하지만 미래에는 여러 나라가 '능력 있는 이주민들을 어떻게 하면 많이 끌어들일수 있을까'라는 문제를 풀기 위해 고심할 것이다. 그만큼 선진국의 노동 인구 감소 문제는 앞으로 더욱 심각해질 가능성이 크다. 저위도 빈국의 넘쳐나는 인구를 불협화음 없이 중위도 부국으로 이주시킬 수만 있다면 세계 불평등은 한결 완화될 것이다. 국가나 사람 간에 빈부 격차가 줄어들면 기후 위기와 같이 전 세계가 합심해서 풀어야 하는 전 지구적 환경 문제 또한 생각보다 쉽게 해결될지 모른다.

주지하다시피 한국은 현재 저출산과 고령화 문제로 골머리를 앓고 있다. 특히 최근 들어 취업난과 집값 문제 등으로 출산율이 너무 낮아지면서 가까운 미래에 국가가 존폐의 위협에 처할지도 모른다는 극단적인 전망까지 나온다. 지금까지 다양한 정책에 많은 재정을 투입해 봤지만 별 소용이 없다. 통계청 발표에 따르면 2022년 우리나라 출산율은 0.78로 OECD 회원국 가운데 최하위이다. 부부 200명이 78명의 아이를 낳는다는 뜻이니 부모 세대보다 자녀 세대의 인구가 거의 3분의 1로 줄어드는 셈이다. 1970년대의 신생아 수는 100만 명대였으나 지금은 24만 명대로 50년 사이에 4분의 1로 줄어들었다. 반면 65세 이상 인구는 900만 명을 넘어 전체 인구의 18%를 넘어섰다. 우리나라 인구는 2019년 11월부터 계속 감소하는 중이다. 장기적으로 인구 감소는 경제 성장률에 부정적인 영향을 미칠 것이 분명하다. 국가의 저출산 및 고령화 문제가 생각보다 심각하다는 것이 드러나면서 국민연금에 대한 우려도 함께 상승하고 있다. 연금 고갈 시기가 원래 계획보다 훨씬 빨라질 것으로 예상되기 때문이다. 연금 제도를 즉시 개혁해야 한다는 목소리가 높다. 저출산과 고령화는 전 세계 대부분의 선진국이 동일하게 겪는 문제이긴 하지만 우리나라가 특히 절박해 보인다. 바야흐로 인구 절벽이 국가의 명운을 가를 화두로 떠올랐다.

단기간에 출산율을 높일 마땅한 방법이 없다면 이제는 인구 감소의 심각성을 완화할 수 있게 외국인의 이민을 지금보다 더 전향적으로 검토할 때가 아닌가 생각한다. 실제 미국 등 서구 선진국들은 이민자의 꾸준한 유입으로 인구 문제에 대한 고민이 우리보다 덜한 편이다. 수년 전과 달리 중국이 미국을 앞지르지 못할 것이라는 예상이 나오는 이유도 현재 중국이 겪고 있는 출산율 저하와 인구 감소 때문이다. 과거 이민자에게 정서적으로 닫혀 있던 일본마저 출산율이 예상보다 빠르게 떨어지자 이민자를 적극적으로 받아들이는 방향으로 선회하고 있다. 결국에 우리나라도 이민자 확대가 선택이 아닌 필수가 되는 때가 곧 올 것이다. 아마도 우수한 외국인 인력을 놓고 아시아에서 한·중·일 세 국가가 치열한 경쟁을 펼치게 될 것이다. 국가의 지속적인 발전을 위해 창의적인 다문화 정책을 수립하여 이주민에 대한 국민의 거부감을 줄여나가는 작업이 꾸준히 이뤄져야 한다. 단일민족이라는 개념은 구시대적인 사고일 뿐 아니라 세계 어디에서도 그 실체를 찾을 수 없는 허상에 가깝다. '민족'이라는 용어는 동아시아 문화권에서 기원하지 않았다. 프랑스 혁명 이후 유럽에 등장한 'nation'이라는 단어를 일본인이 번역한 말이다. '민족'과 '단일민족'이라는 용어는 모두 광복 이후 한국의 지도층이 국가의 단합성을 높이기 위해 강조하면서 널리 퍼지게 되었다. 결국 근대 이후 나타난 정치적 산물에 불과한 것이다.

## 다양성의 힘

인류가 맞는 위기가 심각하면 할수록 다양성이 갖는 힘은 더욱 빛을 발할 것이다.[20] 미래에 (그래서는 안 되겠지만) 혹시 올지도 모르는 초간빙기와 같은 급격한 환경 변화에 효과적으로 대처할 방안은 다양성이지 획일성이 아니다. 다양성이 높은 집단이 갑작스러운 충격에 저항력이 크고 교란에 대한 회복력이 강하다는 가설은 생태계와 인간 사회를 면밀히 관찰한 여러 과학자의 혜안에서 나왔다. 가령 1840년대에 아일랜드를 덮쳤던 감자 대기근은 농민들이 산출량이 많은 단 한 종의 감자만 재배했기 때문에 야기된 인재였다. 감자가 기원한 안데스 산지의 농민들이 다양한 감자 종을 재배했던 것과 달리 아일랜드 농민은 럼퍼lumper라는 감자 한 종류만 키웠다. 1845년 여름 아메리카에서 아일랜드로 감자역병균 *Phytophthora infestans*이 유입되었고, 불행히 아일랜드 럼퍼는 이 균에 대해 내성이 없었다. 감자 역병은 나라 전체로 빠르게 퍼져나갔다.

그림16-3 아일랜드 대기근의 희생자들을 추모하는 더블린의 조각상

식량 부족으로 아사한 농민들만 100만 명에 이르렀다. 생존한 이들도 미국으로 대거 이주하면서 아일랜드의 인구는 20~25%나 감소하였다. 아일랜드인들이 안데스 농민처럼 다양한 감자 종을 재배했다면, 한 병원균 때문에 모든 곳의 감자 농사가 회복 불능 상태에 빠지지는 않았을 것이다.

아일랜드 감자 기근의 사례를 통해 우리는 인간 집단의 다양성이 왜 미래에 중시되어야 하는지 알 수 있다. 인간이 자연 생태계를 교란하면서 지구는 인류세로 접어들었고 언제 어떠한 환경 문제가 발생할지 예측이 어려워졌다. 앞으로는 다양한 유전적 속성을 지닌 사람들이 모여 있는 집단이 그렇지 못한 집단에 비해 유리할 수밖에 없는 상황이 전개될 것이다. 자연 생태계에서는 다양성을 갖춘 집단이 생존에 유리하다는 것이 정설이다. 급격한 환경 변화 속에서 일부 개체가 위기에 빠져 소멸해도 위기를 극복한 다른 개체들이 살아남아 집단을 회복시킬 수 있기 때문이다. 그러나 다양성이 낮은 집단은 특정 위기에 취약할 수 있다. 운이 없으면 집단의 회복이 원천적으로 불가능한 상황으로 내몰리기도 한다. 인간 사회도 크게 다르지 않을 것이다. 그런데 집단의 존속이 우리에게 무슨 의미가 있을까? 자신과 가족이 세상에서 사라진다면 말이다. 우리 스스로 자초한 일로 인해 개인의 생존까지 위협을 받는 단계에 이르지 않도록 주의해야 할 것이다.

대한민국은 지난 수십 년간 놀라운 경제 성장에 힘입어 선진국 수준에 거의 근접해 가고 있다. 국제 사회에서 한국을 경시하는 나라는 이제 더 이상 없다고 봐도 무방할 것이다. 그 위치에 걸맞게 한국은 난민 협약을 포함하여 다수의 인권 조약에도 참여 중이다. 그러나 다른 선진국에 비해 한국의 난민 수용 비율은 아직 매우 낮은 수준이다. 반이민 정서가 여전히 강한 탓이다. 과거 일제 강점기와 한국전쟁 시기의 엄혹한 상황 속에서 대한민국의 난민과 이민자는 더 나은 삶을 위해 새로운 나라로 향했다. 처음에는 극심한 차별에 시달렸지만 한국인 특유의 인내심을 발휘하면서 끝내 안정적으로 정착했다. 우리도 이제는 전쟁, 식량, 기후 문제 등으로 원치 않게 고향을 등진 난민이나 이주를 원하는 이들에게 손을 내밀 때가 되었다. 사실 과거 우리가 입었던 혜택을 갚는다는 거창한 의미를 부여할 필요도 없다. 인간이 다른 인간을 공감하고 돕는 행위는 호모 사피엔스가 지금까지 숱한 역경을 극복하고 살아남아 지구에서 가장 중요한 종이 될 수 있었던 이유였다. 오랜 진화의 결과 우리 모두의 몸속에는 이타적 행동을 유발하는 이기적 유전자가 자리 잡았다.

　이민자들과 그들의 문화에 지금보다 열린 자세를 견지하는 것은 도의적인 측면에서뿐 아니라 경제적인 측면에서도 중요한 일이다. 과거 동북아시아에 한랭한 기운이 돌 때마다 북방민이 한반도로 끊임없이 내려왔다. 아마도 미래의 온난화는 남방민이 우리나라로 이동하려는 경향을 더욱 부채질할 것이다. 우리나라의 인구 감소 추세를 볼 때 어쩌면 이것은 우리에게 잘된 일인지도 모른다. 동남아시아, 남아시아, 중동 등지에서 우리나라로 들어오는 이주자에게 선입견을 품고 배타적으로 행동할 것이 아니라 그들이 앞으로 우리나라에 기여할 수 있도록 자리와 공간을 만들어주는 선견지명이 필요한 시점이다.


## 기후의 눈으로 본 외교

　만에 하나 극단적인 기후 위기가 닥칠 경우 우리 또한 살기 적합한 곳을 찾아 북쪽으로 이동해야 하는 상황이 올 수도 있다는 점을 염두에 두어야 한다. 앞서 살펴봤듯이 만주, 연해주, 랴오시 등은 한국인과 한국 자본이 충분히 진출할 수 있는 지역이다. 물론 러시아, 중국과 좋은 관계를 유지하는 것이 필수 전제 조건이다. 그래서 최근의 러시아-우크라이나 전쟁과 미·중 무역 갈등이 안타깝게 다가온다. 이러한 분쟁은 주변의 네 강국 사이에서 균형을 잡아야 하는 우리 정부의 외교 능력을 시험하는 듯하다.

　만주와 연해주는 과거 여러 차례 한반도로 내려왔던 우리 조상의 고향 땅이다. 일제 강점기에는 항일 독립운동의 근거지이기도 했다. 한국인에게는 정서적으로 가까운 곳이지만 미래에 기후 위기를 맞아 이런 지역의 문호가 개방될는지는 알 수 없다. 이곳을 점유하는 중국과 러시아는 한국이라는 작은 나라가 동등하게 대화를 나눌 수 있는 그런 상대가 아니다. 게다가 중국은 자국과 미국 사이에서 줄타기하는 한국에 실망할 수밖에 없어 우리가 중국의 호의를 지속적으로 얻기란 쉽지 않을 것이다. 반면 러시아와의 관계는 생각보다 쉽게 풀릴 수도 있다. 러시아 정부가 극동 러시아에서 중국의 입김이 세지는 것을 경계하고 있고 일본과는 쿠릴 열도의 섬 네 개를 놓고 영토 분쟁을 벌이고 있어 동북아에서 함께 미래를 도모할 국가로 한국을 선호할 가능성이 높기 때문이다. 우리나라가 중국, 러시아 등 북쪽의 이웃 국가와 외교적으로 친밀한 관계를 유지해야 하는 까닭에는 경제적인 측면만 있는 게 아니다. 기후 위기, 에너지 위기, 식량 위기와 같은 지정학적 이유가 더 크다. 무엇보다 이러한 지정학적 위험에서 조금이라도 더 자유로워지길 원한다면 너무 늦지 않게 남북의 화합과 평화부터 이뤄내야 함은 두말할 나위가 없다.

## 나오며

　지금까지의 내용을 한 문장으로 요약한다면 "주기적인 기후 변화가 한반도의 인구 집단, 이른바 '한민족'을 만들었다"가 될 것이다. 하나의 민족이 형성되는 과정이 단순했을 리 없는데 과감하게도 기후라는 한 가지 원인으로 환원하여 설명하려 했다는 비판에서 자유롭지 않으리란 것을 잘 안다. 다분히 결정론적인 사고라는 지적에 완강히 따지고 들 생각도 없다. 사실 획일적인 결정론은 지금까지 공부하면서 제일 경계했던 지점이기도 했다. 그러나 책을 집필하면서 필자의 생각은 더 결정론에 가깝게 굳어졌다는 것을 인정하지 않을 수 없다.

　동북아시아에서 한랭하고 건조한 기운이 돌 때면 한반도에는 북쪽에서 내려온 기후 난민으로 북적거렸다. 이들은 그 이전에 추위를 피해 한반도로 들어와 정착한 사람들과 섞였다. 얼마간의 시간이 흘러 또 다른 무리가 내려와 부대꼈다. 마찬가지로 추위와 가뭄이 급습했을 때였다. 이러한 일들이 삼국 시대 초까지 주기적으로 반복되었다. 지금의 한민족은 이 과정을 통해 완성되었다. 너무나 간단하게 들리는가? 처음에는 나 또한 비슷한 느낌을 머릿속에서 지울 수 없었다. 하지만 주기적 기후 변화가 아니라면 북방 평원의 수렵채집 집단이나 복합 경제 집단이 한반도의 산지로 굳이 내려올 만한 이유를 찾기 힘들었다. 물론 한반도와 주변 지역의 국가가 통치 체제를 어느 정도 완성한 후에는 기후와 관계없이 순수하게 정치사회적인 요소가 이주를 촉발하기도 했을 것이다. 그러나 그 이전에는 기후 변화가 대규모 이동에 어떠한 식으로든 영향을 미쳤을 것으로 생각한다. 물론 이 기설을 입증힐 민한 자료가 아직 많이 부족한 것이 사실이다. 지금까지 보고된 모든 자료를 찾아 선별한 후 이에 기반하여 충실하게 기술하려 했지만, 자료의 양과 질 모두에서 완전하지는 않았다. 자의적이고 주관적인 생각이 끼어들 수밖에 없었다.

언젠가는 질 높은 고유전체, 고고학, 고기후 자료가 지금보다 더 많이 확보되어 더 정확한 설명이 가능해질 때가 올 것이다. 그러나 여기서 제시한 "기후 변화가 한반도의 인간 집단 형성을 이끌었다"라는 가설에서 크게 벗어나지는 않을 것이라고 본다. 마무리 단계이지만 나의 기후 가설을 좀 더 보완한다는 의미로 두 가지 있음 직한 (가설에서 벗어나는) 예외적 상황을 한번 논해볼까 한다.

첫 번째는 기온이 떨어지거나 가뭄이 찾아오는데도 사람들이 움직이지 않고 제자리를 지키는 경우다. 체제가 잘 갖춰지고 꾸준히 선진 기술이 유입되는 사회라면 주변 환경을 변형시키면서 기후 변화에 대처할 수 있다는 자신감을 가질 수 있다. 국가가 괜찮은 수준의 사회 안전망까지 구축해 놓았다면 더 큰 자신감을 가졌을 것이다. 무엇보다도 수세대에 걸쳐 일군 터전을 포기하기엔 투입한 재원이 너무 아깝지 않았을까? 벽골제의 엄청난 규모를 떠올려 보라. 웬만한 기후 변화에는 움직일 생각조차 하지 않았을 것이다.

하지만 왕권이 아직 약하고 국가 체제가 제대로 갖춰지기 전이라면 상황은 달라진다. 한반도에서도 이주는 대부분 중앙 집권 세력이 미약할 때 발생했다. 갑작스러운 기후 위기에 구성원들이 이주를 결심하기까지 그리 긴 시간이 필요하지 않았을 것이다. 원 주거지가 오랫동안 애정을 갖고 가꿔온 삶의 터전인 것만은 분명하지만 그곳에서 살면서 각자가 모은 재산도, 투자한 인프라도 빈약했기 때문이다. 홀로세 후기 대략 1000년을 주기로 300~400년 정도 지속된 온난기는 매번 농경 사회의 인구를 한껏 불려놓곤 했다. 증가하는 인구와 계속된 교란으로 주변 환경이 망가져 갈 때쯤 갑작스러운 한랭기가 여지없이 찾아와 충격을 안겼다. 이주 외에는 주민들이 고려할 만한 생존 방안이 아마 없었을 것이다. 기후 변화가 닥칠 때 중앙 집권 체제를 갖춘 사회와 그렇지 않은 사회 간에는 주민들의 대처 방식에서 차이가 있을 수밖에 없다.

두 번째는 기후 변화가 없었음에도 이주하는 경우다. 내부의 정치적 갈등이나 외부 집단의 침입 등이 이유가 될 수 있을 것이다. 권력 다툼에서 밀린 엘리트가 정치사회적 갈등을 피해 자신의 추종자들을 이끌고 이웃 나라로 망명하거나 전쟁에서 패배한 집단이 후방으로 밀려나는 일은 여러 국가가 난립하여 세를 겨룰 때 흔히 발생한다. 이러한 이주는 대규모로 일어날 수 있으므로 특정 인구 집단의 형성 과정에서 중요한 역할을 할 수 있다. 하지만 왕권이 강화되기 전이라면 이야기는 다르다. 국가 이전 단계인 부족 연맹체의 인구 규모는 그리 크지 않았다. 재앙에 가까운 충격으로 집단 전체가 이동하는 상황이 아니라면 주변에 유전적으로 영향을 미치기는 어려웠다. 게다가 순전히 내부 갈등을 피해 이동하는 유민들이 대규모로 무리를 이룰 리 없다. 집단 내 경쟁에서 밀린 몇몇 소수의 사람일 가능성이 크므로 기후 변화라는 외부 요인 없는 이주는 파장이 큰 사건보다는 일상적으로 일어나는 작은 움직임에 가까웠을 것이다.

혹 전쟁에서 패배한 부족 공동체 무리 전체가 다른 곳으로 이주하는 극단적인 상황도 한번 상정해 볼 수는 있을 것이다. 히지만 왕권이 강해지기 전 부족 공동체의 구성원들이 지도자에게 갖는 충성심은 높지 않았다. 정처 없이 도망치기보다는 익숙한 땅에서 적의 수장을 새로운 지도자로 받아들이는 것이 더 현실적인 선택이다. 중앙 집권 체제가 출현하기 전, 온화한 시기에는 지역의 집단 형성에 두드러지게 기여한 외부 유전자의 흐름은 없었다고 보는 것이 논리적이다.

결론적으로 국가 체제가 완성되기 전에 있었던 대규모 이동은 대부분 기후 변화와 식량 위기가 일으켰다고 생각한다. 한편 권력을 정비한 중앙 집권 국가들이 나타난 후에는 내부의 갈등이나 국가 간 전쟁으로 발생한 난민들이 이동을 주도했을 가능성이 크다. 그렇지만 여기서 염두에 두어야 할 것은 중세 이전의 국가 내 갈등이나 국가 간 전쟁 모두 먹을 것이 부족해지면서 피지배층에 대한 불만이 팽배해질 때 발발하는 경우가 많았다는 점이다. 특히 전쟁은 이웃 나라의 자원을 침탈하여 얻은 전리품으로 배고픈 구성원을 달래기 위한 목적이 강했다. 주지하다시피 과거의 식량 위기는 기후 변화가 주된 원인이었다. 따라서 동아시아의 각 집단이 형성되는 대부분의 과정에서 기후 변화가 중요하게 개입했을 가능성이 높다고 본다. 한반도의 인간 집단인 한민족이 만들어질 때도 그러했고, 일본 열도의 인간 집단인 야마토인이 만들어질 때도 그러했을 것이다.

※ ※ ※

필자의 전공은 생물지리학과 고기후학이다. 학교에서는 생물지리학과 기후학을 가르친다. 생물지리학이란 생물의 현 분포를 파악하고 그러한 분포를 결정한 원인을 찾는 학문이다. 각 생물에게 적절한 서식처란 자신의 생리적 활동에 지장을 주지 않는 곳이라 할 것이다. 현재의 기후, 토양, 지형 등과 같은 물리적 환경 조건의 유불리가 특정 생물의 서식처를 결정하는 주요인이다. 종간 경쟁 또한 중요한 요인이라 할 수 있는데, 혹 생존이 가능하더라도 환경이 전반적으로 특정 종에 불리하다면 결국 환경에 더 적합한 종에게 밀려 사라지는 운명을 맞을 수밖에 없기 때문이다. 이와 같이 현재의 자연환경과 생물 간의 관계를 탐구하는 학문을 '생태학'이라고 한다. 그런데 생물지리학자들은 생태학을 생물지리학의 일부를 구성하는 하위 분야로 간주한다. 현재의 환경 조건이 생물의 현 분포를 결정하는 유일한 요인이 아니기 때문이다.

또 다른 중요한 요인이 있다. 바로 '과거에 일어난 생물의 이동과 확산'이다. 생물종은 모두 복잡하면서도 긴 과정을 거쳐서 현 서식처에 도달했다고 볼 수 있다. 환경 변화가 빠르게 일어나는 상황이라면 기동성이 떨어지는 종은 자신에게 적합한 서식처를 쉽게 찾지 못할 것이다. 이럴 때는 우연성이 생사를 결정한다. 마지막 빙기가 끝나고 홀로세로 넘어올 때 빙기의 식물 군집들이 종 조성을 그대로 유지한 채 북쪽으로 움직였다고 믿는 학자들이 있었다. 여러 개체군으로 이루어진 군집을 하나의 커다란 생물체로 간주한 것이다. 각 개체군은 군집 내에서 담당하는 역할이 있고 이것이 시너지 효과를 일으켜 군집의 경쟁력을 높인다고 보았다. 이는 기후 변화가 닥쳤을 때 군집 전체가 해체되지 않고 함께 이동할 수 있다는 주장으로 이어졌다. 그러나 이러한 추정은 꽃가루 분석 결과 맞지 않는 것으로 확인되었다. 군집의 결속력이 아니라 종자의 전파 능력과 우연성이 식물의 현 분포를 대부분 결정한 것이다. 모든 개체는 각자 자신의 속도에 맞춰 이동했고 그러다 보니 이동 능력이 떨어지거나 운이 없는 종은 북쪽에 더 적합한 곳을 찾지 못하고 남쪽에서 소멸하는 운명을 맞곤 했다. 간혹 전혀 엉뚱한 (자신의 생리적 속성에 맞지 않는) 환경에 자리한 작은 피난처에서 힘겹게 살아가는 식물을 만날 때가 있다. 이들은 우연히 피난처를 만나 살아남을 수 있었지만 피난처를 발견하지 못했다면 아마 사라졌을 것이다. 빙기의 군집과 홀로세의 군집은 구성 개체군의 면면이 전혀 다르다. 현재의 분포를 이해하려면 군집을 구성하는 종들의 이동 능력과 군집 형성 과정에 개입된 우연성을 파악하는 것이 선행돼야 한다.

따라서 생태학적인 연구만으로는 생물의 분포를 결정한 요인들을 정확하게 파악할 수 없다. 과거의 이동과 확산 과정을 알고 있어야 현재 관찰되는 생물 분포 패턴을 이해할 수 있다. 기후와 환경은 고정되어 있지 않고 계속 변하기에, 모든 생물은 먹을 것이 많은 곳을 찾아 끊임없이 이동한다. 주기적으로 기후가 큰 폭으로 변할 때면 이들의 시간당 이동 거리는 급격하게 길어지곤 했다. 과거에 생물의 이동을 야기한 원인은 대부분 기후 변화와 관련 있었다. 필자는 생물지리학자로서 과거의 기후 변화에 관심을 가질 수밖에 없었다.

과거의 기후 변화가 어떻게 현 생물의 분포를 결정했는지를 연구하다 보니, 고기후 자료와 고유전체 자료를 비교하면 한국인의 기원을 좀 더 명확히 밝힐 수 있겠다는 생각을 자연스레 갖게 되었다. 기후 변화가 인간을 포함한 모든 생물의 이동을 야기한 주요인이었다는 점은 명확해 보인다. 생물이 과거 환경 변화에 대응하면서 어떻게 이동했는지 알아야 지금의 생물 분포를 설명할 수 있듯, 인간이 과거에 왜 그리고 어떠한 경로로 움직였는지를 알아야 현 인간 집단의 형성 과정을 이해할 수 있다. 이러한 점에서 고DNA를 다루는 인류 유전학은 연구의 원리와 목적이 생물지리학과 비슷하다. 인간도 생물이니 당연한 이야기라 할 것이다. 인간 집단 유전학의 창시자인 카발리-스포르차 또한 자신의 연구 분야를 '유전자 지리학'이라고 하지 않았던가!

또한 인류 유전학과 함께 이 책에서 중요하게 다뤄지는 학문인 고고학은 자연지리학과 관련이 깊다. 지리학은 경제, 정치, 사회, 문화 등을 다루는 인문 지리와 기후, 지형, 생물 등을 다루는 자연 지리로 크게 나눠지는데, 자연 지리학자가 연구하는 고기후학, 고생태학, 지형학, 환경-인간 상호작용 같은 분야가 고고학에 직접적인 도움이 된다. 연구 방법에서 차이가 좀 있지만 선사 고고학과 자연지리학적 고환경 연구가 근본적으로 유사하다고 느낄 때가 많다. 지질학과 비교해 자연지리학은 연구 대상으로 인간을 더 중시한다. 지질학과 고고학의 중간쯤에 위치한다고 보면 적절할 것이다. 결국 필자가 인류 유전학, 고고학, 고기후학 등 서로 다른 분야의 이질적인 자료들을 한데 모아 한국인의 기원을 찾는 책을 쓰기로 결심한 것도 어떻게 보면 지리학자였기 때문에 가능한 일이 아니었나 생각한다. 융합 학문인 지리학이 갖는 효용성은 무궁무진하다. 재레드 다이아몬드가 학자로서 전성기인 50대에 지리학과로 소속을 변경한 데에는 그만한 이유가 있다.

마지막으로 덧붙이고 싶은 말이 있다. 필자는 생물지리학과 고기후학을 주로 공부했고 고유전체학과 고고학 분야에서는 전문가 수준의 식견을 갖고 있지는 못하다. 지도하고 있는 박사 과정 학생 중 한 명이 DNA 분석을 통해서 한반도 곤충의 생물지리학적 함의를 찾는 연구를 수행하고는 있지만 학생이나 필자나 직접적으로 고인골의 DNA 분석을 시도해 본 적은 없다. 스스로 분석을 수행한 경험이 없어 고인골의 DNA 자료를 이해하고 해석할 때 완벽을 기하기 어려웠다. 고고학 연구 또한 마찬가지다. 고고학 유적지의 퇴적물을 분석한 적은 몇 차례 있지만 직접 조사에 참여한 바도 없고, 나름 고고학 공부를 꽤 했다고는 생각하나 국내의 훌륭한 고고학자와 비교하면 명함도 못 내밀 수준이라는 것을 잘 알고 있다. 고기후를 제외한 다른 분야에서 식견이 부족하다는 약점을 최대한 많은 자료를 꼼꼼히 검토하며 보완하려 했다. 혹시 저질렀을지 모를 오류가 치명적이지 않기만 바랄 뿐이다.

이 책을 집필하면서 내가 한 일은 국내외의 뛰어난 고고학자들과 고유전체 연구자들의 훌륭한 업적을 정리하여 이를 기반으로 주관적인 결론을 내린 것이 전부다. 일개 학자 한 명이 '한국인은 왜, 어디에서, 어떻게 왔는가'라는 거대한 담론에 용감하게 답을 내린 것에 대해 불편함을 느끼는 전문가가 분명히 있을 것으로 생각한다. 여기서 제시한 '한국인 형성의 기후 변화 가설'은 관련 학계에서 동의된 바 없는, 전적으로 필자의 의견임을 다시 한번 밝혀 둔다.

※ ※ ※

과거 우리 조상들은 주기적으로 찾아온 기후 위기를 슬기롭게 헤쳐 나갔다. 그래서 우리가 현재 남부럽지 않은 나라에서 안정적인 사회를 이루며 살고 있는지도 모른다. 그렇다면 우리 후손의 미래 또한 우리가 지금의 기후 위기에 얼마나 잘 대처하느냐에 달려 있지 않을까? 동북아시아 도처에서 이동하여 한반도로 모인 사람들은 모두 기후 변화에 크게 휘둘리는 삶을 살았다. 수천 년 동안 비슷한 위기 상황이 반복되었지만 사람들은 이를 숙명으로 받아들이고 이겨내려 애썼다. 장구한 시간 동안 한반도에서 인간 집단이 거둔 성과는 엄혹한 기후 변화를 결국에는 극복했기에 가능한 일이었다. 그러나 미래의 기후 위기는 과거와는 차원이 다를 것이다. 지구 온난화의 현 추세를 보면 알 수 있다. 이제 인류 사회의 지속 여부는 기후 위기의 올바른 대응에 달려 있다고 해도 과언이 아니다. 미래의 한국 사회는 특히 더 그럴 것 같다는 예감이 드는데… 이는 필자가 유독 "한국인은 홀로세의 기후 변화에 의해 빚어졌다"라는 가설을 신봉하기 때문일까.

## 감사의 글

2021년의 전작 《기후의 힘》에는 다음과 같은 부제가 달려 있다. '기후는 어떻게 인류와 한반도 문명을 만들었는가?' 출판사에서 이 부제를 처음 제안했을 때 난 흔쾌히 받아들였다. 하지만 머릿속에서 '한반도 이야기는 사실 별로 없는데…'라는 생각이 떠나질 않았다. 전작에 대한 이러한 아쉬움은 이 책을 구상하고 추진한 강력한 동기가 되었다.

관심 공간을 한반도로 국한하고 시기별로 한반도 사회와 과거 기후를 연결하다 보니 이야기는 자연스럽게 '한국인의 뿌리와 형성'이라는 주제로 이어졌다. 때마침 한반도를 포함한 동북아시아 지역에서 고인골 DNA의 최신 분석 결과들이 연이어 보고되고 있었다. 책의 전체 줄거리를 잡는 데 있어 이 자료들은 핵심적인 역할을 했다. 개인적으로도 박사 과정 때부터 인간의 유전자, 농경 문화, 언어의 전파 과정에 관심이 많았다. 인간 집단의 이동과 관련된 나의 오랜 호기심은 이 책을 생각보다 빠른 시간에 끝낼 수 있었던 원동력이었다.

전작 《기후의 힘》 때와 마찬가지로 이번에도 한마음재단으로부터 여러 지원을 받았다. 원래 '한반도인은 어디서 왔는가'라는 주제에 관심이 많았던 재단의 남승우 상근고문께서는 집필 과정 내내 후원을 아끼지 않았는데, 특히 새로운 시각에서 던지는 깊이 있는 조언들은 이 책의 완성도를 높이는 데 많은 도움이 되었다. 또한 재단의 이정이 연구위원과 박태규 이사장 두 분도 내가 책에 집중할 수 있도록 세심한 배려를 아끼지 않았다. 이분들께 감사의 말을 전한다.

바다출판사의 김은수 편집팀장 또한 출판 과정에서 고생이 많았다. 김은수 팀장은 일반인도 편안하게 책 내용에 다가갈 수 있도록 편집에 많은 신경을 썼다. 그의 노력이 무척 난해할 수도 있는 이 책의 대중성을 높이는 데 크게 기여했다고 생각한다. 언제나 격려를 아끼시지 않는 어머니와 장인어른 그리고 옆에서 한결같이 응원해 주는 아내의 존재도 많은 힘이 되었다. 마지막으로 나의 두 아들에게도 고맙다는 말을 전하고 싶다. 연이은 시험에 시달리면서도 언제나 미소를 잃지 않는 첫째 진우를 볼 때면 대견하다는 생각이 절로 든다. 항상 가족을 소중히 여기고 아빠 책이 최고라고 생각하는 둘째 진건이는 내 삶의 활력소다. 이 책을 쓰면서 하루하루가 다사다난했지만 크게 스트레스받은 기억이 없다. 모두 두 아들 덕분이다.

# 그림 출처

**1-2**  Philipp Gunz, MAX-PLANCK-GESELLSCHAFT

**1-3**  Maayan Harel

**2-3**  jørn Christian Tørrissen, Wikipedia

**2-4**  Liudmila Lbova, The Siberian Paleolithic site of Mal'ta

**2-6**  Lennart Larsen, Nationalmuseet

**2-9**  Jackson, Abraham Valentine Williams, ed. History of India: From the earliest times to the sixth century, BC. Vol. 1. Grolier Society, 1906.

**2-10**  Stanford Medicine

**3-4**  Frank Vinken, Max Planck Institute

**4-2**  HTO, Wikipedia

**4-3**  MN Studios, Shutterstock

**4-4**  JoJan, Wikipedia

**5-2**  NASA

**5-3**  Omar Hoftun, Wikipedia

**5-4**  Roland Unger, Wikipedia

**5-5**  Jawwad Ali, Shutterstock

**5-7**  The Cleveland Museum of Art

**5-8**  국립중앙박물관

**6-1**  Timeyres, Flickr

**8-1**  (왼쪽) 충남대학교 박물관, (오른쪽) 국립중앙박물관

**8-3**  기후가 빚은 한반도, Google Earth map(Date SIO, NOAA, U.S Navy, NAG, GEBCO ⓒ 2023 Google)

**9-1**  국내 출토 토기: 문화재청(국내 출토 토기), 셴런둥 인근 출토 토기: Zhangzhugang, Wikipedia

**11-4** 국립중앙박물관

**11-6** Mortuary Temple of Ramesses III: bas-relief mural, Wikipedia

**12-2** 국립중앙박물관

**12-4** Russian Museum

**13-3** 가야고분군 세계유산등재추진단

**13-4** Ulpiano Checa, Wikipedia

**13-6** Allan Stewart, Wikipedia

**13-7** Eugène Delacroix, Wikipedia

**13-8** Karl Bryullov, Wikipedia

**13-9** 문화재청

**13-10** DOI: 10.1016/j.cub.2022.06.004

**16-2** Mikhail Varentsov, Shutterstock

**16-3** Bernd Thaller, Wikipedia

# 참고문헌

## 1장

1   Timmermann, A. Quantifying the potential causes of Neanderthal extinction: Abrupt climate change versus competition and interbreeding. *Quaternary Science Reviews* 238, 106331 (2020).

2   Gilligan, I. Neanderthal extinction and modern human behaviour: the role of climate change and clothing. *World Archaeology* 39, 499-514 (2007).

3   Black, B. A., Neely, R. R. & Manga, M. Campanian Ignimbrite volcanism, climate, and the final decline of the Neanderthals. *Geology* 43, 411-414 (2015).

4   Kolodny, O. & Feldman, M. W. A parsimonious neutral model suggests Neanderthal replacement was determined by migration and random species drift. *Nature Communications* 8, 1-13 (2017).

5   Green, R. E. *et al.* A draft sequence of the Neandertal genome. *Science* 328, 710-722 (2010).

6   Reich, D. *et al.* Genetic history of an archaic hominin group from Denisova Cave in Siberia. *Nature* 468, 1053-1060 (2010).

7   Villanea, F. A. & Schraiber, J. G. Multiple episodes of interbreeding between Neanderthal and modern humans. *Nature Ecology & Evolution* 3, 39-44 (2019).

8   Gilpin, W., Feldman, M. W. & Aoki, K. An ecocultural model predicts Neanderthal extinction through competition with modern humans. *Proceedings of the National Academy of Sciences* 113, 2134-2139 (2016).

9   Shipman, P. *The Invaders: How Humans and Their Dogs Drove Neanderthals to Extinction*. (Harvard University Press, 2015).

10  Gaudzinski-Windheuser, S. *et al.* Evidence for close-range hunting by last interglacial Neanderthals. *Nature Ecology & Evolution* 2, 1087-1092 (2018).

11  Shea, J. J. & Sisk, M. L. Complex projectile technology and Homo sapiens dispersal into western Eurasia. *PaleoAnthropology* 2010, 100-122 (2010).

12  Richards, M. P. & Trinkaus, E. Isotopic evidence for the diets of European

Neanderthals and early modern humans. *Proceedings of the National Academy of Sciences* 106, 16034-16039 (2009).

13 Huerta-Sánchez, E. *et al.* Altitude adaptation in Tibetans caused by introgression of Denisovan-like DNA. *Nature* 512, 194-197 (2014).

14 Vernot, B. & Akey, J. M. Resurrecting surviving Neandertal lineages from modern human genomes. *Science* 343, 1017-1021 (2014).

15 Sankararaman, S. *et al.* The genomic landscape of Neanderthal ancestry in present-day humans. *Nature* 507, 354-357 (2014).

16 Ruan, J., Timmermann, A., Raia, P., Yun, K.-S., Zeller, E., Mondanaro, A., Di Febbraro, M., Lemmon, D., Castiglione, S. & Melchionna, M. Climate shifts orchestrated hominin interbreeding events across Eurasia. *Science* 381, 699-704 (2023).

17 Slon, V., Mafessoni, F., Vernot, B., De Filippo, C., Grote, S., Viola, B., Hajdinjak, M., Peyrégne, S., Nagel, S., Brown, S. The genome of the offspring of a Neanderthal mother and a Denisovan father. *Nature* 561, 113-116 (2018).

18 Timmermann, A. & Friedrich, T. Late Pleistocene climate drivers of early human migration. *Nature* 538, 92 (2016).

19 Cann, R. L., Stoneking, M. & Wilson, A. C. Mitochondrial DNA and human evolution. *Nature* 325, 31-36 (1987).

20 Rasmussen, M. *et al.* An Aboriginal Australian genome reveals separate human dispersals into Asia. *Science* 334, 94-98 (2011).

21 Foley, R. & Lahr, M. M. Mode 3 technologies and the evolution of modern humans. *Cambridge Archaeological Journal* 7, 3-36 (1997).

22 Malaspinas, A.-S. *et al.* A genomic history of Aboriginal Australia. *Nature* 538, 207-214 (2016).

## 2장

1 Raghavan, M. *et al.* Upper Palaeolithic Siberian genome reveals dual ancestry of Native Americans. *Nature* 505, 87-91 (2014).

2 Reich, D. *Who we are and how we got here: Ancient DNA and the new science of the human past.* (Oxford University Press, 2018).; 데이비드 라이크 지음. 김명주 옮김. 믹스처: 우리는 누구인가에 대한 고대 DNA의 대답. (동녘사이언스, 2020).

3   Parzinger, H. *Die Kinder des Prometheus: Eine Geschichte der Menschheit vor der Erfindung der Schrift.* (CH Beck, 2020).; 헤르만 파르칭거 지음. 나유신 옮김. 인류는 어떻게 역사가 되었나. (글항아리, 2020).

4   Ibid.

5   Reich, D. (2018).

6   Lazaridis, I. *et al.* Genomic insights into the origin of farming in the ancient Near East. *Nature* 536, 419–424 (2016).

7   Ibid.

8   Fu, Q. *et al.* The genetic history of ice age Europe. *Nature* 534, 200–205 (2016).

9   Lazaridis, I. *et al.* (2016).

10  Brandt, G. *et al.* Ancient DNA reveals key stages in the formation of central European mitochondrial genetic diversity. *Science* 342, 257–261 (2013).

11  Kelekna, P. *Horse in Human History.* (Cambridge University Press, 2009).; 피터 켈레크나 지음. 임웅 옮김. 말의 세계사. (글항아리, 2019).

12  Kelekna, P. (2009).

13  Brown, D. & Anthony, D. Bit wear, horseback riding and the Botai site in Kazakstan. *Journal of Archaeological Science* 25, 331–347 (1998).

14  Racimo, F. *et al.* The spatiotemporal spread of human migrations during the European Holocene. *Proceedings of the National Academy of Sciences* 117, 8989–9000 (2020).

15  Olalde, I. *et al.* The Beaker phenomenon and the genomic transformation of northwest Europe. *Nature* 555, 190–196 (2018).

16  Hollard, C. *et al.* New genetic evidence of affinities and discontinuities between bronze age Siberian populations. *American Journal of Physical Anthropology* 167, 97–107 (2018).

17  McElreavey, K. & Quintana-Murci, L. A population genetics perspective of the Indus Valley through uniparentally-inherited markers. *Annals of Human Biology* 32, 154–162 (2005).

18  Dutt, S. *et al.* Climate variability and evolution of the Indus civilization. *Quaternary International* 507, 15–23 (2019).

19  Reich, D. (2018).

20  Reich, D., Thangaraj, K., Patterson, N., Price, A. L. & Singh, L. Reconstructing Indian population history. *Nature* 461, 489–494 (2009).

21  Ibid.

22  Robles, M. *et al.* Impact of climate changes on vegetation and human societies during the Holocene in the South Caucasus (Vanevan, Armenia): A multiproxy approach including pollen, NPPs and brGDGTs. *Quaternary Science Reviews* 277, 107297 (2022).

23  Kelekna, P. (2009).

24  Cavalli-Sforza, L. L., Menozzi, P. & Piazza, A. *The History and Geography of Human Genes*. (Princeton University Press, 1994).


## 3장

1   McColl, H. *et al.* The prehistoric peopling of Southeast Asia. *Science* 361, 88-92 (2018).

2   Yang, M. A. *et al.* 40,000-year-old individual from Asia provides insight into early population structure in Eurasia. *Current Biology* 27, 3202-3208. e3209 (2017).

3   Cooke, N. P. *et al.* Ancient genomics reveals tripartite origins of Japanese populations. *Science Advances* 7, eabh2419 (2021).

4   Osada, N. & Kawai, Y. Exploring models of human migration to the Japanese archipelago using genome-wide genetic data. *Anthropological Science* 129, 45-58 (2021).

5   Mao, X. *et al.* The deep population history of northern East Asia from the Late Pleistocene to the Holocene. *Cell* 184, 3256-3266. e3213 (2021).

6   Sikora, M. *et al.* The population history of northeastern Siberia since the Pleistocene. *Nature* 570, 182-188 (2019).

7   Yang, M. A. *et al.* Ancient DNA indicates human population shifts and admixture in northern and southern China. *Science* 369, 282-288 (2020).

8   Ning, C. *et al.* Ancient genomes from northern China suggest links between subsistence changes and human migration. *Nature communications* 11, 1-9 (2020).

9   Reich, D. (2018).

10  Wang, T. *et al.* Human population history at the crossroads of East and Southeast Asia since 11,000 years ago. *Cell* 184, 3829-3841. e3821 (2021).

11  Analysis Consortium. Initial sequence of the chimpanzee genome and comparison with the human genome. *Nature* 437, 69-87 (2005).

12  Reich, D. *et al.* (2010).

13  Krings, M. *et al.* Neandertal DNA sequences and the origin of modern humans. *Cell* 90, 19-30 (1997).

## 4장

1    Milankovitch, M. Canon of insolation and the ice-age problem (Kanon der Erdbestrahlung und seine Anwendung auf das Eiszeitenproblem) Belgrade, 1941. *Jerusalem* (1969).

2    Ganopolski, A., Winkelmann, R. & Schellnhuber, H. J. Critical insolation $-CO_2$ relation for diagnosing past and future glacial inception. *Nature* 529, 200-203 (2016).

3    Timmermann, A. & Friedrich, T. (2016).

4    Keskin, K., Özgür, K. & Sağlam, Ç. An individual-based network model explains Neanderthal extinction through competitive exclusion. *Journal of Economic Behavior & Organization* 201, 163-175 (2022).

5    Caspari, R. & Lee, S. H. Older age becomes common late in human evolution. *Proceedings of the National Academy of Sciences* 101, 10895-10900 (2004).

6    Staubwasser, M. *et al.* Impact of climate change on the transition of Neanderthals to modern humans in Europe. *Proceedings of the National Academy of Sciences* 115, 9116-9121 (2018).

7    Yokoyama, Y., Lambeck, K., De Deckker, P., Johnston, P. & Fifield, L. K. Timing of the Last Glacial Maximum from observed sea-level minima. *Nature* 406, 713-716 (2000).

8    Parzinger, H. (2020).

9    Straus, L. G. Humans confront the Last Glacial Maximum in Western Europe: Reflections on the Solutrean weaponry phenomenon in the broader contexts of technological change and cultural adaptation. *Quaternary International* 425, 62-68 (2016).

10   Frayer, D. W. Body size, weapon use, and natural selection in the European Upper Paleolithic and Mesolithic. *American Anthropologist* 83, 57-73 (1981).

11   Walker, M. *et al.* Formal definition and dating of the GSSP (Global Stratotype Section and Point) for the base of the Holocene using the Greenland NGRIP ice core, and selected auxiliary records. *Journal of Quaternary Science: Published for the Quaternary Research Association* 24, 3-17 (2009).

12   Birks, H. & Birks, H. H. Biological responses to rapid climate change at the Younger Dryas—Holocene transition at Kråkenes, western Norway. *The Holocene* 18, 19-30 (2008).

13   Lev-Yadun, S., Gopher, A. & Abbo, S. The cradle of agriculture. *Science* 288, 1602-1603 (2000).

14   Blockley, S. P. & Pinhasi, R. A revised chronology for the adoption of agriculture in

the Southern Levant and the role of Lateglacial climatic change. *Quaternary Science Reviews* 30, 98-108 (2011).

15  Gupta, A. K. Origin of agriculture and domestication of plants and animals linked to early Holocene climate amelioration. *Current Science*, 54-59 (2004).


## 5장

1  Bond, G. *et al*. Persistent solar influence on North Atlantic climate during the Holocene. *Science* 294, 2130-2136 (2001).

2  Xu, D. *et al*. 500-year climate cycles stacking of recent centennial warming documented in an East Asian pollen record. *Scientific Reports* 4, 1-7 (2014).

3  Sonett, C. & Suess, H. Correlation of bristlecone pine ring widths with atmospheric $^{14}C$ variations: a climate – Sun relation. *Nature* 307, 141-143 (1984).

4  Peristykh, A. N. & Damon, P. E. Persistence of the Gleissberg 88-year solar cycle over the last~ 12,000 years: Evidence from cosmogenic isotopes. *Journal of Geophysical Research: Space Physics* 108, SSH 1-1-SSH 1-15 (2003).

5  Lavigne, F. *et al*. Source of the great AD 1257 mystery eruption unveiled, Samalas volcano, Rinjani Volcanic Complex, Indonesia. *Proceedings of the National Academy of Sciences* 110, 16742-16747 (2013).

6  Oppenheimer, C. Climatic, environmental and human consequences of the largest known historic eruption: Tambora volcano (Indonesia) 1815. *Progress in physical geography* 27, 230-259 (2003).

7  Ruddiman, W. F. The anthropogenic greenhouse era began thousands of years ago. *Climatic Change* 61, 261-293 (2003).

8  Lewis, S. L. & Maslin, M. A. Defining the anthropocene. *Nature* 519, 171-180 (2015).

9  Li, M. *et al*. Timing and structure of 10.9 and 10.3 ka BP events revealed by annually laminated stalagmite records from Shihua Cave, northern China. *Paleoceanography and Paleoclimatology* 37, e2022PA004459 (2022).

10  Young, N. E. *et al*. Age of the Fjord Stade moraines in the Disko Bugt region, western Greenland, and the 9.3 and 8.2 ka cooling events. *Quaternary Science Reviews* 60, 76-90 (2013).

11  Thomas, E. R. *et al*. The 8.2 ka event from Greenland ice cores. *Quaternary Science Reviews* 26, 70-81 (2007).

12  Kobashi, T., Severinghaus, J. P., Brook, E. J., Barnola, J.-M. & Grachev, A. M. Precise timing and characterization of abrupt climate change 8200 years ago from air trapped in polar ice. *Quaternary Science Reviews* 26, 1212-1222 (2007).

13  Roffet-Salque, M. *et al.* Evidence for the impact of the 8.2-kyBP climate event on Near Eastern early farmers. *Proceedings of the National Academy of Sciences* 115, 8705-8709 (2018).

14  Boers, N. & Rypdal, M. Critical slowing down suggests that the western Greenland Ice Sheet is close to a tipping point. *Proceedings of the National Academy of Sciences* 118, e2024192118 (2021).

15  Weitemeyer, K. A. & Buffett, B. A. Accumulation and release of methane from clathrates below the Laurentide and Cordilleran ice sheets. *Global and Planetary Change* 53, 176-187 (2006).

16  Park, J. *et al.* Abrupt Holocene climate shifts in coastal East Asia, including the 8.2 ka, 4.2 ka, and 2.8 ka BP events, and societal responses on the Korean peninsula. *Scientific Reports* 9, 10806 (2019).

17  Ritchie, J., Eyles, C. & Haynes, C. V. Sediment and pollen evidence for an early to mid-Holocene humid period in the eastern Sahara. *Nature* 314, 352 (1985).

18  Roberts, N. *The Holocene: An Environmental History*. (John Wiley & Sons, 2013).

19  Han, W., Yu, L., Lai, Z., Madsen, D. & Yang, S. The earliest well-dated archeological site in the hyper-arid Tarim Basin and its implications for prehistoric human migration and climatic change. *Quaternary Research* 82, 66-72 (2014).

20  Fuller, D. Q. The spread of textile production and textile crops in India beyond the Harappan zone: an aspect of the emergence of craft specialization and systematic trade. *Linguistics, archaeology and the human past*, 1-26 (2008).

21  Scarre, C., Fagan, B., Golden, C., 2021. *Ancient civilizations*. Routledge.

22  Parzinger, H. (2020).

23  Ibid.

24  Ibid.

25  Ibid.

26  Park, J. et al. (2019).

27  MacDonald, G. M. et al. Prolonged California aridity linked to climate warming and

Pacific sea surface temperature. *Scientific Reports* 6, 33325 (2016).

28 Park, J. *et al.* (2019).

29 Xiao, J. *et al.* The 4.2 ka BP event: multi-proxy records from a closed lake in the northern margin of the East Asian summer monsoon. *Climate of the Past* 14, 1417–1425 (2018).

30 Koutavas, A., Demenocal, P. B., Olive, G. C. & Lynch-Stieglitz, J. Mid-Holocene El Niño–Southern Oscillation (ENSO) attenuation revealed by individual foraminifera in eastern tropical Pacific sediments. *Geology* 34, 993–996 (2006).

31 Weiss, H. Global megadrought, societal collapse and resilience at 4.2–3.9 ka BP across the Mediterranean and west Asia. *PAGES* 24, 62–63 (2016).

32 Ibid.

33 Bernhardt, C. E., Horton, B. P. & Stanley, J.-D. Nile Delta vegetation response to Holocene climate variability. *Geology* 40, 615–618 (2012).

34 Dixit, Y., Hodell, D. A. & Petrie, C. A. Abrupt weakening of the summer monsoon in northwest India~ 4100 yr ago. *Geology* 42, 339–342 (2014).

35 Liu, F. & Feng, Z. A dramatic climatic transition at~ 4000 cal. yr BP and its cultural responses in Chinese cultural domains. *The Holocene* 22, 1181–1197 (2012).

36 Kawahata, H. *et al.* Changes of environments and human activity at the Sannai-Maruyama ruins in Japan during the mid-Holocene Hypsithermal climatic interval. *Quaternary Science Reviews* 28, 964–974 (2009).

## 6장

1 Kim, J. & Park, J. Millet vs rice: an evaluation of the farming/language dispersal hypothesis in the Korean context. *Evolutionary Human Sciences* 2 (2020).

2 Lyashchevskaya, M. S., Bazarova, V. B., Dorofeeva, N. A. & Leipe, C. Late Pleistocene–Holocene environmental and cultural changes in Primorye, southern Russian Far East: A review. *Quaternary International* (2022).

3 Wu, X. *et al.* Early pottery at 20,000 years ago in Xianrendong Cave, China. *Science* 336, 1696–1700 (2012).

4 Sun, Q. *et al.* Climate as a factor for Neolithic cultural collapses approximately 4000 years BP in China. *Earth-Science Reviews* 197, 102915 (2019).

**7장**

1   Park, J., Lim, H. S., Lim, J., Yu, K. B. & Choi, J. Orbital-and millennial-scale climate and vegetation changes between 32.5 and 6.9 k cal a BP from Hanon Maar paleolake on Jeju Island, South Korea. *Journal of quaternary science* 29, 570-580 (2014).

2   Park, J. & Park, J. Pollen-based temperature reconstructions from Jeju island, South Korea and its implication for coastal climate of East Asia during the late Pleistocene and early Holocene. *Palaeogeography, Palaeoclimatology, Palaeoecology* 417, 445-457 (2015).

3   Tarasov, P. E. *et al.* Progress in the reconstruction of Quaternary climate dynamics in the Northwest Pacific: a new modern analogue reference dataset and its application to the 430-kyr pollen record from Lake Biwa. *Earth-Science Reviews* 108, 64-79 (2011).

4   Wang, Y.-J. *et al.* A high-resolution absolute-dated late Pleistocene monsoon record from Hulu Cave, China. *Science* 294, 2345-2348 (2001).

5   Alley, R. B. The Younger Dryas cold interval as viewed from central Greenland. *Quaternary Science Reviews* 19, 213-226 (2000).

6   Park, J. & Park, J. (2015).

7   Park, J. et al. (2019).

8   Ibid.

9   Park, J. *et al.* The 8.2 ka cooling event in coastal East Asia: High-resolution pollen evidence from southwestern Korea. Scientific Reports 8, 12423 (2018).

10  Park, J. et al. Holocene hydroclimate reconstruction based on pollen, XRF, and grain-size analyses and its implications for past societies of the Korean Peninsula. *The Holocene* 31, 1489-1500 (2021).

11  Park, J., Park, J., Bahk, J. & Choi, J. Late Holocene climate change and past Korean societal response. (in preparation).

12  이정은 & 윤충원. 제주도 남동사면의 산림식생구조와 해발고별 산림군집 및 개체군 분포 특성. 한국산림과학회지 (구 한국임학회지) 110, 141-154 (2021).

13  Park, J. & Park, J. (2015).

14  Park, J., Park, J., Bahk, J. & Choi, J. Late Holocene climate change and past Korean societal response. (in preparation).

15  Ibid.

16  Park, J., Shin, Y. H. & Byrne, R. Late-Holocene vegetation and climate change in Jeju

Island, Korea and its implications for ENSO influences. *Quaternary Science Reviews* 153, 40-50 (2016).

17 Wang, Y. *et al.* The Holocene Asian monsoon: links to solar changes and North Atlantic climate. *Science* 308, 854-857 (2005).


## 8장

1 Hu, Y. *et al.* Stable isotope dietary analysis of the Tianyuan 1 early modern human. *Proceedings of the National Academy of Sciences* 106, 10971-10974 (2009).

2 d'Alpoim Guedes, J., Austermann, J. & Mitrovica, J. X. Lost Foraging Opportunities for East Asian Hunter-Gatherers Due to Rising Sea Level Since the Last Glacial Maximum. *Geoarchaeology* 31, 255-266 (2016).

3 Gakuhari, T. *et al.* Ancient Jomon genome sequence analysis sheds light on migration patterns of early East Asian populations. *Communications biology* 3, 1-10 (2020).

4 Osada, N. & Kawai, Y. (2021).

5 Mao, X. *et al.* (2021).

6 Ibid.

7 Ibid.

8 Shoda, S. *et al.* Late Glacial hunter-gatherer pottery in the Russian Far East: Indications of diversity in origins and use. *Quaternary Science Reviews* 229, 106124 (2020).

9 Siska, V. *et al.* Genome-wide data from two early Neolithic East Asian individuals dating to 7700 years ago. *Science advances* 3, e1601877 (2017).

10 Mao, X. *et al.* (2021).

11 Hlusko, L. J. *et al.* Environmental selection during the last ice age on the mother-to-infant transmission of vitamin D and fatty acids through breast milk. *Proceedings of the National Academy of Sciences* 115, E4426-E4432 (2018).

12 이 부분은 다음의 서울대 고고미술사학과 성춘택, 김장석 교수의 논문을 주로 참고 하였다. Seong, C. & Kim, J. Moving in and moving out: Explaining final Pleistocene-Early Holocene hunter-gatherer population dynamics on the Korean Peninsula. *Journal of Anthropological Archaeology* 66, 101407 (2022a).

13 Ibid.

14 Ibid.

15  Ibid.

16  Lubeek, J. K., & Westaway, K. E. Megabeasts under the microscope: a closer look at Quaternary extinctions in the Asia-Pacific. *Quaternary International*, 568, 1-19 (2020).


## 9장

1  Park, J. *et al.* (2018).

2  Park, J. *et al.* (2019).

3  이 부분은 다음의 서울대 고고미술사학과 김장석, 성춘택 교수의 논문을 주로 참고하였다. Kim, J. & Seong, C. Final Pleistocene and early Holocene population dynamics and the emergence of pottery on the Korean Peninsula. *Quaternary International* 608, 203-214 (2022b).

4  Ibid.

5  Wu, X. *et al.* (2012).

6  Craig, O. E. *et al.* Earliest evidence for the use of pottery. *Nature* 496, 351-354 (2013).

7  Yanshina, O. The earliest pottery of the eastern part of Asia: Similarities and differences. *Quaternary International* 441, 69-80 (2017).

8  Kim, J. & Seong, C. (2022b).

9  Kim, M. J., Go, J. W., Bang, M. B., Hong, W. & Lee, G. K. Absolute chronology of Gosan-ri-type pottery, the oldest manufactured pottery in Korea. *Radiocarbon* 62, 1715-1722 (2020).

10  Lee, G. K., Jang, S., Ko, J. & Bang, M. Distinctive local tradition of plant-tempered Gosan-ri-type pottery on Jeju Island in the Neolithic Korean Peninsula. *Quaternary International* 519, 92-100 (2019).

11  Dong, G., Li, R., Lu, M., Zhang, D. & James, N. Evolution of human–environmental interactions in China from the Late Paleolithic to the Bronze Age. *Progress in Physical Geography: Earth and Environment* 44, 233-250 (2020).

12  Dong, G., Lu, Y., Zhang, S., Huang, X. & Ma, M. Spatiotemporal variation in human settlements and their interaction with living environments in Neolithic and Bronze Age China. *Progress in Physical Geography: Earth and Environment*, 03091333221087992 (2022).

13  Lyashchevskaya, M. S., Bazarova, V. B., Dorofeeva, N. A. & Leipe, C. (2022).

14  Siska, V. *et al.* (2017).

15 Lubeek, J. K., & Westaway, K. E. (2020).

## 10장

1 Park, J. et al. (2019).

2 Xu, D. *et al*. Synchronous 500-year oscillations of monsoon climate and human activity in Northeast Asia. *Nature communications* 10, 1-10 (2019).

3 Shu, J.-W., Sasaki, N., Takahara, H. & Hase, Y. Vegetation and fire history with their implication for climatic change and fire events since the last deglacial in the Aso Valley, central Kyushu, southwestern Japan: new pollen and charcoal data. *Vegetation history and archaeobotany* 22, 285-298 (2013).

4 Koutavas, A., Demenocal, P. B., Olive, G. C. & Lynch-Stieglitz, J. (2006).

5 Piao, J., Chen, W., Wang, L., Pausata, F. S. & Zhang, Q. Northward extension of the East Asian summer monsoon during the mid-Holocene. *Global and Planetary Change* 184, 103046 (2020).

6 Park, J. et al. (2019).

7 Oh, Y., Conte, M., Kang, S., Kim, J. & Hwang, J. Population fluctuation and the adoption of food production in prehistoric Korea: using radiocarbon dates as a proxy for population change. *Radiocarbon* 59, 1761-1770 (2017).

8 Robbeets, M. *et al*. Triangulation supports agricultural spread of the Transeurasian languages. *Nature* 599, 616-621 (2021).

9 Georg, S., Michalove, P. A., Ramer, A. M. & Sidwell, P. J. Telling general linguists about Altaic. *Journal of Linguistics* 35, 65-98 (1999).

10 Tian, Z. *et al*. Triangulation fails when neither linguistic, genetic, nor archaeological data support the Transeurasian narrative. *bioRxiv* (2022).

11 Robbeets, M. et al. (2021).

12 Ibid.

13 Ibid.

14 신지영, 강다영, 김상현 & 정의도. 부산 가덕도 장항 유적 출토 인골의 안정동위원소 분석을 통해 본 신석기시대의 식생활 양상. *분석과학* 26, 387-394 (2013).

15 Wang, K. *et al*. Middle Holocene Siberian genomes reveal highly connected gene pools throughout North Asia. *Current Biology* 33, 423-433 (2023).

16 Xu, D. et al. (2019).

17 Zhang, X. *et al.* Concurrent mid-Holocene East Asian temperature and summer monsoon maxima forced by high-and low-latitude interplay. *Global and Planetary Change* 220, 104008 (2023).

18 Weiss, H. & Bradley, R. S. What drives societal collapse? *Science* 291, 609-610 (2001).

19 Racimo, F. *et al.* (2020).

20 Weiss, H. (2016).

21 Ran, M. & Chen, L. The 4.2 ka BP climatic event and its cultural responses. *Quaternary International* 521, 158-167 (2019).


## 11장

1 Ning, C. *et al.* (2020).

2 Peterson, C. E., Lu, X., Drennan, R. D. & Zhu, D. Hongshan chiefly communities in Neolithic northeastern China. *Proceedings of the National Academy of Sciences* 107, 5756-5761 (2010).

3 Drennan, R. D., Peterson, C. E., Xueming, L., Da, Z. & Shenguang, H. Settlement and social dynamics in the upper Daling and Chifeng regions of northeastern China. *Asian Archaeology* 2, 50-76 (2014).

4 Ning, C. *et al.* (2020).

5 Robbeets, M. et al. (2021).

6 Xu, D. et al. (2019).

7 Park, J., Bahk, J., Park, J., Kim, H. & Choi, J. Mid-to-late Holocene climate variability in coastal East Asia and iits impact on ancient past Korean societies. *Scientific Reports* 13, 15379 (2023).

8 An, J., Kirleis, W. & Jin, G. Understanding the Collapse of the Longshan Culture (4400-3800 BP) and the 4.2 ka Event in the Haidai Region of China-from an Agricultural Perspective. *Environmental Archaeology*, 1-15 (2021).

9 Park, J. et al. (2019).

10 Finné, M. *et al.* Late Bronze Age climate change and the destruction of the Mycenaean Palace of Nestor at Pylos. *PLoS One* 12, e0189447 (2017).

11 Kaniewski, D. & Van Campo, E. 3.2 Ka BP Megadrought and the Late Bronze Age

Collapse. *Megadrought and Collapse: From Early Agriculture to Angkor*, 161-182 (2017).

## 12장

1   Oh, Y., Conte, M., Kang, S., Kim, J. & Hwang, J. (2017).

2   김승옥. 만경강유역 점토대토기문화의 전개과정과 특징. *한국고고학보*, 40-77 (2016).

3   Ning, C. *et al.* (2020).

4   Xu, D. et al. (2019).

5   이희진. 환위계적 적응순환 모델로 본 송국리문화의 성쇠. *한국청동기학보*, 24-53 (2016).

6   이형원. 충청서해안지역의 점토대토기문화류입과 문화접변. *호서고고학회* 34, 4-29 (2016).

7   Beckwith, C. I. *Koguryŏ: The Language of Japan's Continental Relatives.* (Brill, 2007).

8   Bellwood, P. S. & Renfrew, C. *Examining the Farming/Language Dispersal Hypothesis.* (McDonald Institute for Archaeological Research, 2002).

9   Robbeets, M. et al. (2021).

10  Whitman, J. Northeast Asian linguistic ecology and the advent of rice agriculture in Korea and Japan. *Rice* 4, 149-158 (2011).

11  Vovin, A. From Koguryŏ to T'amna: Slowly riding to the South with speakers of Proto-Korean. *Korean Linguistics* 15, 222-240 (2013).

12  이희진. (2016).

13  Oh, Y., Conte, M., Kang, S., Kim, J. & Hwang, J. (2017).

14  Rach, O. *et al.* Hydrological and ecological changes in western Europe between 3200 and 2000 years BP derived from lipid biomarker δD values in lake Meerfelder Maar sediments. *Quaternary Science Reviews* 172, 44-54 (2017).

15  Gearey, B., Becker, K., Everett, R. & Griffiths, S. On the brink of Armageddon? Climate change, the archaeological record and human activity across the Bronze Age - Iron Age transition in Ireland. *Proceedings of the Royal Irish Academy: Archaeology, Culture, History, Literature* 120, 105-128 (2020).

16  Styllas, M. N. *et al.* Late-glacial and Holocene history of the northeast Mediterranean mountain glaciers-New insights from in situ-produced 36Cl-based cosmic ray exposure dating of paleo-glacier deposits on Mount Olympus, Greece. *Quaternary*

*Science Reviews* 193, 244-265 (2018).

17 van Geel, B. *et al.* Climate change and the expansion of the Scythian culture after 850 BC: a hypothesis. *Journal of Archaeological Science* 31, 1735-1742 (2004).

18 Li, X. *et al.* Dietary shift and social hierarchy from the Proto-Shang to Zhou Dynasty in the Central Plains of China. *Environmental Research Letters* 15, 035002 (2020).

19 Zhang, Q. *et al.* Osteological evidence of violence during the formation of the Chinese northern nomadic cultural belt in the Bronze Age. *Archaeological and Anthropological Sciences* 11, 6689-6704 (2019).

20 Jia, X. *et al.* The" 2.8 ka BP Cold Event" Indirectly Influenced the Agricultural Exploitation During the Late Zhou Dynasty in the Coastal Areas of the Jianghuai Region. *Frontiers in plant science* 13, 902534 (2022).

21 Park, J., Bahk, J., Park, J., Kim, H. & Choi, J. (2023).

22 Ibid.

23 Cooke, N. P. et al. (2021).

24 Ibid.

25 Robbeets, M. et al. (2021).

26 Crema, E. R. & Shoda, S. A Bayesian approach for fitting and comparing demographic growth models of radiocarbon dates: A case study on the Jomon-Yayoi transition in Kyushu (Japan). *PLoS One* 16, e0251695 (2021).

27 Cooke, N. P. et al. (2021).

28 Shoda, S. *et al.* (2022).

29 Crema, E. R., Stevens, C. J. & Shoda, S. Bayesian analyses of direct radiocarbon dates reveal geographic variations in the rate of rice farming dispersal in prehistoric Japan. *Science Advances* 8, eadc9171 (2022).

30 Park, J., Bahk, J., Park, J., Kim, H. & Choi, J. (2023).

31 Ibid.

## 13장

1 Park, J., Bahk, J., Park, J., Kim, H. & Choi, J. (2023).

2 Ma, L. & Vaquero, J. M. New evidence of the Suess/de Vries cycle existing in historical naked-eye observations of sunspots. *Open Astronomy* 29, 28-31 (2020).

3  최성락 & 박호성. 호남지역 철기시대 패총의 형성 배경. 도서문화 59, 169-196 (2022).

4  조성원. 금관가야 고고학의 연구성과와 흐름. 한국고대사연구, 49-85 (2019).

5  Jeong, C. *et al.* A dynamic 6,000-year genetic history of Eurasia's Eastern Steppe. *Cell* 183, 890-904. e829 (2020).

6  Tömöry, G. *et al.* Comparison of maternal lineage and biogeographic analyses of ancient and modern Hungarian populations. *American Journal of Physical Anthropology* 134, 354-368 (2007).

7  김주성. 벽골제의 기능. 백제문화, 113-129 (2018).

8  Park, J., Bahk, J., Park, J., Kim, H. & Choi, J. (2023).

9  Cooke, N. P. et al. (2021).

10  Yang, M. A. *et al.* (2020).

11  Gakuhari, T. *et al.* (2020).

12  Osada, N. & Kawai, Y. (2021).

13  Cooke, N. P. et al. (2021).

14  Jinam, T. *et al.* Genome-wide SNP data of Izumo and Makurazaki populations support inner-dual structure model for origin of Yamato people. *Journal of Human Genetics* 66, 681-687 (2021).

15  Ibid.

16  Gelabert, P. *et al.* Northeastern Asian and Jomon-related genetic structure in the Three Kingdoms period of Gimhae, Korea. *Current Biology* 32, 3232-3244. e3236 (2022).

17  Lee, D. N. *et al.* Genomic detection of a secondary family burial in a single jar coffin in early Medieval Korea. *American Journal of Biological Anthropology* 179, 585-597 (2022).

## 14장

1  Xiao, H. *et al.* A rapid cooling event over the western Pacific region during the Middle Bronze Age. *Journal of Geophysical Research: Oceans* 126, e2020JC016964 (2021).

## 15장

1  Drake, B. L. The influence of climatic change on the Late Bronze Age Collapse and the Greek Dark Ages. *Journal of Archaeological Science* 39, 1862-1870 (2012).

2  Gutiérrez-Elorza, M. & Peña-Monné, J. Geomorphology and late Holocene climatic

change in Northeastern Spain. *Geomorphology* 23, 205-217 (1998).

3    Baumard, N., Hyafil, A., Morris, I. & Boyer, P. Increased affluence explains the emergence of ascetic wisdoms and moralizing religions. *Current Biology* 25, 10-15 (2015).

4    Büntgen, U. *et al.* Cooling and societal change during the Late Antique Little Ice Age from 536 to around 660 AD. *Nature geoscience* 9, 231-236 (2016).

5    서민수. '536년 화산'과 한반도 주변 정세의 변동. *역사와현실*, 55-98 (2020).

6    Park, J., Han, J., Jin, Q., Bahk, J. & Yi, S. The link between ENSO-like forcing and hydroclimate variability of coastal East Asia during the last millennium. *Scientific Reports* 7, 8166 (2017).

7    Wilson, P. H. The Causes of the Thirty Years War 1618-48. *The English Historical Review* 123, 554-586 (2008).

8    Lindzen, R. in *The Wall Street Journal* (2006).

## 16장

1    Crutzen, P. J. in *Earth System Science in the Anthropocene* (eds Ehlers, E. & Krafft, T.) 13-18 (Springer Berlin Heidelberg, 2006).

2    Lewis, S. L. & Maslin, M. A. (2015).

3    Ruddiman, W. F., Ellis, E. C., Kaplan, J. O. & Fuller, D. Q. Defining the epoch we live in. *Science* 348, 38-39 (2015).

4    Ruddiman, W. F. The anthropocene. *Annual Review of Earth and Planetary Sciences* 41, 45-68 (2013).

5    Certini, G. & Scalenghe, R. Anthropogenic soils are the golden spikes for the Anthropocene. *The Holocene* 21, 1269-1274 (2011).

6    Park, J., Yu, K. B., Lim, H. S. & Shin, Y. H. Multi-proxy evidence for late Holocene anthropogenic environmental changes at Bongpo marsh on the east coast of Korea. *Quaternary Research* 78, 209-216 (2012).

7    Lewis, S. L. & Maslin, M. A. (2015).

8    Steffen, W., Broadgate, W., Deutsch, L., Gaffney, O. & Ludwig, C. The trajectory of the Anthropocene: the great acceleration. *The Anthropocene Review* 2, 81-98 (2015).

9    Lewis, S. L. & Maslin, M. A. (2015).

10   Rakowski, A. Z. *et al.* Radiocarbon method in environmental monitoring of CO2

emission. *Nuclear Instruments and Methods in Physics Research Section B: Beam Interactions with Materials and Atoms* 294, 503-507 (2013).

11 Steffen, W., Rockström, J., Richardson, K., Lenton, T.M., Folke, C., Liverman, D., Summerhayes, C.P., Barnosky, A.D., Cornell, S.E., Crucifix, M. Trajectories of the Earth System in the Anthropocene. *Proc. Natl Acad. Sci. USA* 115, 8252-8259 (2018).

12 Ellis, E. C. *Anthropocene: A Very Short Introduction* Vol. 558. (Oxford University Press, 2018); 얼 C. 엘리스 지음. 김용진, 박범순 옮김. 인류세. (교유서가, 2021).

13 Hamilton, C. *Defiant Earth: The Fate of Humans in the Anthropocene*. (John Wiley & Sons, 2017); 클라이브 해밀턴 지음. 정서진 옮김. 인류세: 거대한 전환 앞에 선 인간과 지구 시스템. (이상북스, 2018).

14 UNHCR. Frequently asked questions on climate change and disaster displacement. UNHCR (2016); https://www.unhcr.org/uk/news/stories/frequently-asked-questions-climate-change-and-disaster-displacement

15 EP. Ecological Threat Register Press Release. *Economics and Peace* (2020); https://www.economicsandpeace.org/wp-content/uploads/2020/09/Ecological-Threat-Register-Press-Release-27.08-FINAL.pdf

16 Khanna, P. *Move: The Forces Uprooting Us*. (Simon and Schuster, 2021); 파라그 카나 지음. 박홍경 옮김. 대이동의 시대. (비즈니스맵, 2022).

17 Lynas, M. *Six Degrees: Our Future on a Hotter Planet*. (National Geographic Books, 2008); 마크 라이너스 저. 이한중 옮김. 6도의 멸종. (세종서적, 2014).

18 기상청. 기후변화시나리오. 기상청 (2022); http://www.climate.go.kr/home/CCS/_image/web_manual/climate_ref_2022.pdf

19 UNEP. Broken Record. *UNEP* (2023); https://wedocs.unep.org/bitstream/handle/20.500.11822/43922/EGR2023.pdf?sequence=3&isAllowed=y

20 Shah, S. *The Next Great Migration: The Beauty and Terror of Life on the Move*. (Bloomsbury Publishing USA, 2020); 소니아 샤 저. 성원 옮김. 인류, 이주, 생존. (메디치, 2021).

# 한국인의 기원

초판 1쇄 발행  2024년 9월 6일
초판 4쇄 발행  2024년 11월 25일

지은이  박정재
프로젝트 기획  한마음재단
책임편집  김은수
디자인  이상재

펴낸곳  (주)바다출판사
주소  서울시 마포구 성지1길 30 3층
전화  02 - 322 - 3885(편집) 02 - 322 - 3575(마케팅)
팩스  02 - 322 - 3858
이메일  badabooks@daum.net
홈페이지  www.badabooks.co.kr

ISBN 979-11-6689-286-8 03900